中华诗词(BVI)研究院研究项目

顾 随 研 究

主编 叶嘉莹 张清华

南开大学出版社
天 津

图书在版编目(CIP)数据

顾随研究 / 叶嘉莹，张清华主编. ——天津：南开大学出版社，2011.3
ISBN 978-7-310-03633-2

Ⅰ.①顾… Ⅱ.①叶… ②张… Ⅲ.①顾随(1897～1960)—纪念文集 Ⅳ.①K825.6-53

中国版本图书馆 CIP 数据核字(2011)第 009068 号

版权所有　侵权必究

南开大学出版社出版发行
出版人：肖占鹏
地址：天津市南开区卫津路 94 号　　邮政编码：300071
营销部电话：(022)23508339　23500755
营销部传真：(022)23508542　　邮购部电话：(022)23502200
*
河北昌黎太阳红彩色印刷有限责任公司印刷
全国各地新华书店经销
*
2011 年 3 月第 1 版　　2011 年 3 月第 1 次印刷
787×960 毫米　16 开本　26.875 印张　6 插页　349 千字
定价：65.00 元

如遇图书印装质量问题，请与本社营销部联系调换，电话：(022)23507125

《顾随研究》编委会

主编：叶嘉莹　　张清华

编委（按照姓氏笔画为序）：

安　易　　安宁狂生　　郑绍平

赵林涛　　胡阿祥　　　曹　宪

曹长河　　落叶秋风　　傅秋爽

顾随诗词学术研讨会与会人员合影

会场主席台

薪火相传

杨敏如和顾之京

赠送吴伯雄题词

中华诗词(BVI)研究院部分成员及与会代表合影

经历了死生离别的师生情谊

（代　序）

按：《经历了死生离别的师生情谊》，是叶嘉莹先生在北京举办的"顾随诗词学术研讨会"上，拿到之京等撰写的《顾随与叶嘉莹》一书，抽时评读后，有感于顾随研究不断拓展与深入和对老师的深情，撰写的一篇具有特殊意义的重要文章。经征求先生意见，先生高兴地愿将此文作为《顾随研究》的代序。故将其放在卷首，作为此书的点睛之笔。

2009年冬，我赴北京参加"顾随诗词学术研讨会"，在会场中顾之京教授送给了我一册由她和赵林涛二人所合编的题为《顾随与叶嘉莹》的新书。此书卷首刊有影印的老师当年批改我的诗词等习作的手迹三页，及老师给我的书信手迹五函。至于书的内容则分为两部分，上编题曰"昔我往矣"，下编题曰"今我来思"。上编所收录的有老师写给我的书信十二通，及老师批改我的各体作业三十七首，与师生唱和的七言律诗二十四首，以及1948年春我在离京前为当时筹办老师祝寿活动而写的《顾羡季先生五旬晋一寿辰祝寿筹备会通启》一篇。至

顾随研究

于下编所收录的则有我于1974年回国探亲及讲学以来三十余年间为整理老师遗著和纪念老师的各种活动所写的文稿和书信七篇,以及1997年我在南开大学为了纪念老师的教诲之恩而设立的"叶氏驼庵奖学金"首届颁奖大会上的讲话一篇。而在此书最后则更有之京师妹所写的跋文一篇。综计此一册书所收的内容,从我于1942年在《唐宋诗》班上老师评改我的习作开始截止到今日,盖已有将近七十年之久了。而之京师妹最近所编辑出版的这一册《顾随与叶嘉莹》,在其今昔对比的安排以及她在《跋文》中所叙及的自1948年我与老师告别以后多年来老师在其日记及书信中所流露出的对我的关爱和怀思,读阅之后,真使我有说不尽的感动。

记得三十年前当我第一次从海外回国探亲时,我最想见到的两位长辈,就是我的伯父狷卿翁和我的老师羡季先生。伯父培养了我读诗和写诗的兴趣,而老师则为我开启了欣赏和体悟诗歌的无量法门。不过当我回到国内时,两位长辈却都已先后去世有十余年之久了。有一天我邀请了之惠师姊、之京师妹及诸位同门学长在北京察院胡同我家的旧居相聚,共同讨论如何收集整理老师遗著之事。当时之惠师姊与之京师妹曾以老师手迹半幅相割赠。其后我曾经写了一首绝句记叙此事说:"归来一事有深悲,重谒吾师此愿违。手迹珍藏蒙割赠,中郎有女胜须眉。"自当年开始搜集整理老师的遗著到现在又已经三十多年了,在此期间之京师妹曾经整理出版了《顾随全集》四册及老师的其他著作共计十余种之多。在过去我只知道当我离开北京前往台湾而且经历了诸多忧患之后,对于老师曾有深切的怀思。我经常梦见自己仍在课堂中上课,也有时梦见与在昭学姊一同去北京什刹海附近老师的住处去看望老师,但却总是被困在什刹海的一片芦苇丛中,怎样也无法走出去。而我当时并无法知道老师对我的惦念,直到这次读到了之京师妹所编辑整理的《顾随与叶嘉莹》一书,其中附录了1949年7月老师写给我的要好的同学刘在昭的一封信,信中曾提到"嘉莹与之英遂不得消息,彼两人其亦长相见耶"。在经历了遥远的时空距离之

经历了死生离别的师生情谊

后,重读老师的信才更体悟到老师对于我们晚辈原来却有着更为深切的惦念。老师在信中所提到的名字"之英",是老师的第二个女儿,她嫁给了一位空军名叫李朝魁。1948年冬国民政府迁台,之英师姊遂随其夫婿一同去了台湾,我也于同时随我的在海军工作的外子一同去了台湾。当时老师曾经把之英师姊夫妇在台北的地址写寄给我,希望我们能在异乡常相晤见。而外子的工作单位则撤退到了左营,一南一北相隔甚远。我原想等到一切安定后就去台北看望他们,但不久就发现我已经怀孕,而且也在台湾中部的彰化女中找到了教书的工作,所以没有来得及去看望之英师姊。而当我生下了大女儿言言后不过四个月,外子就因白色恐怖被海军官方逮捕了。第二年6月,我的女儿还不满周岁,我也带着吃奶的女儿与彰化女中的校长和另外五位老师一同被关进了彰化的警察局。其后我虽幸被释出,但却已无家可归,只得在亲戚家的走廊上晚间铺个地铺暂时安身。直到三年多以后外子被释出,我也在台北找到了工作,举家迁往台北后,我才得按照老师给我的地址去探访之英师姊。而这时之英师姊却已经早就去世了,她的先生和孩子也都已经不在了。据当日他们空军眷属宿舍的邻居相告,获知原来之英姊迁台以后因气候不适得了哮喘病,不久就去世了,留下李朝魁一个人带领着三个幼小的儿女,而当时军人待遇极差,李朝魁在贫窘哀伤中遂给三个儿女喂食了毒药,而自己也服毒自尽了。据说当时有一个较长的名叫李沪生的男孩曾被救治,没有当即死去,于是我遂拜托了一位名叫傅试中的同班学长去探访这个男孩子的下落,准备收养他。试中学长也是羡季师的学生,而且也是因为在空军服务,才随国民政府撤退来台的。但试中学长虽用心寻访而迄无下落。据之京师妹相告云,她们后来也知道了此一消息,只是当时家人恐怕引起羡季师的伤痛,彼此隐瞒,一直没有挑明此事而已。其后国家开放后,她们也曾托人去探寻这个男孩的下落,但迄无结果。想来这个男孩可能也早已不在了。对于当时撤退到台湾的军眷之生活的贫窘,以及白色恐怖之威胁,我个人对此深有体会。而且据说李朝魁原来服务空军时,是一个飞行官,而有着反对内战的思想,不知他是否也曾像我的先生一样受到过白色恐怖的牵累?我只是比较坚强,所以虽历经艰危困苦而居然苟活下来成为一个幸存者。现在读到之京师妹在《顾随与叶嘉莹》一书中所辑入的这一封老师给在昭的信,想到老师对我们晚辈的关怀惦念以及我与之英姊两家所遭遇到的忧患苦难,真是令人不禁感慨万千。而且之京师妹在其所辑录的老师致在昭学长的这一封书信之下,还附录有老师在1948年12月4日所写的一则日记,说:"得叶嘉莹君自台湾左营来信报告近况,自言看孩子、烧饭、打杂殊不惯,不禁为之发造物忌才之叹。"那是因为我与外子初抵左营时外子姐夫的妹妹才生产不久,所以我不得不照料他们的生活。在当时,所有我身边的人都认为做家事才是一个做媳妇的本分所应做的事。尽管后来我为了负担全家的生计在学校教书工作极为忙碌之时,身边的人也仍然认为做好家事才是妇女应尽的责任。至于"才"与"不才",则传统观念本来就认为"女子无才便是德",更何况我作为一个患难中苟活下来的女子,除了辛勤劳苦维持生活以外,根本无人会关爱到"才"与"不才"之事。而我自己也从来并未敢以"有才"自诩。因此在当时对于一切加在我身上的要求我都只是逆来顺受地承接。所以我曾在一篇文稿中提到过说:"我过去在古老的家庭中,曾经接受过以'含容忍耐'为妇女之美德的旧式教育。"所以对于一切横加于我的责求,都是无言地承受。我在文稿中还引用过王国维咏杨花《水龙吟》中的"开时不与人看,如何一霎濛濛坠"两句词,以为我自己也正如同这两句词所写的杨花一样"根本不曾开过,便已经零落凋残了"。所以当我读到老师在日记中为我的遭遇所发出的"造物忌才"之叹,这种感动真是难以言说的。

除去之京师妹在这册《顾随与叶嘉莹》一书中所提到的老师对我的关怀与爱护之外,其实还有周汝昌学长在他给我的一封信中所提到的一些记叙,也曾使我深受感动。原来我在1948年离开北京以前,与汝昌学长并不相识,其后汝昌学长以其《红楼梦新证》一书蜚声当世,

经历了死生离别的师生情谊

我曾听人说起他原来也曾从羡季师受业,而我久居海外,无缘识荆。直到1979年秋天,当时因美国威斯康辛大学的周策纵教授筹办国际"红学"会议,我因而获得了汝昌学长的地址。而当时我与诸同门正在设法搜集和编辑老师的遗著,于是就给汝昌学长写了一封信,将此意告知。其后收到汝昌学长一封很长的复函,其中有一段话,读后曾使我深为感动。原函是这样说的:"汝昌于学长原无所知,早岁于羡师诗集中见有《和叶生韵》、《再和叶生韵》共七律多首,迥异凡响,因尽和之,并与师言:'叶生者,定非俗士,今何在耶?'(自注:此皆通信,非面请也)师不答。后于五二年,羡师大病初起,即手书云(自注:大意):'昔年有句赠叶生,"分明已见鹏起北,衰朽敢云吾道南",今以移赠吾玉言(自注:汝昌贱字也),非敢"取巧",实因对题耳。'此汝昌自羡师亲聆语及'叶生'之唯一一例,心焉识之,不敢请询也。及今思之,此岂非即指学长乎?羡师一生门墙桃李,而常伤寂寞,自知汝昌其人后,乃不以寻常师弟之谊视之"云云。我读了汝昌学长的信,见到了他所记叙的他问起"叶生何人"而老师乃默然不肯作答的事,从此一记叙既可见老师对学生的悬念关爱之情,更可见当时因海峡隔绝而不得不将关爱之情隐而不发之种种不得已之处。以作为一个老师来说,一般而言,老师当然总是希望能得到一个可以传承的晚辈,而1952年老师大病初起之时,乃把多年前赠我的一首寄托了"吾道南"之冀望的诗句转赠给了汝昌学长,则老师之因多年不得我之音信,其失望与伤痛可知。

而且据之京师妹在新辑之《顾随与叶嘉莹》一书中还引有一段老师已亡佚了六十余年的一首《踏莎行》词,原来早在1943年春,当我从老师选读《唐宋诗》一课时,有一天老师在课堂上曾偶然提到了雪莱《西风颂》中的"冬天来了,春天还会远吗"两句诗,并用此二句诗意写了两句词云:"耐他风雪耐他寒,纵寒已是春寒了。"当年我曾用这两句词填写了一阕《踏莎行》,题曰"用羡季师词句,试勉学其作风,苦未能似"。其后之京师妹整理老师遗著,曾经对我提出过疑问,说在老师的词集中未曾见到与此二句词相应的作品。直到2009年夏她才在汝昌

顾随研究

学长所提供的老师的旧稿中发现了老师原来在1957年2月曾写过一首《踏莎行》词。之京师妹对老师这一首佚词曾写了一段按语说:"品读新发现的父亲这一首已亡佚六十余年的小词,发现词前之'序文'遥遥照应着叶嘉莹所述当年的那段本事。师弟子二人相隔十余年的两首词用的是同一个词牌《踏莎行》,师弟子二人同样把当年课堂上的断句置于词作之歇拍。老师词作上片之结拍与弟子的词作上片结拍用的是同一个韵字,词中所用意象师生二人也颇有相近似者——这竟是老师对弟子十四年前'用羡季师句'足成之作所谱的一阕无法明言'和作'的跨越时空的唱和。"之京师妹按语最后说:"此中所深蕴的不尽的情意,难以言传。"而作为当事人的我,其感动当然更是言语所难以传述的。

今日距离1942年我修读老师所开的《唐宋诗》的课,已有近七十年之久,距离我1948年离开北京向老师告别也已有六十多年之久,人世之间已经历了无限沧桑之变,而在这些文字的记叙中,这一份经历了死生离别的师生间深厚的情谊却是永恒不变而且历久弥新的。因写为此文并题为《经历了死生离别的师生情谊》。

2010年10月22日

叶嘉莹写于南开大学,时年八十有七

后　记

写毕前文,重检之京师妹新编之《顾随与叶嘉莹》一书,似有两点尚须补正之处。其一,在《上编》所辑录的《顾随批改叶嘉莹诗词曲习作五十七首》之后,有之京师妹所加之"附言"一则,之京师妹以为老师"在一纸散曲小令空白的下半页"所写的"作诗是诗,填词是词,谱曲是曲,青年有清才如此,当善自护持,勉之勉之",这"短短几句由衷的赞语",是对于我那一阶段"诗词曲习作的总结"。这其间有一点误会,因

经历了死生离别的师生情谊

为这几句评语是我进入老师《唐宋诗》班上后所交的第一次各体习作后的评语。我自己当日其实从来没想到过自己有什么才华,只不过以为因为我是从幼少年时代就在家中开始了古诗读写之训练的,而其他同学则是从一般正规的中小学出身,可能没有这种训练,所以我的作品就显得较为纯熟自然,如是而已。而且我那时初选读老师的课不久,未曾与老师交谈过一句话,而老师竟然透过我的习作表现了如此的关爱和奖勉之情,所以当时我对老师的评语实在感动不已。而且数十年来老师对我的奖勉和期许曾一直激励着我在诗词之研读与教学的路上继续努力,唯恐有幸师恩。直到现在虽然已年近九旬,也未敢稍懈,而且过去虽在生活上经历了许多挫折和困苦,但我对诗词之执著的热爱也未曾稍有改变。老师的期许和奖掖一直是支持我在这条路上不断走下去的最大的力量。

其次还有一点我想略加说明的,就是在之京师妹所新辑的这一册书中曾辑录有1948年7月7日老师给我寄到南京去的一封信,信末老师曾指出我在信中把"到处"写作"倒处"是笔误,又说我在信封上所写的"建邺路"疑当作"业"字。此则并非笔误,而是当年我在南京所住的街道巷口的路牌所写的就是"建邺路"。老师毕竟是一位心思细密的通人,所以在给我的回信的信封上就也写的是带着耳朵的"邺"字,并没有径改作"业"字。不知现在南京城的这条路是否在巷口的路牌上仍写作"建邺路"?或已经改作"建业路"了吗?世事沧桑,前尘若梦,但在我的心目中,师生之情谊是属于一种精神与心灵的传承和延续,这一份情谊是和诗歌一样有着生生不已之生命的。

最后我还要说的一句话则是,多年来我对之京师妹一直怀有一种感激之意,因为正是由于有之京师妹不断的整理和编辑,才能使老师的德业文章不断彰显于世,而我三十年前写赠之京师妹的诗句"中郎有女胜须眉",在今天也果然得到了最好的证验。我想老师如果天上有知,也必然会感到极大的欣慰。

顾随研究

补充诗词三则

当我草写了以上一篇文字后,曾经做了一份复印件交给之京师妹,请她提意见。她嘱我做出下面的三则补充。

一、老师《送嘉莹南下》一诗的全文如下:

　　　送嘉莹南下
　　食茶已久渐芳甘,世味如禅彻底参。
　　廿载上堂如梦呓,几人传法现优昙。
　　分明已见鹏起北,衰朽敢言吾道南。
　　此际泠然御风去,月明云暗过江潭。

二、我于1943年春所写的《踏莎行》一首:

　　　踏莎行
　　用羡季师句试勉学其作风苦未能似

　烛短宵长,月明人悄。梦回何事萦怀抱。撇开烦恼即欢娱,世人偏道欢娱少。　　软语叮咛,阶前细草。落梅花信今年早。耐他风雪耐他寒,纵寒已是春寒了。

三、羡季师于1957年所写的《踏莎行》词一首:

　　　踏莎行
　　今春沽上风雪兼作,寒甚。今冬忆得十余年前困居北京时曾有断句,兹足成之,歇拍两句是也。

　昔日填词,时常叹老。如今看去真堪笑。江山别换主人公,自然白发成年少。　　柳柳梅梅,花花草草。眼前几日风光好。耐他风雪耐他寒,纵寒也是春寒了。

目　录

经历了死生离别的师生情谊（代序） …………………… 叶嘉莹(1)
创立顾随先生学术研究会倡议书 ………………………… 周汝昌(1)
随缘和谐——在顾随诗词学术研讨会上的讲演稿 ……… 陆炳文(3)
在顾随诗词学术研讨会上的发言稿 ………………………… 周汝昌(13)
在顾随诗词学术研讨会上的书面发言 ……………………… 涂宗涛(18)

回忆恩师顾随 ………………………………………………… 杨敏如(21)
时雨春风——先师顾羡季先生的课堂教学艺术 ………… 王双启(34)
《苦水作剧》在中国戏曲史上空前绝后的成就 ………… 叶嘉莹(39)

顾随与新文学的离合 ………………………………………… 季剑青(62)
顾随与儒学 …………………………………………………… 朱翔非(88)
顾随与鲁迅 …………………………………………………… 顾　农(94)
顾随与鲁迅述评 ……………………………………………… 刘玉凯(105)
顾随的"鲁迅论" ……………………………………………… 赵　鲲(115)

中郎有"女"堪传业 …………………………………………… 陈祖美(133)
顾随先生讲《论语》 ………………………………………… 顾　农(153)

读《顾随论学精要》札记——一名大二学生所感受到的
　学术大师之魅力 …………………………………… 胡箫白（156）
顾随先生诗学思想述要 ………………………… 刘　坤　姜剑云（164）
学杜之锤炼　发杜之阳刚 ——顾随先生论韩愈学杜甫诗
　………………………………………………………… 张弘韬（175）
心血频浇溉　春花始盛开 ——顾随杂剧《游春记》浅论
　………………………………………………………… 高献红（184）
浅谈《马郎妇坐化金沙滩》中的佛学思想 ……………… 尽　心（191）

以剑笔写文章 ——羡季师论稼轩词之风格 …………… 张清华（198）
鲁迅到顾随 —— 杂文笔法填词杂谈概要 …………… 安宁狂生（212）
顾随所倡词之一祖三宗论试析 …………………………… 李国明（215）
论顾随词之创新 …………………………………………… 李　云（219）
雄奇健婉——论顾随词之艺术风格 ……………………… 李　云（229）
说到人生剑已鸣　血花染得战袍腥 ——略述顾随先生
　在词体文学上的现代尝试 ………………………… 郑绍平（241）
灞陵未短英雄气 ——顾随长调词创作实践管窥 ……… 丘海洲（273）
试解父亲顾随八种词集之命名 …………………………… 顾之京（283）

顾随先生和他的"高致说" ……………………………… 曾大兴（300）
顾随先生"高致说"论略 ………………………………… 陆有富（313）
杰而且怪者：顾随的"李贺观" ………………………… 赵　鲲（324）

顾随《行香子》的读诵吟唱 ……………………………… 隗　芾（332）
说说我收藏顾随先生手稿的情况 ………………………… 刘玉凯（336）
近几年顾随研究综述 ……………………………………… 闵　军（344）
"顾学"的研究范畴 …………………………… 赵林涛　刘相美（364）

顾随影记 ………………………………………… 顾之京(375)
一代国学大师:顾随——《顾随研究》读后 ………… 张清华(397)

附录一:顾随研究目录 ………………………………… (404)
附录二:顾随文集及顾随研究著作 …………………… (408)
附录三:顾随诗词学术研讨会的宣传报道(报样) …… (413)

后记 …………………………………………… 张清华(417)

创立顾随先生学术研究会倡议书

周汝昌

中华文化,宛若起于箕、斗之间的那一道天河云汉,焜煌绵亘,迄于无际之太空。云汉天河,原非虚象,是有实体。实体者何?亿万无量之大星巨耀,联辉以成奇观者是也。中华文化之长河,亦复如是。而顾随先生实为析津象纬中一大巨星名宿。是以倘欲弘扬中华文化,必当覃研这一星宿之光辉的造诣,芳洁的遗徽。

顾随先生身为中国韵文、散文领域的大作家,理论批评家,美学鉴赏家,讲授艺术家,禅学家,书法家,文化学术研著专家,贯通古今,融会中外。这多方面,他都是一位出色罕觏的大师,超群轶伦的巨匠。邦归命新,朝华夕秀。同时并世,来哲前修,绵延承接的中华文化命脉中,有先生的一席重要地位。

顾随先生也是一位哲人。其识照,其思想,其学力,其性情,其胸襟,博大精深,弥纶万有。其治学精神,以诚示人,以真问道。忧国爱民,为人忘己。精进无有息时,树人唯恐或倦。凡此诸端,皆我中华民族文化之精魂,于先生之立身志学而体现分明。而吾人所以永怀无匮,端在于斯。

然而先生辞世已久,桃李自蹊,门墙愈远,遗文间出,研习未周。此诚吾辈之深惭,岂独高山之难仰。值此昌期,讵宜泯默。谨以兹启,为先生学术思想研究会之创立,作一倡议。先生生前所在之学府,平昔故交,以及各方道义之士,定能闻风兴起,惠以鼎支。俾同人、弟子等系我怀思,日有瞻企,则无忝中华文化之辉光,亦乃河北高等教育之至幸焉。

谨启。

受业弟子周汝昌贡此初稿以待斧削参采
庚午三九(注:"庚午三九"乃在1991年元月中旬)

随缘和谐

——在顾随诗词学术研讨会上的讲演稿

陆炳文

韩愈(昌黎)先生尝谓:"师者,所以传道授业解惑也。"其实在此三者之中,传道尤其显现出其重要性,因为一位能够传授知识、析解疑难的经师,固然不可多得,而一位专精于指导年轻人为人处世的人师,更是可遇不可求。笔者深自觉得庆幸,1960年就读台湾师范大学时,教授大一国文的江应龙(字际云,号潜庐,湖北天门人)老师,便是地道的人师,我们班上的同学受他影响很大,从江师身上不只学到国学的基本功,而且耳濡目染了待人接物的道理;当时就有同学自况说:以前是三角几何不离手,如今却是古文诗词不离口。结果出现这么一个画面,江师后来在台北广播公司节目里,以"乐在其中"为题解读回忆:"那天举行荣誉考试,教室里没有老师监考,同学们坐得整整齐齐,平平静静,只有笔尖在纸上沙沙作响,这应该是最美丽、最和谐、最安祥

---

* 陆炳文:海峡两岸和谐文化交流协进会会长,台湾文化艺术界联合会理事长。

顾随研究

的一幅画面。"①至今留给我印象深刻的另一画面,则是江师课堂上会经常提到人师的典范,其中一位即顾随(字羡季,号苦水,河北清河人)教授,据闻他俩神交已久,彼此专长相近,一生从事文学创作、国学研究及教学,甫获桃李芬芳,尚且气味相投,平日喜爱交友雅集、热衷藏书及著述,同享文坛盛誉,或许由于爱乌及屋的关系,笔者对顾随先生也逐渐有了某种程度之了解和相当高度之敬意,特别是近年拜读了先生大作《顾随论学精要》巨著,感动于其得意门生、台湾大学叶嘉莹教授书面与序的推崇同理:古人有言"经师易得,人师难求",先生所予人的,乃是心灵的启迪与人格的提升。又适时接奉中国诗词研究院开会通知,请为该院所主办之"2009 北京:顾随诗词学术研讨会"提供论文,尚祈届时作为台湾正式代表莅会,个人愚钝虽不免惶恐之至,仍愿野人献曝来个抛砖引玉,急就章得此拙作《随缘和谐》之文,难免字里行间出错,甚或偶见言不及义之处,有请方方面面的专家学者不吝批评指教!

大会有个议题拟定得非常中肯,即"顾随先生为人处世的大师风范"。笔者就从这一点切入主题,试着申述顾大师是如何活用"随缘"、"和谐"二词,再合成一个概念"随缘和谐",分别奉为圭臬,亲身印验在他的起起伏伏人生中,身体力行于他的落落大方创作里,同时以身作则来教导他的芸芸学子们。

首谈"随缘",顾随先生非但重视"缘",而且注重"随缘"。实则,有缘必有因,有因必生缘,先因后缘,因缘就是这样自然而然产生的。先生曾在《论王静安》鸿文中指出:"因是种子,是内心;缘是扶助,是外物。因是内在的,缘是外在的,只有外在的缘,是不能发生的,只有内在的因,而无外在的缘,也不能发生滋长。诗人之自命风雅者,其因既不深,缘亦甚狭,故其发生滋长亦不会茂盛。古往今来之大诗人,盖其因甚深,其缘甚广,其根基深,故成就大。试观老杜,凡世界万事万物

---

① 江菊松等编《仰止集》,台北:华正书局,1975 年,第 6 页。

无不可入诗。"①杜甫的特殊因缘际会,把当年放荡不羁的生活体验发为诗作,正因为无法摆脱外缘,所以适足反映出一般真实,不仅慨叹自己遭时不遇,也显现出当时的社会百态。先生就此强调:"诗之境界,不但不能摆脱外缘,恐怕一切有缘。然而有缘无因则不可,因是什么?就是诗心。——老杜诗缘富,即以其因强,天地间万物加以本心哀乐,无一非诗。——欲炼使米成饭,使诗心成诗,即须借外缘。"②

笔者承乏文人雅集粥会有年,颇感乐使谷烹成粥,实在也是借外缘使诗心成诗之一途,台北始能出现一些知名诗老吟长,如爱国诗人前有于右任管领骚坛,今日则有余光中独步两岸之故。顾随先生坚信诗并非孤立的,当然在抒发内心情感时,绝不可能脱离外在关系,中西方世界皆应有如是观点。"西方所谓自我(唯我)主义,Egoism(Ego我),摆脱外缘,绝非可能。我们可以吸收外界的知识,接受别人的教训,而形成吾人自己的思想与精神,绝不能脱离外缘,否则便没有诗存在,人便不能存在。"③揣摩先生之本意,借重外缘固须首重广结善缘,广结良缘之外,也要懂得一切随缘,凡事随缘,不必勉强,不可强求,反求诸己,反照内心,或许更能让诗心发微,诗兴大发,而成就了家喻户晓的大诗家,以及千古传唱的伟大诗篇。

次论"和谐",历来诠释此语者甚伙,近人有香港诗人黄坤尧足堪代表,撰文替《诗歌的和谐说》辩证:"和谐训为和睦协调,原属两个单词,都是描写音乐的术语;其后成为复词,也就带有中和的意义了。《说文》云:"和,相应也。"又云:"谐,洽也,从言,皆声。"也就是众声相和之意。《书·舜典》:"诗言志,歌永言;声依永,律和声。"孔传:"谓诗言志以导之,歌咏其义以长其言。"孔颖达疏引正义:"声依永者,谓五声依附长言而为之,其声未和,乃用此律吕调和其五声,使应于节奏也。"又云:"八音克谐,无所夺伦,神人以和。"《礼记·中庸》:"发而皆

---

① 顾随:《顾随论学精要》,天津人民出版社,2007年,第262页。
② 顾随:《顾随论学精要》,天津人民出版社,2007年,第263页。
③ 顾随:《顾随论学精要》,天津人民出版社,2007年,第262页。

中节,谓之和。"《诗·关雎》郑笺:"后妃说乐,君子之德,无不和谐。"引申又指德性修养,而和谐更是一种美德了。① 这种美德与顾先生主张的修为正果大同小异,能成诗人,写出好诗,跟一个人的诗心、诗兴、诗情大有关连,调和的诗心与谐婉的诗兴,诸多德行缺一不可。先生语带恳切地告诫:"破坏了诗心的调和,便不能写好诗,最怕急躁,一急躁便不能欣赏。一个诗人文人什么都能写,只要是保持欣赏的态度、有闲的精神。小杜两首《念昔游》,和谐婉约,是他的修养。不要以为他的动机如此,他的诗情也许不谐婉,他的动机绝不谐婉。小杜是热衷之人(做官心切),不为金钱势力,为的是事业功名的建树成就。小杜为人不但热衷,而且眼热。有堂弟杜悰(小杜集中提及),才情见识学问皆不及小杜,而出将入相多年,小杜大为不平,愤慨、抵触、矛盾,他的心情并不和谐婉妙。诗如:'谁知我亦轻生者,不得君王丈二殳。'《闻庆州赵纵使君与党项战中箭身死辄书长句》诗系追悼战死者,实叹自身功业无就。小杜此类诗甚多,此一例也。"② 杜牧在晚唐诗词界名气颇大,人称小杜有别于杜甫,其诗虽多忧愤不平,惟仍豪迈不羁,与李商隐齐名。实际上,杜牧诗中也偶见讲求和谐之作,先生不忘提醒:"若其(指小杜——笔者注)《登乐游原》及《江南春》乃例外,其好处只是完成美,得到和谐。无论形式、音节及内外表现皆和谐。此点或妨害其成为伟大诗人,而不害其成为真诗人。又如其《念昔游》三首之其一:'一载飘然绳检外,樽前自献自为酬;秋山春雨闲吟处,倚遍江南寺寺楼。'再如其三:'李白题诗水西寺,古木回岩楼阁风;半醒半醉游三日,红白花开山雨中。'所写是私生活,小我,不伟大而真美,真和谐。"③ 先生还拿唐末诗人李商隐多用华美的词藻典故,表现真情浪漫、忧郁寡欢的风格,而不乏感伤时事之诗作,来与杜牧诗风媲美,再和老杜的异同略做对比说:"小杜、义山皆唯美派,都是想写出完美之作品来,尤

---

① 冯倾城:《澳门中华诗词》,澳门中华诗词学会,2007年,第53页。
② 顾随:《顾随论学精要》,天津人民出版社,2007年,第129页。
③ 顾随:《顾随论学精要》,天津人民出版社,2007年,第125页。

其音节和谐(形、音、义皆和谐)。一首诗有其形、音、义,此三者皆得到谐和,即唯美派。老杜在形、音、义之和谐上,不见得如小杜李,然而并非说老杜不伟大。其诗句有时虽不刺耳刺目,然究不和谐。小杜李不管怎样激昂,总是和谐。如义山《锦瑟》:'锦瑟无端五十弦,一弦一柱思华年;庄生晓梦迷蝴蝶,望帝春心托杜鹃。沧海月明珠有泪,蓝田日暖玉生烟;此情可待成追忆,只是当时已惘然。'此非不沉痛,而美,即因其形、音、义谐和。"①

我国民族音乐或称传统乐曲,一向也是崇尚谐和中和,换句话说作品内容动静相通,多走中庸之道才有创作力,调和的乐风曲风于焉存在;自古以来又有诗词歌赋并列之说,正是说明诗歌乐曲同源之事实,动静并存已久,中外古今皆然,我国尤其如此。最能代表此一动静观的常见东西是水,最能代表水之动静皆宜的诗是朱熹的《观书有感》:"半亩方塘一鉴开,天光云影共徘徊;问渠哪得清如许,为有源头活水来。"水的这种性质特性,被我国古人视为最高的智慧与情操,也是千百年来文人雅士孜孜追求的境界,更是墨客骚人讴歌传唱的标的;在《庄子》一书里,还记载了关尹对于应世问题的讨论,其间有"其动若水,其静若镜"之说,这既可理解为朱熹诗句云水与鉴(即动静关系)的一个源头,亦能解释作顾先生动静相谐之理趣所在,他才触类旁通点出:"中国音乐中激昂恢宏之音,皆自外来。中国古乐和平、简单、有神韵;琴,有和平之意,和平之境界——静。《诗经》有句:'神之听之,终和且平。'以中国固有的和平精神,加上佛教思想,是此境界。李贺(长吉)之诗句'空山凝云颓不流'之句,写的是静,'十二门前融冷光'之句,写的是动,而动静相通。必须(动静)两极端调和,走一极端不成。"②海内外的文化人士,在见识到先生"允执厥中"、"执两端而取中"之真知灼见后,每每尊其调和之说为"顾曲中庸"。不过好的诗一如好的音乐,均贵在动静和谐无间,和谐又贵在气象万千,伟大气象者

---

① 顾随:《顾随论学精要》,天津人民出版社,2007年,第122页。
② 顾随:《顾随论学精要》,天津人民出版社,2007年,第115页。

顾随研究

在调和之外还要统一,这用先生的说法是:"好诗是复杂的统一,矛盾的调和。好是多方面的,说不完,只是单独的咸、酸,绝不好吃。'干戈满地'、'客愁'曰'破'、'云日如火'、'炎天'而曰'凉',即复杂的统一,矛盾的调和。"①关乎此,再回头看他指证历历:"老杜的诗在理想上有,而不以此胜,以新鲜胜。其好处在气象。老杜的气象是伟大的。如《夔州歌十首》其九:'武侯祠堂不可忘,中有松柏参天长;干戈满地客愁破,云日如火炎天凉。'前二首诗只是新鲜,此首则气象伟大。"②

使用中文或说应用汉字为工具,作品虽有写文和写诗等等之分,可是要写得好,要有好的作品,各种文体都一个样,具备充分且必要的条件,一样不可或缺,但最最重要的两条即"随缘"与"和谐",合起来应该就是所谓的"随缘和谐"。若要达到这种随缘和谐的境界,又需要通过"包容"与"融合"两个步骤。何以写作必须包容?顾先生有精辟的比喻:"就文体言之,诗为柔,文为刚。而有人以写文之法写诗,又有人以写诗之法写文(如《洛阳伽蓝记》、《水经注》)。同是记事,《洛阳伽蓝记》与《世说》便不能比;史、汉亦一柔一刚。此言诗为柔文为刚,乃大较之言。亦如男女二性,在许多女人身上,带有几分男性,有的男人身上带有几分女性。"③实则,不论男人或女人,俱为男女两性同体,个体内容有或多或少的男女荷尔蒙,男女性别倾向或大或小而已,都是彼此互相包容的复合产物;诗词、歌赋、散文等各个文体,区别情况大体说亦复如此。诗文间相互包容的情形,尚不止此一个水平横向,他如垂直方向之包容,也会是写作上常要思考的方向。对此,先生早有先见之明:"中国文字能不能保存着旧的、横的联想的文字美(如此可使文字整齐,音节调和),而加上竖的思想?——我们要保有古典文字,装入新的内容。"④

---

① 顾随:《顾随论学精要》,天津人民出版社,2007年,第104页。
② 顾随:《顾随论学精要》,天津人民出版社,2007年,第102页。
③ 顾随:《顾随论学精要》,天津人民出版社,2007年,第49页。
④ 顾随:《顾随论学精要》,天津人民出版社,2007年,第70页。

随缘和谐

　　包容之后的文学作品,最怕看到的是华丽文字词汇的堆砌,或格格不入句子的有心拼凑。人们最想见值得欣赏的、新鲜的、可传世的经典之作,无非是经过吸收消化成了原创元素,进而完全反刍吞吐,重新加以融合为一体的力作,先生将它隐喻为:"但开风气,要新光四射,胸包万有。"①如果说它要求包容万有,也许太过苛求,然而先生认为追寻美的、好的文章,字面上起码得融入下列七大要素:"一应;二和;三悲;四雅;五艳——文章之美。——含清唱而靡应,虽应而不和(虽不单调也不调和。和不是和稀泥,不是混乱,是各得其宜。单调就不用和),虽和而不悲(悲,深也。深刻之意),虽悲而不雅,既雅而不艳。"②上述字里行间所透露出的正确讯息是,这样融合产出的优美文章,始见真正的、长久的和谐之作,它绝非相加相乘的结果,而系相辅相成的结晶,用通俗语言来讲,其创作过程类似繁复的化学变化,而不是简单呈现的物理现象。让我们重温一次前引朱夫子的读书诗,包容与融合,在诗中已经整个共生和谐了;理趣与情境,在文中再度获证完整重叠了。

　　严格来解构诗的成因,或者论说诗的风格,和谐还算不上一项。"司空图《诗品》列出了雄浑、……流动等二十四目,也就是诗歌的主要风格,偏就没有和谐一项,可见和谐并不是诗歌表现的重要手段。……诗中的和谐可能就有叶韵平仄的意义。杜甫说:'晚节渐于诗律细'(《遣闷戏呈路十九曹长》)、'律中鬼神惊'(《敬赠郑谏议十韵》),探究声律之道,而高者更是通于神明了。"③综观和谐虽非评断诗风良窳的一个考虑项目,却为衡量诗人是否高明的一项文化指标,又是评论诗词意境是否超凡的一种精神象征。北京诗家王岳川的一篇论文,《探索中国诗词的和谐境界》有感而发:"中国诗歌是文化精神的集中呈现,这一诗歌文化的精神特征,体现为和谐之美。中国思想文化主

---

　　① 顾随:《顾随论学精要》,天津人民出版社,2007年,第72页。
　　② 顾随:《顾随论学精要》,天津人民出版社,2007年,第73页。
　　③ 冯倾城编:《澳门中华诗词》,澳门中华诗词学会,2007年,第56页。

顾随研究

要是儒道释三家。……儒家强调的是'和谐之境',道家强调的是'妙道之境',佛家强调的是'圆融之境'。和谐、妙道、圆融之境成为三家的最高境界。……中国诗歌讲求境界,有境界则为高妙,无境界则流于低俗。"①实在说三家境界一般高,儒家讲和谐自不在话下,老庄的道教思想也有'冲气以为和'的和谐观,而佛学的'众缘和谐'境界说对诗意同样有很深影响。

常言道:万变不离其宗,万流不改其源。由此可知,中华文化开宗明义就是举三家相谐为一脉、变万流竟合归一宗的,此一宗脉之所以源远而流长,靠的是流经了包容、融合地域,以至万般皆得以和谐相处;套句现成的话便是走相谐之道,随缘和谐标的才有以致之。什么是相谐之道?早在半世纪前于右任就给了明确答案,1958年6月21日他在台湾主持诗人节庆祝大会致辞说:"诗有韵,为的是读起来谐口。但是后来韵变了,古时同韵的,读来反而不谐;异韵的反而相谐。如同韵的'元'、'门',异韵的'东'、'冬'。而我们今日作诗,还要强不谐以为谐,强同以为异。现在国家推行国语(普通话),而我们作诗用的是古韵,这样一来,不知埋没了多少天才,损失了多少好诗!古人用自己的口语来作诗,我们则用古人的口语来作诗,其难易自见。我们要想把诗化难为易,和大众接近,第一先要改用国语的平仄与韵。这是我蓄之于心的多年愿望。"②粥会名贤于先生当初说的是诗学声韵相谐之道,及今听来,依旧还是讲得通,在其他方面诸如书画艺术、科学技术、待人接物、为人处世上面,同样全都用得着,相谐的道理可谓放诸四海而皆准,也可说是与顾先生《顾随论学精要》不谋而合,更可贯通"随缘和谐"概念施行无缝接轨。"随缘和谐"理念很清楚,相谐以缘,一如相濡以沫,是何其自然自在和自由。因为要自然,所以不勉强,所以能够共生,才能有真正的和谐;因为要自在,所以不强求,所以

---

① 冯倾城编:《澳门中华诗词》,澳门中华诗词学会,2007年,第10页。
② 陆炳文编:《心和四时春:于右任130岁诞辰纪念诗集》,台北市中华粥会,2009年,第157页。

随缘和谐

能够共享,才能有稳定的和谐;因为要自由,所以不强人所难,所以能够共存共荣,才能有比较长久的和谐。

实施"随缘和谐"成功的事例不是没有,只是没有被动发掘或主动发掘罢了。台北于2009年5月22日开办"七友画会50周年纪念展",笔者有幸钟其事,开幕式以"媲美七贤的七友"为题讲话,重点正是发掘并举出"随缘和谐"一例,粥会行之有年、行之有效的自我表白云:"台北中华粥会前身为上海粥会,系1924年始创于沪上的文人雅集,成员以书画家、作家、诗人为主,50年代在台复会,其中著名诗书画家马寿华等七人,别出心裁,同一时期又另组'七友画会',文名直追魏晋,媲美竹林七贤。该会因保有自然结合之人(当事人、家属及传人)、自在雅聚之集(原有画会及今之研究会)和自由艺风之作(海内外文博单位及私人收藏),才不至于随人事的凋零而走入历史,反而由于传递了和谐的七友精神,融入同中存异、异中求同的诗书画里面,分别去精准地诠释了我国传统的和谐文化。这七人出身背景不同,性格画风不同,人生际遇不同,当然作品行情更不同,唯一相同之处,是透过笔歌墨舞的共同志趣,累积笔精墨妙的共同造诣,追寻笔酣墨醇的共构和谐意境。仔细观察七人彼此间、诗书画之间所流露出的和谐感,皆系从民众出发的和美观点产生的种种样貌,包括了人与自然、人与艺术、人与家庭、人与学校、人与社会、人与国族、人与世界,在在突显唯有处于相对和谐状态,相互间才能共生、共享、共存、共荣。关于这一点,甚符粥会长期倡导和谐的粥文化之基本精神,尤能见之于七友个人创作或合作画当中。七人协同将诗书画合一,构图不勉强,笔会不强求,分工不强人所难,不管用任何形式呈现,都是一种有机化学组合,矛盾中仍保有和谐。真正持久的和谐,绝对不在表象,此即七友合绘成功的地方。如此表现出和谐中道意象,从书画创作一样可以推广到所有文艺作品,如欲共筑和谐的人际关系、社群关系乃至国际关系,也得从这一点着眼和着手。"①

　　今天我们最欠缺的,不就是这种真正的、稳定的、持久的和谐?不就是顾随先生毕生信奉的这种"随缘和谐"?"随缘和谐"固然是我们的良好祝愿,但能否如愿以偿,良意成真,端看能否利用这次研讨机会,大家能否开诚布公,集思广益;文字学上"和"训相应,"谐"从皆声,人人皆有所言,个个畅所欲言,学习尊重少数,一致服从多数,最后形成具体共识,据以扩大号召有志一同者,携手完成诗教兴国大任,迎接21世纪的中华盛世早日到来。

---

① 戈思明主编:《兰谱清华》,台北,历史博物馆,2009年,第50页。

在顾随诗词学术研讨会上的发言稿

周汝昌*

今天这次顾随诗词学术研讨会的召开,是我多年来期待实现的一个重要愿望,也为我们中华诗词这条大命脉的不断繁荣发展增加了一份讨论学习、交流共进的良好范式。

讲起先师顾随先生,我要说二句话八个字,就是:"大道无名,大师无界。"这是什么意思呢?我们先民、先圣、先贤常说的那个"道",本来没有名称,因为不知道怎样称呼它才好,无可奈何中这才挑选了一个"道"字姑且作为代表,所以,我们说大道的本质在大自然中存在,不可捉摸,无形之中却实有此道、此理存在。换言之,"道"本无名,称之为"道",不过是个假名而已。那么,"大师无界",又为何义呢?在我看来,顾羡季先生这样的大师是很难用一个界别或者科目来称呼的,说他是什么"界"的大师,比如文学界、史学界、哲学界等等,在我看来,不

---

* 周汝昌:著名文学家,诗词专家。

顾随研究

应该用这样的分界法把顾先生框定了——框定也就是把他狭隘化了。因此,我们的大会主题尽管是顾先生诗词作品的研讨,而实质上应该说是他的人格、道德、文章的学习研讨。比如:我和先生请教一首诗或讨论一首词的时候,涉及的问题范围甚广,绝不限于文章、典故的事情,而我所得到的印象是先生在回应这些问题时,真是无所不通。而且,他只用上几句话就能说到"透亮"之处,有时入木三分,有时一针见血,令你恍然、憬然、心折、口服,真好像他对你提出的任何一方面的话题都深入研究过的一般。所以,我才说,像他老这样的真大师是不能用一个什么"界"字而划定而紧紧缚住的。当然,我这样说又不是完全雷同于宋人的"功夫在诗外"的那种见解、论调,相反,我是想这样来说明先生的无所不通、无所不透,却正是他为了诗而下的真实功夫——我的"翻案文章"就是先师顾羡季大师的一切功夫,都是为了"在诗内"而绝非"在其外"。

此意既明,方可专就诗词的这一方面来粗加讨论。我和先生二十年的书札来往、诗词唱和,所获得的印象至少包括以下几大特点:一,先生对诗词的鉴赏、评论、要求,实际上包括了汉字、汉文的形、音、意、神、韵、情、致……。二,不论理、意、境、事、人……要传达起来,都必须是要活生生的。作品和人一样是一个宝贵、可喜、可爱、可敬、可佩的生命,而不只是一堆文字符号。"活"是作品的第一义,切忌落于一个"死"字上。"死",就是机械化,就是八股化,就是堆砌、粉饰、忸怩、做作、搭架子、装派头,一切似乎变化多端而总不脱离一个"索然寡味"、"没有生命"。三,既然作品是一个活生生的生命体,它就要表现出一种活气、朝气、英气、爽气、灵气、逸气;总之,是骨肉俱全、脉络贯通、品格高尚。四,要向上,要自创,切忌人云亦云、鹦鹉学舌、陈言套语。所谓"向上一路",似禅家的用语,禅家的精气神讲究走自己的路,不要缀人脚跟。而所谓自创者,又不是无源无本张口乱道,而是从旧的传统脉络中脱化出崭新的风格、境界、智慧、见解。所以,先生常常鼓励我们要发扬蹈厉,有向上进取的精神志向,不怕向老师提出质疑

在顾随诗词学术研讨会上的发言稿

的问题。所以,禅家甚至明言"呵佛骂祖",要"丈夫自有冲天志,不向如来行处行"……先生对于汉字的一切特色、优点,考虑得最为深透,他是一位诗、词、曲贯通的大作家,而这种文体是最要讲求音调格律的,他对此要求得很严格,绝不认为这是琐末之事的可有可无的细节。例如:他老人家批评我的那一点拙作时,不止一次指出,说我的七言律开头主体两部分尚时见可取之处,唯独结句其音偏"哑",不知何故?老师的意思是不愿多说,要我自家留意,或可改进……对此所涉缘由很是复杂,又因偏重于我个人的问题,不宜占据大会的太多时间,我只能把它提出来,举例说明先生对于音律的要求之严、讲究之精,实非一般作家所能望其项背。

关于音律格调问题,先生特别注重,他只要听你口中读上几句,就知道你懂不懂音义的重要关系。他说:会念的人一出口,便把字句原意全都"念"了出来,不用注解;其次,他的另一个讲授重点是教给人们汉字文学的讲求文采,文采不等于字面上的华丽、美观、堆砌等各式各样的形容词,那好比涂脂抹粉都是表皮上的事情。他喜欢引陆机《文赋》的名言:"石蕴玉而山辉,水怀珠而川媚",正是这个大道理。说到这儿,不妨顺带讲一讲他特别尊崇《文赋》和《文心雕龙》,这是我们中华民族文艺理论的两份宝库。先生不仅仅是一位文论专家大师,而且是一位身体力行的实践家,对此,我们此刻难以尽叙,有待大家今后不断研求领会才行。最末一点,先生讲授常常喜欢以禅喻诗,老师的意思是,把禅与诗放在一起来讲,并非是表明讲禅就等于讲诗,禅与诗二者并不雷同,先生只是借用禅家传授的方式来讲授诗的道理。我理解为:禅在寻求真理和讲授真理时,都特别注重把世间日常生活中的一切比方、标记、表达、表演等都要破除尽净,因为那都是一种"障"。"障"是什么?就是它把你和真理之间设上了隔离障碍,而你真正需要理解和表现的主题实际却被它淹没和替代了。诗人想题咏一个主题,他必然首先直截了当地去接触那主题本身的一切,否则,你便是被许多的"障"隔离欺骗了。例如:你要咏月,却不去直接观察感受天空中的一轮明月的境界,而你提起笔来,首先想的就只是苏东坡的"明月几时有,把酒问青天……"再不然就是李白的"举杯邀明月,对影成三人……"那么,这种诗作出来之后,必然就是一堆掌故,老套陈言的堆砌,最多不过是重新组联一次罢了,这儿没有你对月亮的崭新、鲜活的感受领略,你的作品就成了"障"的堆砌物。假使古往今来我们中华的诗(词曲)都是这样的东西,这可怕不可怕?好了,时间有限,我想说的自然是并不止此,但是我想,我们对顾先生的诗词曲的丰富遗产,进行认真的探索、学习的话,不妨从上面所列的几个要点来作指南,或许能收到事半功倍的良好效果。

我个人从幼遭逢乱世,失学、废学很多次了,平生所经历的学校老师很多,回想一下,我最为佩服而崇敬的首推苦水词人羡季大师,对他的研究异常重要,这次大会只是一个开始,真诚希望由此为一个重要标志,把研讨会适当分期继续下去,我相信这对我们中华的诗歌文学的发展是一个非常重要的工作,也是对先师羡季先生的最好怀念。

周汝昌口述
2009.11.4

附:

顾随先生诗词学术研讨会感赋

(一)

大师去已远,天际散遗芬。
爱马支公俊,雕龙慧地文。
一生三化备,八法六书均。
风雨高楼在,凭谁仰及群。

在顾随诗词学术研讨会上的发言稿

（二）
大道无名久，先型有象尊。
倦驼千里路，苦水一杯醇。
作剧红氍上，登堂绛帐门。
思量杜陵叟，芳意与谁论？

授业 周汝昌拜书
己丑闰五月十八 2009.7.10

在顾随诗词学术研讨会上的书面发言

涂宗涛

"顾随诗词学术研讨会"的邀请函收到后,本拟前往参加这次盛会,从中受到教益,无奈年事已高,近又患高血压症,刚从医院回家,不利于行,不敢下楼,怕跌倒,故只能请假缺席,谨致歉意!

顾随先生是在学术领域有多方面成就的著名学者,从 1958 年起,我承乏担任天津市语文学会专职副秘书长,党的关系又在河北大学,和该校中文系的教师比较熟悉,也曾数次拜访过顾先生,颇受教益。那时我就读过顾先生 1928 年夏的自印本《味辛词》,给我留下深刻印象,即他的词作充分体现了作者与时俱进和勇于探索的精神,富有时代特色,以内容而言,紧扣时代脉搏,关心国家民族的命运,抒发爱国热情。如是年夏的五月三日,发生了震惊中外的"济南惨案"(亦称"五三惨案"),日本帝国主义为阻止国民党政府发动的第二次北伐战争,

---

* 涂宗涛:天津社会科学院历史所研究员,天津诗词社顾问。曾任中国历史文献研究会首届学术委员。

在顾随诗词学术研讨会上的书面发言

悍然侵入济南,奸淫掳掠,屠杀中国军民数千人。对此,《味辛词》中的《八声甘州·哀济南》二首,既作了血泪控诉,也抒发了满腔愤怒:"此际伤心南望,有连天烽火,特地愁侬。便梦魂归去,难觅旧游踪。绕湖边、血痕点点,更血花、比着莫霞红。凭谁问,者无穷恨,到几时穷!"紧接着,又一首《八声甘州·忽忆历下是稼轩故里,因再赋》:"数今来古往几词人,应推稼轩翁。望长安,却被青山遮住,抱恨无穷。不道好山好水,胡马又嘶风。地下英灵在,旧恨还重。"并在这阕词的末尾,对蒋介石的不抵抗行为进行责难:"神州事,须英雄作,谁是英雄?!"

就词风而言,从这三首《八声甘州》可以看出,富有传统词的韵味,语言典雅,说明作者是继承了古人词作的优秀传统的;但我认为更可贵的,是作者词作的另一面,即发扬"五四"提倡语体文和白话诗的精神,探索以语体为词的尝试。请看《清平乐》:"白天黑夜,黄尘如雨下。这样春天真笑话,没有他也罢。昨宵细雨如麻,醒来依旧黄沙。总算清明过了,虽然没看桃花。"词语大众化,真实地反映了北方春天的特殊景象,读来别具情趣,如读元人散曲,并无俚俗之感。以写散曲的语言去填词,不拘一格,以之反映现实生活,别开生面,在《味辛词》中类似这样的作品,还有《踏莎行》(放眼楼头)、《瑞鹧鸪》(安心还是住他乡)、《生查子》(身如入定僧)、《蝶恋花》(我爱天边初二月)、《唐多令》(春雨只销魂)等,力争贴近实际,贴近社会,贴近群众,他这种与时俱进、不断探索进取的精神,直到晚年在河北大学执教时期,仍在创作中一以贯之。据顾先生的及门弟子张清华同志《绵绵师情自萦怀——忆我的老师顾随先生》一文介绍:"新中国建立之后,先生词为之一变……讴歌层出不穷的新鲜事物,表现他在新时期积极担荷的精神。"[1]并以这时创作的《鹧鸪天》、《凤栖梧》为例,如前一首下片:"当世事,异从前,更新思想复支援。试看集体农民力,土变黄金,水上山";第二首的下片:"风景非殊人事变,山要低头,人要埋头干。千里龙沙

---

[1] 孙绳武编:《顾随和他的世界》,作家出版社,2007年,第161页。

金不换,石湖城在盐湖畔"。从语言贴近群众这一点来看,上述二词和《味辛词》中的《清平乐》不是一脉相承的吗?以上提到的这些词作,虽都不是顾先生的代表作,但他那种乐于接受新鲜事物,与时俱进,在创作中不断探索进取的精神是十分可贵的,是值得当代的诗词作者学习的。

"江山代有才人出,各领风骚数百年"(清·赵翼句)。今之诗词作者,当责无旁贷地去领当代风骚,创作出具有时代特色的佳作,开创新的一代诗风,不负于我们这个时代。遗憾的是:直到2009年6月,中国人民大学师生在聆听了作家王蒙《〈老子〉的魅力》报告之后,向王提出的三大问题之一,就有"古诗词怎样更好地表达现代事物?"[①]可见这个问题还必须继续进行探索。可以预料,后人所写中国文学史,对中华人民共和国建国后的传统诗词创作,只有从内容到形式都有时代特色的佳作,才能占一席之地;那些匍匐在古人脚下,陈陈相因,即使追摹古人毕肖而无时代色彩之作,是会被历史淘汰的。开创新的一代诗风需要不断探索。衷心希望以这次"顾随诗词学术研讨会"为契机,广大的诗词创作者和爱好者,继承和发扬顾先生在诗词创作中勇于探索和开拓的精神,共同努力,不断探索、总结,为促进当代诗词创作水平的不断提高,形成既继承中华诗词的优秀传统而又富有时代特色的一代诗风作出贡献。

预祝"研讨会"完满成功!

2009年11月2日扶病匆草

---

① 《光明日报》2009年6月9日第2版报道。

回忆恩师顾随

杨敏如

各位学者，各位朋友，我是一个退休的人了，可是我的心还没有老。我的岁数太大了，我已经93岁了，吃得下，睡得着。昨晚没睡好，因为好久没有当着大家伙儿的面说话了，所以有点兴奋，也害怕很多的大师见到以后，我实在是自惭形秽。可是今天大师们都来不了，1990年开会，顾先生的学生黄宗江给起了个名叫"顾学"，今天黄宗江也不来了，我也有一点遗憾。

我今天看到这个会，真是由衷地高兴。我先说一个使大家大吃一惊的事情，我跟顾先生有缘，你们都喜欢说恩师，现在有许多人叫我恩师，你们才不知道顾先生对我是何等的恩师，慢慢听我道来：

我先说80年前，我十二三岁的时候，念初中，在天津一个教会学校，叫中西女中。我在中西女中念了12年，从初小一年级一直念到高三。初二的时候念一种课叫几何，老师是一个男青年，在我们那个学

---

* 杨敏如：北京师范大学文学院教授。

顾随研究

校不是外国人教书就是女老师多,男老师很少。这个男青年老师他教我几何,我不懂什么叫几何,考试的时候,先画图,然后写"已知"、"求证",这就该"证"了,这角等于那角,那角等于那角,所以这个角就等于那角,这就是最动脑子的地方,是我最不会的地方。但是我这个老师说过,考试我只要写得整齐,图画得好,已知、求证都有了,就有及格分。所以已知也写了,求证也好了,图也画好了,我就打住了,就看老师干嘛。这个老师棒极了,看样子就是20多岁,他在黑板上写上题目以后,就拿着粉笔在黑板那儿画画儿,画兰花、画树,都好极了,我就仔细看,他还写了这么几句,叫"少岁吟诗,中岁填词。把牢骚、徒作谈资。镇常自语,待得何时。可唤愁来,鞭愁死,葬愁尸",我说这叫什么呢,那时我没见过词,背过唐诗三百首,也背过诗经,家里有教我哥哥的老师,我跟着念过,但是我没有见过长短句,我也不好好做几何,反正也不会。我就仔细看了几何老师写的这几句,就会了,到现在不忘,脑子里就是这几句,我喜欢"可唤愁来,鞭愁死,葬愁尸",我当时不懂愁,我觉得愁都是具体的,把它"唤"来,而且"鞭"死,而且很顺溜。长短句,我觉得这一定是这个老师做的,这个老师太棒了,我就在欢喜赞叹中交卷了,底下就没有写,刚及格。

  一直到十几年后,我中学毕业,考燕京大学,我想考什么系呢,就考一个国文系。文学院的院长说你家里有私塾吗?我说没有。他说你是中西毕业的,你知道在大学里头念国文系,可不是白话文,我心里想那有什么关系,文言文难道我没看过很多吗?因为我家里没有爸爸,我爸爸在我三岁的时候就死了,我什么书都看过,我和我哥哥我们都自学。我们家是书香门第,就是我们自己造了一个书香门第,没有书柜,我们自己买书看,我看的书也挺多。我说文言文有什么稀奇,我知道大学没有文言,这个人怎么这么说话呢。后来这个人很早就走了,因为证明他的文凭是假的,就走了。我进了国文系,进了国文系第一年,国文系的主任郭绍虞教我大学国文,外语系的主任教我大一英文,我英文得了9分,9分就相当高了,国文先生只给我7分,因为那个老师郭绍虞先生的苏州话我听不懂。

我们在学校里一年级念完到二年级，可以转系，我就跟系主任说，我要转系，他说为什么？我说因为我英文得9分，我国文才得7分，我还是英文比国文强，我干脆念外语系吧。他说那你进来的时候为什么不念外语系？我说我进来的时候我觉得我一个中国人怎么会外语还比中文好，应该中文比英文好才对，我为了这个就念了国文系。他说这个思想没有了吗？我说还有，他说还有就不许你转，你那个思想是对的，你就应该念国文，郭先生很会说话，对我好极了。而且他说我告诉你，中文系很少像你这样英文好的，我们要一个，你不许走，我们学校可以主修什么，副修什么，只要你把这两系的主要课修完了，你将来毕业出去，也可以教中文，也可以教英文。就这样我就学下来。

到了二年级，不得了了，顾先生的词课，我们燕京大学选课的时候自己写，都往中文系跑，因为中文系有个单子在那儿摆着，凡听顾随先生课的限40人，那屋子里40人就不少了，结果大家就抢，骑车的、跑路的往这儿来，赶快签名，慢了就签不上。当然我是中文系，我老早就写上了，顾先生的教课在北京很有名的。当时在清华大学是俞平伯先生讲诗词，北大是孙人和先生，每位的弟子都说我的老师好，当然我也不例外。顾先生的课讲得多么好，我也就不说了，大家都知道，我就跟着迷了一样。顾先生讲课有时候就像王国维说的一样，就进了"无我之境"，怎么是"无我之境"的？就是顾先生讲着讲着，就迷醉在作品里了，学生一听，也都迷醉在作品里头，我们大家都迷在作品里头，这是"无我之境"——没有先生学生了，就是我们大家伙儿一样，都融为一体了。可也是"有我之境"，因为就看见顾先生本人的形象在你面前。我说这个话是我自己深深的体会。

听顾先生的课，40个人满了不说，那些外系的学生都到别处找一个椅子来，把边上都坐满了，这是聪明的；再慢一点的人，就没有地方搁椅子了，就搁在过道上，那门永远是开着的，不能关。顾先生一个礼拜讲一次课，就这么迷人，大家也不知道为什么，不知道其所以然，大

顾随研究

家就是迷上这个课,就是喜欢得不得了。我当然也是很迷的,于是我就跑到系里头、图书馆里头去找他的词集,找到一本叫《无病词》,结果就翻,一下子就看见我会背的那半首是他做的,我这缘可大了,而且我找到了,我不知道多高兴。我一算顾先生那时候才刚30岁,很年轻的时候,大概在天津教中学,或者是怎么样,写的"三十初度",他"三十初度",是1926年。总而言之,我才十几岁看的那首词就是顾先生的。第一次读《无病词》,我觉得有很多特色,觉得没有那么多典故,不像古代人的词,就像现代人的词。都是写自己的愁苦、悲哀,而这个悲哀很多都是写到国家,顾先生一定是一个非常爱国的人。我找到了我所熟悉的那首词,是《行香子》,写得很好,写到自己怎么累,说自己胡须有点白了、头发也有点白了,我不大会背了,意思就是有谁知道上起课来是怎么样的历尽深思,累极了,当老师很辛苦,就这么点印象,别的也没有。我就觉得这个词是给我们当代人作的,跟古人的词不一样,说自己心里的话很真实,很有感情,是教书的老师。所以我就初步认识了顾先生,我就非常崇拜他。别的人崇拜,我也崇拜。我后来看到叶嘉莹先生还有一些讲义、笔记,我才惭愧了,上课我连表都不敢看,我怕看表一会儿就过完了,我就两个眼睛瞪着他,他也累,我也累,但不觉得累,就觉得是最高的享受,一种精神上的享受。一个人把自己的内心都交给你,你想想我们小孩20来岁,为赋新词强说愁,也不懂什么叫愁,他把这些东西都教给你,是平等的,不是"教不严师之惰"那种很庄严的,没有那个劲。他就像跟你聊天一样,就说这首词,让你也爱这个词,也爱这个人。这个人的心血都教给了你。

而且特别使我感动的是我还没有念完,平津就沦陷了。我在天津待了半年没去,过了半年,学校说我们开学了,你们来吧。我回去了,还是原来的学校,还是未名湖,还是那么好看,可是都苍老了,老师也老了,才半年不见,老师就老了。顾先生一直身体不好,到了冬天的时候,他到我们这儿来上课,他得过西直门,拿出良民证要搜身,经过这些屈辱,才到我们那儿去,这样的一个老先生,从中间的休息室楼梯下来,大风天进到课堂里,课堂里鸦雀无声,脱下皮袍子,他带着一个椅垫子,因为他坐骨神经疼,然后把书拿出来,用那样哑的声音跟我们谈话,说的话都是双关。我们那时候在燕京的生活,好多外人不知道,说是桃红柳绿,醉生梦死,这些人还讲词呢。我们讲的是词吗?我们老师讲的是词吗?我们老师讲的是他的心,讲得真难过。我们都说双关语。听顾先生课的人更多了,学生们更严肃,学生们更爱听了。我们作的词,老师把我们的卷子都改了、批了,搁在讲桌上。我就坐在第一排,因为他老夸我,在我们交的词里面他也说我好,问我作没作过词,我说没作过,我读过唐诗,我会背唐诗,可是我没敢作过,我一首都没有作过;我家里有一个哥哥是比较天才的,那个老师就顾他了,他们两个人一唱一和,没我的事,认为女孩子背几首唐诗可以了,我也没要求作,我也不懂。那时候我有一个男朋友了,他送我一个《纳兰词》,我就会读纳兰词,老师不知道,老师给我的批语说,你作的词有纳兰的味,我那个美呀,我说他怎么知道我有《纳兰词》?我美得不得了。

我也学老师,作什么词最后总有一个光明的尾巴,总有乐观的地方。因为我看老师的词多么愁苦,总是有一个希望在前,我就学这个。我也没有什么典故,我看老师都没有典故,我就如释重负,因为没有学问,也没有典故,就是写我自己。我那时候也有一点点恋爱,当然老师不知道。我不敢跟老师说话,我一说就不好意思,我跟老师没话,我从来不会跟他说点私事的话,没有。这件事我没告诉他,我12岁就看见他的词,我也不敢说,不敢随便说。但是我崇拜他崇拜得要命,就是希望到礼拜四,一到礼拜四就有顾先生的课,同学都逗我,说今天对杨敏如说什么她都是快乐的,因为她要听顾先生课了,老师就那么让人着迷。

但是后来我就不一样了,燕京是教会学校,真理就是信基督教,我们神学院的院长也会中文,他给我们讲杜甫与宗教,杜甫我是跟神学院老师学的,我这个词儿用得不好,就叫"玻璃神",这个人也跟我说话。后来我就离开了基督教,我不再信基督教了,我要上内地去了,我

顾随研究

就琢磨着上内地,可是没有机会去,我不能自己去,我的家庭环境只能我跟我母亲一块去,在那种苦难的环境下不能,得找机会。后来毕业了,郭绍虞先生就像一个老爸爸一样,他知道我不会做汉奸的事,他说你考研究生,我说我没有学问怎么考研究生?他说我叫你考你就考得上,我连这个也不懂。我也没敢回家,就在念书,后来还真考上了。后来有一个人在燕京的报纸上看到我作的词了,就说你们谁把这个杨敏如叫来。我一见他,他叫张尔田,是很有名的人物,他说他不教书,他住在他弟弟家,他弟弟叫张东荪,也是我们的哲学教授。我见到他以后,他第一先夸我的门第,这也是我不爱听的。第二,就说不要跟顾先生学词了,越学越坏,你跟我学周邦彦,你把他的词好好读会了。读会了,我们俩来讨论,你走吧。他好像俨然就是我的导师了。

后来顾先生跟我说,你愿意跟他学也行,不愿意跟他学也行,你有你的自由。不过我告诉你,你还是顾派,你愿意跟张先生学,我不反对,你还是顾派,但是你去淘换淘换他的那点本事也不坏,人总要"博",你不能说他的那一派你一点都不听。顾先生就这么教我,可是我都不言语。等我寒假有机会了,我就要上内地了,先向郭绍虞辞行,我说我走了,他赞成我走。我就把这个学校都逛了一遍,我去过的地方,我作词的地方,我玩的地方,都看了一遍,然后就到顾先生家去。大着胆,没去过顾先生家,弓弦胡同里边,问好了就去。连我作论文时都没敢跟顾先生说话,他对我的论文不置可否,给我一个坏分"B",我都没敢问为什么,结果我自己后来悟到了。我说的就是顾先生说的,他怎么给你好分,你没有自己的见解,你还叫人给你好分啊!从此以后,我不敢提我的论文,我更不敢看他。这次我下决心去了。去了之后,他还没想到,他在屋子里写字,我第一次到顾先生家,好像也看到一些师妹,都不认识,也没见到师母。后来我跟他讲我怎么想的,为什么不做基督徒了,为什么走,甚至我有男朋友,到延安了,都告诉他了。我自己也不知道为什么愿意告诉这个人,我觉得我跟顾先生不陌生,我知道他,他也知道我,我看过他的作品;他看过我写的词,而且都说过、都评过。我看他写的字，最后的两句是"一双金屈戍，十二玉阑干"，都流泪了，是写他的感慨。我说顾先生这首词给我吧，我说你还能送我一本书吗？他说我的书都没有了，我这有一本皮上写的是给我女儿的，你拿去吧，做纪念吧。他快乐极了，就一直说，你去得好，你走得好，能走的都走，走吧，走吧。最后离开顾先生家的时候，还给我一个感觉，就是我们抗战胜利后就再见。我说顾先生请留步吧，他一直送我到外头，是在课堂上没有的那种兴奋；我也满怀着顾先生的一句词——"佳期纵后是佳期"（抗战胜利是佳期，一定会来到的），与先生分别了。这一分别就十几年。

这十几年，我在内地的南开中学从教英文到教国文，教国文我脑子里想的都是顾先生，我也没有总结什么，我就照着顾先生的意思讲，我觉得我做不到像顾先生那样，完全燃烧自己，但是我也全心全意教。没有人告诉我怎么教，注释是头一步的事，暑假就把它都弄好，别说白字，注释都写得很清楚。但是你不能够依注讲解，连《牡丹亭》的杜小姐都不肯依注讲解，讲那个有什么意思，要讲自己的体会。我很努力地备课，多多少少学到点顾先生的皮毛，已经被学生欢迎得不得了。学生到现在我们还来往，我90多岁，他们都80岁上下了，也有已经走了的，他们老爱说，"一日为师终身为母"。我说别说这话，多难听，怎么"终身为母"啊，我能跟你母亲比啊！我说我们别说这个，古代的话有的对，有的就不对，"天下无不是的父母"，那话对吗？"个人自扫门前雪，休管他人瓦上霜"，这个也不对，不对的别学，对的才学，别老叫我"恩师"、"恩师"的。

我现在有一拨朋友都是80多岁的人，就是当年南开中学的学生，他们都做了专家了，做了院士了，他们的孩子说，你还会背《九歌》呀？你怎么会背《九歌》？你哪儿学来的？他们回答我们学校有个杨老师教我背的，我都会。南开中学对国文也是很重视的，学理科的也有我的学生。多多少少学了点教书的本领，这也是跟顾先生学的。

我回到北方以后第一件事就是要看望在沦陷区受过磨难后来又

顾随研究

大病一场的顾先生。我在天津教书,没有机会来,一直到了20世纪50年代,我才看到顾先生。第一次跟同学来,来了忽然说顾先生不在家,看到好几个师妹,我也不认识,她们说顾先生回到北大玩去了,我们就知道顾先生是身体好了,好了才能到北大玩去,虽然没见,也放心了,再有机会再来吧,我又回天津了。

后来我在天津师院,就是顾之京现在做教授的这个地方,我是老师,我的系主任是王振华,她派我代表天津师院去北京请顾先生到天津来。王振华在中学时代受了顾先生课的影响,听鲁迅的东西,她一辈子跟她先生李何林都是研究鲁迅的。而且李何林在1949年帮了顾先生一个大忙,那时顾先生在辅仁大学,他病了,不能上课,李何林跟教育部说,你们知道不知道这个人有病了?怎么还要扣人家的钱?这种教会学校留下来的坏毛病,怎么能坚持呢?对顾先生怎么能减他的工资呢?他有家累,还有病,怎么能这样对他?这样教育部才恍然大悟,给顾先生把钱补上。顾先生跟王振华和李何林是好朋友。这次到北京,见到顾先生,他给我看了信,说他的同学、好朋友冯至给他一个工作,到社会科学院研究古典文学去;还说他已经和冯至一起讲了一次杜甫,又把讲稿给我看。我看了心里打鼓,说王振华叫我来请顾先生的,到天津来,这么好的有学问的老师到天津来了,房子有房子,工资有工资,你来吧。现在我来了,知道顾先生要到社会科学院去了。可顾先生他说不,你等着,我告诉你,我不能没有学生,我不去做研究工作,天天看不见学生,我得看年轻人,不能没有学生。我当时很感动,我就脱口而出,我说先生,我才教了几年书,就认为教书是最好最好的职业了,我也不能没有学生。不是说教书给自己多高的工资,我们在抗战期间,教书的钱最少最少,银行的钱多极了,可是我愿意苦一点,愿意教书,因为跟学生一块长进。因为有年轻人,你从来不觉得自己老。而且总觉得你的学问不够,你拿什么教人家,就得用心。于是你也用心,他也用心,两方面相学相长,我说这种生活可好了。我说老师你不能离开学生,我也不能离开学生。他说你容我几天,我要开家

回忆恩师顾随

庭会议,因为我没有家里人帮助我,我一个人不能生活,所以你等着我。我过了几天又去了,他高兴极了,他真就答应了,我居然完成了我的任务,回去了,兴高采烈地。顾先生到天津后,我把先生迎到我们家,他第一次看见我的老头,还开玩笑,当然他不记得他的名字,就说"student in law"。这完全比照"mather in law"(婆母)而来的

我经过这些年的教学,我也得到先生教给我的怎么样当一个教师,怎么样把自己全部的心血、品格、学识、修养都献给学生这些经验。当年我看见顾先生就常常难过,因为他就在燃烧着自己,为了学生们,他什么都肯干,他平易近人,学生在讲课当中就认识了他。越是在他困难时期,沦陷期间,他老自己检查自己,我是一个什么人,我是一个弱者。我们看顾先生你是一个爱国者,怎么是弱者呢?他老是学鲁迅这点,还学鲁迅的"俯首甘为孺子牛"。那要是改个卷子、改个本子,你有什么问题问他,他都是俯首甘为孺子牛,这点学鲁迅太像了。他讲周氏兄弟,后来不讲周氏兄弟,专讲鲁迅。

顾先生教了我,不能说顾先生没教,我学到先生怎么样做教师,怎么叫做教师。现在的教书常常是什么样子呢?就是把书本上的东西拿来教给学生,那行吗?连孔子都看不上,孔子说"温故而知新,可以为师矣",你把旧的东西变成自己的东西,有自己的见解,你教学生学到在哪个书上都找不到的东西,要不然他就看书去了,用不着你了,这样子才叫"为人师"。所以我觉得我从顾先生那里学到如何做一个老师,如何把自己的全部心血、品格、学识、修养都献给学生。这就是我的志向,我一辈子的志向。现在我90多岁了,比哪个人都有福气。我们赶上"文革"以后的这些年,我在师大,一个钟敬文,一个启功,一个我,活得最长。启功说,我们"省电",别没事就聊天,快点写东西,多多看,多多教学生。启功都变了,本来是个很随和的人,后来是很严肃的。说咱们"省电"了,别说话了,别玩了,别喝酒了,咱们自己都有病,赶快做事吧。后来启功叫自己是"暴发户",我就不能做"暴发户"了,人家出十本、二十本书,我才出了两本书,还费尽心力,千辛万苦,就不

顾随研究

要提了,那是自己没出息。但是你碰到学生就得好好教,一直到现在。我91岁入党,所以有组织了。有了组织以后,领导上说你不要教书了,我就不教书了;要不然还教书,我也没办法。现在有时候领导的命令我也受不了,我最怕领导跟我说,你把你的老头照顾好,这就是你的任务。我干嘛呀,我当然要把他照顾好,可是我难道就是照顾老头的吗?我不也是一个人吗?人说你这种女权主义思想也要不得,我说什么女权思想,我做一个人,我要学顾先生,我要教书,就现在又偷偷教了十来个学生。为什么不许我教人,你没有别人,你活力在哪里?生命力在哪里?没有人跟你抬杠,没有人问问题,你没劲,坐在家里,越坐越糊涂。

我前边说的是顾先生教我如何做教师,如何自己把自己的全部都教给学生。

我就要说我的第二个收获了,第二个收获就是"文革"以后来了一个叶嘉莹,我跟叶嘉莹差8岁,我们都是夏天的生日。今年夏天非常热的时候,叶嘉莹在外国给我打电话,祝贺我的生日,我感动极了,为什么我这么感动呢?我们经过"文革"以后,我们缺了师生情这个好宝贝,没有师生情,人都冷淡了。叶嘉莹来了,她就热心,叶嘉莹三十年前回来以后找我干嘛呀,我什么都不是,也不认识她,差8岁之多,干吗来找我?因为我是顾先生的学生,她要把顾先生的东西都搜集起来。我跟她说什么呢?我已经心灰意冷了,我不知道怎么办。她就是一心地找我,找这个,找那个,而且我从她那儿才看见那个小本子上贴的顾先生当年在报纸上讲辛弃疾的剪报。她自己都不知道,我那时才开始学辛弃疾,我没有跟顾先生学到辛弃疾,在燕京还没有讲到那儿,就下课了,就放假了,南宋也没讲多少。所以辛弃疾我自己没讲过,也没学过,叶嘉莹来了,我才自己学的辛弃疾。

而且我做了一个大胆的决定,我得叫我的学生都看看叶嘉莹,有比我好的,你以为就是我这样的,你看看叶嘉莹什么样,你看不见我的老师顾先生,你就看看叶嘉莹先生。所以我就不顾一切地把叶嘉莹请

回忆恩师顾随

到我们学校（北师大）了，她在北大都讲过了，别处都讲过了。我把叶嘉莹请去了，她说我一个子儿都不要，我就要一样，我也来学，我上你们的课，你们上我的课，我就这么一个愿望。我就又去求领导，我说她不要钱，就听听我们的课就行，学校同意了。叶先生来了，好多外头的人、城里的人，抱着录音机交费来听她的课。我是天天听，我们学校，好多人就不来听，就这么闭塞。

"文革"以后我分到国文系，那时候我算好的老师了，我就从头讲，从先秦讲起，找年轻的老师问教，怎么教。讲完了，又讲到唐诗，我又问教，又讲完了，一直到宋词，系主任开口了，说不要往下了，你就永远教宋词吧，我就讲宋词。这时学生给我贴大字报，这回是表扬的大字报，我不知道应该怎么办，我说谢谢啦，我就卷起来，搁在系里的办公室，我说你们觉得该给谁给谁。后来办公室的人（他也作词，也听我的课）给我起了个外号，叫做"不是党员胜似党员"，于是我老头就说，你根本就应该把大字报卷巴卷巴拿回家，谁也甭给看，搁家就完了。我倒不是显摆——我又跑这儿"显摆"来了——我的意思是学生认可我了，他们多么饥渴呀。

我在刚70岁的时候，上边决定65的教授退休，75岁我刚当教授，非常危险地最后当了教授。70岁退休了，我就在外头，什么人都教，多老的、多小的我都教，教了十年书，为了给我妈妈搞医药费，我们不能拿自己的医药费给她，她没有医药费，她是家庭妇女，这件事我是女权主义，我也不能用我老头的钱，用我自己的钱，我在外头教书，就这么教了十年，又回来，又归队了。

且说叶嘉莹是我的第二个了不起的模范，我看叶嘉莹怎么搜集到老师这么多材料，给老师出文集，太难太难了，我是一无所有了，全烧了，全没有了。连顾先生给我的任何好东西，我也是一个都没有了，别人也都差不多了。叶嘉莹找到的很多东西也不知道是在哪个书库里，也不知道是某人的，是人凡是跟顾先生有过关系，都找了，当然也有顾之京、张恩芑帮忙，但她一个人真是够受。要不是冲着叶嘉莹，哪有顾

顾随研究

先生这么多的作品出来,没有。最要紧的是叶嘉莹来了,为什么叶嘉莹来的时候对了?就因为我们的社会好了。现在这么好的一个国家,就是文化还差点。像现在"雄关漫道"就是一个电影的名字,以为雄关就漫道,漫道就是大道;"恰同学少年"就是一个电视剧的名字,人家是"恰":"同学少年,风华正茂,书生意气,挥斥方遒",你就起一个名字就叫"恰同学少年"。我还看了一个材料,说学生现在有"三怕",第一怕"文言",我们的文言多好啊,哪国有我们这么好的文言文,他怕。第二,怕作文,你说一个人不会作文,光会打字,就完了?不会作文了怎么办?第三,怕鲁迅,鲁迅奇怪,那个时代说的话都不懂,而且老师就嫌讲鲁迅麻烦,算了,把鲁迅的课都去了,都换成别的什么文人,就唯独我们的鲁迅没有了,把鲁迅都去了。在这样一个时代,同志们,我们需要顾先生的门人们出来,学一点顾先生的为人师表,把自己的品德、自己的学问、自己的欣赏、自己的灵魂、自己的一切都燃烧给学生,然后我们这么传下去。今天几位先生说的这些话,说到我心眼里去了,我们作为一个开拓。很多我上一代的那些先生,他们都有一颗很好的心,你知道有一个叫叶圣陶的吗?人家教小学的时候,就跟小学的一起做作文,教中学的时候,就跟中学的一块,教大学的时候就跟大学的在一块,做编辑时对什么作者都亲极了。一个当老师的不懂得跟自己的学生学本事,连这个都不懂。学生将来也会成为你的师,后生可畏,"师不必贤于弟子,弟子不必不如师",那么老的老先生都知道,你怎么不知道?"传道",你是教书、教人的,你教大家怎么做人。我们饥渴,年轻人饥渴,我希望学者、教授,教书也好,不教书也好,都想到这些学生,想到这些年轻的学生,他们什么都不知道,还满处乱找,找什么外国故事,中国故事太多了,好故事多极了。学生连文都不会作,人家外国人写的字还比中国人好,那么怎么讲?

叶嘉莹带头从外国来,教书教到80多岁,我们俩差8岁,不知道怎么那么谈得来,我比她福气大,世俗上、尘世上的一切快乐我都有,她都没有,她受的苦不止她刚才讲的一句,她教书受的罪,跟外国人讲中文,然后再跟不会英文的中国人,拿外国的理论来讲中国的诗,你说她难不难?累得都没法子了,把她的女儿都急死了。说妈妈就像疯子一样,到处讲。她跟顾先生当时一样,你养养病不好吗?在文学研究所也轻松了,就半休养不好吗?作作诗不开心吗?不,他非要燃烧自己,燃烧完了才完。他后来日子好过吗?60几岁去世了,我听说了,我哭了一场,也好,不然在底下的"文革"受得了吗,就得了,他少受点罪嘛,现在他若死而有知,他得高兴死了。现在北京这些朋友,记得我们的"顾学",我们的"顾学"就起来了,一代一代人,看着你们亲热极了,都是我们亲爱的师弟们、师妹们,咱们就把他教书、教人的本事学到一点皮毛也好啊!

  我废话太多,请大家原谅。谢谢。

时雨春风

——先师顾羡季先生的课堂教学艺术

王双启

四十五六年以前,我在天津师范学院(河北大学前身)读书的时候,有幸从师顾随(羡季)教授,听过唐诗、宋词、元曲以及"佛典翻译文学"等课程,课下登门求教的机会也不少,自己虽然鲁钝,但也获益良深。顾随先生不仅是学者,而且是才子,是诗人,更是一位课堂教学的艺术大师,素以"台风"之美蜚声学界。台风就是讲台上的风格,指的是羡季师在课堂上特有的风度神采。顾先生讲课,时而清谈娓娓,洞幽发微,时而议论滔滔,妙语连珠,听者如沐时雨,如坐春风飞,非只在学业上得到滋润生发,而且会感到一种独特的艺术享受,留下终身难忘的深刻印象。

我清楚地记得第一次听顾先生讲课的情景。他从容不迫步上讲台,用亲切的目光向学生们环视了一下,并不开口讲话,拿起粉笔在黑板的左侧写下了四句陶渊明的《杂诗》——"昔闻长者言,掩耳每不喜,奈何五十年,忽已亲此事"(插一句:初见先生秀丽遒劲的书法,一下子就使我倾倒了),然后,从这四句陶诗生发开来,讲了一篇精彩而别致

时雨春风

的开场白。大意是说,新中国的大学生得到了党的关怀培养,时代条件优越,进步成长很快,而自己呢,也要急起直追,提高思想,搞好教学,使学生喜闻"长者"之言,有所获益。这是一篇政治思想性相当强的讲话,对时代的赞美、对学生的期许以及先生对自己的严格要求都包含在其中了,而里面的一线幽默之感则是我经过了多年的咀嚼回味才逐渐察觉到的。羡季师经常把他在课堂说的类似的"闲话"自嘲地戏为"跑野马",其实,我们最爱听,因为他把古书读透了。"闲话"所说,正是最精辟的见解,最生动的学问。

有一次,先生把他新填的一首《临江仙》词,在黑板上抄出了半阕——"春去不须生感慨,青年即是青春。万花如海复如云,一番相见了,更作一番新。"随即自作讲解:说是前一天下午,他漫步校园,特意去看同学们课后的体育活动,见到青年人朝气蓬勃,日新月异地飞速成长,心里非常兴奋,以至夜来无眠,作词加了赞颂。由此可见,先生对他从事的教育事业,对他培育的青年学生是多么的热爱,自己乐在其中,也就不知老之将至了。这一点,在我初次和老师单独接触时更有深刻的感知。那时,先生住在宿舍区东北角上的一座旧式楼房里,树木掩映之下,环境倒也清幽。一天晚上,我去登门请益,走在路上的时候,心里不免有些忐忑,还把准备好的自我介绍的话语叨念了几遍。上了几磴台阶,在一间侧厅的门框上见到了写在白卡片上的"顾随书房"四个小楷字,轻轻敲了敲窗门,随即,先生亲自把门打开,未容我开口,先生即招呼说:"你是王双启,欢迎,欢迎!"老师居然已经知道我的名字,顿时即有受宠若惊之感,师生之间更加贴近了。原来先生早已熟读学生名册,逐渐询问查对,已经认准了不少人。

老师在书房里,说话的范围更加宽广,文学之外,京剧和书法涉及尤多。有一次谈到老师的老师沈尹默先生的书法,老师随即从身边的书橱里取出好几个装裱精美的册子给我看,那是木板外壳的"经折装",全是沈先生的墨迹,多是书札,还有题签,老师是片纸只字也要精心保存的。其中有一本词集的书名题签,大概是"留春集"吧,老师当

顾随研究

时请沈先生写,沈先生在一幅笺纸上一连写了四五个,供老师挑选,老师把挑剩的、用过的又都裱在了一起。沈先生写给老师的书札,更是精妙至极,每于不经意处出现神来之笔。其中有一通,沈先生在署名之下把花押式的"顿首"二字的末笔写成了"悬针"之式,拉得很长,直贯纸底。老师指点着说:"我就'怕'沈先生这个顿首,你看看,你看看,多么厉害!"倾倒赞叹的言语口吻竟然是这般的新颖奇特。从这样的琐事之中,我看到了羡季师待人接物之一斑,是完全当得起"敬业乐群"这句老话的。

顾先生讲的课,多属"韵文"范畴,讲解古典作品,他喜欢用一个"说"字,我体会,"说"比"讲"更灵活,更宽泛,能放能收,抓住特征,深入重点。顾先生说诗、说词、说曲,尤其注重作品的形象之美和声韵之美,这里面充分显示了先生的独特见解和深刻感受。说到杜甫的《茅屋为秋风所破歌》,先生特别强调"呜呼"以下的结尾几句,指出其用"wu"韵的字非常之多,连续之下,呜呜作响,最后用一个入声的"足"字收住,恰似高山滚巨石,咕噜咕噜,滚到山脚,戛然而止。滚得凶猛,停得沉重,声音之中充分表现了诗人的强烈感情。再如,一套曲子,最后三个字的声调是"去平上",也是声韵美的体现。《西厢记》里的"载得起"、《高祖还乡》里的"汉高祖"都是实例,后者更是妙语天成,"祖"字上声一挑,简直是给刘邦勾出了一幅"三花脸儿"。

顾先生以独到的见解论述古典诗词形象之美的例子,更是经常出现在课堂之上。例如,"说"到李后主的名句"一江春水向东流",他更是用作者的另一句子"别是一番滋味在心头"来作比较分析,指出了前者的具体真切和后者的抽象模糊,从而出人意料地对后者作出了否定的评价。再如,"说"辛词"红日又西沉,白浪长东去"两句,先生把时空、永恒等等一带而过,却重点抓住"红日"两个字,说它大,说它亮,说它在单纯之中显示出浑厚之美,并且举出当时流行的一部苏联小说中的类似描写以作比较,使听课的人们得到了一种全新的领悟,真是把古人笔下的形象之美"说"活了。

时雨春风

顾先生讲诗词,该说的说透,该点的点到,"火候"够了,他把原作朗读一遍,学生们随即心领神会,茅塞顿开。先生非常擅长朗读,其声调口吻,不但是抑扬顿挫,而且是神灵活现,用他老人家自己的话说,就是要透出"精、气、神儿"来。听顾先生讲说,听顾先生朗读,都是课堂上的艺术享受,这种总体的感知,早已成为前前后后历届同学们的共识了。

作为一位课堂教学的艺术大师,顾先生教书育人,在讲台上辛勤耕耘了四十年,他的"台风"可以说"征服"了几代学子。人们都知道他口才出众,但对于他的台风的认识是不能停留在这个层面上的。要知道,口才好,能讲,会讲,这是个形式上的表达能力问题,而讲什么,怎么讲才是问题的实质所在。还有,所讲课程的内容不能只有充实的材料,更须以先进的政治思想作指导,以正确的理论观点作准则,才能符合时代的要求,才能达到高度的学术水平。所以,我认为羡季师的台风是他课堂教学艺术综合性的整体体现,约略分析,它的构成有三个基本要素,那就是品德、学问、才华。这与古人的"器识"、"文艺"、"德、才、识"之类的要求和说法也是基本一致的。

顾先生从教四十年,一直紧跟时代的步伐,而且总是置身于前沿地带。20年代,他弘扬"五四"精神,推崇新文化、新文学,早年在济南山东省立第一女中任教时,初登讲台就给青年学生以巨大的启迪。当时有个叫陈瑛的学生,对顾先生非常钦敬,在先生的教导之下,走上了文学创作的道路。后来不久,她用"沉樱"的笔名在沈雁冰、郑振铎先后主编的《小说月报》上发表了好几篇"为人生而文学"的优秀作品,在现代女性进步文学的历史上留下了令人瞩目的光彩一页。抗日战争期间,先生留居北平,宁肯衣食清寒也不接受敌伪统治下的"国立"大学的聘书,砥砺民族气节,赢得国人敬重。新中国成立之后,先生虽已年过半百却在他的人生道路上再度焕发了青春。他以饱满的政治热情,努力学习革命理论,还不断从解放区文学以及苏联文学中吸取新的营养,他的充满新名词、新观念的心得体会经常以"跑野马"的方式

顾随研究

穿插在课堂的教学之中,使我们学生在思想上也深受教益。本文前边所引词句"一番相见了,更作一番新",那是老师在赞美学生,可是我从一个学生的身份看,这两句词也应该还赠回去,因为它也是老师自己的自勉自赞之词啊!

顾先生学识渊博,对所教的课程内容早已烂熟于胸,然而每次上课他都要重新认真准备,写出讲义,发给学生。先生自己也讲过这么一番意思:同是一首词,今日所说与往日所说,不会完全相同,这是因为不同时期有不同的感受的缘故。临上课前,往往于讲义之外又有新的增补,于是先生就把增补的内容写在小纸片上,而那小纸片,有时竟是香烟的包装纸,先生并不在意,讲课时随便拿在手上,而我们坐在讲台下边,就清楚地看到了那"大前门"的商标图案。先生这物尽其用、不拘形式的小节,也作为他特有的名士风度之一斑,被同学们传为了佳话。

总说一句,顾羡季先生的台风、课堂风采、课堂教学艺术,绝不只是一个"技"的问题,而是早已达到超乎"技"而进乎"道"的高妙境界了。我听羡季师讲课,已是将近半个世纪以前的事了,近日追想起来,仍然为之神往,拉杂草成此文,聊寄一段对先师的虔敬怀念之情吧。

1999 年 8 月,写于天津大学北五村

[附记]为了写这篇小文,这些天,我一直沉浸在对先师的回忆和怀念之中,往事如烟,人生如梦,心里既感到温馨,也感到惆怅,更有一种愧疚之感,觉得自己不够争气,满头白发,一事无成,愧对先师在天之灵!稿子写得拉杂粗糙,但却是真情实话。

《苦水作剧》在中国戏曲史上空前绝后的成就

叶嘉莹

我在海外漂泊的几十年中,最怀念的有两位长辈:一位是在诗歌上给我启蒙的我的伯父,另一位就是在诗歌的心灵感发上给我极大启发的我的老师顾随先生。1976年当我第一次从海外回来的时候,没有想到两位长辈都已经去世了。记得那时我曾在一首诗中写到过我的心情:"归来一事有深悲,重谒吾师此愿违。"今天,我看到有这么多学者来参加老师的纪念会,在大家的努力下,不但老师的著作已经全部整理出版了,而且还有许多研究老师的著作也都陆续出版了,我心里真是感到非常的欣慰。

老师在诗词方面的成就,注意的人比较多,研究的人也比较多;但老师在戏曲方面的成就,现在注意的人还不多,研究的人也比较少。所以我今天想专题谈一谈顾随先生的杂剧创作在中国戏曲史上空前

---

* 叶嘉莹:南开大学中华古典文化研究所所长,不列颠哥伦比亚大学终身教授,加拿大皇家学会院士。

绝后的成就。提到老师的杂剧创作我用了"空前绝后"这个词,并不是没有原因的,事实上是:在我的老师之前,没有人写过这样的杂剧;在我的老师之后,再也没有人去写这样的杂剧了。而且我以为,老师之所以有这样的成就,主要是受了王国维、鲁迅两位先生的影响。

王国维先生在《静安文集续编》的《自序二》中曾经说过这样的话:

> 因词之成功而有志于戏曲,此亦近日之奢愿也。然词之于戏曲,一抒情一叙事,其性质既异,其难易亦殊,又何敢因前者之成功而遽冀后者乎?但余所以有志于戏曲者又自有故。吾中国文学之最不振者莫戏曲若。元之杂剧、明之传奇,存于今日者尚以百数。其中之文字虽有佳者,然其理想及结构虽欲不谓至幼稚至拙劣不可得也。国朝之作者虽略有进步,然比诸西洋之名剧相去尚不能以道里计。此余所以自忘其不敏而独有志乎是也。然目与手不相谋,志与力不相副,此又后人之通病,故他日能为之与否所不敢知,至为之而能成功与否则愈不敢知矣。

——王国维《静安文集续编·自序二》

王国维先生是有志于戏曲创作的,可是他一个剧本都没有写。这是为什么?我个人以为,王国维先生这个人太严肃,不适合写戏曲。你要知道,戏曲有插科打诨,连西洋的戏曲里边也有的,莎士比亚的戏曲里也有小丑上台来说几句笑话,而王国维先生这个人他是不苟言笑的。戏曲里边有时要活泼,要生动,像"疏剌剌"、"呼鲁鲁"这些个俗语都可以搬上去,这都不是王国维所擅长的。可是顾随先生就不然了。我以为,顾先生之有志于戏曲,一方面是受了王国维的影响,另一方面是他的性格使然。当初顾先生在给我们讲课的时候常常引到王国维的话,指出在戏曲这一方面古人所做的成就不够好,还可以有发展的余地。而且顾先生这个人比较能放松,他有西方所谓幽默滑稽的这一方面的兴致,所以他能写了这么多本杂剧而王国维却一本也没有写。

《苦水作剧》在中国戏曲史上空前绝后的成就

但他确实继承的是王国维的志向。就是说,由于看到了中国的戏曲在内容和思想方面是贫乏的,所以他们都想在这一方面有所成就,改变中国戏曲的这一现状。王国维是把对于人生哲理的思考写到他的词里边去的,所以中国的词到王国维就有了一个新的变化。而顾随先生呢,他不但继承王国维先生,把人生的哲理写到词里边去,他也把人生的哲理写到他的杂剧里边去了。顾先生曾说:

> 从事剧曲者,率皆庸凡、肤浅、狂妄、鄙悖。是以志存乎富贵利达者,其辞鄙;心系乎男女风情者,其辞淫;意萦乎祸福报应者,其辞腐;下焉者为牛鬼,为蛇神,为科诨,为笑乐,其辞泛滥而无归,下流而不返。

——《苦水作剧·游春记序》

顾先生认为,中国古代那些写戏曲的人,常常混迹于市井之间,思想比较贫乏,所以有的人只写升官发财,就连汤显祖的《牡丹亭》,最后也不过是丈夫做了高官,夫荣妻贵大团圆而已。至于那些风流浪漫的才子,他们内心里充满了男女风情,写出来就是淫靡。——其实汤显祖二者兼而有之,他既是富贵利达也是男女风情,只有这样才能够投合大众的趣味。还有那些迷信的人,就讲祸福报应,言辞难免迂腐。总之在思想方面,中国戏曲是空乏的,与西方戏剧难以相提并论。其实元曲写作的目的,本来就是搬演一个故事,为的是取悦于观众。观众看戏并不想进行什么人生思考,只要看起来足以笑乐就可以了。而顾先生他是北京大学英文系毕业的,是受有西方文学思想影响的,所以他赞美那些西方的名作,像《被系縶的普拉美修斯》,我们现在翻译为《被缚的普罗米修斯》。它取材于古希腊的神话,说是普罗米修斯看到人间没有火,就到天帝那里为人间偷取了火种,因此他受到了天帝的惩罚,把他绑在高山的顶上,受风吹雨淋日晒各种的痛苦。顾随先生说:

顾随研究

> 证之古希腊,则爱斯迄拉斯氏所作《被系縶之普拉美修斯》一剧,其雄伟庄严,只千古而无对。而壮烈之外,加之以仁至义尽,真如静安先生所云"有释迦、基督担荷人类罪恶之意"。悲之一字,竟不足以尽之。
>
> ——《苦水作剧·游春记序》

从这些话里,我们可以看出顾随先生对王国维论戏曲的那些话的赞同以及他对戏曲之思想性的追求。

在近代学者中间,顾随先生不仅推崇王国维,同时还推崇鲁迅。他曾经在课堂上向我们介绍鲁迅先生翻译的外国小说。你要知道,鲁迅和王国维都生活在清末民初,那正是我们中国开始接受外来文化的时候。王国维在他的文集里曾多次提到,中国的文化有待于外来文化的刺激,才能够更有开拓,才能够更有进步。鲁迅先生更是介绍了很多外来的思想,而且在早期,鲁迅先生还和他弟弟周作人一起翻译了一系列的外国小说,后来编成一个集子,叫做《域外小说集》。这本小说集介绍了很多西方小说,其中有一个俄国的作者名叫安特列夫(Andrejev),我想,顾随先生是受了这位作者很大影响的。安特列夫生于1871年,年轻的时候曾经在莫斯科学过法律。俄国革命的时候,他想到美国去却没有能够成功,所以就留在了俄国,这位作家很不幸,最后是冻饿而死的。安特列夫写过很多短篇小说,被鲁迅先生翻译成文言文收在《域外小说集》里边的有两篇,一篇叫做《谩》,一篇叫做《默》。其实安特列夫还有一篇小说叫做《红笑》,也很有名,是写战争之惨烈与恐怖的。另外我的老师顾随先生也翻译了他的一个短篇叫做《大笑》。所谓《谩》就是欺罔和谎话,安特列夫写一个人希望听到真诚的话,但是没有,满世界寻觅和呼唤也没有,这个世界没有诚,都是谩,都是欺骗和虚妄。所谓《默》就是沉默,没有声音,没有回答,没有反应,这个世界就是如此的。这当然不是写实了,这种小说都是带有象征意思的寓言。

《苦水作剧》在中国戏曲史上空前绝后的成就

而你看中国过去的小说,短篇的像《聊斋》,都是写一些鬼狐;长篇的作品像《水浒传》、《三国演义》、《西游记》,都是取材于历史或传说,来源于说唱的文学。在中国旧小说里边,最有创意、最伟大的小说就只有一部《红楼梦》。这是王国维在他的《红楼梦研究》里曾经谈到的。中国的大部分旧小说和戏曲一样,也缺少思想性和人生哲理。而像刚才我所提到的《谩》、《默》、《红笑》这些短篇,却都是有很深刻的人生哲理在里边的。顾随先生亲自翻译了一篇安特列夫的短篇小说叫《大笑》,这个小说很有意思。他说有一个男士要去参加一个舞会,他本来不想参加这个舞会,可是他所爱的一个女子要去参加,所以他就也想去参加。那是一个化装舞会,于是这个男子就到一个店铺里去租用化装用的面具和衣服。他们给他试衣服,拿来一件贵族的大礼服,可是他穿上觉得自己很瘦小,撑不起这件衣服;人家又找来一件工人的衣服给他试穿,他又觉得太紧了也不能穿。最后只剩下一套小丑的衣服和中国人的面具——在这里我要说明,那时候的西方人对中国人是有偏见的,他们的传统观念认为,中国人的脸是最平板、最缺乏表情的。于是最后,这个人穿了这套不合身的衣服,戴着一个平板的没有表情的面具就参加舞会去了。由于他的衣服跟那个面具的脸配起来很奇怪,所以他一进场人家看到他的装束就全都大笑。他本来要去找他所爱的那个女子,也看见那个女子在里边,可是当他想跟她说话的时候,那女子一见他就大笑。所有的人都在笑他,没有一个人要跟他讲话。整个一个晚上,没有一个人重视他,没有一个人理会他,大家看到他只是大笑,而这时候他在面具下边的脸上已经满都是泪痕了。这当然也不是一篇写实的作品,而是一个象喻性的小说。在人生中,有的时候你不能把你自己真的面目露出来,纵然你在暗中悲哀愁苦痛哭流涕,别人看到你还是会大笑的。

我讲这些是要说明,我之所以说顾随先生在戏曲史上取得的成就是空前的,就是指他的杂剧之中的象喻性。古人戏曲写得再好,不管是《汉宫秋》还是《梧桐雨》,不管是《长生殿》还是《桃花扇》,都只是那个故事很好而已。用作品来反映抽象的思想理念,这在中国过去的戏曲和小说里边几乎从来没有过。而顾先生的剧作中有很深远的人生哲理,在思想性上超越了以前所有的作者。顾随先生杂剧里的象喻性,有的时候是故事本身就有一种象喻的意思,有的时候则是把理念通过曲辞表达出来。这并不是我主观地添注解经来说先生的作品,我这样说是有根据的:除了刚才所说的先生受王国维和鲁迅的影响之外,我们还应该注意到,先生在他的词作里就已经有这样的作风。比如我过去常常讲到的先生的一首小词《临江仙》:

> 记向春宵融蜡,精心肖作伊人。灯前流盼欲相亲。玉肌凉有韵,宝靥笑生痕。　可奈朱明烈日,炎炎销尽真真。也思重试貌前身。几番终不似,放手泪沾巾。

他说记得在春天的一个晚上,我用尽了我的多少心思和感情,制作了一个蜡人,做得非常生动。在灯下,它的肌肤都好像是有温度有感觉的,它口边的笑意正在绽开。可是没有想到,到了夏天,炎热的太阳把这个蜡人给熔化掉了。在那以后,我曾经多次努力,想再制作一个同样的蜡人,可是却再也做不出来了。这说的当然不是现实,而是用象喻的手法表现了一个哲理:如果你错过了人生某一个机缘,使理想破灭了,那你以后也许就再也不能够完成那一个理想了。

顾先生还写过一首《鹧鸪天》小词:

> 不是新来怯凭栏。小红楼外万重山。自添沉水烧心篆,一任罗衣透体寒。　凝泪眼,画眉弯。更翻旧谱待君看。黄河尚有澄清日,不信相逢尔许难。

这是抗战时在沦陷的北平所写的,那时候政府的军队已经退到大后方去了,住在沦陷区的人,我们靠着什么坚持下去?是"自添沉水烧心篆,一任罗衣透体寒"。那香气不是别人给你的,是你"自添沉水",你自己从内心燃烧起来的香气,而对外边你是无可奈何的,只能任凭

《苦水作剧》在中国戏曲史上空前绝后的成就

四方的寒风把你的罗衣吹透。他说"凝泪眼,画眉弯",我没有因为我所爱的人走了就把画眉的样子改变,我要让你回来时看到我的画眉仍旧和从前一模一样。古人说黄河三千年一清,那么既然连黄河都能够有澄清的日子,我就不相信你不能够回来,不相信我们没有再见面的日子。小词本来都是写相思离别的,可是顾先生把他自己的理想和信念都写在里边了。

因此,从顾先生的词作来看,从他翻译的小说来看,从他引用王国维先生对戏曲的话来看,从他提到鲁迅先生翻译小说的话来看,我认为顾先生的杂剧里边是有象喻意味的。以前台大的一个研究生曾经考察过,元杂剧的故事一般都有一个出处,或出于历史,或出于传说,或出于小说、笔记,不管写悲剧、喜剧还是祸福报应,基本上都是写实的。我也曾考察过明人和清人所写的杂剧、传奇,我在南开的一个研究生还给我拿来过南社诗人所写的许多杂剧和传奇。这些作品大多都是写实的,虽然偶尔也有革新,比如主张婚姻自由,替女子鸣不平等,但那是革新而不是超越,因为他们仍然是在写一个故事,并没有像顾先生的作品那样超越于现实之外,有意地把某种人生的理念赋予其中。

那么下面,我要先给大家介绍一下顾随先生的剧作集《苦水作剧》。现在的《苦水作剧》里边共收录了先生的六种杂剧,都是用相当于元杂剧的形式写成的。这六种杂剧是顾随先生不同时期的作品,可以分成三部分,我先说第一部分。

第一部分是在顾随先生生前就已经印出来的,名字就叫《苦水作剧》。当时里边只收录了四种,第一种的名字叫《垂老禅僧再出家》。——这需要说明一下,元杂剧一般在剧本的结尾有两行字,一行叫"题目",一行叫"正名"。题目和正名是两两相对的联语,有点儿像古代章回小说的回目。一般来说,大家常常是从"正名"里边取三个字,作为这个剧本的简称。比如说马致远的杂剧《汉宫秋》,他的"正名"本来是"破幽梦孤雁汉宫秋",简称就叫《汉宫秋》。再比如白朴的

《梧桐雨》,他的正名本来是"唐明皇秋夜梧桐雨",简称就叫《梧桐雨》了。那么苦水先生在他这本书里所收录的第一本杂剧,它的正名的全称叫"垂老禅僧再出家",说的是一个曾经参佛学禅的和尚,中间他还俗了,可是等到他老年的时候又再度出家。这本杂剧,简称也可以叫做《再出家》。第二个剧本叫《祝英台身化蝶》,说的是我们大家都知道的梁山伯与祝英台的爱情故事,说是最后梁山伯的坟墓爆开了,祝英台投身到坟墓之中,然后两个人化成了一对蝴蝶。这个剧本也可以简称为《祝英台》。第三个剧本的正名是"马郎妇坐化金沙滩"。马郎妇是一个姓马的妇女,由于大家认为她生活浪荡,所以都欺负她,看不起她,可是这个马郎妇她是盘腿打坐的时候死去的,在佛教里这叫做"坐化"。就是说,她没有生病,打坐在金沙滩上就死去了,所以叫"马郎妇坐化金沙滩"。这一本戏简称就叫《马郎妇》。第四本杂剧叫《飞将军百战不封侯》,写的是汉代李广的故事。李广用兵使敌人难以预料,他的军队常常好像是从天而降,所以人们叫他"飞将军"。而且李广很会带兵,深受将士爱戴,他自己的本领也相当好,是神箭手。可是这个人一生的运气总是不太好,所以他一直到老都没有得到一个封侯的机会。这一本戏简称就叫做《飞将军》。这四本杂剧,每一本杂剧都有四折,这是元杂剧最普遍的形式。像我们刚才所说的《唐明皇秋夜梧桐雨》是四折,《破幽梦孤雁汉宫秋》也是四折。所谓"一折",就是一幕。元杂剧大部分是四幕,所以就是四折。而我刚才说的顾先生的这四本杂剧,每一本也是四折。

第二部分是顾随先生晚期所写的一个比较长的杂剧,叫做《陟山观海游春记》。"陟"是登高的意思,陟山就是爬到高山上,观海就是下望汪洋大海。这是写两个人出去游春的故事。这出戏,简称就叫做《游春记》。《游春记》不是一本四折,而是两本八折。刚才我说,元人的杂剧每本四折,但你也可以增加嘛。你可以写两本就有八折,三本就有十二折,四本就有十六折。有谁写过十六折的杂剧?王实甫的《西厢记》就是十六折。而王实甫的十六折的《西厢记》写完了之后,关

《苦水作剧》在中国戏曲史上空前绝后的成就

汉卿又给他续了一本,这一本也是四折。所以所谓《西厢记》者,是把王实甫的和关汉卿的加起来,一共有二十折,那是一个很长的故事了。那么现在我们看到的顾先生正式的杂剧作品一共有五种,前四种都是一本四折,只有后来的这一种《游春记》是两本八折。除此以外,《苦水作剧》这本书里边还附录了顾随先生早期的一个剧本,可视为第三部分。这个剧本的简称叫做《馋秀才》,写一个讲究烹调、喜欢美食的秀才的故事。故事很短,只有两折,所以不是正式的作品,只作为附录。以上这些,就是顾随先生所作杂剧的全部作品。

不过,在介绍顾随先生的杂剧之前,我还要简单介绍一下元杂剧的情况。在这方面,顾随先生也曾做过多方面的研究。在《顾随全集》里面,关于戏曲的论著一共有十六种之多。这些论著所涉及的范围是很广的,例如关于格律方面的、关于语言方面的、关于考证方面的等等。我今天所要提出来一谈的,是他的《元明清戏曲史残稿》,这本书没有最后完成,所以叫做"残稿"。在这部残稿里面,顾随先生曾经谈到戏曲之中声音的重要性,他引用了明朝的一位戏曲作家徐渭的《南词叙录》。徐渭在《南词叙录》里谈到南戏——在12~14世纪曾经流行过南戏,而南戏的作品流传下来很少,这是为什么呢?徐渭说,那是因为南戏"不叶宫调,故士夫罕有留意者"。就是说,这些作品比较粗糙,宫调上不是很严谨,所以士大夫读书人就不大注意它。于是顾先生就联系到清末民初的皮簧戏,所谓"皮簧戏"就是平剧,又叫京戏。顾先生说,皮簧戏"听之洋洋盈耳……若披其册而读其词,则殊不堪作文学之欣赏"。这皮簧戏听起来很好听,可是如果打开戏本读一读里边的文字就会发现,它的文辞很粗鄙、很浅俗,甚至文法也不大通,句子也有错别字,实在不能当做文学作品来欣赏。顾先生说,传统的韵文,从古乐府、唐诗、唐五代的词,直到我们刚才说的《汉宫秋》《梧桐雨》那些个元杂剧,现在虽然早已不能再在舞台上演出了,可是它们作为文学作品,一直绵延流传到现在。什么缘故?就因为它们凭着文字优美可以诵读,而不是只凭着声腔的魅力。真正好的戏曲,是应该把声腔的美与文辞的美结合在一起的。然而一般唱戏的演员,他们文学的根底比较浅,所以剧本的文字就不优美;而那些读书人,文字可以做到优美了,可是对于乐律又不娴熟。两者得兼的情况是很少的。

  元杂剧,它本来就不是士大夫的案头文学,而是在市井之间演出的,所以常常只追求声音之美。而且元曲的曲辞跟诗词有一个很重要的不同,那就是诗词的格律非常严格,而剧曲可以有一种自由的变化。诗有五言有七言,词虽然长短不齐,但也是有严格限制的。像"大江东去,浪淘尽、千古风流人物。故垒西边,人道是,三国周郎赤壁",它有一个顿挫,不可以随便改变字数与顿挫。所以有人说,词的格律其实比诗更严格。而剧曲就很妙了,它也有格律,也有长短不齐的句式,可是在长短不齐之中它给你一个可以自由变化的余地。就是说,你可以增加很多衬字,甚至很多增字。什么叫"衬字",什么叫"增字"呢?衬字是加上一些虚字,也就是不重要的字。增字呢,就是你可以在里边增加实字。比如说关汉卿有一首很有名的曲子说:"我是个蒸不烂、煮不熟、锤不扁、炒不爆、响当当一粒铜豌豆。"这支曲子在这个地方基本的格式其实就只有五个字"一粒铜豌豆",前边那些"蒸不烂、煮不熟、锤不扁、炒不爆、响当当"都是他增加的。因此,曲就比词更加生动更加有变化,而且还配合了很多口语,有的时候还可以加上很多形容声音的字。当然了,诗也有形容声音的字,像白居易《琵琶行》的"嘈嘈切切错杂弹,大珠小珠落玉盘",那"嘈嘈切切"就是形容琵琶声音的,可是它比较简单,只有四个字,是两两的叠字。而在戏曲里边,常常可以加一大片形容声音的字,比如像我刚才提到过的《唐明皇秋夜梧桐雨》,说的是唐明皇在一个秋天的夜晚听到外面的雨声因而怀念起杨贵妃的故事,其中就有一段曲子完全是形容外面风雨的声音。他说:"原来是滴溜溜绕闲阶败叶飘。疏剌剌刷落叶被西风扫。呼鲁鲁风闪得银灯爆。斯琅琅鸣殿铎。扑簌簌动朱箔。吉丁当玉马儿向簷间闹。""滴溜溜"是落叶飘舞的形状,"疏剌剌"是落叶被风吹的声音。"呼鲁鲁"也是风的声音,古人用油灯或蜡烛,一阵风吹过去,灯苗就被

《苦水作剧》在中国戏曲史上空前绝后的成就

吹得摆动。"厮琅琅"是铃铛的声音,宫殿的殿角上都挂着有铃铛。这个"铎",就是铃铛。当初孔子秉铎而教,一摇铃,就上课了。"铎"字的读音要注意,它本身是个入声字,而元人定都在北京的地方,是北方的口音,很多入声字北方是没有的。它们不但有的被读成了平声,而且在元杂剧里还有很多押韵的俗音。这个"铎"字,在这里押韵读作 dáo。"箔",是帘子;"扑簌簌"是帘子的声音。另外这个"箔"字也是入声字,押俗音念 báo。"吉丁当"还是形容声音的,屋檐上的风铃,如果是金属做的叫铁马,如果是石头做的叫玉马。所以你看,非常通俗的句子,很多声音的形容词,这就是元曲的特色。

　　元曲比较通俗化,有增字衬字的变化,而且语言活泼生动,这都是它的好处,所以听起来很好听,念起来也很动人,但是倘若你仔细地研究,像对诗词一样在字句上推敲,你就会觉得它不够精美,不够细致。这是它的缺点。那么顾随先生,他本身是个学者,又是诗人和词人;他对元杂剧有深入的研究;他对语言文字和声音的美感,是非常敏锐的。所以他具备了把戏剧的雅与俗之美、声音与文字之美结合起来的基本条件。这一条件,成为他能够在杂剧创作上取得成就的基础。但是顾随先生生于1897年,去世于1960年,而我们中国的文学传统,从五四新文化运动提倡白话文和白话诗以来,连旧体诗词都很少有人写作,更不要说杂剧了。旧体诗词写起来还比较简单,一首绝句只有4句,一首律诗只有8句,一首词也只有几十个字,可是你要写杂剧就不得了了,一本杂剧至少是四折,而且它还不只是抒情,它须要搬演一个故事,里边要有人物有角色,要有道白,要有动作,还要有道具,这是非常复杂的一件事情。所以从五四白话运动以来,几乎就再也没有人写杂剧了。还不要说以后的人写得好写不好,而是以后的人根本就不会去写这种体裁了。从这个角度来看,顾随先生的剧曲,当然就是"绝后"的了。

　　在了解了顾随先生改变中国戏曲现状的志向和他在杂剧创作上所具备的条件之后,我们就可以来看顾随杂剧的象喻性了。实际上,

顾随研究

顾先生杂剧著作中的象喻性可以分成两层,一层是他早期的,比如《馋秀才》,那是只有两折的一本戏。说的是一个讲究美食的穷秀才,考试也考不上,只喜欢吃。他认识一个庙里的老和尚,常常跟那老和尚一起喝酒吃肉,亲自下厨做好吃的美味。有一个长官到他们那个地方来做官,也很讲究美食,总是为饭菜不合口味和没有好的厨师而责打差役。差役每天挨打很痛苦,人家就告诉他说有一个穷秀才会做美食,可是这个人脾气古怪,你不见得能求得他来。但差役受不了每天挨打还是要去试试看,人家就告诉他说你最好找那个老和尚跟你一起去,结果那老和尚就陪他一起去找这个秀才。可是这秀才无论如何也不肯给当官的去做饭,怎么求他也不干。就是这么一个简单的故事。这个故事是要说:一个有骨气的人,是不会卑躬屈膝为了得些财赂或名利就去侍奉一个贪赃枉法的官吏的。——这个故事,它所表现的思想还只是一种世俗的意思。

然后顾先生又写了《飞将军百战不封侯》,是汉代李广的故事,这是一个命运的悲剧。顾先生认为人的悲剧有两种:一种是性格的悲剧,像项羽不能用人,有一个范增都不能用,他的失败是由他的性格决定的;还有一种是命运的悲剧,李广以自身的本领来说是可以封侯的,他真的是勇敢,真的是爱护他的士兵,连匈奴人都怕他,管他叫飞将军,可是他命运不好,从来没有煊赫的战功,所以百战不封侯。他遇到的军队的统帅是皇亲国戚,不但不给他立功的机会,还派他分兵走大漠里边一条很艰难的道路,以致造成失期而面临军法审判。这个故事,讲的也还是属于世俗的意思,还达不到哲理的高度。但是一个人,不管他有意无意,只要他本身有思想性,他写出来的作品就会有思想性。顾先生早期的作品可以说并没有有意识地要写人生理念,可是他的作品本身就有一种反映人生某种问题的倾向,就是包含有思想性的。

然而到了《祝英台》这本戏就不同了。梁山伯、祝英台的故事大家都熟悉,表面上你也可以说它就是反映一个民间的婚姻不自由的悲剧嘛,那也是一个世俗的外表的故事。可是,在顾先生的《祝英台身化

《苦水作剧》在中国戏曲史上空前绝后的成就

蝶》这一本戏里边,就多了一点点东西,多了一点点什么东西呢?那就在他的曲辞里边。他说梁山伯死后托了一个梦给祝英台,说你明天要出嫁到马家去的时候要经过我的坟墓,我的坟墓上开了一朵红花,那是从坟墓之中我的心上长出来的,只有你能够把这朵花摘下来,别人是摘不下来的。所以当祝英台出嫁到马家的时候,就经过梁山伯的墓地,果然看到墓顶上开了一朵红花,当时祝英台就唱了一支曲子。我刚才说过,像《馋秀才》、《飞将军》的故事,也是有意反映一些人生的问题;可是《祝英台》这出戏写她从坟上折下这朵红花来,你就要看他的曲子。不是看这个故事在表现什么,而是看角色所唱的曲文之中表现的是什么。在第四折戏里边祝英台唱了一段曲子:

【甜水令】似这般三九严冬,寒云凝雾,坚冰铺野。林木也尽摧折,则那一朵红葩,朝阳吐艳,临风摇曳。除是俺那显神灵的兄弟英杰。

这是说,在能够把万物都冻死的严寒冰雪之中,唯有人的热情,唯有人的心头热血,能在三九严冬之中开出美丽的红花来。接下来祝英台又唱了一大段曲文,从这段曲文中我们可以看出,顾先生一方面保持了元杂剧曲文中那种生动活泼甚至泼辣的感觉,一方面又非常的典雅,非常的精致,同时里面也不乏哲思。这段曲子的曲牌叫【离亭宴带歇指煞】,是两个曲子连起来的一段很长的曲子:

呀,俺则见疏剌剌地狂风一阵飘枯叶。骨都都地黄尘四起飞残雪。浑一似呼通通地山崩地裂。还说甚冉冉地夕照影萧寒,漠漠地天边云黯澹,涓涓地山水流呜咽。则你那里苦哀哀地百年怨恨长,俺这里冷森森地三九风霜冽。禁不住扑簌簌地腮边泪泻。只道你瑟瑟地青星堕碧霄,沉沉地黄壤瘗白玉,茫茫地沧海沉明月。从此便迢迢千秋无好春,悠悠万古如长夜。却原来皇皇地英灵未绝。马秀才你寂寂地锦帐且归休,梁山伯咱双双地黄泉去

顾随研究

来也。

我说过顾先生与王国维不同,他与王国维同样有志于戏曲的开创,但他真是有能力做这个事情,他能够掌握戏曲的语言。这一段的前边一大串,都是用的元曲里边常用来形容描写的俗语,把那整个狂风凛冽白雪飘扬的背景都用声音表现出来了。在这段曲子的后一部分祝英台说,我只道我们从此无望,却原来你的英灵还在,所以马秀才你自己回到你家里去,然后她呼喊着梁山伯说:"咱双双地黄泉去来也。"这个"去来也",声调是"去平上",这在曲子里叫"务头",它使得这句话特别强劲有力。接着坟墓裂开,祝英台就投身在坟墓之中。这是写那种坚贞的爱情的力量,它是能够穿透生死的。当然,汤显祖的《牡丹亭》写杜丽娘因为爱情害了相思病而死,死了以后因为坚贞的爱情不变,后来柳梦梅又把她从坟里挖出来又活了。那也是写爱情的坚贞可以使生者死死者复生。但汤显祖是用了很多情节、很多故事、很多动作来写的,于是就把力量分散了。就是说,他中间穿插的事情太多,反而把那一种真正爱情的本然的力量给分散了。而顾先生则是用声音用文字集中写出了这样的一种力量。

但《祝英台》这本戏也应该算是早期的创作,顾先生那时候也不一定是有心要做什么象喻,他还是写一个故事,写一个民间传说的爱情悲剧。但顾先生以他的一种本能,在这出戏里写出来一种爱情的坚贞伟大的力量。事实上,真正很明白地表现出来象征和寓言之味道的,是顾先生的另外两本戏。一个是《垂老禅僧再出家》,另一个是《马郎妇坐化金沙滩》。

我们先说《垂老禅僧再出家》。这出戏是说,从前有一个叫继缘的老和尚,认了一个卖艺的同乡,两人感情非常好,后来他这个同乡死了,临死时托付老和尚照顾他的妻子。老和尚很守信用,隔上三五天就去看一看朋友的妻子,给她带一点粮食,给她做一点地里的活计。这个朋友的妻子名字叫什样景——这其实也不是顾先生起的名字,而

《苦水作剧》在中国戏曲史上空前绝后的成就

是在元杂剧里常常把一些比较风流浪漫的女人叫做"什样景"。那么有一天老和尚去看什样景,什样景就跟他说了一段话,她说师兄,你知道慈悲为本方便为门,可还知道杀人要见血救人要救彻吗?不管杀人还是救人,你不要让他半活不死地受罪啊。你如今害得我上不着天下不落地,这哪里是你的慈悲方便啊,你出了钱来养活着我就是为了让我活受罪吗?从前释迦牟尼在灵山修道的时候,曾经割肉喂虎,刳肠饲鹰,师兄你道行清高,难道学不得一星半点儿?如果除了满足我生活的需要你不能够满足我感情的需要,那从此以后,你就不要再在我面前晃来晃去,让我的感情不能够平静。那结果呢,这个和尚就满足了这女子的愿望,跟她结了婚。可是后来,当这个女子死了以后,这老和尚就又去出家了。所以这个戏叫做《垂老禅僧再出家》。这个剧本的故事听起来很荒唐,其实它也有出处,顾先生是取材于中国古代的一本笔记小说《夷坚志》,但那笔记小说只是讲了一个外表的故事,而顾先生用他的道白和他的曲辞写出来的,是释迦牟尼割肉饲虎、刳肠喂鹰的一种牺牲自我来救赎别人的精神。而且还不只如此,他还写了这个老和尚灵性未泯,虽然是结了婚,但最后又出家了,真正达到了修行完美的地步。一个人生活在世上,你曾经做出了一度的牺牲,但你是为了救赎别人而不是为了自私的情欲落入尘网,而且你没有就此被尘网跘住迷失了本性,最后还是完成正果了。这写的是一种精神。《五灯会元》里有一个故事说:

  深禅师同明和尚到淮河,见人牵网,有鱼从网透出。师曰:"明兄,俊哉,一似个衲僧相似。"明曰:"虽然如此,争如当初不撞入网罗好?"师曰:"明兄你欠悟在。"明至中夜方省。

为什么未撞入网的鱼反而不如从网里跳出来的鱼呢?因为你从来没有入过网,为了自保,你避免接触世间的一切,这其实是狭隘的、自私的,而且将来你万一被网进去还不一定能跳得出来。只有进了网而且能够跳出来的鱼,它才是真正不能够被网住的。所以说,舍己救人,这是这出戏的一层意思;舍己救人之后自己还能够从网中破网而出,走上一个新的进步的阶梯,这是这出戏的另一层意思。

还有一出戏,表面看来是更加荒谬的。1980年代我为我的老师印他的剧作的时候,曾把这几个剧本都交给了出版社,出版社审查的结果说这个戏有伤风化不能印,所以那本戏没有印出来。后来我在台湾把这个戏印出来了,就是现在我手里的这本《苦水作剧》。现在国内已经非常开放了,所以新的《顾随全集》里边也已收进了这本戏,这就是《马郎妇坐化金沙滩》。说是在一个地方有一个大家认为非常浪荡的女子,她专门跟那些孤独寂寞的、需要女子安慰的人同住。所以整个社会的人都指责她、骂她。我说过的,顾先生是一个很好的诗人跟词人,他的语言、文字是非常精美的,而且他的那种托喻和象征,有的时候是在故事的情节里表现的,有的时候就是从他的语言文字的曲辞之中表现出来。在这出戏里,扮演马郎妇的是个正旦——元杂剧里的女主角就是旦,男主角就是末。在这出戏的第一折,这个正旦走上来说,今天的天气清和,我要到各处走一走。然后,她就唱了一支曲子:

【黄钟醉花阴】云幻波生但微哂。万人海藏身市隐。你道俺恋红尘。那知俺净土西方坐不得莲台稳。

这个曲子写得非常好。"云幻波生"——那世界上的事情,得失成败,盛衰兴亡,你争我夺,勾心斗角,真是云幻波生,都像浮云的变幻,像海浪波涛的起伏。她说,我一个得道之人,面对你们人间这些得失祸福,这些盛衰兴亡,这些勾心斗角,我只是付之一笑。因为这都是虚妄的。她说你们看我的外表,看不出我有什么与别人不同之处,我每天就藏身在市井中来来往往的众人之间。——"万人海藏身市隐",它来自苏东坡的一句诗"万人如海一身藏"。她说,那么你以为我真的是迷恋这世间的一切吗?你以为我真的是为了世俗的感情和世俗的名利来到这个世界上的吗?不是的,我来到这里是因为我看到社会上的人这样愚执,这样迷惘,所以我一个人在西方净土的莲台之上不能够心安啊!我不能一个人坐享莲台的清静之福而眼看着这么多人生活在罪恶和苦难之中,所以我来了。

顾先生不赞成那种只顾自己清修的"自了汉",他曾说,当这个世界上的大部分人都像虫子一样在污秽的地面上蠢蠢爬行的时候,有一些人能够飞起来离开污秽的地面当然很好,但那并不是最高的境界。最高境界的人,他虽然能够飞起来却不肯独善其身,他不惜落下来回到污秽的地面,教给大家怎样才能飞起来,一起离开这污秽的地面。所以马郎妇接下来又唱了一支曲子说:

【喜迁莺】好叫俺感怀悲愤。但行处扰扰纷纷。朝昏。去来车马,恰便似漠漠狂风送断云。无定准。都是些印沙泥的雁爪,沿苔壁的蜗痕。

这个"俺"字的称呼,是元曲里边的习惯,因为元杂剧最初是给市井之人演出的,那些唱的人也都是市井之人,所以他们习惯于自称"俺"。而我们在写杂剧的时候,也要保持它原来的风格,所以也要自称"俺"。她说你看那城市之中,没有一个地方不是纷纷扰扰的,早晨晚上来来去去车行马跑,都是为追求名利,就像是一片狂风卷起尘土,像天上的云彩被风吹过,那都是虚浮的过眼烟云,那种追求是愚蠢的。你每天辛辛苦苦忙忙乱乱,可知道真正的人生意义和价值是什么吗?你们的奔走其实就好像是天上的飞雁偶然落在沙滩上印下一个指爪的印子,又好像是蜗牛在一个长满青苔的墙壁上爬过去留下的那个痕迹。那是没有任何意义和价值的啊!接下来她又唱道:

【出队子】有谁知此心方寸。田难耕,草要耘。一分人力一分春。转眼西天白日曛。可怜这咫尺光阴百岁人。

有谁真正知道自己内心最重要的东西是什么?我们常说心田心田,你要把你的内心也看做一片需要耕种的土地,只有好好地耕种你那一片心田,才能使你的内心结出好的果子来。有的时候,你的内心

顾随研究

也会产生一些杂念和妄想,有的时候,你的内心也会产生一些爱恨恩仇,那些都是杂草,所以要耕要耘。要知道,人的心田也像土地一样,付出一分劳力就有一分收获,付出一分人力就有一分美好的春天啊!你还要知道,你幸而生在世界上成为有思想的一个人,可是人生不过百年,转眼间就到了黄昏,你马上就面临着死亡,而真正的人生意义和价值你找到了吗?所以接下来她说:

【幺篇】死前争自夸英俊。纷纷论怨恩。到头来不认得自家身。也只为眼里无珍一世贫。枉在这人海波中生细纹。

每个人都自以为不错,每个人都跟别人结了很多恩怨,可是你把握了真正的你自己吗?到头来你追求的都是虚妄的东西啊。由于你眼睛里边没有认识人世之间哪些是最珍贵的,所以你其实一辈子都是贫穷的。你一辈子总是觉得空虚觉得忧愁觉得困惑,总是觉得人家都对不起你,那你就真是"眼里无珍一世贫",就白白地生而为人了。所以你看,顾先生用曲文表现了一种人生的哲理,写得非常之深刻,非常之能够打动人。

接下来剧本中写,因为马郎妇名声不好,有很多小孩子围着她大呼小叫。于是她就叫那些小孩子们"叫一声娘来"。那小孩子们就说,你是什么东西,我们怎么会叫你娘呢!接着马郎妇就又唱:"哎,亲,娘最亲;蠢,您最蠢。"这个"您",就是"你"的意思,这也是元杂剧中习惯的用法。她说,我是有心来救赎你们的,所以我和你们是最亲近的,而你们却不肯认我,那就是蠢哪。接着又唱了一支曲子:

【刮地风】俺也会到得这寒宵将您那棉被儿温。俺也会准备您的箪食盘飧。俺也会嘘寒送暖将您来加怜悯。俺为您作几件儿衣巾。作两套儿衫裙。爱您似竹林的春笋。我送给您腮边的蜜吻。到晚夕卧床边将您来怀中抱稳。为甚么您偏生不认真。跪面前叫一声娘亲。

《苦水作剧》在中国戏曲史上空前绝后的成就

小孩子们就要拾砖头来打她,于是她又唱道:

【四门子】您生得来忤逆不随顺。俺待您的好心您的眼不看,说的好话儿则您的耳未闻。赤紧地扔砖头抛瓦块,将俺来相踩躏。攘攘地乱交加,哑哑地胡议论。则您那天性儿蠢。灵性儿昏。小孩子家也待要眠花卧锦裀。闻麝兰觅雨云。

然后道白:"不羞不羞,您那小身量上秤来",然后接唱:"压稳了定盘星不到十数斤。"在这一折的最后一支曲子中她说:

【古水仙子】您辜负了爷娘天地恩。糟蹋了挨金比玉身。不听那老的儿明言和那长亲的严训。胡行为,没要紧。小人儿坏了天真。俺有甚心情钗光鬓影将您来诱引。您可也休得要沾惹这陷人坑,绊马索,迷魂阵。直落得一年春尽一年春。

我们没有时间详细讲,总之顾先生写的这个马郎妇,她是要以牺牲自己来度化别人,可是大家不但不认识她不理解她,而且欺负她排斥她。到最后的第四折,有一群长老把她赶到金沙滩上,要她永远离开这个地方。这些人骂她:"你这小贱人,还不曾走么?"马郎妇说:"俺与你每相见一面,便索长行也。"然后她接连唱了四支曲子:

【金菊香】休得要立时催俺便登程。由古道三宿空桑尽有情。也不索双眸看人雨泪盈。则伴着这水绿山青。数语话生平。

【幺篇】俺本是白莲过雨自盈盈。相伴中天古月明。红尘任教餐落英。则俺这真性。圆明清过他玉壶冰。

【幺篇】俺也何尝行浊害言清。常是在十二瑶台独自行。又何须身骑凤鸾归帝京。怕的是白日飞升。您也只当作银汉渡疏星。

【醋葫芦】俺独自来,独自行。一身来去要分明。休猜作无是无非廊下僧。被世尘淹埋了真性。您可也勤修且莫问前程。

顾随研究

她说,你们不用这么匆匆忙忙地催赶着我走,要知道人在一个地方呆久了,对这个地方是会产生感情的,所以我有几句话想要跟你们说。我本来是水中的一朵出淤泥而不染的莲花,和我相伴的是天上万古的明月。我的本性是圆明的,可是就算我在你们面前坐化了,你们也不认得也不懂得。你们仍旧是世俗之人,没有得到真正的救赎,所以你们不用管我到哪里去,但你们一定要"勤修且莫问前程"。那些长老就说:"仍旧是一派胡言乱语,您那年青人莫要听他。"于是马郎妇接着唱:

【幺篇】却道俺胡乱言,嘱咐他休要听。您素常时将俺来打骂着呵,何曾有半点儿害心疼。恨不得结果了俺这飘蓬和断梗。则您那年青时行径,敢也有过花梢明月照春庭。

【幺篇】俺常准备着肉饲虎,肠喂鹰。走长街吆喝着卖魂灵。您当俺不是爷娘血肉生。俺生前无谁来相亲敬。俺死后将这臭皮囊直丢下万人坑。

【浪里来煞】俺则见水自流,云自行。则那行云流水两无情。您少年人也休要害相思,得病症。您老年人也不须双眼努得圆似铃。我请那释迦佛来作证。则被着恶名儿直跳下地狱最深层。

于是她就坐化了,全剧到这里结束。这出戏也有其取材的出处,它出于明朝梅禹金的《青泥莲花记》,那本书中所写的,多是被泥涂所玷污而内心却保持清白的、与佛教有关系的人,因此叫"青泥莲花"。如果说,我们前边讲的《垂老禅僧再出家》主要是从情节上表现了哲理;那么这一本《马郎妇坐化金沙滩》则主要是通过马郎妇所唱曲子的唱词表现了哲理。在我们这个世界上,有的人天生来就抱着一种自我牺牲的心志,准备忍受所有的侮辱和痛苦,为的不是自己的利益,而是救赎他人。牺牲自己的生命也许容易,牺牲自己清白的声誉就很难。有些人带着很多政治上或名誉上的污点死去,可是他们是为了救赎他人而染上这一身污点的。这种事情我很难给你们举一个具体的例证,但我相信,世界上是有这样的人,有这样的事情的。而顾先生就是用

《苦水作剧》在中国戏曲史上空前绝后的成就

马郎妇表现了这样一种人生哲理的精神。

我曾经一度以为，顾先生这种富有象征和比喻性的戏曲，也许与西方所谓荒谬的戏剧有某种继承关系。比如我们现在国内都很熟悉的撒姆尔贝克特的《等待果陀》，就是两个人在舞台上说一些无聊的话，说是都在等待一个叫果陀的人，最后一个小孩子上来，说果陀不来了。第二幕同样是两个人，同样是说一些无聊的话，最后小孩子又上来了，说果陀不来了。这个剧本没有情节也没有故事，你不知道他说的是什么，这真是人生的荒谬。可是，你每天所说的话、所作的事情，果然都是有意义的吗？就是在这种无聊的没有意义的生活之中，你在等待一个救赎，但那救赎的人到底也没有来。作者所要表现的就是这种人生的困境，那确实反映了一种人生的哲理。我本来以为顾先生的戏曲可能与他们有关系，可是我后来仔细地查了这些荒谬派剧作家的生卒年代，比如说撒姆尔贝克特的生卒年是1906－1989年，哈洛德品特是1930－2008年，尤金伊欧尼斯柯是1909－1970年，他们的荒谬剧作在中国流传开来，其实已经是比较晚的时候了。因此我认为，顾先生写这样的剧本并不是受到西方荒谬戏剧的影响，而是受到了俄国安特列夫那种小说的影响。安特列夫的时代比较早，生卒年是1871－1919年。而顾先生之所以注意到安特列夫，则是从鲁迅那里来的，是鲁迅兄弟首先翻译了安特列夫的小说。

可是有一点顾随先生与他们不同，不管是荒谬剧也好，不管是安特列夫的象喻性的小说也好，都是悲观的，表现的都是人生的绝望。而顾随先生则不然。在顾随先生的戏剧里边，常带有一种热情、一种希望。就以我们刚才读过的马郎妇来说，她是抱着救赎的心情来的，并不完全是一个悲剧。而像祝英台，虽然相爱的两个人都死了，表面上是一个悲剧，但是他所要表现的是那种真诚之爱的力量永不消灭，所以二人的精神感情死而复生，变成一双蝴蝶飞走了。除了这一点不同之外，还有一出戏更能看出顾先生和他们的不一样，那就是他晚年所作的《游春记》。

顾随研究

《游春记》比较长,一共有两本八折。这个故事出于《聊斋》里边的《连琐》。《聊斋》里面原来的那个故事并没有什么哲理的意思,是顾先生把它改编成杂剧的时候,给予了它哲理的蕴涵。"连琐"是一个女鬼的名字,说是有一个书生进京赶考,住在荒郊野外的寺庙之中,每天晚上听到窗外有人念诗,反反复复只有两句:"元夜凄风却倒吹,流萤惹草复沾帏。""元夜"是十五之夜,那是秋天里一个月圆的晚上。"倒吹",形容秋风吹来之强劲。荒郊野地到处都是萤火虫,它们不但在草丛之中飞舞,而且已经沾惹到我的床帏上。这是很悲凉的两句诗。这书生当然也是会作诗的,就给她续了两句:"幽情苦绪何人见,翠袖单寒月上时。"那女子便无声了。书生出去寻找,只在草地上找到了一个香囊。第二天,那个吟诗的女子就到他的书斋来见他,告诉他自己不是人而是一个死去 20 多年的鬼。后来两人的感情越来越深,这个女鬼就对他说,我近来这么长时间地跟你来往,我的白骨已经有了生意,可是却差一点点不能够复活。书生就问她,你怎样才能复活呢?她说要生人的一点鲜血。——这在中国如此,古代用三牲祭祀,一定要流出血来,才得到生命的救赎;古人结盟,不是也要歃血吗?西方其实也是如此的,耶稣也是为救赎人类而流了他的血。书生说,只要能够把你救活,我何惜一点鲜血! 于是就割破手臂,把自己的鲜血滴到女子的肚脐之中。女子嘱咐他说,某年某月某日某时,你一定要对准这个时间,带着人到我的坟上去,听到树上有一只青鸟在叫的时候,就挖开坟墓,我就能得到复活了。这本来只是一个女鬼的故事,顾先生写这个剧本的时候正是 1944、1945 年我们跟他念书的时候。记得那时他常常跟我们学生讨论,说这个剧本我是以悲剧结尾好呢还是以喜剧结尾好? 悲剧结尾其实是正常的。首先,死人是不能救活的,你挖了坟墓她没有活过来,那就是一个悲剧;其次,就算你救活了,但将来人生也必有一死啊! 但顾先生不是,顾先生不但写把她救活了,而且要写活过来之后二人在人世间有一段有意义的、美好的、圆满的生活。顾先生认为,中国传统所谓的喜剧,像汤显祖的《牡丹亭》,最后是大团

《苦水作剧》在中国戏曲史上空前绝后的成就

圆,男的都封官了,女的都婚姻美满了,那不是精神上的而是物质上的,而物质上的追求其实常常是堕落与败坏的根源。顾先生所追求的喜剧,是要真正表现人生精神上的美满与光明的一种境界。这是很难的。因为,世界上毕竟悲哀的事情多,完全光明与完全美满是非常少见的。哪怕是一对最相爱的夫妇,结婚以后恐怕也没有完全不争吵的。天下果然有完全光明幸福与美满的事情吗?这不能不令人怀疑。但顾先生尽了他最大的力量做了,他写连琐复活以后,在一个美好的春天,书生与连琐两个人携手登山临海去游春,看宇宙的圆满,看日月的光明,所以叫《陟山观海游春记》。现在我把连琐登上高山俯望大海时所唱的一支曲子读一遍作为结尾吧。连琐说:"相公,你听林籁涛声,宫商交作,好悦耳也。"然后唱道:

【耍孩儿】自然海上连成奏,多谢你个搊弹妙手,相伴着长林虚籁正清幽,珊珊珮玉鸣璆。说甚么翠盘金缕霓裳舞,月夜春风燕子楼,到此间齐低首。听不尽宫音与商音同作,看不尽云影和日影交流。

他们所欣赏的,不是人间的舞蹈,不是香艳的遇合,而是长林里边树叶的声响、大海之中起伏的涛声,那才是宫商交作的最美妙的音乐。天地之间没有罪恶,没有苦难,只有光明和圆满,这种人与大自然合而为一的美满境界,顾先生用他的语言文字表现出来了。这是顾先生通过这出杂剧所表达的一个对人间的美好祝愿。它不但突破了中国杂剧的传统,也突破了西方的悲剧与荒谬剧的传统。所以我敢用"空前绝后"四个字来称述顾先生在中国戏曲史中的成就。为了时间的限制,我们就结束在这里了。

(安易、杨爱娣整理)

顾随与新文学的离合

季剑青

在中国现代学术史上,顾随一度是一位被埋没的"大师",近年来其门生弟子的诸多追述与纪念,以及对其著述的系统整理和出版,才使得这位前贤浮出历史表面。然而人们印象中的顾随,似乎更像是一位主要从事古典诗词戏曲的教学与研究同时又擅长填词谱曲的"旧式学人",殊不知他与新文学却有着千丝万缕的联系。1920年顾随毕业于五四新文化的中心北京大学,亲身参加过五四运动,而且大学期间读的是英文系。他阅读和翻译过不少西方小说,也从事过新文学创作,曾和冯至、陈炜谟等沉钟社成员交往颇密,与冯至更是保持着终生的友谊。这样一位不折不扣的新人物,为何一生绝大部分时间却致力于古典文学研究和旧体诗词创作呢?他的新文学经验,对他的学术研究和诗词创作具有怎样的意义,起到了何种作用?这是本文试图加以

---

* 季剑青:北京市社会科学院文学所副研究员。

讨论的问题。本文试图从创作、研究两方面,分析顾随与新文学分分合合的具体关节,同时将这一问题放置到更大的文学史和学术史语境中加以考察,或许能够从中生发出更深一层的思考来。

"用新精神做旧体诗"

1897年顾随出生于河北清河一个地主家庭,祖父和父亲都是秀才,父亲既是八股文好手,又长于诗赋。顾随从小就在父亲的指导下诵读古典诗词,作文言文,由此奠定了"爱好古典文学的基础"①。1915年顾随考入北京大学,翌年即开始学习作词,但不过"信意读之,信意写之而已"。② 其时蔡元培出任北大校长,校中新文化思潮方兴未艾,文学革命的呼声风行一时,顾随身历其中,自然感受强烈:"溯自蔡、胡、陈、钱诸钜子,倡'文学革命'以来,海内出版物起而响应者,若怒笋掀土、春絮飘空",然而顾随本人却"寂然无闻于著作界"③,似乎没有什么表现。顾随并非抱残守缺之人,对新文学的冲击,他不会无动于衷,只是他对新文学——特别是新诗——有他自己的思考:

> 我对于胡适之的新诗,固然欢喜,也不免怀疑。他那些长腿、曳脚的白话诗,是否可以说是诗的正体?至于近来自命不凡的小新诗人的作品,我更不耐看。诗是音节自然的文学作品,他们那些作品,信口开河,散乱无章,绝对不能叫做诗。我的主张是——
> 用新精神做旧体诗。改说一句话,便是——
> 用白话表示新精神,却又把旧诗的体裁当利器。④

---

① 顾随:《私塾·小学·中学——童年与少年的回忆》,见《顾随全集》第1卷,河北教育出版社,2000年,第584页。
② 顾随:《稼轩词说·自序》,见《顾随全集》第2卷,第3页。
③ 顾随:《〈深夜〉序(拟)》,见《顾随全集》第1卷,第572页。
④ 顾随:《致卢季韶(一九二一年六月二十日)》,见《顾随全集》第4卷,第7页。

顾随研究

或许是浸淫于古典诗词太深的缘故,顾随不能接受毫无音乐性的新诗,他后来在课堂上谈及新文学时,也说:"一切文学皆有音乐性、音乐美","现代白话诗完全离开了音乐,故少音乐美"[1],可见这一立场始终未变。这大概是顾随鄙弃新诗而不肯为的主要原因,但这只是形式方面的问题,在"精神"上,顾随对新思潮毋宁说是完全容纳的,他给自己设定的目标正是"用新精神做旧体诗"。

从1927年的《无病词》开始,直至1959年的《闻角词》,顾随一生编辑印行的词集达九部之多,特别是其早年,几乎每年都会作词数十首。1930年顾随的好友卢宗藩在《〈荒原词〉序》中就说:"羡季殆无一日不读词,又未尝十日不作"[2],作词对顾随来说乃是最日常亲切的活动,近于日课。在数量如此巨大的词作中,"新精神"体现在何处呢?这大致可以从态度和内容两个方面来说。

从态度上说,顾随作词纯是出于一己的精神生活的需要,其词抒发内心情感,记录心路历程,完全自其胸臆中自然流出,用顾随自己的词句来说,便是"自家料理情怀"【《清平乐(春归何处)》】,"只望保留面目,更非别有心肠"【《朝中措(先生觅句不寻常)》】,"自家情绪自安排"【《鹧鸪天(说到天涯自可哀)》】,"自辟心园。自种心田。自栽花,自耐新寒"【《行香子(不会参禅)》】。这其中或许有传统文人孤傲清高的习气的残留,但更多地则是新文学"自我表现"观念的一种体现,他胸中并无与前人今人一较短长之念:"余作词时并无温、韦如何写,欧、晏、苏、辛又如何写之意"[3],仅此就将他与同时代大多数规抚前人而又追逐声名的旧式文人区别了开来。顾随编词集,率皆以编年为序,逐日逐月记录表达其心境,举凡节气流转、身世浮沉、友朋唱和、家国世变,凡心中有所感发者,无一不可入词,一部词集,直可作为作者的心史来读。这种毫不依傍他人,完全用词来表达和构建自我的精神世界,作

---

[1] 叶嘉莹、顾之京:《顾随诗词讲记》,中国人民大学出版社,2006年,第15页。
[2] 卢宗藩:《〈荒原词〉序》,见《顾随全集》第1卷,第82页。
[3] 顾随:《苦水诗存·自序》,见《顾随全集》第1卷,第321页。

顾随与新文学的离合

为自己生活的记录和见证的态度,事实上全然是现代的文学立场。

我们在顾随的词中既看不到典故的铺陈,也看不到结构的安排,而完全是明白如话的自我表达,如果用胡适"白话诗"的眼光来看,想必许多也是可以选入《白话文学史》的吧。此即所谓"用白话表示新精神"欤?顾随的词以小令居多且最出彩,大概也是为此。事实上他乃是以感觉最为方便和顺手的文体,来作为表现内心世界的工具,艺术形式非所措意也,正如他在给朋友的信中所说:"老顾填词,只要以词之形式,写内心的话,不管艺术化与否耳"①,这与早期新文学作家的文学姿态,不是非常接近么?

就内容而言,读顾随20年代所作词,常能感受到一股侘傺不平之气,连顾随自己也承认,"率皆缠绵悱恻欷嘘若不能自已"②。如果不考虑顾随这一时期的生活状态和心路历程的话,很容易把这种"缠绵悱恻"之情视为旧式文人伤春悲秋之习气的表现,实则不然。1920年9月顾随自北大毕业后便前往人生地不熟的山东青州中学任教,后来又先后任教于济南女子职业学校、济南山东第一女子中学、青岛胶澳中学等校,1926年9月起任教于天津女子师范学校,直至1929年10月就任燕京大学国文系教职为止,在外省漂泊几达十年之久,所谓"湖海飘零数岁"【《归国谣(如梦里)》】是也。这正是他情感最为细腻丰富的青年时代,而又适值五四落潮时期,以一介教员谋事于异地,厕身于庸人俗夫之间,且常常被当地的政争学潮所裹挟而身不由己,一腔牢骚郁闷之气,除了在书信中向二三好友倾诉外,便只能寄之于词了。因而这不是"为赋新词强说愁",而是实实在在的苦闷。1921年10月,顾随在给好友卢伯屏的信中谈到冯至的诗"似乎也是颓废派的作品",同时坦言:"我的作品近来也偏于悲观。生在现代中国的青年,富于感情而又抱有求知热心的,一定生不出乐观呢"③,这是五四后一代新青年

---

① 顾随:《致卢伯屏(一九二八年四月十二日)》,见《顾随全集》第4卷,第354页。
② 顾随:《〈深夜〉序(拟)》,见《顾随全集》第1卷,第572页。
③ 顾随:《致卢伯屏(一九二一年十月二十六日)》,见《顾随全集》第4卷,第121页。

顾随研究

共同感受到的一种时代氛围。

在山东的六年间,顾随与好友卢继韶、卢伯屏兄弟时常通信,并且一度和卢伯屏共事。他正是经卢伯屏介绍认识冯至的,并由此和沉钟社结缘,和杨晦、陈炜谟等社中成员都有不浅的交情。1924年夏,顾随刚到青岛胶澳中学任教,就邀请冯至来青岛度夏,而陈翔鹤、陈炜谟也成了顾随在胶澳中学的同事。顾随这一时期不多的几篇新文学作品,如小说《失踪》《孔子的自白》《母亲》《废墟》等,都是在《浅草》和《沉钟》上发表的,足见顾随和这一新文学社团的关系之深。沉钟社同人的文学气质,显然也熏染了顾随。冯至后来回忆说,他们在青岛时一起读书一起写作,顾随写词的同时也读西方的小说诗歌,不要忘记他大学读的是英文系。那时顾随读的是王尔德、波特莱尔、安特列夫,也正如鲁迅评价沉钟社时所说,"摄取来的异域的营养又是世纪末的果汁",向内则"挖掘自己的魂灵"①。顾随的小说容后再论,其所作词又何尝不是如此。表面上看无非是词人愁思无聊之习气,然而内底却还是新文学的精神。还是用鲁迅的话来说:"这是血的蒸气,醒过来的人的真声音"②,是刻心镂骨之语,而非无病呻吟之辞:

  愁要苦担休瀚酒,身如醉死不须埋。且开醒眼看愁来。【《浣溪沙(郁郁心情打不开)》】

  荒原漫荒草,从没人经过。夜半谁将火种来,引起熊熊火。【《卜算子(荒草漫荒原)》】

  心苗尚有根芽在,心血频浇。心火频烧。万朵红莲未是娇。【《采桑子(如今拈得新词句)》】

  心上伤痕知多少,开落心花狼藉。看心血、涓涓流溢。【《贺新郎(赋恨终何益)》】

---

① 冯至:《怀念羡季》,见《山水斜阳》,黑龙江人民出版社,1999年;鲁迅:《〈中国新文学大系〉小说二集序》,见《鲁迅全集》第6卷,人民文学出版社,1993年,第242、243页。
② 鲁迅:《随感录·四十》,见《鲁迅全集》第1卷,第321~322页。

  且填词,且吟诗。心未成花,先已自成丝。【《江神子(去年此际两心知)》】

  双肩担起闲哀乐,身上青衫。【《采桑子(文章事业词人小)》】

  心火熊熊漫自焚,音书久已断知闻。【《从今》】

这些充满着热和力、蕴含着担荷精神和向上的生活意欲的诗句,仿佛是从作者一片诗心中挖掘、燃烧和锤炼而来,它们与传统诗词可谓大异其趣。顾随确是用他自己的"心血",浇灌出一片自己的园地,作为他切实生活的见证,如他自己所说:

  我总算把每一个时期的情绪与思想,都用了各种不同的文体写了下来。每一翻阅,便觉得我无论在过去的哪个时期都"算"底底确确地生活着。[①]

"短长何用付公论"

1927年7月,顾随编印第一部词集《无病词》的时候,本意不过是分赠好友:"大家分送分送,如斯而已"[②],并无借此进军文坛之意。此后陆续编印词集,用心亦大略如是。尽管如此低调,顾随的词作还是引起了学界和文坛不少人的关注,他作为词人的声名也逐渐建立起来。周汝昌回忆说:"那时北京(一度称北平)的文人学子,无人不知'苦水词人'的名气。"[③]最早公开评论顾随词作的,应该是赵万里。1928年11月26日,他在吴宓主编的《大公报·文学副刊》上以笔名"镜"发表《评顾随〈味辛词〉》一文,称赞《味辛词》"直追稼轩,兼祧樵

[①] 顾随:《致卢伯屏(一九二八年九月十四日)》,见《顾随全集》第4卷,第378页。
[②] 顾随:《致卢伯屏(一九二七年七月二十日)》,见《顾随全集》第4卷,第327~328页。
[③] 周汝昌:《苦水词人》,见《红楼无限情——周汝昌自传》,十月文艺出版社,2005年,第252页。

风","凡吾辈所欲言而不能如此言者,顾氏皆能言之,而不假色泽堆砌之巧",主旨在表彰顾随词的自然浑成,而又能曲致人情,评价不可谓不高。不过顾随并未对此做出公开回应,只是在给卢伯屏的信中表示"厚意可感",并托其代为转赠《无病词》一部而已。①

或许正是赵万里的文章引起了吴宓的注意,不久吴宓也在《大公报·文学副刊》上撰文评论顾随的《无病词》和《味辛词》。这是一篇洋洋洒洒的长文,吴宓先是评论中国诗坛上新旧两派之失,指出前者灭裂鲁莽,摒弃一切格律,后者则徒事剿袭,流入粗滑轻率,唯有斟酌于两者之间,"以新材料入旧格律,合浪漫之感情与古典之艺术",才是"唯一之正途",而顾随正是"遵此途以行"而致成功的典范。顾随既能于词中表现纯洁真诚之自我,写出现代人矛盾痛苦之心理,复能融化"现代流行之新名词",为词体开辟新路,前途可谓不可限量。② 吴宓对顾随推崇备至,期许甚高,这反而引起了顾随的某种不安。他随即给《大公报·文学副刊》去信,大有敬谢不敏之意:

> 贵刊第七十三期评拙作无病词味辛词一文已拜读,不胜惭惶。随之为词,自写其胸中所欲言而已。此外即在所不计,亦非所敢计。至与近世文坛诸作家,争一日之短长,则尤非素心。间尝与二三友人谈论,辄谓今后词坛已届强弩之末,静庵先生则回光之返照也。极盛难继,途穷则变,证之古今中外,莫不皆然。至于随之好此而不疲者,故步自封,了不长进而已。余生先生所评云云,不独使下走愧汗不止,亦且内疚于心而已。③

"自写其胸中所欲言而已",固是顾随的夫子自道,不愿"与近世文

---

① 顾随:《致卢伯屏(一九二八年十二月六日)》,见《顾随全集》第 4 卷,第 387~388 页。
② 余生(吴宓):《评顾随无病词味辛词》,《大公报·文学副刊》第 73 期,1929 年 6 月 3 日。
③ 顾随:《顾随君来函》,《大公报·文学副刊》第 75 期,1929 年 6 月 17 日。

顾随与新文学的离合

坛诸作家争一日之短长"亦不妨视为自谦之语,然所谓"词坛已届强弩之末"、"极盛难继,途穷则变"的说法,恐怕会大出吴宓意料之外。吴宓是学衡派的健将,与新文化运动自始就立于反对的地位,对新文学特别是新诗更是贬斥有加。虽然他常常出以稳健的姿态,在文中对新旧两派各打五十大板,但以传统为本位的立场还是非常鲜明的,且他本人也是旧诗孜孜不倦的热爱者和写作者。而顾随这里表现出的态度,却反而更接近于新文学的立场,其实这也并不奇怪,顾随毕竟是经过五四洗礼的新青年,他在骨子里仍不脱新文学的本色。无论立身行事还是文学趣味,顾随似乎都有意和新文学的反对者或旧派保持着距离。事实上顾随对吴宓本人印象并不佳,他曾在清华和吴宓谈天,印象是:"吴头脑之不清楚,殆远过于弟,愈谈愈不知所云。"①另外一个例子则是卢前,这位江南才子也很欣赏顾随的词作,认为"以新意境,新名辞为词者,惟吾友沧县顾羡季随"②,然而顾随对卢前的评价却是"笔下甚庸弱"③。

虽然写词不辍,顾随对词的表达限度和词在现代的前途一直有着清醒的认识,这或许是他与当时一般词人的最大不同,也是最能体现他的新文学底色的地方。1933年,顾随在《留春词·自叙》中就说:"以此形式写我胸臆,而我所欲言又或非此形式所能表现,所能限制",并表示"后此即再有作,亦断断乎不为小词矣"④。在大学讲坛上,他亦明确宣示:"白话所表现的思想感情有古文表达不出来的。今日用旧体裁,已非表现思想感情之利器。"⑤他甚至"觉得教青年人填词是伤天害理的事情,稍有人心者,当不出此",认为"青年人应该创造新的东西,不应该在旧尸骸中讨生活"⑥。这些话出自一般的新文学作家并不足

---

① 顾随:《致卢伯屏(一九二九年十一月十三日)》,见《顾随全集》第4卷,第425页。
② 卢前:《卢前文史论稿》,中华书局,2005年,第316页。
③ 顾随:《致叶嘉莹(一九四八年十月二十八日)》,见《顾随全集》第4卷,第494页。
④ 顾随:《留春词·自叙》,见《顾随全集》第1卷,第87页。
⑤ 顾随:《顾随诗词讲记》,中国人民大学出版社,2006年,第62页。
⑥ 顾随:《致卢伯屏(一九二一年七月十三日)》,见《顾随全集》第4卷,第220页。

顾随研究

为奇,然而自顾随口中而出,还是不免有些令人吃惊。

当然,立场表达和写作实践之间总是存在着缝隙和龃龉。《留春词》之后,顾随并未"断断不为小词",还是继续编他的词集;作为大学国文系的教授,顾随出于教学的需要,也经常教学生填词。这些都并不奇怪,即使是一般的新文学作家中,也有许多人持久不断地从事旧体诗词的写作。如何理解这种颇具普遍性的文化现象?对顾随和那些新文学作家来说,旧体诗词表达的优势和限度在哪里呢?

我们或许可以从顾随的学生朱家溍的一段回忆中找到线索。朱家溍是顾随40年代任教辅仁大学时的学生,他回忆说,顾随教学生作诗填词,"首先是读书,一定要知道应该背诵的书,如《诗经》、《楚辞》、《玉台新咏》,至于《全唐诗》要全部通读,当然不能全部背诵,但有一部分也必须背诵",学填词,至少还要通读后蜀赵崇祚编的《花间集》、宋周密编的《绝妙好词》、明陈耀文编的《花草粹编》、清万树编的《词律》、沈辰垣编的《历代诗余》、朱彝尊编的《词综》,乃至近人胡适编的《词选》,这样"学作诗填词照着我所推荐的书,分别背诵、通读、浏览,不同的对待,这样读书之后,肚里装进若干名篇秀句,到时候不论作诗填词,自然思涌珠泉,情抽蕙圃"。①

这是顾随为学生说法,但也看作是顾随自己写词的门径,那就是在熟习和掌握大量传统文学遗产的基础上,随时从中挹取契合当下经验的意象和修辞,加以转换后便可构成一件新的作品。词体本身既有严谨的格律和套式可供遵循,而丰富的传统文学遗产又提供了大量形式化和定型化的情感表达模式,足以覆盖大部分的日常经验,因而对于如顾随这般技巧熟练、学养丰厚的作者来说,用诗词来表达日常情感并不是一件很难的事,比起用白话创作新文学来说要容易得多。对许多新文学作家而言情形也是如此,旧的形式因而常对他们产生难以

---

① 朱家溍:《辅仁求学记》,见《胡适选专业——大师们的大学生活》,辽宁教育出版社,2006年,第80~82页。

抗拒的"诱惑"。① 诚如钱理群所言:"旧体诗的定型化的形式与特定的情感方式之间已经建立了相对稳定的密切联系",现代文人在特定情境下,会进入到与旧诗词相对应的"情感圈"中,此时便会产生写作旧体诗词的冲动②。然而,正因为旧体诗词提供的表达模式是高度形式化的,它在提供便利的同时,也给自己设定了限度,即它只适合于传达日常性和共通性的情感经验。这也就是为什么许多现代旧体诗词对作者而言是自我表达的方便法门,对读者而言却往往有黄芦白苇一望无余之感。

在这个意义上,顾随的词却迥出侪辈之上,其中固然也有一些形式化和定型化的情感表达,但是它们更多地容纳了一个真实的现代人的心理世界,充满了郁结、苦闷和生活意欲,从而扩大了词体表达的限度。平心而论,吴宓指出顾随词能写出"现代人之心理",不失为知者之言。但他希望顾随能由此更上一层楼,却殊不知这几乎已抵达传统词体表达的极限。若再试图往前推进,势必要冲破形式不可。顾随对此有着清醒的认识,所谓"我所欲言又或非此形式所能表现,所能限制",绝非泛泛之语,而是切中要害的甘苦之谈。他对古文变为白话文为不得已的认识,也就较一般新文学家所言更有力度。

职是之故,顾随便自觉而清醒地将自己的词作当作一种多少是"私人性"的自我表达,而非某种文学主张的范本,或期待其传诸后世的华章。在"公"的意义上,他毋宁说仍是新文学立场的拥护者,然而这与他的词无干。"短长何用付公论,得失从来关寸心"(《题〈积木词〉卷尾》),文坛的"公论"无需置意,重要的是一己"寸心"的自足。

---

① 刘纳:《旧形式的诱惑——郭沫若抗战时期的旧体诗》,《中国现代文学研究丛刊》1991年第3期。
② 钱理群:《一个有待开拓的研究领域》,钱理群、袁本良编《二十世纪诗词评注》,广西师范大学出版社,2005年,第6~7页。

顾随研究

"文章事业词人小"

顾随在北平虽有"苦水词人"的声名,但他既对文坛的"公论"素不介意,这等虚名自然视若无物。事实上,他对自己"词人"的身份非但毫无自矜之意,倒是时时怀疑乃至不满。"难道老天生我,只教作个词人"【《清平乐(知交分三)》】,"文章事业词人小,如此华年"【《青玉案(诗豪落落人中杰)》】,顾随并不愿把作词作为一生的志业,他心中别有更高远的抱负在。

作为五四时代的北大学生,顾随和许多青年一样,也有文学的梦想。1921年7月,刚离开北大不久的顾随在给卢伯屏的信中说:"我的意思,仍然是努力向上,往'文学'方面发展。"①他不仅以文学为兴趣和志向,而且对自己的才华也是相当自负:"弟虽无著作天材,然若专心致志,与近日中国作者相见于文坛诗国中,敌手大约亦无多。"②"文学"也好,"文坛诗国"也好,显然指的不是旧体诗词,而是新文学。

顾随并不只是随便说说而已,而是身体力行,扎扎实实地在新文学的创作方面下了一番功夫。甚至可以说,至少是在20年代,顾随在新文学创作方面花费的心力并不逊于词。就具体文类而言,顾随对新诗是一直表示怀疑和不满的,当时出版的《女神》、《草儿》、《冬夜》等新诗集都不在眼里,于是他的重心便主要转向了小说。先后写下的大概不下十篇,但是由于各种原因散佚了不少,现在能看到的早期小说只有《爱——疯人的慰藉》、《失踪》、《反目》、《孔子的自白》、《母亲》、

---

① 顾随:《致卢伯屏(一九二一年七月十三日)》,见《顾随全集》第4卷,第110页。
② 顾随:《致卢伯屏(一九二五年七月八日)》,见《顾随全集》第4卷,第220页。

顾随与新文学的离合

《废墟》等六篇。①

虽是篇数不多,但顾随的小说却自有其特色。他擅长刻画人物心理,烘托环境气氛,语言也清新活泼,刚健有力,没有早期新文学作家浮滑轻率的毛病。《反目》把洞房花烛夜新娘的心理活动描写得惟妙惟肖,一位未经世事的年轻女子只因在灯下偷看了自己的丈夫而引来舆论的非议,最终导致这对新人"反目"为仇,情节的急转直下蕴涵了对旧礼教的批判,这也是早期新文学创作的重要主题。《失踪》写的是一位新青年的悲剧,他因为无法忍受婚姻生活的庸常和琐碎,以及爱人容颜的衰退,竟至于用毒药毒死了自己的妻子。几年后他来到异乡的一座学校当教员,美丽的女同事又激荡起他情感的波涛,更唤起他对妻子的记忆,痛苦之下,他选择"失踪"作为自己的归宿。这篇小说篇幅很短,情节却跌宕起伏,作者运用倒叙闪回等手法精心结构,大幅度的反差和对比给读者以强烈的震撼。它将批判的矛头指向了五四知识青年的内在弱点,让我们不由想起鲁迅的《伤逝》,而其中对记忆之无法摆脱的深切感受,也是会引起鲁迅的共鸣的吧,这大概是它被鲁迅选入《中国新文学大系·小说二集》的主要原因。《废墟》却有着安特列夫式的阴冷与恐怖。主人公房五是一位乡村农民,他因为一次观看刑场砍头的经历而受到莫名的蛊惑,像是被操纵着似地用铡刀砍死了全村人,更令人震惊的是,竟有村民主动将头伸到他的铡刀下引颈就戮。小说对死亡和暴力的冷峻描写极有冲击力,房五内心的疯狂和颤栗也刻画得入木三分,在房五的屠戮之下变成"废墟"的村庄显然

---

① 《爱——疯人的慰藉》作于1921年,为未刊稿,《反目》刊于1923年济南《民治日报》,具体日期不详,两篇均收入《全集》第1卷。《失踪》刊于1925年《浅草》第1卷第4期,《孔子的自白》《母亲》《废墟》以"葛茅"为笔名发表于1926年《沉钟》半月刊第5、8、10期,其中《孔子的自白》和《母亲》不知缘何未收入《顾随全集》第1卷,而该卷"小说"收入的《夫妻的笑——街上夜行所见》和《枯死的水仙》两篇实为散文诗,不宜视为小说。此外,由顾随此时致友人的书信可知,他这一时期至少还写了《嫉妒》(1923)、《美丈夫》(1923)、《生日》(1924)、《海上斜阳》(1924)、《浮海》(1925)、《浮沉》(1925)等六篇小说,可惜均已散佚,见《顾随全集》第4卷第47、59、73、154、186、247页。

顾随研究

包含着某种象征的意味,这是一个在不可知的势力推动下人们相互残杀最终走向毁灭的世界,既可以将其视为"吃人"的旧中国的隐喻,也可以视为作者对现代世界的悲观预言。

顾随的小说创作主要集中在1923~1925年间,1925年他在给卢伯屏的信中表示,此后"拟专习一门,即'词'是也"①,开始把重心完全转移到词作上,基本上放弃了新文学的创作。是因为他缺少创作的才能而主动放弃么?从他发表的若干作品来看,显然并非如此,后来《失踪》被鲁迅选入《中国新文学大系·小说二集》,就是对他创作成绩的充分肯定。况且顾随对自己的才华本就相当自负。或者是因为他"江郎才尽",写作的动力和资源已经枯竭?也不是,就在他搁笔数年之后,他还写出了《佟二》(1933)和《乡村传奇——晚清时代牛店子的故事》(1947)(均收入《顾随全集》第1卷)这样有分量的作品。《佟二》以力透纸背的笔触,塑造了一个坚韧顽强的农民形象,尽管他历经虫灾、土匪、官衙、军阀种种天灾人祸的打击与压榨,但他并未屈服,而是始终保持着生存的本能与意欲,在苦难中挣扎缠斗,直至死亡。相比之下,《乡村传奇》的笔调更舒缓明朗一些,在笔者看来,这是一部堪与萧红《呼兰河传》相媲美的杰作。小说如同一幅晚清华北乡村的风俗长卷,充满了淳朴的乡土气息,在对乡村风土、节令和民俗的工笔描摹中,穿插以大麻子、四先生、二牛鼻等活泼生动的人物形象,风味醇厚中不失隽永,语言在劲健中也透出清刚之气。

如此看来,顾随创作重心的转移应该别有缘由。对此,或许可从以下几个方面作一粗浅的分析。首先,考虑到顾随这一时期的生活状态,可以看到其中有某种不得已的苦衷。长年在青州、济南、青岛等地漂泊不定,加之教书生活的清苦,使得顾随很难获得从事创作的余裕心境。1927年,顾随在日记中抄录了鲁迅《华盖集续编》中"教书和写东西是势不两立的"的话,深有感触:"直到今日,才感到是千真万真",

---

① 顾随:《致卢伯屏(一九二五年十月十五日)》,见《顾随全集》第4卷,第229页。

顾随与新文学的离合

"自己教了八个整年的书了。倘若这八年里面,拼命地读书作文,虽然不敢说有多大的成绩,然而无论如何,那结果是不会比现在还坏。"① 可见他对自己的状态也很是不满,然而却又有些无可奈何。其次,必须考虑到文体的因素。顾随是一个情感细腻、心灵丰富的人,绝不缺少感受力和经验性的素材,何况他这一时期本来就充满了苦闷的生活感受。但是对顾随来说,将内心体验发之于词是很容易的事。转化为小说却很难。作词对顾随来说如同日课,是一件驾轻就熟的事,而写小说却需要他付出更大的劳动,不仅需要余裕的心境,更要作者能够全神贯注,深思熟虑,构造情节,揣摩语言。作词可以直抒胸臆,写小说则在一定程度上需要将自己的内心经验外化为情节结构,难度显然更大。既然可以用词熟练而轻松地书写内心,创作小说就需要更大的动力才行。顾随在济南女中的学生、后来成为新文学中著名女作家的沉樱当时就曾写信给顾随,不愿顾随填词,认为有妨于创作,顾随也以为然。② 但积习难除,顾随填词依旧,小说创作的劲头却减了下来。人情皆避难而就易,对顾随也不必过于深责。

最后,或许也是最重要的一点,是顾随对待新文学的严肃态度和高远眼光有以使然。顾随不缺少新文学创作的才华,他和沉钟社的紧密关系,也使得他不愁没有发表作品的渠道,然而他并不愿率尔操觚,而是以极其严肃认真的态度对待自己的新文学创作,并全力为之。他在书信中时常和朋友谈及自己的作品,征求他们的意见,不断进行自我批评和反思,就是最充分的证明。如果说对那些受到五四新文学吸引的大部分文学青年而言,白话提供了一个很方便的工具,可以随意地进行自我表达,不需要花费多少气力就可以跨入新文学的门槛,那么对顾随来说却完全不是这样,因为顾随已经熟练掌握了词这样一种自我表达的利器,他绝不会满足于再使用粗糙的白话来表现自我。他

---

① 顾随:《寻梦词》,见《顾随全集》第4卷,第554页。
② 顾随:《致卢伯屏(一九二五年十二月二日)》,见《顾随全集》第4卷,第243页。

顾随研究

后来在课堂上就曾教示学生:"所谓白话文,不可轻易从事,真够格白话文,比文言文难得多。"①新文学对他来说是一桩必须严肃和全力对待的"文章事业",从一开始他的眼光就较一般的新文学作者要高得多,不愿意轻易出手,此后越写越少乃至搁笔也在情理之中。

最能说明顾随眼界之高的,是他对并世的新文学作家少所许可,即如他对他曾执弟子礼的周作人,评价也并不高,认为他的散文"文笔松松懈懈②"。30年代顾随和周作人及其弟子如俞平伯、沈启无等一度过从甚密,但气质终究不大相合③。在新文学作家中,顾随唯一首肯且推崇备至的只有鲁迅一人,他曾在课堂上说:"如今日白话文写成功者仅鲁迅一人"④,一面可见顾随对鲁迅的尊崇,一面可见他悬的之高。顾随虽未尝受业于鲁迅,但自年轻时便爱读鲁迅的作品,且在课堂上讲授鲁迅,钦仰之情终生不渝。⑤ 在某种意义上,鲁迅之于顾随代表了新文学的理想,是某种无法企及的境界的体现。"文章自是千秋业,肯与齐梁作后尘"【《鹧鸪天(同是燕南赵北人)》】,如果不能达到这样的境界,与其和不入自己法眼的作者为伍,还不如少写乃至不写,当顾随不再以新文学创作为志业的时候,他的心中大概会是这样的念头吧。

顾随的女儿顾之京回忆说:"父亲晚年有一次聊天时曾对我说,他这一辈子就愿意当个作家,而不想当个学者⑥",然而由于内外两面的错综因缘,顾随的"文章事业"颇有"未尽才"之憾,他留给后人的,更多的还是作为学者的一面。

---

① 周汝昌:《燕园名师顾随先生》,见邓九平编《中华文化名人谈恩师》(下册),大众文艺出版社,2000年,第547页。
② 顾随:《致卢季韶(一九五三年七月十三日)》,见《顾随全集》第4卷,第94页。
③ 参见孙郁:《顾随的眼光》,见《周作人和他的苦雨斋》,人民文学出版社,2003年。
④ 顾随:《〈文赋〉十一讲》,见《顾随全集》第3卷,第276页。
⑤ 参见王振华:《我的启蒙师顾随先生——宣传鲁迅的先行者》,《河北大学学报》1990年第4期;又见顾随:《小说家之鲁迅》,见《顾随全集》第2卷。
⑥ 顾之京:《"心苗尚有根芽在,心血频浇"——记先父顾随的一生》,见《顾随全集》第4卷,第641页。

顾随与新文学的离合

"素性不近于考据"

从1929年6月到燕京大学国文系担任教职时起,一直到1960年在天津师范大学中文系教授职上辞世为止,顾随在大学里度过了三十多年的教学和研究生涯,这是现代体制下学者再平常不过的人生轨迹了。然而与众不同的是,顾随并非擅长于著书立说的典型现代学人,他一生主要却是以教学为主,晚年自号述堂,取述而不作之义。① 顾随是讲课的大师,凡亲聆其教诲的弟子如叶嘉莹、周汝昌等,无不惊叹其课堂讲授之高妙。② 根据弟子们的回忆,顾随在课堂上讲授词曲,既不讲历史背景,也不作文字的疏通和注解,而是完全从鉴赏评析的角度,引导学生去感受和体会,所以引人入胜。同时要求学生习作,目的也是为了帮助深入理解作品的内容和意境③。顾随这种重课堂讲授轻著述研究、重赏析习作轻历史考据的风格,其实与主流的学术风气有点格格不入,这或许是他一度被学界冷落乃至遗忘的重要原因。然而顾随对此并不以为意,建国后好友冯至虽然安排他进入中国社会科学院文学研究所这一国家级最高研究机构,但顾随依然选择去天津师院当一名教书匠④,凡此都体现了一位学者不随世俯仰的高逸情怀。

但是既身处学界,就不可能脱离研究与著述生活,30年代顾随在燕大和北大教授词曲,同时致力于元曲研究。1933年他在给周作人的信中表白自己的研究计划:

> 弟子刻下正致力于富有蒜酪风味之元曲……弟子已下决心

---

① 张中行:《〈传心与破执〉跋》,见《顾随全集》第2卷,第500页。
② 参见叶嘉莹:《纪念我的老师清河顾羡季先生——谈羡季先生对于古典诗歌之教学》,顾之京:《〈顾随诗词讲记〉后记》,均收入《顾随诗词讲记》;又见周汝昌:《怀念先师顾随先生——在顾随先生纪念会上的报告》,见《河北大学学报》1990年第4期。
③ 见杨敏如:《永久的怀念——纪念先师顾随先生》、王罗兰:《回忆顾随先生》、高景成:《缅怀顾老》,均收入张恩芭编《顾随先生纪念文集》,河北教育出版社,1999年。
④ 顾之京:《"心苗尚有根芽在,心血频浇"——记先父顾随的一生》,见《顾随全集》第4卷,第635~636页。

顾随研究

> 作五年计划,诗词散文暂行搁置,专攻南北曲,由小令而散套而杂剧而传奇,成败虽未可逆睹,但得束缚心力,不使外溢,便算得弟子坐禅工夫也①。

自20世纪初王国维《宋元戏曲考》出,加之五四新文化人对小说戏曲等通俗文类的揄扬,至30年代元曲渐成显学,顾随选择元曲作为研究领域,既出自个人兴趣,亦可见其学术眼光。从学术史上来看,这一阶段的元曲研究主要集中于文献的搜集清理,作家生平、作品及题材本事的考订和元曲艺术体制的考察诸方面,元曲曲词的诠释和剧目的考订也取得了可观的成绩,研究方法则以历史考据为主②。这其中也包括顾随的研究。顾随这一时期撰写了20余篇元曲研究的论文,大体上包括两个部分,一是有关元杂剧的辑佚校勘及作者与本事的考订,一是有关元曲方言的考释③。前者如《读〈元人杂剧辑佚〉》、《跋赵景深先生的〈读曲随笔〉》等,后来则结为《元明残剧八种(辑佚校勘)附录一种》这一系统性的著述;后者则有《元曲方言考》、《元王元鼎【商调·河西后庭花】套校释》、《元曲中声音形容词之两公式》等文,这些后来均收入《顾随全集》第2卷。这两方面都是当时元曲研究的重要领域,顾随对此贡献甚多,元曲方言研究尤具开创之功,他的学生吴晓铃后来评价说:"顾先生是现代进行元曲研究较早的一位,他在30年代就发表了许多研究元曲的论文,立论坚实,见识高绝,他的研究为后来者开了路,奠了基"④,信非虚语。

然而顾随却绝不是趋附学术潮流的学者,无论是治学对象还是研

---

① 顾随:《致周作人(一九三三年十月二日)》,见《顾随全集》第4集,第464~465页。
② 解玉峰:《20世纪元曲研究会议》,见《20世纪中国戏剧学史研究》,中华书局,2006年,第94~95页。
③ 顾之京:《学者顾随—先父的学术研究与治学道路漫议》,《泰山学院学报》2005年第3期。
④ 顾之京:《学者顾随—先父的学术研究与治学道路漫议》,《泰山学院学报》2005年第3期。

究方法,他都有他独立的眼光和判断。例如,二三十年代元曲研究一个重要突破是散曲从戏曲中分离出来,由附庸而蔚为大国,形成了独立的散曲学,一时散曲研究成为热潮①。顾随原本亦有心治散曲,"嗣觉散曲内容至为贫弱,遂复中辍,而专致力于佚剧"②,所谓"散曲内容至为贫弱",包含着顾随对散曲独特的审美判断,在对研究对象的选择上,顾随并未随波逐流,而是以自己的兴味和眼光为主。其实即使是他耗费心力从事的元明杂剧的辑佚工作,他也有着与众不同的看法和体会:

> 夫元人之曲,自王静安先生《宋元戏曲考》出而论定,固已与唐诗宋词同其地位。然而不朽之作,亦自有数。好学之士,竞多尚奇,于是佚书秘籍之尚存于天壤者,罗掘殆尽;甚有流入异域,而重返中土者,乌乎盛已。然以文论之,举无有复加乎《汉宫秋》、《梧桐雨》、《西厢记》之上者,搜求之难既如彼,而所得之仅又如此,不亦不偿所失乎?此亦犹夫收藏家之古董,所争只在古今与有无之间耳③。

他对这种辑佚的意义发生了怀疑。如果穷搜冥讨,所得只是一些艺术价值不高的作品,结果不过类似于收藏古董,于"文"何有?他首先着眼的仍是作品的审美价值,这与当时偏重历史考据的学术风气其实有相当的距离。所以他虽然也从事辑佚校勘的工作,却并不怎么看重它。他也承认考据的方法对元曲的研究是相当重要的,曾在文中引马裕藻的话说:"现在治元曲,应当如清代乾嘉诸大师之治汉学",以为"是对的",这大概可以代表学界的主流观点。但他随即又下一转语:

---

① 参见王小盾、杨栋:《导言》,见王小盾、杨栋编"20世纪中国学术文存"之《词曲研究》,湖北教育出版社,2004年,第38~39页;李昌集:《20世纪中国的元曲研究》,《江南大学学报(人文社会科学版)》第1卷第2期,2002年第4期。
② 顾随:《元明残剧八种(辑佚校勘)附录一种》,见《顾随全集》第2卷,第252页。
③ 顾随:《元明残剧八种(辑佚校勘)附录一种》,见《顾随全集》第2卷,第253页。

顾随研究

"我自己虽然爱读元曲,一则因为素性不近于考据,二则手下所有的书不够用,三则太不爱动了,虽然知道图书馆里或师友处有此书,亦还懒怠去借,所以用治汉学之法去治元曲,还是心有余而力不足[①]",自谦背后其实隐含着某种自矜自重的姿态,所谓"素性不近于考据",不是为自己开脱,而是自家学术立场的表达。

就顾随元曲研究的论文来看,他并不缺少考据的功夫,即如《元明残剧八种(辑佚校勘)附录一种》,在赵景深《元人杂剧辑逸》的基础上,复加补充考订,诚为后出转精之作,特别是每种剧后的按语,或考索作者,或辨析本事,或订正字句,尤见功力。然而最能体现顾随的趣味和眼光的,还是散见于各篇论文中那些如吉光片羽般的评赏之语,如《元代四折以上之杂剧——〈西厢记〉与〈西游记〉》中论《西游记》曲文之"诙诡可喜",为"元剧中之别开生面"者,《元明残剧八种(辑佚校勘)附录一种》中论"晚元人之曲,亦犹晚唐人之诗。其高者词意浑融,臻于圆熟之境。其下者词浮于意,毫无生气[②]",俱能别具只眼,抉发文心,道前人所未能道。这正是顾随的长处,只是囿于论文体式,未便充分发挥,想必顾随在课堂上定有更精彩的表现。由这里也可以看出现代学术体制的某种内在缺陷,在这种体制下,似乎只有历史考据才可以转化为有效的、可以积累的知识,而充满个性的体悟和鉴赏则不足以语于"学问"。

但顾随毕竟是"曲子中缚不住"者,他的才气和眼光使得他终究突破学术规范的束缚。1937 年,顾随在《元明残剧八种(辑佚校勘)附录一种》的"引言"中写道:"余对于曲之兴味,乃由欣赏考订而趋于创作矣[③]",这是一个大胆的尝试和选择,即使是单纯的欣赏顾随也已不再感到满足,遑论琐碎的考订工作了。事实上 1936 年一年顾随就写了

---

① 顾随:《读〈元人杂剧辑佚〉》,见《顾随全集》第 2 卷,第 201 页。
② 顾随:《元明残剧八种(辑佚校勘)附录一种》,见《顾随全集》第 2 卷,第 238~240、265 页。
③ 顾随:《元明残剧八种(辑佚校勘)附录一种》,见《顾随全集》第 2 卷,第 252 页。

四部杂剧,并于该年冬天结集为《苦水作剧》印行,此后又于1945年印行了《苦水作剧二集》。顾随的元曲研究论文大多零碎地发表在报刊上,顾随自己既不留底稿,事后亦不曾收集整理,似乎取一种自生自灭的态度①,相比之下,他对自己的戏曲创作就要重视得多,不仅结集印行,且作序跋交待创作缘起和过程。创作经验使得他对戏曲的理解和领会也更加深入透彻,30年代在北大听过顾随课的吴晓铃后来回忆说:"顾羡季师在讲坛上能把关汉卿、王实甫、高明、汤显祖和'南洪北孔'的曲子分析得那么深、那么细致、那么富于启发性和说服力,就是因为他能创作②",他自己也开始练习写散曲,以为教学研究之助。

最能说明顾随对待考据、创作、欣赏三者之态度的,是他建国后写给其弟顾谦信中的一段话:

> 至云向来习作欣赏,聊自怡悦,与今世考据研究之学,大相径庭,斯言诚然,兄亦知之,然独不思老兄多少年来亦正复尔尔。况乎考据研究之学,夫人而能之,若夫习作欣赏,非有才者不办。③

顾随自是居于"有才者"之列,他不愿为"人而能之"的"考据研究之学",非不能也,是不为也。顾随自外于学术潮流④,与其说是体现了某种自甘边缘的淡泊,不如说是体现了某种睥睨一世的寂寞。

回到学术史上来看,现代古典文学研究中以历史考据为重的典范,其实主要仍是由新文学家和新文化人奠定的,胡适20年代鼓吹"整理国故",号召用"科学方法"整理旧文学,一时桴鼓相应,蔚为风

---

① 顾之京:《女儿眼中的父亲——大师顾随》,中国工人出版社,2007年,第217页。
② 吴晓铃:《我是怎么写起散曲来的?》,见《吴晓铃集》第4卷,河北教育出版社,2006年,第22页。
③ 顾随:《致顾谦(一九五四年五月廿五日)》,见《顾随全集》第4卷,第539页。
④ 顾随的元曲研究似乎并未受到后来者的重视。"20世纪中国学术文存"丛书中的《词曲研究》和《元杂剧研究》均未收入顾随的论文,李昌集《20世纪中国的元曲研究》、解玉峰《20世纪元曲研究刍议》也未提及顾随。这固然和顾随的研究著述散佚较多长期未能得到系统整理有关,但也可见顾随的学术取向与学界主流之间的差异。

尚,特别是在30年代的北平,更是"充满着'非考据不足以言学术'的空气"①。而如胡适、郑振铎、赵景深等研究词曲的名家,均是出身于新文学。这也并不奇怪,因为"科学"的方法显然是新派的长项,而非旧派的当行。这一范式注重文献的整理、文词的考订、历史的梳理,短处却正是在"文学"自身的涵泳和鉴赏上,五四时期傅斯年就说过:"国故的研究是学术上的事,不是文学上的事"②,胡适、郑振铎、赵景深也都不以文学趣味见长。这种"文学的失语"③几乎封闭了传统文学想象向现代转化的可能性,新文学家自身的创作和评论,和他们所从事的"新"的古典文学研究,两者之间很难建立起有效的互动和沟通的渠道,虽同出一源,却互不相涉,新旧被打成两橛,无法融会贯通,这是新文化人最为人诟病之处。

顾随正是在这里显示出他独特的意义。对于新的学术典范,他是入乎其内而又出乎其外,能运用而又不为其所束缚。尽管他不大看得上考据之学,但却绝不保守,并非如旧式文人那般深闭固拒。就注重体悟鉴赏乃至习作而言,顾随和旧式文人似乎颇为接近,然而后者往往只知道说好而说不出好在何处,只能道其然而不能道其所以然,顾随却有着他独到的见解和评判,而且这些见解和评判如同他的词作一般,也是深深浸透着新文学的精神的。

"近代人生观"的眼光

顾随论文,首在抉发"文心"、"诗心"。《东坡词说·前言》中说:"学人首须去会,不可徒事求解,解得许多张长李短,不会得古人文心,有甚干涉?"④《关于诗》中则云:"中外古今底诗人更无一个不是具有如

---

① 《〈古史辞〉第四册书评》,《读书月刊》第2卷第7号,1933年4月。
② 傅斯年:《毛子水〈国故和科学的精神〉附识》,《新潮》第1卷第5号,1919年5月。
③ 参见罗志田:《文学的失语:整理国故与文学研究的考据化》,见《裂变中的传承——20世纪前期的中国文化与学术》,中华书局,2003年。
④ 顾随:《东坡词说·前言》,见《顾随全集》第2卷,第48页。

是诗心","世间一切,摄于诗心"①。抓住"文心"、"诗心",方能为探本之论。所谓"文心"、"诗心",简而言之,便是作品中表现的作家整体的人格气质与精神境界。顾随品评诗文,并不纠缠于字句修辞,而是以极开阔而锐利的眼光,对作家的气象加以概括,虽寥寥数语,而给人以拨云见日之感。在顾随看来,作者的"心"是较具体的文辞技术更为本质的东西:"我们说老杜、鲁迅的诗文有顿挫,我们知道了,但何以我们写时不能成为老杜的诗鲁迅的文?便因我们没有他们那样的心。"②

《毛诗·大序》中云:"在心为志,发言为诗",以"心"为范畴评诗论文,是中国的旧传统,并不算得怎么新鲜。传统所谓"心",所赅甚广,难以加以明确的界说,顾随又常引用禅宗的话头,如"万法唯心"、"心生种种法生"之类,似乎愈加有些搅扰不清了。然而顾随之所谓"心"却自有其现代内涵:"余所说有科学的、唯物的根基。人心是以生活作根基,过此生活便有此心。"③"心"不是空泛玄妙的本体,而是一以现实生活为根底,"文心"、"诗心"俱从生活中来。

这里便牵涉到顾随常用的另外一组概念:"人生"、"生活"、"生气""生的色彩"等。顾之京整理的《驼庵诗话》"总论之部"开篇的第一句话便是:"文学是人生的反映,吾人乃为人生而艺术④",所谓"为人生而艺术",不正是新文学发轫期的宗旨么?这里似乎可以明显地看出新文学的影响。然而或许有人会说,近代"人生"之观念并不自新文学始,至少王国维的文艺思想中即已有此观念。而顾随无论是说词还是治曲,都深受王国维的影响,这是毫无疑问的。斯言诚然。不过若是对两人进行一番比较,恰可看出顾随有意立异于王国维的地方,正是他经历过新文学的洗涤的结果。

作为以近代眼光和方法治词曲的第一人,王国维在学术史上的影

---

① 顾随:《关于诗》,见《顾随全集》第 2 卷,第 109、110 页。
② 顾随:《〈文赋〉十一讲》,见《顾随全集》第 3 卷,第 268 页。
③ 顾随:《〈文赋〉十一讲》,见《顾随全集》第 3 卷,第 269 页。
④ 顾随:《顾随诗词讲记》,第 3 页。

响是笼罩性的。相对于古史研究,王国维早年的词曲研究,因观点立场与新文学家多有相近之处,更是受到后者的推崇,乃至被追认为五四新文学的先驱。①顾随五四时期毕业于北大,而又喜爱作词,他读王国维并受其影响乃是很自然的事。前面谈及他给吴宓的信中云"词坛已届强弩之末,静庵先生则回光之返照也",又曾于《静安词》扉页上题记,称"先生词与同时诸老旗帜特异,蹊径殊别,卓然名家,自是不朽之作,"②评价之高,可谓一时无两。在顾随看来,王国维"不仅有修辞功夫(只有此点也能成为两宋后一大词人),而又加以近代思想,故更成为一大词人",又云王国维的词中"真有前人没有的东西"③,也是就其"近代思想"而言,可见顾随所看重的,正是王国维词中所表现的"近代性"的一面。此亦可证顾随自己惟同样具近代眼光,能了解此"近代思想",方能注意及此。

同样具"近代思想",顾随与王国维却有明显的差异。顾随论词,常提及王国维的观点,但并非援引成说,而是往往加以分析、阐发乃至辩证,可以说王国维在某种意义构成了顾随的对话对象。其中最值得注意的便是顾随对王国维"境界说"的修正:

> 境界之定义为何?静安先生亦尝言之。余意不如代以"人生"两字,较为显著,亦且不空虚也。④

顾随以"人生"说修正或曰充实王国维的"境界说",最能见出顾随文艺思想的特色。王国维亦尝论及"人生",但却与顾随的观念不同。大体言之,王国维的"人生"主要自叔本华的哲学而来,人生而有欲,故

---

① 参见傅斯年:《王国维著〈宋元戏曲史〉》,《新潮》第1卷第1号,1919年1月1日;吴文祺:《文学革命的先驱者——王静庵先生》,郑振铎辑:《中国文学研究》(下卷),商务印书馆,1927年;周光午《我所知之王国维先生》,收入陈平原、王枫编《追忆王国维》,中国广播电视出版社,2000年。
② 顾随:《〈静安词〉扉页题记》,见《顾随全集》第2卷,第96页。
③ 顾随:《顾随诗词讲记》,第130~131页。
④ 顾随:《评点王国维〈人间词话〉》,见《顾随全集》第2卷,第100页。

顾随与新文学的离合

"人生"、"生活"充满忧患和劳苦,唯于美术中可以得解脱。"美术中以诗歌、戏曲、小说为其顶点,以其目的在描写人生",所谓"描写",只是从外部"观物",心中并不存欲念或利害关系。而且文学美术之终极目标也不只是"描写人生"而已:"美术之务在描写人生之苦痛与其解脱之道,而使吾侪冯生之徒,于此桎梏之世界中,离此生活之欲之争斗,而得其暂时之平和"①,最终仍是求得超越"人生"之解脱和慰藉。由是,王国维《人间词话》中之"境界",便包含有某种超拔现实生活之上的理想世界之意味,不免有虚玄高蹈之气息,此即顾随所谓之"空虚"也。顾随之"近代人生观"则反乎是,不是求人生之超拔和解脱,而是如鲁迅那样,投入其中,勇敢担负,于奋斗中努力进取②。文学不是慰藉人生的工具,而是作者人生体验和生命精神之表现。由此可见顾随的"人生"观念显然是以新文学"为人生而艺术"的精神为底子的。

明乎此,就能了解顾随对王国维的评议,是有他一贯的逻辑在其中的。他曾在课堂上讲授《人间词话》,特别是对"无我之境"之说表示不赞成,认为"不能成立"。顾随认为,不存在"无我",只有"丧我"或"忘我",文学中"我"的存在乃是绝对的,有"心"则必有"我"在。③ 如此强调作家的主体精神,和他那积极入世的"近代人生观"乃是相通的。又如《人间词话》中云"词人者,不失其赤子之心者也","主观之诗人不必多阅世,阅世愈浅则性情愈真",以此抬高李煜和纳兰性德的地位,顾随亦不以为然。所谓"赤子之心"像是一种纯粹而不夹杂烟火气的性格,同样是离乎人生的虚玄境界,故顾随认为:"只有赤子之心不成,还要加上成人的思想。"④顾随是主张实实在在地踏入人生的:"极美丽之花果,其肥料是极污秽之物。"⑤他讲"诗心"也讲"单纯",然而这"单

---

① 王国维:《红楼梦评论》,见《王国维遗书》第5册,上海古籍出版社,1983年。
② 顾随:《顾随诗词讲记》,第23页。
③ 顾随:《顾随诗词讲记》,第226~228页。
④ 顾随:《顾随诗词讲记》,第133页。
⑤ 顾随:《顾随诗词讲记》,第33页。

纯"不是未经阅历之"赤子之心",而是历经极复杂之人事而仍能保持之"单纯"①。

顾随对王国维《宋元戏曲考》所揭橥之"自然"也提出了异议,"王先生之所谓自然,以吾观之,天真而已,幼稚而已",在顾随看来,"自然"大概有类于"赤子之心",缺乏具体的现实内容:"要亦只成其为天真,而乏高明博厚之致","下焉者"则更不足道:"既已无当于生,亦复何名为人矣。"其实王国维从"近代思想"出发,已然承认元曲"思想之卑陋",然而顾随的评价却更为严苛,对明代戏曲,甚至直斥之为"尚不识人间二字"。由"生"、"人"、"人间"等语词,可见顾随用意之所在。他理想中的戏剧,乃是如莎士比亚《哈姆雷特》、埃斯库罗斯《被缚的普罗米修斯》那样表现人生与命运之搏斗的西洋悲剧,以这样的标准来看,中国古代戏曲自然就显得贫弱了②。

概乎言之,顾随从"进取、努力"的"近代人生观"出发,主张文学当本于内心之诚,以"动的姿态"和"力的表现"拥抱人生,表现人生。而在顾随看来,中国文学中能当此者,古代只有陶渊明、杜甫、辛弃疾寥寥数位,当世则唯有鲁迅一人。前面谈及顾随对鲁迅的钦仰,几乎到了无以复加的程度,归根结底仍是服膺鲁迅的思想与人生态度,这里最能说明顾随骨子里受新文学熏染淘洗之深,虽然他把鲁迅作为某种难以企及的典范,其实也是虚悬了一个理想化的境界。

以如此新而严的眼光衡量古典诗词,无怪乎顾随常有下语极重而又极严肃的判断。如云宋诗"不能与生活融会贯通,故不及唐人诗之深厚","要在诗中表现生的色彩。中国自六朝以后,诗人此色彩多淡薄",江西派"技巧好而没有内容,缺少人情味"等③,均是从"近代人生观"立论,于前人可谓不稍假借,完全出之以一己独特而坚实的思想。这是真正的现代意义上的"批评"(criticism),已经不是传统诗话、词话

---

① 顾随:《关于诗》,见《顾随全集》第2卷,第110页。
② 顾随:《〈陟山观海游春记〉序》,见《顾随全集》第1卷,第270~272页。
③ 顾随:《顾随诗词讲记》,第22、36、37、44页。

所能容纳的了,尽管它表面上所采取的形式和后者颇为相似。

  无论是在创作上还是在学术研究方面,顾随都充分地表现出他的现代精神,大体而言,即是以进取的姿态和蕴含着热与力的"心",投入人生,担荷人生。这种现代精神在很大程度上乃是由新文学塑造的。由于顾随一生主要从事古典文学研究,创作也以旧体诗词为主,新文学的立场和精神在他那里主要是作为一种基调和底色而存在的,很难加以清晰地辨别和梳理,本文亦只是一个初步的尝试。整体来看,顾随与新文学的关系可谓貌离神合,即使将其视为五四新文化和新文学传统的传人,恐怕亦不为过。在现代学术史上,顾随实是一位不可多得的似旧实新、旧中有新的大师,他在相当大的程度上真正做到了新旧的相互融合和生发。其身后留下的并不算多的文字,却是一笔丰厚的遗产,仍有待后来者进一步的挖掘和阐发。

顾随与儒学

朱翔非*

清河顾羡季(随)先生"集词人、诗人、戏(曲)作家、文论诗论鉴赏批评家、书法大家、禅学家于一身"①,是 20 世纪不可多得的一位大师级人物。顾先生的师承除诗歌、书法方面的沈尹默先生外,二周先生(周作人、周树人)对他的影响颇大,有学者认为顾先生"应该说是个'鲁迅党'的一员"②,亦属持之有故。然而,这位北京大学英文系出身、新文化运动的亲历者,对待传统文化的态度,尤其是对待儒学的态度,和那个时代的新派学者却有很大的不同。

从目前搜集到的顾先生作品来看,顾先生除了早年根据《论语》有关章节敷演而成的短篇小说《孔子的自白》、《浮海》外③,20 世纪 40 年

---

* 朱翔非:博士,北京四中校长助理,研究方向为中国古代思想史。
① 周汝昌:《燕园名师顾随先生》,《燕京学报》第五期(1998 年)。
② 孙郁:《顾随的眼光》,《顾随和他的世界》,作家出版社,2007 年,第 76 页。
③ 20 年代中期,顾先生在《沉钟》半月刊发表短篇小说《孔子的自白》,在《国民新报》副刊发表短篇小说《浮海》,皆散佚。参见顾之京:《女儿眼中的父亲——大师顾随》,中国工人出版社,2007 年,第 57 页。

代顾先生致弟子周汝昌的信中还提到所撰《孔门诗案》已完成了十分之七。只是这部《孔门诗案》已不可见。顾先生讲述儒学的作品,今可见者唯有据弟子叶嘉莹听课笔记整理的《〈论语〉六讲》[①]。

据叶嘉莹所记,这份《〈论语〉六讲》的笔记应在1942年至1947年之间。以笔记的内容和风格来看,顾先生应是在这五年间的某个时候,一气呵成,连续六次讲完的。

研读这篇讲稿,对我们进一步解读顾先生,乃至于深入理解20世纪学术史上的某些重大问题,都将有所启发。

一

顾先生在《〈论语〉六讲》中,借助《论语》中的相关经文,分析了曾子的人格力量,充满着欣赏、赞叹,真知灼见,在在皆是。

顾先生充分肯定了曾子躬亲践履的做人风格。他指出,曾子的特点是"身体力行,别人当作一句话说,而他当作一件事情干,他是不但记住这句话,而且非要做出行为来"[②],又说,从这个风格来看,"曾子可代表儒家","儒家此点与宗教精神同,知是第二,行第一"。

顾先生着重分析了曾子说过的几句话,认为足以感受到曾子的人格力量。

曾子说过"士不可以不弘毅,任重而道远",顾先生认为"真是读之可以增意气,开胸臆",并说"青年最怕意气颓唐,胸襟窄小",而"若想要做好人,必须心里先做成一好人心",可谓语重心长。

曾子说"以能问于不能,以多问于寡,有若无,实若虚,犯而不校",顾先生认为"曾子之虚心也许是后天的,但用功至极点,则其后天与先天打成一片","曾子虚心是后天功夫与先天个性合于一","犯而不校在宗教上熟",怕人对宗教有误解,他解释说:"其实宗教上的犯而不校

---

① 顾之京:《女儿眼中的父亲——大师顾随》,中国工人出版社,2007年,第61页。
② 以下引文,无另注者,皆见于《〈论语〉六讲》,收入《顾随诗文论丛》,天津人民出版社,1995年。

不是消极的,是积极的",这种宗教式的不计较与怯懦是两回事,"乡下好人是明哲保身,是懦弱偷生苟活,不怒是不敢怒。宗教上所谓不怒是'大勇'"。

曾子说:"可以托六尺之孤,可以寄百里之命,临大节而不可夺",顾先生对此感悟很深,说"要想活着,不免要常想到曾子这两句话"。

曾子回答孔子"吾道一以贯之"的时候,以一个"唯"字作答,顾先生认为,这个"'唯'字不是敷衍,是有生命的、活的,不仅两心相印,简直是二心为一"。

通过上述引文,我们可以看出来,顾先生是十分赞赏曾子、推崇儒学的。他认为:"一个大教主、大思想家都是极高的天才,极丰富的思想,他们的思想是复杂的,许多他知道的我们不知道。这真是平凡的悲哀",而孔子就是这样高度的伟人,一般的普通人难以企及。但后人不必气馁,"孔子我们跟不上,但曾子老实,与我们相近,你学尚易"。

顾先生对曾子的评价是"颜渊死后只曾子得到孔子学问","曾子在孔子门下是能继承道统的"。既然谈到了"道统",可见顾先生是把儒家当作宗教来看待的,上文动辄以宗教作比,正是基于这个认识。我们知道,道统之说创于宋儒,而宋儒是从信仰的角度来认识儒学的。这一点,顾先生与宋儒是不同的,他自有入处。

二

如果说宋儒是从信仰的角度理解儒学的,那么,顾先生则是由文学的角度进入儒学的。顾先生读儒家经典,与经师重视小学不同,与理学家注重心性修养也不同,他关注的是经典的文学魅力。

对于读经,顾先生要求"读经必须一个字一个字读,固然读书皆当如此,尤其经。先不用说不懂、不认识,用心稍微不到,小有轻重便不是了"。这是顾先生的庄重之处,但他欣赏经典乃侧重在语言的文学性方面。谈到曾子的"托孤寄命",他说:"先不用说这点道理、这点精神,文章就这么好。"谈到《论语》,他说"《论语》文字真好,而最难讲,若西洋《圣经》文字",赞叹《论语》之余,亦可见顾先生对《圣经》的理解也是从文学入手的。针对《史记·孔子世家》引《论语》往往改字的做法,顾先生说:"以司马迁天才,一改就糟,就不是了。'三人行,必有我师焉'改为'三人行,必得我师',是还是,而没味了。"谈到文字的含蓄性,他说:"陶渊明十二分力量只写十分,老杜十分力量使十二分,《论语》十二分力量只使六七分,有多少话没说。"①对于哲理文的文学性问题,他认为:"高的哲理文中也有一派诗情,不但有浓厚哲理,且含有深厚诗情。"以《论语》为例,顾先生说:"'子在川上曰:逝者如斯夫,不舍昼夜。'不但意味无穷(具有深刻哲理),而且韵味无穷(富有深厚诗情)。"

三

除了从文学的角度欣赏儒学,顾先生所处时代的社会现实和教育功利化倾向是他对儒学产生共鸣的重要原因。

他感喟道:"现在教育只教知识,不教以'义方'",而儒家的"教","未尝没有教育之意,但孔子尚非此意。他所谓教是教以义方。"从现代教育的缺失之中,顾先生发现了儒家思想的价值。信仰危机由来已久,顾先生沉痛地说:"现在只讲势力,人多势众,不讲修养","现在人根本谈不到信仰,只是为势力而势力"。强者追名逐利,弱者明哲保身,这个社会有些人太聪明了,反而丧失了道德的勇气,缺少了儒家"知其不可而为之"的精神。他感叹道:"孔子心里想什么,口里就说什么,这一点以勇气论,儒家超过道家,以聪明论,儒家不如道家。"显然,在这里他并不认同聪明的道家。儒家崇尚的"义方"在这个时代,显得多少不合时宜,然而顾先生分析道:"孔子之说法不行。一因现在时代不同,一因若曰个人作起,俟河之清,人寿几何!所以孔老夫子显得迂阔。"但他坚持认为,将来的时代"若想根深蒂固,还非以个人精神修养

---

① 顾随:《驼庵诗话》,见《顾随诗词讲记》,中国人民大学出版社,2006年,第39页。

不可,否则其兴也勃,其亡也忽"。这是警告也是预言。最终,他仍将希望寄托在了儒家。

四

在20世纪反传统文化的主流影响下,很多学者都很激进,像顾先生这样出身北京大学,又深受周氏兄弟影响的人,如此推崇儒学,是不多见的。在我们以后来者的优势,充分认识到了文化上的民族虚无主义的危害之后,顾先生出于新(文化运动)而不非旧(包括儒家文化)的现象惹人注意,其原因值得深入探讨。

本文以为,顾先生之所以异于新文化时流的原因主要有两个,一是他杰出的文学鉴赏才能,一是他对现实充满正义感的反思。前者促使顾先生能够从原始的文字入手,直接感悟经典的文学魅力,避免了先入为主的偏激立场,后者使顾先生能够对经典中所蕴含的人性价值有最切实的认同感。那么,何以顾先生能做到这两点呢?

这和他对自己的定位有极大的关系。

据他的小女儿顾之京回忆:"在文坛上,父亲向以词曲闻名,而他最初的愿望却是做一个小说家。"①"父亲晚年有一次聊天时曾对我说,他这一辈子就愿意当个作家,而不想当个学者。"②在讲解诗词的时候,他常说"学问有时可遮盖天性"③。这种心态,使他自然对学者身份有了一定的心理距离,可以说,他是自觉地在保持着这个距离。这种距离保证了他始终能够以自己良好的生命感悟力去面对儒家经典的文学魅力及其义理内涵,从而避免遭受某些偏激浅薄的流行理论的干扰。

历史上,一般人亲近儒家经典,往往是从信仰的角度切入的。生

---

① 顾之京:《女儿眼中的父亲——大师顾随》中国工人出版社,2007年,第57页。
② 顾随:《顾随全集》第4卷,河北教育出版社,2000年,第641页。
③ 顾随著,顾之京整理:《说长吉诗之怪》,《顾随诗词讲记》,中国人民大学出版社,2006年,第175页。

活在 20 世纪的顾先生则不然,他求学的时代,儒家的传承系统已经中断,他是从文学的审美角度,从现实价值观的缺失方面,对儒家的人物和主张产生了共鸣。这一点,对历经了文化浩劫的中国人再次亲近传统经典,具有极为重要的方法论意义,在传统的信仰系统外,另外指出了一个法门。

这是经历了 20 世纪的风风雨雨以后,顾先生给儒学研究留下的一份宝贵遗产。

顾随与鲁迅

顾农

一

顾随(字羡季,1897—1960)先生现在被公认为是国学大师,其诗词鉴赏多神思妙悟,自成一派,影响很大;他终身从事教育工作,毫不间断地奋斗了四十年,但在其前半生他一向更愿意当一名作家,即所谓"慧业文人"①,而非学者;一门心思地专事研究乃是1949年以后的事情。所以在他的前期常常有些内心的矛盾,例如他有一则日记写道:

鲁迅的《华盖集续编》二二六页有几句话:教书和写东西是势

---

* 顾农:扬州大学文学院教授。

① 顾随1947年8月2日致信弟子叶嘉莹,介绍冯友兰所著《新原道》,称"冯先生此书,将中国从古至今的哲学及哲学家分别予以说明和评判。'禅宗'一章,尤为径直,明白,为自来说禅者所未有。所以者何?苦水终是慧业文人,不曾穷源追本;冯先生则真正内行也"。详见《顾随全集》第4卷,河北教育出版社,2000年,第491~492页。

顾随与鲁迅

不两立的,或者死心塌地地教书,或者发狂变死地写东西,一个人走不了方向不同的两条路。

这几句话,早已看到了。直到今日才感到是千真万真。自己教了八个整年的书了,倘若这八年里面,拼命地去读书作文,虽然不敢说有多么大的成绩,然而无论如何,那结果是不会比现在还坏。①

鲁迅先生在他的最后十年放弃了教书,专门写东西。在那个时代要做这样的自由撰稿人是很危险的,经济方面非常不容易支撑,当年敢走这样一条路的人很少。顾随后来安于在高等学校教书,培养了很多人才;因为积习,固然也还写了不少诗词,但已经没有专门写东西的意思了——就是研究著作他也写得不算多。

顾随先生的创作以旧体的诗词曲最为著名,解放前出版过好几种集子;他的研究也以诗词鉴赏方面的《驼庵诗话》、《东坡词说》、《稼轩词说》等等蜚声学界。可是无论在创作还是在研究方面,顾随都同鲁迅先生有着非常密切的联系,颇有值得高度注意的痕迹和成果,而历来言之者尚少。

二

顾随先生虽然早在15岁时就"渴望自己成为一个小说家"②,但他的小说创作数量其实很少,五四时期试作过几篇(《爱》、《夫妻的笑》、《枯死的水仙》),都没有发表;我们现在能见到的也只有四篇,它们是:《反目》(济南《民治日报》,1923年)、《失踪》(署名顾瑒,《浅草》第1卷第4期,1925年)、《佟二》(《辅仁文苑》第10、11辑合刊,1941年)以及《乡村传奇——晚清时代牛店子的故事》(《现代文学》1947年);此外还

---

① 1927年9月5日日记,见《顾随全集》第4卷,河北教育出版社,2000年,第554页。
② 顾随:《私塾·小学·中学——童年与少年的回忆(未完稿)》,见《顾随全集》第1卷,河北教育出版社,2000年,第584页。

顾随研究

写过不多几篇,既未尝发表,手稿也没有保存。

数量这样少自然不便称为小说家,但他已发表的几篇水平很可观,其中《失踪》一篇被鲁迅选入《中国新文学大系·小说二集》,对此篇鲁迅未作具体评论,他行文的重点在于就浅草社的总体趋向发表意见:

> 一九二四年中发祥于上海的浅草社,其实也是"为艺术而艺术"的作家团体,但他们的季刊,每一期都显示着努力:向外,在摄取异域的营养,向内,在挖掘自己的魂灵,要发见心里的眼睛和喉舌,来凝视这世界,将真和美歌唱给寂寞的人们。韩君格、孔襄我、胡絮若、高世华、林如稷、徐丹歌、顾璠、莎子、亚士、陈鹤翔、陈炜谟、竹影女士,都是小说方面的工作者;连后来是中国最为杰出的抒情诗人冯至,也曾发表他幽婉的名篇。①

顾随先生终身未尝到过上海,也没有加入过浅草社,不过因为朋友的关系提供了一篇文稿罢了。他写小说的路径同浅草社的主流派也并不一致,丝毫没有"为艺术而艺术"的意思。《失踪》写一位知识青年的沉沦和灭亡,精神完全是现实主义,其中虽然接受了外国小说的一些笔法,也不乏中国传统的因素,冷峻的基调中仍不失其温情。到《佟二》和《乡村传奇》,篇幅稍长,描写更加细致,中国色彩也更为浓厚,农村和国民性的落后得到更深刻的暴露,很容易让人想起鲁迅那些农村题材的小说作品,只是这里的背景不是江南水乡的未庄,而是更加贫困落后的华北穷乡僻壤。《佟二》中关于红枪会的描写具有深刻的社会学意义,可以说是鲁迅小说现实主义传统的继承和发展。

顾随先生后来不再写小说,是非常可惜的;而他的创作经验对于他后来分析小说特别是鲁迅的小说,显然具有重要的意义。作家出身

---

① 鲁迅:《且介亭杂文二集·〈中国新文学大系〉小说二集序》,见《鲁迅全集》第6卷,人民文学出版社,1981年,第242~243页。

顾随与鲁迅

以及有过创作经历的学者总要比那些纯学院派的学者更懂得文学作品。后者中不少人往往习惯于将作品彻底泡入消毒药水,然后拎出来作无情的解剖,仿佛它们从来就是尸体一样。

顾随先生在大学里读的是英文系,外语水平很高,但很少从事翻译,有之,则同鲁迅颇有些关系。现在人们看到的顾随先生翻译的外国小说,只有一篇俄国作家安特列夫的《大笑》,译成于1928年,发表却在十多年后[①],稍后又有一篇《关于安特列夫》,说明自己是在读了鲁迅翻译的《暗淡的烟霭里》以后开始喜欢这位俄国作家的,曾一度努力收集他的英译及中译的作品来读,并译出了此篇。文章指出,安特列夫的可取之处在于——

> 其一,在他的悲观里虽然没有光,却蕴藏着热和力;这热和力是即使在我们的文坛上"拖着光明的尾巴的"许许多多作品里也百不一遇的。倘使没有热和力,而只有光,那光便只是浮光,一无可取的了。安特列夫之所以为安特列夫,其特点即在于此。其次则是他的作品的"文章美"。

> 要能欣赏并了解一位作家的"文章美",首需能读懂了原文。我并不懂俄文,却来谈安特列夫的"文章美",这很近似于盲人的说日。但我读了英译的及鲁迅先生所译安特列夫的小说,我深刻地感觉到鲁迅先生所说他的"创作里,又含着严肃的现实性以及深刻和纤细"之不虚;那严肃,那深刻,那纤细,也便是我所谓安特列夫的"文章美"。环顾中国文坛上那些粗制滥造的作品,那轻佻,那肤浅,那粗拙,该是多么令人痛心的事啊!在帝俄时代的作家中,托尔斯泰之崇高,屠格涅夫之才华,妥斯妥也夫斯基之伟大,是有目者之所共赏;而安特列夫则以其艰苦卓绝的文学修养,得到异样的成就,能屹然自竖一帜于三家之外的。老实说,我读

[①] 载《益世报》1946年1月2日"语林"版,现已收入《顾随全集》第1卷,河北教育出版社,2000年,第544~549页。

顾随研究

过了他的小说之后,再读戈里奇(Goroky 按,现在通译为高尔基)之作,有时真觉得仿佛如吃过西贡米再吃高粱米之感。①

从这里我们分明可以看到顾随对鲁迅译本的高度信任,对鲁迅分析的由衷共鸣,以及他们之间审美趋向的近似与呼应。像这样读来非常有兴味的材料,颇可补入新近出版的《鲁迅翻译研究》(顾钧著,福建教育出版社 2009 年 4 月版),该书已注意到鲁迅翻译的社会反应和深广影响,而仍然多有可以补充及发挥之处。

顾随反复阅读过鲁迅大量的作品。对于鲁迅的作品,顾先生下过很深的功夫。先生的老友冯至说过,"鲁迅的小说,他都仔细阅读,认真分析其中每一个段落,甚至一句话也不轻易放过"②;对鲁迅的杂文他同样下过很深的功夫。而鲁迅的译文也在他反复研究之列。他曾在一封致老朋友的信中写道:

《译丛补》自携来之后,每晚灯下读之,觉大师精神面貌仍然奕奕如在目前。底页上那方图章,刀法之秀润,颜色之鲜明,也与十几年前读作者所著他书时所看见的一样。然而大师的墓上是已有宿草了。自古皆有死,在大师那样的努力过而死,大师虽然未必(而且也决不)觉得满足,但是后一辈的我们,还能再向他作更奢的要求吗?想到这里,再环顾四周,真有说不出的悲哀与惭愧。在我,是因于生活(其实这也是托词),又累于病,天天演着三四小时单口相声,殊少余暇可以写出像样的作品来的。③

读书而连带着自我反省,这样的境界是很高尚的。他又有一则日记道:

---

① 顾随:《关于安特列夫》,见《顾随全集》第 2 卷,河北教育出版社,2000 年,第 373 页。
② 冯至:《怀念羡季》,《河北大学学报》1990 年第 4 期。
③ 1942 年 5 月 21 日致滕茂椿的信,见《顾随全集》第 4 卷,河北教育出版社,2000 年,第 469~470 页。

顾随与鲁迅

灯下读《艺术论》。

鲁迅介绍卢那卡尔斯基《艺术论》,以为卢氏之意,甚至谓君王贤于高蹈者。骤观之似嫌武断。然高蹈者在其精神之王国中正一至尊无上之专制君主,倘不如是,则不能成真正之高蹈者也。然专制之君主尚能成为统一,而高蹈者则终使一般社会趋于无政府而已。[1]

从这样的思想出发,很容易走向否定个人主义、自由主义。早在1927年,顾随在日记中就有这样一段很值得注意的意见:

我倾向于个人主义,但同时又信仰党的专政——有政党的自由而没有个人的自由。个人有什么用?一颗彗星,突然而(来),倏然而去,是没有多大关系的。一个人的力量大呢,还是群众的力量大呢?[2]

这正是顾随不同于一般京派文人的地方,他与周作人来往虽多却在思想上保持一定的距离,道理在此;解放后顾随很快就适应了新的环境,自称"已经能够用马列主义的观点来批判地接受古典文学",又反复教育子女"必须时时刻刻记住:自己是为国家,为人民服务"[3],他一向努力工作,追求进步,垂暮之年且要求加入共产党,其思想根源亦在于此。

三

在课堂内外,顾随多次讲过鲁迅,留给学生和听众很深的教益。

---

[1] 1949年3月5日日记,见《顾随全集》第4卷,河北教育出版社,2000年,第615~616页。

[2] 1927年8月29日日记,见《顾随全集》第4卷,河北教育出版社,2000年,第551页。

[3] 1954年11月7日致六女顾之京的信,见《顾随全集》第4卷,河北教育出版社,2000年,第521页。

顾随研究

从1926年秋季开始,顾随在天津女子师范学校教书,前后三年。他在初级师范讲语文,那时没有统一的课本,当权者要求讲四书五经,而顾随自定的讲课内容却完全以鲁迅为中心。六十多年后,当时的学生王振华回忆说:

> 先生给我们讲过鲁迅小说《狂人日记》、《阿Q正传》、《孔乙己》、《药》、《一件小事》、《故乡》、《兔和猫》、《鸭的喜剧》、《离婚》等;散文讲过《阿长与"山海经"》、《二十四孝图》、《从百草园到三味书屋》、《父亲的病》、《藤野先生》、《聪明人和傻子和奴才》、《立论》等;杂文讲过随感录:五十六《来了》、五十七《现在的屠杀者》、六十三《"与幼者"》、《我们现在怎样做父亲》、《我之节烈观》、《娜拉走后怎样》、《未有天才之前》、《论雷峰塔的倒掉》、《论睁了眼看》、《寡妇主义》等篇……
>
> 对于外国作家作品,除了易卜生的作品之外,北欧、东欧作家作品我已经记不清了,而日本作家有:武者小路实笃、芥川龙之介、有岛武郎等作家作品,尤其是有岛武郎的《与幼者》,因鲁迅著作中有介绍,此文对我们影响特别大,印象深。有岛夫人肺病去世,留下几个孩子,这篇作品大约就是此时有岛写给儿女们的,有岛对幼小者说:"你们若不是毫不客气的拿我做一个踏脚,超越了我,向着高的远的地方进去,那便是错的。"我们深深理解了这话的含义。日本作品中还有一篇《大心》,却记不得是哪位作家的作品了,写一位护士博大爱人的胸怀,也是对我们有很大教育意义的。此外,《出了象牙之塔》、《走向十字街头》也是这时顾先生介绍给我们的。①

在家里,顾先生为女儿们朗读过鲁迅小说《故乡》、《阿Q正传》、

---

① 王振华:《纪念我的启蒙师顾随先生——宣传鲁迅的先行者》,《河北大学学报》,1990年第4期。

顾随与鲁迅

《狂人日记》等等,还朗读过鲁迅的译文《表》。①

顾随在高校教书,一向以古典文学为主,也讲过鲁迅②。北京解放之初,他准备在北京师范大学正式开设鲁迅研究课程③,由于种种原因没有实现。他又筹划在辅仁大学学生中建立鲁迅研究会④,也没有实现。这些计划如果能够实现,解放后鲁迅研究的局面恐怕会有些不同吧。

鲁迅去世以后,顾随发表过许多纪念讲话和文章,例如——

1947年初,在中法大学文史学会发表题为"小说家之鲁迅"的长篇讲演,其讲稿失而复得,直到1982年才正式发表(《文献》总第11期)。⑤

这是一篇非常精彩的讲演,至少有三点值得注意:第一,讲演指出"鲁迅,在学术与文艺上说起来,同时是思想家,文学家,艺术家,考据学家,史学家,诗人又是小说家,集许多'家'于一身,简直无以名之,也许就是博学而无所成名,与大而化之之为圣吧"。他对鲁迅的观察是全面的;而鲁迅的有些方面很容易被忽略,甚至直到现在也还是如此。第二,讲演特别强调鲁迅小说中有着浓厚的诗味,并就此作了相当深入的分析。顾随在课堂教学中也曾一再说起鲁迅作品的诗味,其片段的言论见于《驼庵文话》。这一方面的阐发至今还值得继续进行。第三,指出鲁迅写小说多有余裕,特点是冷峭而严谨。如果说高尔基的小说像是一座天然的森林,那么鲁迅的小说则"好像经过整理了的园林"。这样的比较论前无古人,后启来者。

1947年10月,北京大学文学社举行鲁迅先生逝世十一周年纪念

---

① 详见顾之京:《父亲的书斋生活》,《顾随和他的世界》,作家出版社,2007年,第198页。

② 例如1949年1月27日在中法大学补习班上课,"学生出席者有十人左右,为讲鲁迅之作风二小时"。详见《顾随全集》第4卷,河北教育出版社,2000年,第603页。当时正值北京和平解放的前夜,时时可以听到枪炮声,正常的教学秩序已经不能维持。

③ 详见1949年2月23日日记,见《顾随全集》第4卷,河北教育出版社,2000年,第612页。

④ 详见1949年2月19日、2月25日、3月2日等日记,见《顾随全集》第4卷,河北教育出版社,2000年,第611~614页。

⑤ 现已经收入《顾随全集》第2卷,河北教育出版社,2000年,第347~359页。

顾随研究

晚会,顾随应邀在会上发表讲演,并朗诵了《阿Q正传》中阿Q去静修庵偷萝卜一段。①

1948年10月20日在中法大学讲《我所看见的鲁迅先生》。有讲词大纲,可惜已经亡佚。②

1956年为纪念鲁迅逝世20周年,顾随特意赋《木兰花慢》一首,词云:

> 去来三十载,所爱读、大文章。有鲁迅先生,先之呐喊,继以彷徨。悠扬、傍河社戏,驾乌篷遥望旧家乡。日记始于何日,狂人信是真狂。　荒唐、礼教甚豺狼,祝福也悲凉。怎导致离婚,木姑奋斗,枉自奔忙。茫茫、一条道路,算阿Q孤独最堪伤。天上人间何恨,皇皇日出东方。③

词中的"木姑"疑有排印之误,《离婚》中的女主人公名叫爱姑,她"奋斗"过,不过也很可怜,不仅思想还是旧的,而且终于失败。④ 这首《木兰花慢》是先生应天津师范学院(今河北大学前身)学生刊物《青年文艺》之请作学术讲演之前写在黑板上的。⑤ 接着先生又发表了《论阿Q的精神文明及精神胜利法》的讲演,后来就发表在这刊物上,又给加上了"读《阿Q正传》札记之一"这样的副标题。⑥

1959年顾随作《〈彷徨〉与〈离骚〉》(《新港》1961年9、10月合刊)。⑦

---

① 此据王景山的回忆,详见闵军《顾随年谱》,中华书局,2006年,第180页。
② 详见当日日记,见《顾随全集》第4卷,河北教育出版社,2000年,第569页。
③ 后收入《闻角词》,见《顾随全集》第1卷,河北教育出版社,2000年,第172页。
④ 参见顾农:《重读〈离婚〉》,《名作欣赏》,2008年第6期。
⑤ 详见张清华:《绵绵师情自萦怀——忆我老师顾随先生》,《顾随和他的世界》,作家出版社,2007年,第157~158页。
⑥ 现已收入《顾随全集》第2卷,河北教育出版社,2000年,第360~364页。按该文页下注云"本文是1955年写给当时的天津师范学院(今河北大学)学生的",似不确,应是1956年。
⑦ 现已收入《顾随全集》第2卷,河北教育出版社,2000年,第365~369页。

顾随与鲁迅

顾随同鲁迅没有个人间的直接交往,尽管他有不少朋友同鲁迅关系密切。这当中一个重要的原因,也许是他1920年从北京大学毕业以后,一直在山东、天津等地工作,而等到他1929年回到北京执教于燕京大学等校时,鲁迅又已经南下了。另一个原因是他多年来醉心于旧体诗词的创作,而这与鲁迅是距离比较遥远的。

顾随回到北京以后,同过去的老师周作人(周作人从1917年9月起受聘为北大文科教授,开始几年教欧洲文学史课)有比较多的联系,但思想是保持着一定的距离,后来在抗日问题上更有自己鲜明的立场与节操。他对晚年周作人提供的有关鲁迅的研究资料,评价也不高,曾有如下的观察与评论:

> 晤及君培,谓上海有杂志曰《子曰》者,载启老近作《呐喊彷徨本事》,署名曰王遐寿云。[1]

> 来津以后得见知堂老人所作《鲁迅的故家》一书,署名周遐寿,一九五三年上海出版公司出版。其中文字去年曾继续于上海日报登出,如今始汇集印成一集。日前天暑无事,曾借得一部读一过。文笔松松懈懈,仍是启老本来面目,唯所写太琐屑,读后除去记得许多闲事而外,很难说令人得到什么好处。即启老自序亦谓"鸡零狗碎"矣。深恐最近之将来不免有人要批评一通,弟曾见此书否?如无事可以一看,否则不过目,亦不甚可惜耳。[2]

顾随尝称周作人是自己"极熟的人"[3],一度颇有来往,现在还可以

---

[1] 1948年11月30日日记,见《顾随全集》第4卷,河北教育出版社,2000年,第581页。

[2] 1953年7月13日致卢继韶的信,见《顾随全集》第4卷,河北教育出版社,2000年,第94页。

[3] 1948年7月7日致叶嘉莹信中有云:"南京,不佞是一个熟人没有。有个极熟的人,却住在老虎桥狱里。你当然知道他是谁。不过他之寂寞一定更甚于你,你此刻也决不会去看他。"详见《顾随全集》第4卷,河北教育出版社,2000年,第493页。

顾随研究

看到顾随致周作人的信多封①,所以有人将他看成是苦雨斋文化圈中的人物之一,而同时也分明地看出了他与周作人四大弟子等人有很大的不同:"在那个圈子里,顾氏应该说是个'鲁迅党'的一员,虽然他和鲁迅并无什么交往。"②就私人关系而言,顾随与鲁迅未尝有过直接的来往,而在精神上,他确实是属于鲁迅那一谱系的。

四

在《小说家之鲁迅》讲演之末,顾随有几句谦辞道:

> 我本想说了上面那些废话之后,再谈一谈文体家的鲁迅和古典派作者鲁迅的(Lu Xun as a classicist, Lu Xun as a stylist)。精力实在来不及,学识也还不够。而时间也相当长了,于是说完上一段,就凑坡下驴了。③

由此可知顾随研究鲁迅之深广。没有来得及多讲,非常可惜。单是这两个题目就给人们很多启发,事实上这两方面的研究至今仍然比较薄弱。

在诗词鉴赏和小说研究方面,顾随先生都有传法弟子,而鲁迅研究方面则似乎后继乏人,他这一方面的贡献甚至还没有引起足够的重视。这样的局面是到改变的时候了。

---

① 收入《顾随全集》的有八封,见第4卷,河北教育出版社,2000年,第463~468页。
② 孙郁:《周作人和他的苦雨斋》,人民文学出版社,2003年,第274页。
③ 顾随:《顾随全集》第2卷,河北教育出版社,2000年,第359页。

顾随与鲁迅述评

刘玉凯[*]

鲁迅同顾随是两代人,给人的印象、治学的道路似乎也不同。我们纪念顾随的文章多是从他讲解古典诗词的生动和深刻来谈论先生,我想在这里说说新文学同先生的联系。那就从鲁迅说起,因为顾随先生比较早地接触了鲁迅,一生在传播鲁迅精神。这方面的材料很多,所以这篇文章并不是牵强的应酬。

一、鲁迅与顾随

说到鲁迅同顾随的关系,可以分两个方向来说。

先说鲁迅所知道的顾随,我们知道的材料虽然不多,却是很有分量的。因为这些资料足以让我们了解顾随的影响。

顾随先生是1920年从北京大学毕业的,那正是周氏二兄弟在北

---

[*] 刘玉凯:河北大学文学院教授,博士生导师。从事中国近现代文学研究和民俗学研究。

顾随研究

京大学执教的时候,周作人是北大的正式教授,鲁迅只是兼职。从一些资料看,顾随同周作人的关系是一般师生关系。周作人并没有正式地评价过顾随,虽然顾先生曾多次到周作人苦雨斋拜访,谈学问之事。如1933年9月23日,顾随以自己新作的散套请教于周作人;1933年10月2日,顾随向周作人索要周作人的读书录;1935年7月22日,作诗《病中不寐口占》请教周作人。后来顾随有困难时,也曾写信向周作人求助。但是顾随先生似乎并不喜欢周作人有些文章的"鸡零狗碎"。我觉得这是很客观的批评。《鲁迅的故家》之类,资料有用,但是彼此重复的内容过多,我也疑心那是为了赚稿酬。

至于鲁迅,对顾随是比较熟悉的。《中国新文学大系》是五四以后收录新文学实绩的、很有影响的大型现代文学总集,由赵家璧主编,1935~1936年间由上海良友图书印刷公司出版。全书分为10卷,编辑的阵容表现了五四新文学力量的坚实。胡适编选《建设理论卷》,郑振铎编选《文学论争集》,茅盾编选《小说一集》,鲁迅编选《小说二集》,郑伯奇编选《小说三集》,周作人编选《散文一集》,郁达夫编选《散文二集》,朱自清编选《诗集》,洪深编选《戏剧集》,阿英编选《史料·索引》,书前由蔡元培撰写总序。三本小说集共收入81家的153篇作品,鲁迅所编辑的《小说二集》收入33人的59篇作品,其中就有顾随先生的小说《失踪》,这篇小说作于1923年12月,初刊于1925年《浅草》1卷4期,署名顾瑊,表明了顾先生也是新文学的一家。他此时创作的作品并不多,今天我们所知道的也就8篇,就是《反目》、《失踪》、《废墟》、《佟二》、《乡村传奇——晚清时代牛店子的故事》、《爱——疯人的慰藉》、《夫妻的笑——街上夜行所见》、《枯死的水仙》。以上显然是从沉钟社的阵营中选出的代表作。

鲁迅在《小说二集》里虽然没有直接评价顾随的文章,但导言里对于浅草——沉钟社有过很好的评论,说他们"向外,在摄取异域的营养,向内,在挖掘自己的魂灵,要发见心里的眼睛和喉舌,来凝视这世界,将真和美歌唱给寂寞的人们"。在鲁迅的散文诗《野草·一觉》也

顾随与鲁迅述评

提到浅草——沉钟社,而且特别感人:"是的,青年的魂灵屹立在我眼前,他们已经粗暴了,或者将要粗暴了,然而我爱这些流血和隐痛的魂灵,因为他使我觉得是在人间,是在人间活着。"这也应该算是最高的评价了。

此外,顾随同鲁迅的关系,可说的话还很多。首先,我们应该知道顾随先生特别推崇鲁迅先生。

1956年他写过《木兰花慢·鲁迅先生逝世廿周年纪念作》:

去来三十载,所爱读、大文章。有鲁迅先生,先之呐喊,继以彷徨。悠扬、傍河社戏,驾乌篷遥望旧家乡。日记始于何日,狂人信是真狂。　　荒唐、礼教甚豺狼,祝福也悲凉。怎导致离婚,木姑奋斗,枉自奔忙。茫茫、一条道路,算阿Q孤独最堪伤。天上人间何恨,皇皇日出东方。①

这肯定不是顾先生写得最好的词,但是表达了他30年来热爱鲁迅、喜欢读鲁迅"大文章"的情怀。我注意到了,称"狂人信是真狂",这是知音之评。我们很多论者直到现在还说鲁迅写的狂人不是真狂人,而是真的"反封建战士"。殊不知,文学形象中的狂人首先就是个得了迫害狂病的真正的狂人,作者是以一个真的迫害狂病人象征一个反封建的战士。这样,作品处处用了双关和象征,这才能显示出作者的高明处。"礼教甚豺狼",也说出了鲁迅写小说的最初目的是批判礼教。家族制度曾是五四新文化运动锋芒所向的焦点之一,鲁迅也明确指出,《狂人日记》"意在暴露家族制度和礼教的弊害"。② 另外,读了《阿Q正传》,我们并不应该一味地嘲笑主人公,"孤独最堪伤"说出了我们应该从中有所反省,想想自己,想想人生如此的悲凉,怎么会仅仅是嘲笑呢?这就是顾先生在《小说家之鲁迅》中说的:"我时常说每一个中

---

① 顾随:《顾随全集》第1卷,河北教育出版社,2000年,第172页。
② 鲁迅:《鲁迅全集》第6卷,人民文学出版社,1981年,第239页。

顾随研究

国人或者说全人类都应该站在《阿Q正传》这一面孽镜台前照一照自己的嘴脸、神气、思想、灵魂,看一看有没有阿Q的气息和成分,夫然后有则改之,无则加勉,然后中国人或者说全世界的人才有进步,才不至于灭亡。"

顾随一生的教育生涯中,一直在宣传鲁迅精神,他对周汝昌说过这样的话:"我没有亲承受业于鲁迅先生,但平生以私淑弟子自居,高山仰止,无限钦羡。"1942年顾随在给滕茂椿的信中写道:"《译丛补》自携来之后,每晚灯下读之,觉大师精神面貌仍然奕奕如在目前。底页上那方印章,刀法之秀润,颜色之鲜明,也与十几年前读作者所著他书时所看见的一样。然而大师的墓上是已有宿草了。自古皆有死,在大师那样地努力过而死,大师虽未必(而且也决不)觉得满足,但是后一辈的我们,还能再向他作更奢的要求吗?想到这里,再环顾四周,真有说不出的悲哀与惭愧。"

在《小说家之鲁迅》的讲学中,顾随先生说:"鲁迅,在学术与文艺上说起来,同时是思想家,文学家,艺术家,考据学家,史学家,诗人又是小说家,集许多'家'于一身,简直无以名之,也许就是博学而无所成名,与大而化之之为圣吧。在这一点上看来,在中国可以说是空前,而且假如我们后人不努力,一定要成为绝后的。"[1]这是1947年讲的话,可见顾先生对鲁迅文化地位的深刻理解。鲁迅是多方面的专门家,说到他是"史学家"和"诗人",是别有见地的。这一点我们后面还可以讨论。在同一次讲学中,他还说:鲁迅是"爱不得,所以憎;热烈不得,所以冷酷;生活不得,所以寂寞;死不得,所以仍旧在'呐喊'"。话说到了这个程度,正是所谓"反抗绝望"的意思。鲁迅的冷静,我们容易看出来,他的热烈却只有知音才能感受。

---

[1] 原刊于1982年《文献》总第11期,收入1986年上海古籍出版社出版的《顾随文集》,后收入2001年河北教育出版社出版的《顾随全集》。

二、鲁迅是个史学家和诗人

先生称鲁迅是诗人,在中法大学文史学会讲演《小说家之鲁迅》中讲过的。现在就来说说顾随先生称赞鲁迅是史学家和诗人的道理。

此前,许寿裳先生回忆鲁迅时,把鲁迅写成了一个"真的鲁迅",一个"思想的鲁迅",也再现了一个"诗人的鲁迅",一个"预言家的鲁迅",一个"精神斗士的鲁迅"。① 这个意思,许先生也同鲁迅当面说过。鲁迅并没有反对。不过许先生也没有对此说得很透彻。鲁迅曾在给山本初枝夫人的信中却说:"我是散文式的人,任何中国诗人的诗,都不喜欢。只是年轻时较爱读唐朝李贺的诗。他的诗晦涩难懂,正因为难懂,才钦佩的。现在连对这位李君也不钦佩了。中国诗中病雁难得见到,病鹤倒不少。《清六家诗钞》中一定也有的。"②

鲁迅不说自己是诗人,其原因大半是看了一些新旧诗人的诗,都不大满意。鲁迅能够写很好的旧体诗,也能够写新诗。以这点原因说他是诗人,并不是顾随先生的意思。顾先生是从"一个伟大的艺术家必是一个大诗人大文人。而一个大诗人大文人也必是一个大艺术家"这样一个判断出发来论述问题的。他说:"先生的诗才不必论,方才说过先生是有着一颗诗的心的。抱定了这样的诗心,具有那样的诗才,先生是无处不,无时不流露出诗的作风来的。"顾先生是说他的小说和其他作品中有丰富的诗意:"鲁迅先生之成为小说家,这两部书便已足够而且有余。在两部书中,先生表现出除了成为一个小说家、思想家而外,同时是诗人。我所要谈的特别是后一点。而这一点,许是先生的作风特别成熟之故,在《彷徨》中表现得尤其显而易见。在表现先生人生哲学的《孤独者》、《伤逝》里,在处处流露出伤感气氛的《在酒楼上》、《祝福》里,那诗味的浓厚自不必说;即在《肥皂》、《兄弟》以及其他所谓讽刺小说里面,也还是举不

---

① 许寿裳:《我所认识的鲁迅》;人民文学出版社,1978年。
② 鲁迅:《鲁迅全集》第13卷,人民文学出版社,1981年,第612页。

胜举。诸位知道:讽刺文章是最难写成为诗的。"于是这一篇讲学便主要说到了鲁迅小说中的诗意。他从景物描写,说到了人物的简约白描特点,说到气氛的创造,说到象征手法的运用,说到了语言的活泼生动,都表现出了诗意。所以说:"先生的小说里面,到处吹着诗的风,弥漫着诗的气息,真是陆机《文赋》中所谓'彼琼敷与玉藻,若中原之有菽'……鲁迅先生有的是一颗诗的心:爱不得,所以憎;热烈不得,所以冷酷;生活不得,所以寂寞;死不得,所以仍旧在'呐喊'。也就是《西游记》中孙大圣说的'哭不得了,所以笑也'。"

将这一个问题说得普遍化一点:"小说中的诗的成分必须要多;岂独小说而已哉?人生、人世、事事物物,必须有了诗意,人类的生活才越加丰富而有意义。……写一篇小说而没有诗意,是没有成其为小说的理由的。"这还真是理解小说、创作小说的真谛。

再说鲁迅是个史学家,顾先生却没有解释。那么,我们从什么意义上说他是历史学家呢?当然,我们可以说他是文学史家,因为他写过《汉文学史纲要》、《中国小说史略》,也有《魏晋风度及文章与药及酒之关系》这样的讲稿。我们应该从他的历史批判精神上理解这个判断。我们有理由说,中国的五四文化革命是从对中国历史的重新评价开始的,也是从新哈尔滨的建立而取得实绩的。没有对传统史学观的根本性颠覆,没有对中国历史思想的重评,没有一个"重估一切价值"的运动,就没有现代文化。鲁迅无疑是这一革命的先驱者。

三、顾随先生是"宣传鲁迅的先行者"

顾随先生不但追随鲁迅的文化方向,在创作上也有体现。他的作小说,有点像鲁迅的作新体诗。只是为了"敲敲边鼓"。作得不多,却表明自己对新文学的热情支持。顾先生一直在学校当老师,他在讲课时经常说到鲁迅,王振华先生称他为"宣传鲁迅的先行者",实在是恰当的。据王振华回忆:

顾随与鲁迅述评

　　1926年我十三岁,考入了天津河北(直隶)女师。当时北伐尚未成功,天津是在直系军阀褚玉璞的统治之下。那时学校没有统一课本,褚玉璞下令要学生读四书五经。但是初中三年,顾随先生却教了我们三年鲁迅作品,以及鲁迅所倡导的北欧东欧(当时还是"弱小民族",与我国当时国情相似)及日本的文学作品。(顾先生在后师——相当高中——则教词等。)先生给我们讲过鲁迅小说《狂人日记》、《阿Q正传》、《孔乙己》、《药》、《一件小事》、《故乡》、《兔和猫》、《鸭的喜剧》、《离婚》等;散文讲过《阿长与"山海经"》、《二十四孝图》、《从百草园到三味书屋》、《父亲的病》、《藤野先生》、《聪明人和傻子和奴才》、《立论》等;杂文讲过随感录:五十六《来了》、五十七《现在的屠杀者》、六十三《"与幼者"》、《我们现在怎样做父亲》、《我之节烈观》、《娜拉走后怎样》、《未有天才之前》、《论雷峰塔的倒掉》、《论睁了眼看》、《寡妇主义》等篇,还有其他篇章,不及备述。①

　　这个回忆让我们真是很惊奇。1926年,鲁迅出版的著作并不多,《热风》已经出版,《呐喊》、《华盖集》、《彷徨》刚刚问世。他的《坟》也还没有出版,至于《野草》正在《语丝》上连载,《朝华夕拾》在《莽原》上还以"旧事重提"的总题目连载,可是顾先生却已经在课堂上讲起来这些作品了。说明了他经常阅读当时的新文学刊物,从中找到了鲁迅作品,及时地向学生进行讲解。此番用心之令人佩服,真是一位宣传鲁迅精神的先行者了。

　　王振华先生还回忆说:"顾先生却教了我们三年鲁迅作品以及鲁迅所倡导的北欧、东欧及日本的文学作品。"说到课堂情景,她说:"顾先生讲课,用他那充满感情的抑扬顿挫的声调朗读,这就把学生的注意力完全集中到课文中了,全室鸦雀无声。记得先生讲《伤逝》,读到

---

① 王振华:《纪念我的启蒙师顾随先生——宣传鲁迅的先行者》,《河北大学学报》,1990年第4期。

顾随研究

'那是阿随,他回来了',满室发出了呜咽……"给女学生讲《伤逝》结合了鲁迅的杂文《娜拉走后怎样》,给年轻的女孩子们指出一条人生出路:"顾随先生用鲁迅思想给我们指明了道路:子君的路不能走!娜拉的路也不能走!妇女如想在社会上立足,就必须先求得经济上的独立!"他的讲课很敏捷地从鲁迅作品中领会了深意。鲁迅并不赞成子君的人生路,或者说只肯定她一半,承认她争取女性解放的大胆和果敢。鲁迅写子君的悲剧性的意义远远不是让青年们去仿效,而是启发大家思考女性解放的必要性和艰难性。

我们不能忘记了这是五四以后的军阀统治时代,是北洋军阀政府正在推行尊孔读经、开五四的"倒车"的背景。顾先生敢于不讲旧书,而给学生讲三年的鲁迅,这是对五四精神的执守。五四文学革命发端于教育领域,是一些教授和学生发起来的,所以在教育上体现得最敏感。比如五四的提倡白话文,直到学校开始使用白话文作教材,那才是根本性的变化。倘若像北洋政府提倡的那样,在学校里面结束白话,重新读经,无异于是一个反动。鲁迅在这一时期写过不少文章批评对五四的背叛。在《十四年的读经》中说:"我看不见读经之徒的良心怎样,但我觉得他们大抵是聪明人,而这聪明,就是从读经和古文得来的。我们这曾经文明过而后来奉迎过蒙古人满洲人大驾了的国度里,古书实在太多,倘不是笨牛,读一点就可以知道,怎样敷衍,偷生,献媚,弄权,自私,然而能够假借大义,窃取美名。再进一步,并可以悟出中国人是健忘的,无论怎样言行不符,名实不副,前后矛盾,撒诳造谣,蝇营狗苟,都不要紧,经过若干时候,自然被忘得干干净净;只要留下一点卫道模样的文字,将来仍不失为'正人君子'。况且即使将来没有'正人君子'之称,于目下的实利又何损哉?"[①]鲁迅也许并不知道,就在他写这样的文章时,顾随先生正在教室中给大家讲五四精神,守护着一份革命成果,想来是多么让人激动的事!

---

① 鲁迅:《鲁迅全集》第 3 卷,人民文学出版社,1981 年,第 129 页

顾随与鲁迅述评

对于鲁迅精神的理解还表现在顾随先生对于进步的外国文学作品的介绍。鲁迅是受到安特列夫的影响而写了小说《药》的。受到鲁迅的影响，顾先生特别喜欢安特列夫，他说："我自读了鲁迅先生所译的《暗淡的烟霭里》，便开始喜欢安特列夫，于是尽力搜集安特列夫的英译及中译的作品来读。记得《小天使》要算是最后得到的一本书了。偷了课业的余暇翻译了几篇，而《大笑》便是其中之一篇。然而最爱读的那篇《小天使》却畏难不曾着手，似乎国内也并没有人译过。安特列夫的名字不拘在外国，在中国，渐渐为世人完全忘记的今日，想来没有人再来烧这冷灶了罢。"

王振华先生直到晚年还清楚地记得顾先生给她们讲有岛武郎的《"与幼者"》，她说："此文对我们影响特别大，印象深……有岛对幼小者说：'你们若不是毫不客气的拿我做一个踏脚，超越了我，向着高的远的地方进去，那便是错的。'我们深深理解了该话的含义。"有岛武郎（1878—1923）是日本小说家，著作有《有岛武郎著作集》。《"与幼者"》见《著作集》第7辑，鲁迅曾将其译为中文，题为"与幼小者"，收入《现代日本小说集》中。鲁迅写完了《我们现在怎样做父亲》这篇文章，即看到了有岛武郎的作品，他认为，不管是先生还是亲人，前辈的社会责任就是为后辈做指导、做人梯、做牺牲。他抄录有岛武郎的话里有"幼者呵！将又不幸又幸福的你们的父母的祝福，浸在胸中，上人生的旅路罢。前途很远，也很暗。然而不要怕。不怕的人的面前才有路"。"你们该从我的倒毙的所在，跨出新的脚步去。但那里走，怎么走的事，你们也可以从我的足迹上探索出来。"① 他在《我们现在怎样做父亲》一文中还说过："没有法，便只能先从觉醒的人开手，各自解放了自己的孩子。自己背着因袭的重担，肩住了黑暗的闸门，放他们到宽阔光明的地方去；此后幸福的度日，合理的做人。"② 这些话的觉悟和明智

---

① 鲁迅：《鲁迅全集》第1卷，人民文学出版社，1981年，第362页。
② 鲁迅：《鲁迅全集》第1卷，人民文学出版社，1981年，第130页。

是振聋发聩的。

对《"与幼者"》的重视,连接着鲁迅的全部人生观,他用自己的一生文化创造,喂养了饥渴的年青人,给中国文化带来了生机和活力。他愿意自己做一世的牺牲,换取青年们的解放和生存。看重鲁迅的论述,这也是顾随先生理解鲁迅精神的体现。顾先生一生的著述丰富,但是他也把自己的很多精力放在培养学生上。从王振华、周汝昌、张恩苣、吴小如、叶嘉莹、张清华、杨敏如等等,能开出一个很长的著名学者名单。张中行在1986年撰写的《顾羡季》一文中这样写道,顾随是"用'道'只是待己;待人永远是儒家的'己欲立而立人,己欲达而达人'加释家的'发大慈悲心,度一切众生'"。[①] 这说得真好!

[①] 张中行:《顾羡季》,见《负暄琐话》,黑龙江出版社,1986年,第58页。

顾随的"鲁迅论"

赵鲲*

现代以来的鲁迅研究,让我们看到了无以计数的学者、作家,乃至普通人的"鲁迅观"。凡对鲁迅有所知的人,都是一面镜子,映照出其心目中的鲁迅。在这些镜子中,我们尤其注重与鲁迅同时代的,和鲁迅相识或不相识的文化名人对鲁迅的见解,如周作人、林语堂、胡适、郁达夫、茅盾、冯雪峰、萧红、郭沫若等。时至今日,这些文化名人的"鲁迅论",差不多已被我们挖掘殆尽。——但毕竟还没有挖掘尽,譬如顾随的鲁迅论,就从未有人专门加以整理。

顾随,一个现代文化史上罕见的孤洁之人。他是中国近代以来最了不起的古典文学学者,同时也是诗人、词人、剧曲家、书法家、禅学家和魅力超群的授课家,造诣极高,而生前声名并不显赫,死后数十年亦少人问津。他对中国古典文学的鉴赏力之高,可谓前无古人。而且,

---

* 赵鲲:天水师范学院文史学院讲师,中国古代文学专业博士。

顾随研究

顾随对文学的本质有系统、独到而深刻的看法,与刘勰、陆机,可并称中国三大文学理论家。顾随也是一位大文学批评家,其文学批评虽基本不出古典文学范围,但他与新文学也并非毫无瓜葛。

一

首先,顾随对白话文学是拥护的。他曾参加"沉钟社",和冯至是至朋好友;他也花费不少心力创作现代小说,其小说《失踪》被鲁迅选入《中国新文学大系·小说二集》。将近而立,他即已不专意于新文学的创作。可以肯定,顾随对现代文学有相当的了解。他极少评骘同时代人物,但翻阅其文集,我们发现——"鲁迅"这两个字频繁出现。

《顾随全集》中涉及鲁迅的文字,有散见于《驼庵诗话》、《驼庵文话》、《〈文赋〉十一讲》等篇章的片段(不下三十处),也有专论鲁迅的文章,如《小说家之鲁迅》、《论阿Q的精神文明及精神胜利法——读〈阿Q正传〉札记之一》等。这些言论,主要集中于对鲁迅的文笔、文风及其人格境界的评价。顾随对鲁迅作品显然很熟悉,且有自己的独到之见。

《小说家之鲁迅》(顾随1947年在中法大学文史学会的一个演讲稿)开头部分的一段话为我们展示了顾随对鲁迅的总体评价:

> 鲁迅,在学术和文艺上说起来,同时是思想家,文学家,艺术家,考据学家,史学家,诗人又是小说家,集许多"家"于一身,简直无以名之,也许就是博学而无所成名,与大而化之之为圣吧。在这一点上看来,在中国可以说是空前,而且假如我们后人不努力,一定要成为绝后的。这,鲁迅先生并不希望其如此。我个人也并不希望其如此。但又时时恐怕其如此的。①

---

① 顾随:《顾随全集》第2卷,河北教育出版社,2000年,347~348页。

顾随的"鲁迅论"

"博学而无所成名""大而化之之为圣"是古人评价孔子的话。由此可见顾随对鲁迅评价极高。在顾先生心目中,鲁迅不仅是一个伟大的文学家,而且是一个伟大的"文人"(集许多"家"于一身)。顾随作这次讲演的时间是1947年。其时,鲁迅去世已11载,并已被国人推为大文豪,毛泽东甚至称鲁迅为"史无前例的民族英雄"。顾随给鲁迅所贴的标签似乎只是当时的流行语,但若了解顾随,就会知道,这乃是顾先生的肺腑之言。而更重要的是顾随的担忧:鲁迅这样的人物,将来恐怕很难再出现(这也是鲁迅所不希望的)。这种担忧的依据是什么?是因鲁迅的才力难以企及?抑或还包括时代因素?顾先生没有说。总之,他不希望如此。因为鲁迅式人物的不出现,就标志着我们文明的堕落。和鲁迅一样,这种担忧源于对中国的爱。

在顾随对鲁迅所有的评论中,言说最多的是作为白话文大师的鲁迅的文章与文笔。

顾先生说:"鲁迅先生是诗人,故能有物外之言;是哲人,故能有言中之物。"①所谓"言中之物"和"物外之言"是顾随概括文学构成的基本术语。文学无非此二事:"言中之物——实,内容;物外之言——文章美。"②顾先生说鲁迅有物外之言,即是说鲁迅文章美,而"文章美包括:一、音节美,二、文字美。"③其原因,在于鲁迅是诗人(为什么认为鲁迅是诗人,后文再说)。

鲁迅的文章好在哪里呢?顾先生有言:"开合在诗里最重要,诗最忌平铺直叙。鲁迅先生白话文上下左右龙跳虎卧,声东击西,指南打北。他人则如虫之蠕动。叙事文除《史记》外推《水浒传》,他小说皆似蠕动。"这是说鲁迅的文章善于开合。"开合"指文思能放能收,跳脱、灵转。"他人则如虫之蠕动。"这是一个尖锐而又形象的比喻。换句话说,鲁迅的文章是跳,他人的文章则是爬。开合,是因为始终有"大局

---

① 顾随:《顾随全集》第3卷,河北教育出版社,2000年,第320页。
② 顾随:《顾随全集》第3卷,河北教育出版社,2000年,第320页。
③ 顾随:《顾随全集》第3卷,河北教育出版社,2000年,第320页。

观",意思富足,思维撒得开而又目标明确,有如放风筝,能放出去,又始终在掌控之中。最能体现鲁迅文章开合功夫的是其论战文和讽刺文,如《流氓的变迁》、《二丑》、《隐士》等,都是指南打北,言在此而意在彼。鲁迅是一个不喜欢在一种意思或情景中细细推演、铺张的人(这是否决定了鲁迅不适合作长篇小说?),他是那种手握三尺,直刺要害,然后扬长而去的刺客。他天生倾向于删繁就简,喜欢直抵本质——而这就意味着速度。鲁迅是快速度的,他的慢也是快的慢动作。速度带来了开合,开合带来了速度。仅善于开合一点,鲁迅就高出许多现代作家。

而与文思的"开合"相关的是鲁迅文笔的"顿挫"。顾随说:"鲁迅先生一字一转,一句一转,没有一个转处不是活蹦的。我们说老杜、鲁迅的诗文有顿挫,我们知道了,但何以我们写时不能成为老杜的诗鲁迅的文?便因我们没有他们那样的心。"先说鲁迅的文笔善于"转",一句一转,甚至一字一转,新意不停地冒出来——顾先生形容得好,曰"活蹦"。这种善于转变的语言,也造成速度感。只有思维敏捷而又懂得节制、经济的人才写得出。继之,用"顿挫"来概括。我们常说杜甫的诗"顿挫",顾先生以为鲁迅文章亦然。何谓"顿挫"?顿挫,就表面而言,是文字和音节上的曲折跌宕。"老杜之诗、鲁迅之文,他的思想与生活打成一片,他的思想上有了曲折顿挫,他的诗文自然顿挫。"譬如,鲁迅《这也是生活》一文,便貌似平缓,其实顿挫有致。诗文的顿挫,表面是文笔,深层是思想与情感的曲折,终究与生活有关。功夫在诗外也。

顾随以为,除特殊的生活、思想之外,鲁迅文章的特有风格,与其中西兼融的文化修养也有关。"鲁迅先生是先有古典文学基础,后来受西洋文学洗礼,所以写出那样看着很啰嗦其实很简洁、看着很曲折其实很冲的作品。现在一般青年,对古典文学既无根基,对西洋文学也不了解,美其名曰欧化,其实糊涂化。"可以说,古典文学修养使鲁迅的文章简洁、曲折,西洋文学影响则使鲁迅文章啰嗦、冲。鲁迅的文风

顾随的"鲁迅论"

是简洁与繁复、含蓄与直率的奇妙混合。

以我之见,鲁迅的文笔,更多地得力于古典文学。顾随认为鲁迅善用骈句,多用骈句则文章不散漫。之所以如此,乃因其古文底子厚,"一写便如此,且便该如此"。鲁迅善于创造性地将古典语言与现代白话加以对接和点化。而如何对接与点化,又是很个性化的问题。五四一代文学大家的语言,皆能融合中西,但何以其他人文风与鲁迅不同呢?这便有个性气质的因素在里面。

顾随先生还有一组与"言中之物"、"物外之言"意思相当却更简练的概念,叫"事"与"字"。他说:"托洛茨基《文学与革命》说文学起首是事不是字。如《浮士德》、《神曲》是事。《浮士德》写的是神与魔之争,文学与肉体之争。而我们中国文学只剩字没事了。此即使非中国文学堕落主因也是最大原因或最大原因之一。所以我们想学文学不能只注意字,应注意到事。"又说:"鲁迅事的创作到家,字的考究也到家。究竟用功以何者为先?余以为仍当先有事的创作,从此下手。"顾先生不说"内容、形式",而说"事"与"字",或"言中之物"、"物外之言",是他特有的批评术语。作为文学,"事"比"字"更重要,即主张"不作言之无物的文章"。他认为鲁迅先生"事"与"字"都好。然而,顾先生又说:"鲁迅先生也是从旧的阵营里走出来的,字上太讲究,受传统因袭影响。鲁迅先生是字斟句酌,所以好者,幸而里面还有事。"这是对鲁迅轻微的批评,认为鲁迅受传统因袭,太讲究字了——太讲究了,不好。字斟句酌,恐怕是危险的——危险者何?以辞害意也。但幸而鲁迅的文字里还有"事",即内容不空。在顾随眼里,鲁迅不是没有问题。

就白话文写作而言,除鲁迅外,顾随可说是目无余子。他说:"今日白话文写成功者仅鲁迅一人。不是能用现代语言就好,而是要把现代语言提高了才行。某人论普希金曰:他的修辞并不高于别人,而他有一天才,即是把俄国语言从传统习惯中解放出来,另创一种新的语言。Father of Russian Language。一方面是解放,一方面是创造。鲁迅先生就是把中国旧的语言文字解放了,许多前人装不进去的东西他装进去了。""不是能用现代语言就好,而是要把现代语言提高了才行。"这一观点是从古汉语到现代汉语的大转换的角度来看的,站得很高,结论很对。能使用现代语言的作家很多,但只有同时将现代语言这一工具加以提高,才是真成功,大匠。顾随认为鲁迅有深厚的传统积淀,又能跳将出来,将旧语言文字解放了,"许多前人装不进去的东西他装进去了",所以是白话文唯一成功者。"'袭故而弥新'真难。只有鲁迅先生偶尔有之。"

就鲁迅对现代中国语言的提高而言,顾随这一评价完全正确。但若说鲁迅是写白话文"唯一"成功者,则不免绝对。若说提高现代语言,周作人、林语堂、郁达夫、老舍、沈从文、张爱玲、萧红、吴兴华等人都有不俗的贡献。顾先生对现代文学的总体评价有点偏低。但他对现代文学语言的认识是很高明的,譬如,他说:"现在文学日趋大众化,语体化,那么现在是大众语提高呢还是文学降低呢?这很是一问题。文学语体化不是文学堕落,是大众语提高。现在有的白话文既非文学,也不是大众语。文学该是大众语的提高,所以古典文学之美当尽量容纳。"这种见解,比五四初期"文白之争"中文言与白话势不两立的偏激高明多了。

二

顾随以为,鲁迅的文笔好,简而言之,乃因他是诗人。这也是很多人对鲁迅的看法。

1947年某天,顾随在中法大学文史学会作了一个演讲,题目是"小说家之鲁迅"这篇文章谈鲁迅的小说,单举《呐喊》和《彷徨》为例,因为顾随认为"鲁迅先生之成为小说家,这两部书便已足够而且有余"。然而,顾先生此番演讲的重点是由小说所体现出的作为"诗人"的鲁迅,即鲁迅小说的诗性。他分别举了《肥皂》、《兄弟》、《高老夫子》、《示众》等四篇小说中的几处描写性的片断(不是讽刺性情节),以为很有诗意,并且认为有的是旧诗的境界,有的则已具象征意味,打破了中国诗的传统精神。然后说:"先生的小说里面,到处吹着诗的风,弥漫着诗的气息,真是陆机《文赋》中所谓'彼琼敷与玉藻,若中原之有菽。'"①之所以如此者,是因为"鲁迅先生有的是一颗诗的心:爱不得,所以憎;热烈不得,所以冷酷;生活不得,所以寂寞;死不得,所以仍旧在'呐喊'"②。顾随极重诗心,认为是不是诗人在于有无诗心。所以,顾随说鲁迅是诗人,是就其性情气质(诗心)言的。

说鲁迅是诗人,可也;但若说鲁迅的"本质"是诗人,恐怕多少有些不确。譬如李长之就说鲁迅本质上是诗人和战士,虽然他不欣赏鲁迅的诗。李长之认为鲁迅是诗人的理由是"他所有的,乃是一种强烈的情感,和一种粗暴的力"。但强烈的情感性并不是诗人的全部素质。诗除了强烈的情感、力的表现之外,还有飘渺、柔情的一面,而这与鲁迅的性情并不合拍。李长之说:"鲁迅对于优美的,带有女性意味的艺术是不大热心的",这是很准确的见解。其实,鲁迅很自知——诗非其所长。他从不以诗人自居。他说自己是"散文式"的人(《致山本初枝》,1935年1月17日)。鲁迅的文学兴趣主要集中于小说和散文。但就其性情、精神论,他却是真的诗人,其文学也往往及于诗的境界。在顾随看来,鲁迅之为诗人是一种必然。他说:"一个伟大的艺术家必是一个大诗人大文人。而一个大诗人大文人也必是一个大艺术家";"先生是太深爱人生了。爱人生,这又是中外古今的大诗人大文人的共同之点。先生爱人生,是将人生抓住了不撒手,叼住了不撒嘴的"。诗出自爱,无爱,则无诗。

三

顾随对鲁迅的文风有很独到的评论。

他说:"文章华丽易,苦辣难……甜则易俗,甜俗,易为世人所喜。

---

① 顾随:《顾随全集》第2卷,河北教育出版社,2000年,第350页。
② 顾随:《顾随全集》第2卷,河北教育出版社,2000年,第350页。

顾随研究

《史记》是辣……《汉书》是苦……近代人文章,周作人是甜,鲁迅先生是辣,而《彷徨》中的《伤逝》一篇则近于苦矣。"以"味"论文,乃中国传统。酸、甜、苦、辣,皆可以形容文风。这里将"甜"与"苦辣"之文相对,甜是软、媚、俗,辣是硬、倔强、反抗,而苦则有难以言说的痛苦在其中了。

和很多人一样,顾先生也认为鲁迅文风"刻峭",但他有自己的说法——"描写有二种:一为绘画的……一为雕刻的……绘画的,神品;雕刻的,能品。《水浒》近于前者,《红楼》近于后者。鲁迅先生受西洋作品影响,加以本人之刻峭,且曾学医,故下笔如解剖刀。"按其意,顾随大概意谓鲁迅的描写属于"雕刻型",是能品,尚非神品(然近代以来,谁是神品?)。"绘画的"比"雕刻的"更无意、自然、飘洒,如《史记》、《水浒》,鲁迅尚未及此。"下笔如解剖刀",指鲁迅下笔重、尖锐,甚至凶狠。这既与受西洋文学影响,不再恪守中国传统的"温柔敦厚"之旨有关,同时也是鲁迅刚锐性格的产物。

关于鲁迅作品的情感特征,顾随这样认为:

> 鲁迅先生自谓写文如挤牛奶,这不是客气,是甘苦有得之言。有时也有兴会淋漓处,唯不易见耳。金批《西厢》笔尖如不着纸,这算好吗?
>
> 所谓性灵、空灵,那不成。鲁迅先生写阿Q偷萝卜一章真好。鲁迅先生盖有sentimentalist(伤感主义者、感情用事者),如其《故乡》,几乎他一伤感,一愤慨,文章便写好了,对于写考据有条理,排比也写得好,但那不是创作,在创作上是一伤感一愤慨便写得好。读《中国小说史略》便觉得累,替他使劲。[①]
>
> ……
>
> 中国文人一写便是自己的伤感愤慨,鲁迅初期作品也未能免此,幸尚有思想撑着,故还不觉空洞。我们既无鲁迅那样深刻思

---

① 顾随:《顾随全集》第3卷,河北教育出版社,2000年,第281页。

顾随的"鲁迅论"

想,不能学他。①

顾先生本是不赞成中国文学中的伤感主义的,对鲁迅初期作品的"伤感愤慨"似也不满,但他又说:"几乎他一伤感,一愤慨,文章便写好了。"这似乎有点矛盾,其实不然。顾随反对的伤感是那种无思想的过分的情绪,鲁迅初期作品虽亦不免伤感,但他有硬头货——思想,所以还不觉空洞。鲁迅进入成熟期后,有时也伤感,但这种伤感被拿捏得很好,如《故乡》《伤逝》,与其说是伤感,毋宁说是抒情,是含隐而深沉的哀伤。鲁迅一愤慨,也写得好,如《纪念刘和珍君》。每当此时,我们就可看出鲁迅实在是一个非常情绪化的人,即顾随所谓"感情用事者"。李长之说"鲁迅的笔是抒情的,大凡他抒情的文章特别好",也是有见于此。因为每当人伤感愤慨之时,感情都格外真挚饱满,倘再加上高超的表现手段,自然易成妙文。

鲁迅的抒情性,正是其诗性所在。而他的感情色彩,顾随以为是冷酷的。《驼庵文话》有言:

> 人称鲁迅是中国的契诃夫。但契诃夫骂人时都是诗,无论何时其作品中皆有温情。鲁迅先生不然,其作品中没有温情。
>
> 《呐喊》不能代表鲁迅先生的作风,可以代表的是《彷徨》。如《在酒楼上》,真是砍头扛枷,死不饶人,一凉到底。因为他是在压迫中活起来,所以有此作风,简直不但无温情,而且是冷酷,但他能写成诗。《伤逝》一篇最冷酷,最诗味。②

鲁迅作品没有温情吗?应该说有,如《朝花夕拾》中的部分篇什,但大多是无温情的,如《彷徨》、如他匕首般的杂文,不但无温情,而且是冷酷。——冷酷,而又能写成诗。《在酒楼上》、《伤逝》等篇的确一

---

① 顾随:《顾随全集》第3卷,河北教育出版社,2000年,第283页。
② 顾随:《顾随全集》第3卷,河北教育出版社,2000年,第343页。

凉到底,把人生严酷的一面彻底撕开来,不做一丝自作多情的粉饰。而这并不代表鲁迅人格的冷酷。鲁迅其实是相当厚道之人,他只是爱憎分明而已。之所以出之以冷酷,乃是出乎对人世真相的高度清醒,不自欺,亦不欺人。其实,在冷酷、一凉到底这一点上,鲁迅比苏联作家巴别尔稀松多了。"最会说笑话的人是最不爱笑的人,如鲁迅先生最会说笑话,而说时脸上可刮下霜来。抱有一颗寂寞心的人,并不是事事冷淡,并不是不能写富有热情的作品。"据说巴别尔在生活中也很会讲笑话。冷酷的背后,其实是寂寞,而寂寞是热情的冷遇。天地不仁,唯悲天者才示人以冷酷。

　　透过鲁迅的作品,顾随看到的是鲁迅的人格。他说:"文学最能代表人格,所以余常拿人生讲文学。鲁迅先生是文人也是战士。"拿人生讲文学,拿文学讲人生,是顾随文论的最大特色之一。鲁迅是文如其人的典型。说鲁迅是战士,似是寻常语,但顾随所谓"战士"没有什么政治或阶级论的味道,他所说的"战士"意指坚韧不屈的人生精神。顾随推崇曹操,即欣赏其"战士精神",他喜欢的老杜"哀鸣思战斗,迥立向苍茫"之句亦未尝不可形容鲁迅。顾先生还说:"文学要与生活打成一片,有什么生活写什么文章。老杜诗沉着,可见其做人实在;鲁迅头紧脚紧,可见其认真、要好。现在有的文章松散没劲,可见其心散。文学最能表现作者。"不过,战士也罢,头紧脚紧也罢,顾随并没有将其绝对化、妖魔化,他也能看到鲁迅幽默自在的一面。

四

　　关于鲁迅与中国古典作家的关系,顾随有篇《〈彷徨〉与〈离骚〉》,从鲁迅《彷徨》扉页上所题《离骚》中的八句(朝发轫于苍梧兮,夕余至乎县圃。欲少留此灵琐兮,日忽忽其将暮。吾令羲和弭节兮,望崦嵫而勿迫。路漫漫其修远兮,吾将上下而求索)出发,来谈鲁迅与屈原的异同。此文写于1959年。而早在40年代的课堂讲录《驼庵诗话》中,顾随就说起过鲁迅的这八句《离骚》题辞。他说:"鲁迅先生受了这八

顾随的"鲁迅论"

句的启发,从这八句,在自己心中生出一种东西,是兴,是'物格',用以象征近代人生观之进取、努力而非哀乐、颓废。"《〈彷徨〉与〈离骚〉》对这一意思进行了新的补充:

> 是的,在"漫漫其修远"的道路上,要前进,要"求索",这是鲁迅同乎屈原的。但先生的"求索",正如古语所说的"求而得之",西洋谚语所说的"寻求的,就找到"。这是不同乎屈原的。先生找到了。他从一个进化论者成为一个阶级论者;从一个民主革命"闯将",成为一个无产阶级战士。这一点,先生和屈原有着天壤之别。我们不说有幸、有不幸。这是因为两代人所处的历史阶段有所不同。先生生存的时代,在国际,已经有了苏联的十月革命;在国内,已经有了中国共产党。……我们除了跟着党走,听党的话以外,还能有其他别的什么路和其他别的什么"求索"吗?①

显然,时隔十几年后,顾随给鲁迅的"上下求索"增添了鲜明的政治意义。"他从一个进化论者成为一个阶级论者;从一个民主革命'闯将',成为一个无产阶级战士",乃是当时的套话,对鲁迅的定评。顾随曾说过鲁迅是"战士",但并不是所谓"无产阶级战士"。鲁迅苦苦"求索"的东西找到了吗?顾随以为找到了——那就是无产阶级的中国共产党。然而,今天我们都知道,鲁迅并没有找到他理想的寄托,他至死都在疑虑和彷徨中。彷徨,恰恰是鲁迅与屈原共同的宿命。无论其所"求索"者是什么,辉耀与感动人心的乃是那上下求索,虽九死其犹未悔的伟大精神。然而,鲁迅尚且有同志,屈原则是真正的"荷戟独彷徨"。这便是鲁迅与屈原的同与异。至于顾随这段充满政治遵命意味的鲁迅论,我们不必太过苛求——在那样的年代,你能完全独立于集体话语之外吗?

另一位众所周知的鲁迅喜爱的古典作家是嵇康。鲁迅与嵇康的

---

① 顾随:《顾随全集》第 2 卷,河北教育出版社,2000 年,第 368 页。

顾随研究

相似其实远在屈原之上。顾随曾在《驼庵文话》对鲁迅与嵇康相提并论：

> 鲁迅先生有与嵇康相同处，他们专拿西瓜皮打秃子的脸，所以到处是仇敌。……愤世疾邪的人是世上不可少的……然像鲁迅、嵇康他们，说真话是社会的良医，世人欲杀，哀哉！①

认为鲁迅和嵇康一样，都是"愤世疾邪的人"，这样的人是世上不可少的。其实，若论愤世疾邪，刚不可摧，嵇康比鲁迅还要倔强。而顾随虽算不上"愤世疾邪"，却也是清明贞刚之人。鲁迅激烈，故悍辣；顾随内敛，故苦涩。

顾随还喜将鲁迅的文章与《水浒》对比，这一视角颇为独特。

在《小说家之鲁迅》一文中，顾随认为鲁迅小说富于诗笔，其作品"在必要的部分"之外有"多余的附加"，虽然富于艺术性，但"严格地讲起来，几乎成为不必要"。这里所说"多余的附加"指的是鲁迅小说中的"大自然的诗的描写与表现"。为什么说"几乎不必要"呢？顾先生的理论是："小说是人生的表现，无论是什么派，传奇，写实，自然，新传奇，新写实，其前题总是表现人生。在其中，大自然的诗的描写与表现，虽然有时可以增加文章美，而在帮助表现小说中人物的情感，思想，甚至于行为的时候，纵然不是完全无用，也总有偏于静的方面的嫌疑。而人生呢？可完全是动的。因此，那静的描写与表现也就不免减低了小说中人物的动力，并且冲淡了小说中人物的人生的色彩。"接着，顾先生举例说："鲁迅先生的《阿Q正传》第五章生计问题，写阿Q因求食而走出未庄之后，那些诗的写法，据我的愚见，也就几几乎成为过剩，几几乎成为不必要了。"

那么，应当怎样写呢？顾先生说："在小说中，诗的描写与表现是必要的，然而却不是对于大自然。是要将那人生与动力一齐诗化了，

---

① 顾随：《顾随全集》第3卷，河北教育出版社，2000年，第341页。

顾随的"鲁迅论"

而加以诗的描写与表现,无需乎借了大自然的帮忙与陪衬的。"接下来,顾先生便举了《水浒》中鲁智深三拳打死镇关西之后如何回转收拾东西逃走;林冲在沧州听李小二说高太尉差陆虞候前来于他不利之后,如何带了解腕尖刀在前街后巷里团团转着寻人的动作;宋公明得知何涛来到郓城捉拿晁天王之后,先稳住何涛,然后如何牵马慌忙出城泼喇喇赶到晁盖庄上去等三段极富动作性的描写,以为"诸如此类的文笔才是《水浒传》作者的绝活"。《水浒》中便无多余的未能与人物动力一起诗化的大自然的描写,譬如"林教头风雪山神庙"一回中"那雪正下得紧",简练之极而又与人物行动、心理融合无间。顾随称《水浒》为神品,即因其文笔飘洒。

接下来,顾先生又说:"鲁迅先生不独写自然,便是写人生,也有偏于静的倾向之嫌疑。若单就这一点而论,先生的文笔,还是逊于《水浒》。"我以为此说有理。鲁迅先生文笔"活蹦",但他的小说还是不及《水浒》的文笔活蹦。

鲁迅与外国作家的比较,一直是鲁迅研究者们谈论较多的话题。顾随曾将鲁迅与高尔基作过细致的比较。《小说家之鲁迅》一文有如下说法:

> 鲁迅先生是有着东方高尔基之徽号的。在高尔基的作品里,我也发现了不少诗的描写。……我以为高尔基之写大自然之美是近代少有人及得的名手。……我总疑惑我们鲁迅先生——东方的高尔基,较之也有逊色的。……高尔基的书斋外的生活是较之鲁迅先生多得多。
>
> 先生受过压迫,束缚;高尔基也受过,而且超过了先生的。……然而,高尔基逃出来过。自然,逃出来之后,饥寒的压迫与束缚当然会更有增而无减的,不过精神的桎梏就被大自然完全给脱掉——这也就是一切诗人文人爱好大自然的一个原因;倘不如此,则这位诗人文人根本就不会了解自然,欣赏自然,同化于自

然，更谈不到对大自然的诗的描写与表现的。鲁迅先生却一向不曾逃出来过。这是先生的幸呢？不幸呢？总之，在这里，先生与高尔基是大异其趣的。

先生是太也深爱人生了。爱人生，又是中外古今的大诗人大文人的共同之点。先生爱人生，是将人生抓住了不撒手，叼住了不撒嘴的。……逃吗？他根本就不想。真是姜桂之性，老而愈辣。为了这，先生是步步为营，变成了战士，扎硬寨，打死仗，直至于死的。所以先生与高尔基比较起来，那气象之阔大，表现之自然，是不可相提并论的；然而那意志之坚强，先生较之高尔基是有过之，无不及。英雄造时势，时势亦造英雄。中国的时势，是将先生造成那么样的一个英雄了。就在描写大自然而具有诗的美这一点上，高尔基是自由一点；但先生就显得非常之冷峭与谨严。

但只就我零零碎碎地见到的他（高尔基——笔者注）的小说而论，我总觉得那作品有时好像是一片草地；或者说得伟大一点，像是一座天然的森林，如《水浒传》上所说，好一座猛恶林子。而鲁迅先生的好的作品则简直使人觉得好像一座经过整理了的园林。像《彷徨》里的《伤逝》一篇，结构之谨严，字句之锤炼，即是在极细微的地方，作者也不曾轻轻放过；于是读者觉得其无懈可击，即使在旧的诗词的短篇作品里也很少看到的。这样的小说我以为，当然是我以为，高尔基无论如何写不出。我如此说，既非抬高鲁迅之身份，也并非贬低高尔基之声价：我是取了纯客观的态度来说明这事实，这现象的。①

应当说，这些评论相当有见地。关于鲁迅与高尔基的生活，顾随以为高尔基社会阅历更广，鲁迅的书斋生活更多一些。这是很客观的观察。高尔基的过人与伟大之处，即在于他的社会阅历极其广泛并且

---

① 顾随：《顾随全集》第3卷，河北教育出版社，2000年，第353～355页。

能够通过作品加以出色地表现,他的大学在人间。而鲁迅,在创作了一些来源于其早年经历的小说之后,就多少表现出了某种创作上的乏力——因为书斋生活限制了他对一手材料的获取。就作品看,高尔基对大自然有更为广泛自得的表现,说明他从受压迫的生活中跳出来了,而鲁迅则始终在人生的奋斗中挣扎,未曾跳将出来。顾随说先生是太爱人生,执著于人生了,真是姜桂之性,老而愈辣。所以,鲁迅气象阔大不及高尔基(我们面对世界,除了人生大舞台,还有茫茫大自然),但其坚韧过之。鲁迅比高尔基更头紧脚紧。故而,他的小说比高尔基更谨严冷峭。

而鲁迅怎样看高尔基呢？在1935年8月24日致萧军信中,鲁迅这样写道:"我看用我去比外国的谁是很难的,因为彼此的环境先不相同……至于高尔基,那是伟大的,我看无人可比。"

五

顾随关于鲁迅的专门文章除《小说家之鲁迅》外,还有篇《论阿Q的精神文明及精神胜利法——读〈阿Q正传〉札记之一》。

我们知道,"精神胜利法"是阿Q的核心精神,它是鲁迅为病态的国民所绘的精神肖像。顾随眼中的阿Q的精神胜利法包括欺软怕硬、自以为见识高、祖宗阔、癞疮疤也非平常而且别人不配、自命为"第一个自轻自贱的人"、忘却、自己打自己嘴巴。顾先生将这些特性统称为阿Q的"精神文明"。"他之所以能够活下去,是因为他毕竟有所有。他有他的看家的本事。或可说是法宝:精神文明。"为什么要单独提出阿Q的"精神文明"呢？因为阿Q的"精神文明"是比其"精神胜利法"更大更深的病根。顾随说:"精神的产生倘不源出于物质,而且那产生了的精神倘不能成为物质的力量和行动的指南,则那精神就是建筑在沙石的塔,愈高也会就愈倒塌得快,或者是空中的楼阁,永远不能使之实现。阿Q纵不明白这一原因,他可是清楚地感觉到这事实。物质的失败,往往泰山压卵似地压碎了阿Q的精神胜利。于是乎阿Q的这一所有也就等于零。"如果说，所谓"精神胜利法"是对阿Q精神的现象性描述，那么这段话则是对阿Q所有精神病状的本质的透析，将观察的角度推进到了更深、更高的层面。

富于"精神文明"的阿Q的另一侧面是"忘却"。"所有富于'精神文明'的人都是无视现实者。……他是无视现实的'集大成'的'大而化之之为圣'的典型人物。""无视现实"四字，真是对阿Q的精神文明的高度精炼的概括，其深刻性也更为显豁。

于是顾先生又得出一个结论：阿Q的逃避现实，忘却现实使其不能成为一个唯物论者，而成为一个唯心论者。这一说法，有种简单化的套公式的意味，我们今天是难以认同的。但顾先生这篇文章作于1957年，受到历史唯物论的影响在所难免。就顾随的"阿Q观"而言，这种影响的痕迹并不重，其中并没有当时流行的庸俗社会学的观点。

关于《阿Q正传》的艺术特点，顾随说过这样一句话："鲁迅先生颇能以一茎草作丈六金身用，如《阿Q正传》。《礼记》所谓：其称名也小，其取类也大。""以一茎草作丈六金身用"，出自从谂禅师《赵州禅师》语：有时将丈六金身（佛身）作一茎草用，一茎草作丈六金身用。顾先生意思是阿Q富有"典型性"，但他并未用"典型"这个概念，而是从禅宗语录和《礼记》中取语指谓（这是顾先生的"绝活"，他有一套自己的批评术语）。可以印证这一评论的是《小说家之鲁迅》中的一段话："《阿Q正传》中的阿Q是典型人物；并且正传中所有的人物无一不是阿Q式。小D，王胡，赵太爷，赵白眼，赵司晨，邹七嫂，吴妈，酒店主人……无一不是。真是聚而为一，集中于阿Q；散而为无数，分播为全传中的任何人物。"

六

最后，还有二事，不得不提。

一是顾随对鲁迅的翻译的评价。他有这样两句话，其一，"我们近代与翻译界甚有关者，鲁迅与严复"。这是大判断。五四一代学人，皆

顾随的"鲁迅论"

极重翻译,鲁迅即代表之一。他一生用于翻译的心血甚至在创作之上。鲁迅翻译最多的是日、俄两国的作品。顾随说他不喜欢日本,但却喜欢日本现代作家的作品,尤其是鲁迅所译出的。顾先生也曾翻译过不少英语文学作品,但流存者不多。其二,"文章要易诵读。鲁迅先生虽反对文章好念,但他的文章好的也是易诵读。只是晚年硬译有点使人头痛"。这里本是说文章的"音乐美"的,提倡文章要易诵,顺便举鲁迅为例,先夸他好文章也是易诵读(如《从百草园到三味书屋》),紧接着笔锋一转,说鲁迅晚年"硬译"令人头痛。可见,顾先生对鲁迅晚年翻译水平评价不高。而鲁迅晚年翻译水平到底如何?为什么?这就有待于翻译家的解答了。

另一事,是顾随对周作人的态度。

顾随虽有如此丰富的"鲁迅论",却与鲁迅无交往,而他和周作人却是有交往的,因为顾随毕业于北京大学,对周作人执弟子礼。但由顾随与周作人寡淡的来往,及偶尔流露的对周作人的评语看,他并不太欣赏周作人——显然,在精神上,顾随是"鲁迅党"一员的。

顾先生在1953年7月13日致卢季韶的信中有这样一段话:"来津以后得见知堂老人所作《鲁迅的故家》一书,署名周遐寿,一九五三年上海出版公司出版。其中文字去年曾继续于上海日报登出,如今汇集印成一集。日前天暑无事,曾借一部读过。文笔松松懈懈,仍是启老本来面目,惟所写太琐碎,读后除去记得许多闲事而外,很难说令人得到什么好处。"说周作人"文笔松松懈懈",其实也是一种精神评判。"松松懈懈"这一评语,恰好与顾随对鲁迅的评语"头紧脚紧"相对,由此可见顾随的精神取向。他的这一评语绝非信口开河,因为顾随早在年轻时就与周作人相识,对其人其文,绝非浅尝,只不过无意详论罢了。

结　语

就顾随可见的言论看,他于现代作家,似乎只推崇鲁迅。他对现代文学基本无甚好评,有几次流露,如在《关于安特列夫》中引了鲁迅赞赏安特列夫的话,并表示首肯,说安特列夫的"文章美"。接着便感叹道:"环顾中国文坛上那些粗制滥造的作品,那轻佻,那肤浅,那粗拙,该是多么令人痛心的事啊!"顾随早年对新文学抱有热情,曾努力写小说,希望能成为小说家。就我辈看来,顾先生并未成为小说家,但他至少对新文学没有任何出于保守的抵制,且可以肯定,以先生对文学的知解,其对新文学的鉴赏力绝非寻常。顾随之所以很少论及新文学,盖因可入其法眼者太少。由此再看顾随对鲁迅的推崇,便可知其分量与标准。就分量论,顾随视鲁迅为新文学头把交椅;就标准看,顾随所表彰的鲁迅的长处,也即他人之短处。顾随的鲁迅论,不单是鲁迅批评,在某种意义上,也即是这位大批评家不言之言的现代文学批评。

而顾随的鲁迅论,不止是文学批评意义上的。顾先生极少评论近现代以来的作家、学者。其着意最多者是王国维和鲁迅。王国维更属传统文人,鲁迅则属现代。所以,鲁迅是顾随唯一有较完整的评论的现代文人。他对鲁迅的认识和推崇,不仅是文学意义上的,而且是一种文明评判,是顾随的"文人观"的体现。

笔者在此发抉顾随与鲁迅的因缘,非为文学史增添看点也,而是希望我们能看到顾随与鲁迅的共鸣,以及他们的心。

中郎有"女"堪传业*

陈祖美

"中郎有女堪传业"①,这原是前人借东汉蔡邕女儿文姬之才学不让"须眉",对于素有"压倒须眉"之称的李清照加以褒揄。今天看来,蔡、李所传之父业,多半尚停留在传说和"戏说"②之中,恐难有多少实

---

* 这一拙文原拟大标题是:《读顾随大师文论创作心解二则及其他》,内容包括这样三部分:(一)中郎有"女"堪传业;(二)《东坡词说》亦胜赏;(三)几点反思和自咎。而据本次会议对论文约万字为宜的嘱告,遂将大标题改为《中郎有"女"堪传业》,全文内容只大体涉及原定(一)、(三)两部分。

** 陈祖美:中国社会科学院文学所研究员。

① 此语出自钱谦益《绛云楼书目》卷四《金石类》注,其原文云:"赵明诚《金石录》三十卷,李易安后序。明诚之室,文叔之女也。其文淋漓曲折,笔力不减乃翁。'中郎有女堪传业',文叔之谓耶。"

② 作为中郎将蔡邕之女蔡琰(字文姬)固非等闲之辈,但其作品、事功究竟如何,其说不一,比如,自范晔《后汉书·列女传·董祀妻传》所载录《悲愤诗》五言、骚体各一首,此后遂被列于蔡琰名下,而苏轼所谓"东京无此格",即云此诗非蔡琰所作,亦非空穴来风。即使五言《悲愤诗》确为蔡琰所作,那么学者多以为骚体《悲愤诗》和《胡笳十八拍》,实非蔡琰所作。郭老曾为蔡琰力争《胡笳十八拍》等的著作权,当系借以为曹操翻案,况其话剧本《蔡文姬》中,自然不无"戏笔"。

绩可言。况且,当年蔡邕和李格非是否有希望其女为之传业的心愿,今已难以坐实,而这一拙文标题的"中郎有'女'堪传业",之所以写作"女",而不径作女,则因此"女"至少有以下三种"义项"和指归——

一

此"女"首先是代指顾随大师之高足叶嘉莹先生,也是表示在血统上有别于蔡邕和李格非各自的亲生女儿,但在作为后学之传承师学师道方面,叶先生比之于文姬、易安不但毫不逊色且有过之无不及。比如,蔡邕和李格非对女儿抱有何种希望,今已无从得知,而顾先生对于叶先生所抱为之传业之厚望则殷殷可见:

> ……早在一九四五年,当我大学毕业后不久,先生在给我的一封信中,就曾写道:"看来足下听不佞讲文最勤,所得亦最多,然不佞却并不希望足下能为苦水传法弟子而已,假使苦水有法可传,则截至今日,凡所有法,足下已尽得之,此语在不佞为非夸,而对足下亦非过誉。不佞之望于足下者,在于不佞法外,别有开发,能自建树,成为南岳下之马祖,而不愿足下成为孔门之曾参也。"其后于一九四八年春,当我将要南下结婚时,先生又曾给我写了一首诗,其中有两句是:"分明已见鹏起北,衰朽敢言吾道南。"①

不言而喻,顾随大师"门墙"之内,人才济济,寄如此厚望于叶先生本身,岂不再清晰不过地说明此"女"之出类拔萃!想来,以下之四大业绩或可印证,叶先生不啻谨从师命,着实做到了"别有开发,能自建树",且深孚业师之望,自有其青蓝胜概!

业绩一,笃诚爱重。叶先生认为,顾先生平生最大之成就还不在其各方面之著述,而更在其对古典诗歌之教学讲授。"先生之讲课则

---

① 叶嘉莹:《〈顾随全集〉序言》,见《顾随全集》,河北教育出版社,2000年。

是纯以感发为主,全任神行,一空依傍。是我平生所接触过的讲授诗歌最能得其神髓,而且也最富于启发性的一位非常难得的好老师","先生所讲授的乃是他自己以其博学、锐感、深思,以及其丰富的阅读和创作之经验所体会和掌握到的诗歌中真正的精华妙义之所在,并且更能将之用多种之譬解,作最为细致和最为深入的传达"①。基于如此爱重,凡顾先生所开设之课程,叶先生无不选修,甚至毕业以后已在中学任教,仍经常到辅大及中国大学旁听顾先生之课程。令笔者每每为之动容的还有这样一段话:"我之所以在半生流离辗转的生活中,一直把我当年听先生课时的笔记始终随身携带,惟恐或失的缘故,就因为我深知先生所传达的精华妙义,是我在其他书中所决然无法获得的一种无价之宝。古人有言'经师易得,人师难求',先生所予人的乃是心灵的启迪与品格的提升。"②

业绩二,深切理解。从辈行上说,顾、叶二位先生系师生两代人,而就彼此之相知而言,后世之顾、叶犹如古代之俞、钟,堪称高山流水之知。在叶先生看来,顾先生以其学贯中西之长,能将中国文字之特色与西洋文字之特色加以比较,"层层深入地带领同学们对于诗歌中最细微的差别做最深入的探讨,而且绝不凭藉或袭取任何人云亦云之既有的成说,先生总是以他自己多年来亲自研读和创作之心得与体验,为同学们委婉深曲地做多方之譬说"③。叶先生还精辟地总结出顾先生在评赏诗歌之妙理方面内容为"涉及诗歌本质的本体论,也有涉及于诗歌创作之方法论,更有涉及于诗歌之品评的鉴赏论。因此谈到先生之教学,如果只如浅见者之以为其无途径可以依循,固然是一种错误,而如果只欣赏其当时讲课之生动活泼之情趣,或者也还不免有

---

① 叶嘉莹:《谈羡季先生对古典诗歌之教学与创作》,《〈顾随文集〉代跋》,上海古籍出版社,1986年。
② 叶嘉莹:《〈顾随全集〉序言》,见《顾随全集》,河北教育出版社,2000年。
③ 叶嘉莹:《谈羡季先生对古典诗歌之教学与创作》,《〈顾随文集〉代跋》,上海古籍出版社,1986年。

买椟还珠之憾。先生所讲的有关诗歌之精微妙理是要既有能入的深心体会,又有能出的通观妙解,才能真正有所证悟的"①。诚然,顾先生向以宏才博学著称,其于诗歌、词曲、小说以及禅学佛理等等,均有所通晓兼长,但堪称其擅场者当首推其对于词曲之造诣,不仅词集有《无病词》、《荒原词》等八种之多,共计五百余首。而对于顾先生的这许多词作及词学理论,叶先生不仅从内容到艺术解读得鞭辟入里,其于顾词风格的论述堪称别有见地、首屈一指:"综观先生词之风格,盖能于自辟蹊径之中兼融前代词人各家之长而又能随时代以俱进者。这是先生之词在艺术风格方面一项可重视的特色。先生在其《积木词》之卷末曾附有自题词集的六首绝句,其最后一首即曾云:'人间是今还是古,我词非古亦非今。长短何用付公论,得失从来关寸心。'这首诗就恰好说明了先生写词之融会古今、自辟蹊径的态度和风格之特色。"②

业绩三,戮力弘扬。对此仅笔者耳熟能详者至少有以下几种感人至深的事迹:一件是前文所提到的,叶先生于1942年至1947年的听课笔记,对此顾随大师之幼女之京教授深怀感激地说:"尤为难得的是,嘉莹教授身边还珍藏着八册当年在辅仁大学听先父讲课时所记的笔记。三十年来,嘉莹教授的生活几经颠沛,迭遭坎坷,许多贵重物品或失或弃,而这八册笔记却始终珍存。她珍重地将这笔记亲手交付给我,委托我来进行摘录,整理成一部《驼庵诗话》,作为本书的附录。"③再一件是,不仅《顾随文集》和《顾随全集》等的得以付梓问世,除了归功于叶先生所保存的顾先生早年的部分文稿,"嘉莹教授又利用几次回国讲学的机会,寻访旧日师友,多方征集遗稿,不断为文集扩充、增

---

① 叶嘉莹:《谈羡季先生对古典诗歌之教学与创作》,《〈顾随文集〉代跋》,上海古籍出版社,1986年。
② 叶嘉莹:《谈羡季先生对古典诗歌之教学与创作》,《〈顾随文集〉代跋》,上海古籍出版社,1986年。
③ 顾之京:《顾随文集·后记》,见顾随著《顾随文集》,上海古籍出版社,1986年,第823~826页。

中郎有"女"堪传业

补内容……"①。这样一来,顾随大师的遗著遂得以蔚为大观:"一九八六年由上海古籍出版社出版了《顾随文集》;一九九二年又由台湾之桂冠图书公司将之京师妹所整理的我当年听先生课时所写的笔记出版为《顾羡季先生诗词讲记》,并出版了先生的杂剧集《苦水作剧》;及至一九九五年又由天津人民出版社出版了《顾随:诗文丛论》,并于一九九七年先生百年诞辰出版了此书之增订本。最近又见到上海古籍出版社的书目谓将于近期在学术萃编中出版先生之《顾随说禅》(二种),如今河北教育出版社又将出版先生之《全集》……"②。不仅如此,叶先生为上述书稿所作之序、跋更为之增重添彩。还有一件更为难能可贵之事,这就是叶先生在《〈顾随全集〉·序言》中所谈到的"……近年自海外退休后,乃应南开大学之聘成立了中国文学比较研究所,并捐献了自己退休金之半数,设立了奖学金与学术基金,并且用先生之别号'驼庵'二字,做了奖学金的名称,而且在教学中对传统文化与西方文论表现了同样的重视的态度,冀望于在继起的青年学生中,果然能培养出一些足以继承先生志业之传人"。这方面不仅无儿无女的李清照办不到,就是蔡文姬连同留在南匈奴的一双儿女也无能为力。所以蔡、李的被认为"堪传业"几近虚誉,而叶嘉莹教授在为其一向敬重的业师传业时,颇具高屋建瓴之概,顾学将为之生生不息!

业绩四,身体力行。这方面最具说服力的莫过于叶先生本人在事业上所取得的巨大成就,及其在海内外的广泛影响令闻远播。想必此次与会者之中,读过叶著和听过叶先生讲学者肯定大有人在,兹以笔者为例,不仅多次慕名聆听过叶先生讲课,从而深感其学养令仪不愧为名师之徒,以至将叶著作为自己的案头必备之书,从中所受教益一言难尽。顾、叶之间另一薪火相传的事例,就是多年来叶先生致力于

---

① 顾之京:《顾随文集·后记》,见顾随著《顾随文集》,上海古籍出版社,1986年,第823~826页。

② 这里所谓《全集》,即《顾随全集》,此书早已于2000年由河北教育出版社出版。此处引文系出自叶先生为《全集》所作序言。

顾随研究

王国维研究所取得的累累硕果。比如,不仅《迦陵论词丛稿》中收有关于王国维研究的四篇文章,整部书稿之精髓岂非与"驼庵"之学一脉相承! 又,数年前,叶先生在百忙中应有关方面之邀,主编了一套《历代名家词新释辑评丛书》,全套丛书收有温庭筠等二十四部专集,而压轴巨著就是叶先生亲与编撰的《王国维词新释辑评》。这不仅是值得词学界加以关注的一大盛事,仅就叶先生于此所传承之师业而言亦值得大书一笔,即叶先生不仅对顾先生对于王国维的"接受"对读者多有点拨,更为难得的是她对顾先生在这方面的新开拓胪述得条分缕析,为读者省却不知多少心力,而且在此基础上,形成了她自己更为精辟的见解:"王国维为一代学人,生于清末民初海运大开新旧文化激变之时代,早年曾一度从事于词之创作及评赏,其为时虽短,但其所成就颇有突破传统之处。更因其天性忧郁,好沉思人生之问题,又曾研治西方哲学,故其词往往有哲理之思致,在词之传统中独辟蹊径。正可作为结旧开新之一种启示。为专集之二十四。"①在同一篇文章中,笔者更为服膺的是叶先生对于苏轼和纳兰性德的点睛之笔:"苏轼词则更以其诗文馀事,为小词别开天地,一洗绮罗芗泽之态,而表现了天风海雨般的逸怀豪气。为专集之八","纳兰性德独具纯情锐感,不假工力,直指本心,王国维谓其'以自然之眼观物,以自然之舌言情',颇能摆脱传统旧习,为专集之二十。"我们知道在顾随大师关于历代词人的精到品评中,偶尔也有几处听来不那么容易理解的话语,笔者甚至暗自以为顾先生对于苏轼词和纳兰词之微词不无过当之处,而在读到叶先生对东坡和容若的上述评语后,深感这是对其师的更有价值的承传,也是顾随大师生前所寄予她的"别有开发,能自建树"的厚望的圆满体现,又怎么能不为有这样的"女"儿而含笑九天!

---

① 叶嘉莹:《历代名家词新释辑评丛书·总序》,中国书店,2001年。

中郎有"女"堪传业

二

在叶嘉莹先生的有关论著中,多次提及并委以重托的河北大学顾之京教授,系顾随大师之幼女,以下就其传业之事加以简介:

鉴于顾随大师曾把自己的主要精力用于各类学校,特别是北京的几所大学的授课,尽管课余之中也撰写了不少论著,但却不肯轻易拿出发表,而是常常"把手稿交给友人或学生去品评,有时甚至是直接把自己论学的见解写在书信中,一封信本身竟是一篇很长的论文。因此他的论文已刊布者不多,而未刊者也大都不保存在自己家中"[①]。加之"文革"中被两次查抄以及有关出版社对于文稿的丢失等等不虞之灾,整理出版顾随大师的遗著难度之大可想而知。起初几乎是在筚路蓝缕中起步的,所幸这一出版工作始终得到叶嘉莹先生的有力支持和悉心指导,之京则十余年如一日潜心搜集、整理父亲遗著,现已出版了《顾随文集》、《顾随全集》、《女儿眼中的父亲——大师顾随》等许多种。这里拟着重介绍一下后者:一言以蔽之,这是一部可读性很高的大师"学记"或"传记",此书的得天独厚之处,在于作者作为大师之幼女,从小受到父亲的特别眷顾,享有不时出入大师书斋的"特权",即使在三年困难时期的1959年12月的最后一天,有幸随父母到天津起士林享用在我国被视为正宗的西餐。这看来是生活小事,亦可能是偶尔品尝,但也足以使得父女亲情更加浓郁、别有一番滋味。所以这部书于庄重的学术氛围之中,浸透着轻松宜人的生活情趣,读来不忍释手。全书十章的章目是:一、求学之路,二、讲坛生涯,三、"渴望成为一个小说家",四、苦水词人,五、诗以咏怀,六、最后一位杂剧作家,七、临池之功,八、学术研究与治学道路,九、书斋纪事,十、岁华旧迹。最后是尾言和附录三则。每一章都写得各有千秋,不无引人入胜之处,对于大

---

① 顾之京:《顾随文集·后记》,见顾随著《顾随文集》,上海古籍出版社,1986年,第823~826页。

顾随研究

师治学和诗词创作之三昧及其风范,娓娓道来,跃然纸上,既是一部深入浅出、难能可贵的"国学"教科书,也是作为"中郎"之女颉颃和超越之颇为有力的实证!不妨以第九章书斋纪事为例略摅己见。

不才尝有这样的体会,不论是走进贫贱或富贵之家,也不管是走进书香门第抑或草根之家,只要看到了主人的书房、书橱或哪怕只有几本藏书,也就仿佛从中窥见了主人的资质和品位,因为书房和书籍往往是一个人心灵的外化或谓其精神阶梯之揭橥。笔者每逢参观现代文学馆时,总是在一些作家学者缩微了的书房前,驻足留连,久久不肯离去。因为走进一个人的书房就仿佛走进了此人的精神世界。之京教授正是通过对于书斋之魂的把握,生动、有趣地记述了顾随大师"为书而生,为书而死"的极为非凡的一生。之京大著的这种难得效应,除了她有一支生花妙笔,更在于其父书斋之内涵,为她提供了丰富"素材"。比如,仅在旧京顾家就有:萝月斋、夜漫漫斋、习堇庵、倦驼庵、两三竿竹庵等这许多雅号的书斋。之京时而以其童稚的目光,时而以其生动简洁的文笔,既写出了时代的沧桑,亦有着深邃的文化底蕴,故能令人产生身临其境之感。

坐落在北京东四四条一号院的萝月斋,是顾先生生平第一次有了自己的书房并为之所取之雅号。多年后大师回忆道:"余旧所居曰'萝月',盖以窗前有藤萝一架,每更深独坐,明月在天,枝影横地。此际辄若有所得,遂窃取少陵诗而零割之,名曰'萝月'云耳。"① 大师在此创作并印行了《留春词》与《苦水诗存》这部诗词合集。被曲界称为"南吴北顾"的、作为我国"最后一位杂剧作家"②,顾随先生颇具规模和特色的杂剧创作,就是由此起步的。"萝月斋",亦偶尔署作"荠庵"。令笔者意想不到的是,"荠庵"作为"萝月斋"的又一别号,竟是主人终年不辍

---

① 顾随:《积木词·自序》。
② 拙文的第二部分,凡引文不注明出处者,皆引自顾之京《女儿眼中的父亲——大师顾随》(中国工人出版社,2007年)。一些未加引号而涉及顾门成员身世、家事等等,亦多系对于之京著作中话语的"撮述"。

中郎有"女"堪传业

的目耕加笔耕之余"疏散身心"的"小品",还写了散文《剜荠菜》。在当年的皇家园林"北海"和今河北大学的前身天津师院都留下了顾随大师剜荠菜的身影。对此,之京教授写道:"……父亲定是凭了对荠菜的一份特殊情愫,方始有了'荠庵'一名。荠庵,它涌动着春日的清新气脉,散发着淳美的家庭气息,因而,父亲只在那些随意题写的、随笔式的文字后,才署此'荠庵'一称。如1933年,他在读了友人偶然留下的一册《静安词》后,即兴于扉页上题写了近四百字的题词,后即署'二十二年六月二十四日志于荠庵。苦水'几个字。"①窃以为,在人云"知子莫如父"的俗语后,似乎还可加一句"知父莫如女",况且又是之京教授这样"堪传业"之女,所以她对"荠庵"来历的记叙颇具权威性又极富情趣。按说已无须他人置喙!然而,谁让之京的这段文字写得那么妙趣横生,引人遐想,笔者也就不揣浅陋,试作"续貂"。

老一代学人对《诗》的稔悉不言而喻,那么《谷风》中的"甘荠","苦水"不会陌生,况且这种野菜,愈是在发达地区愈受青睐,至少在唐代的长安已被视为美味佳肴,诸如此类的"掌故",则有可能引起博古通今的顾先生的某种兴趣。当然此说只是用来作为"引子",难说靠谱。而可能性较大的还得从之京提到的"一册《静安词》"说起,此书由世界书局所印行,一位老友于1933年6月将这本新书由天津带到北平留赠顾先生,顾先生据作者改订过的词集加以"手校",校后之题词署作"荠庵"。这样一来,由《静安词》忆及王国维,由王国维忆及辛弃疾则极有可能②。可巧,在现存六百余首《稼轩词》中,《鹧鸪天》竟多达约六十首。而顾随大师不仅对辛词情有独钟,撰有《稼轩词说》,本人亦擅于以《鹧鸪天》一调填词。更可巧的是辛词中多次写到"荠菜花",仅在《鹧鸪天》一调中,至少有首句分别作"春入平原荠菜花"和"陌上柔桑破嫩芽"二首,均为托意遥深之名篇,而后者结拍之"城中桃李愁风雨,春在溪头荠菜花"所体现的审美

---

① 顾之京:《女儿眼中的父亲——大师顾随》,中国工人出版社,2007年,第255页。
② 王国维在《人间词话》中对《稼轩词》推崇备至,而顾先生尝自谓其于南宋词人独喜"辛老子"云云。

意向,于大师之于腐败现实之"只图遮眼"、"不堪看",洵为异代相感的异口同声! 所以"荠庵"之寓托既有生活情趣,也有学识之理趣,更有思想感情的深层趣尚。诚然对这一拙见未敢自许,但是顾先生喜爱"春在枝头已十分"这类带有禅趣的偈语却由来已久。①

在之京笔下,父亲的几个不同名号的书斋,各有令人过目难忘的特点,比如"夜漫漫斋"的"此时有声胜无声"的老北京冬夜的叫卖声;"习堇庵"②的深夜烧书时的悲壮难忘的对于民族所受伤痛的记忆等等,都是很有阅读价值的好文章。这里不妨顺着之京教授的指引走进"倦驼庵"去领略一下有关这一书斋的来龙去脉。之京认为"驼庵"二字,大有深衷。"父亲一向看重骆驼坚毅耐劳的品格、埋头苦行的生命路程,以及它来往于大漠风沙、长城脚下的历史人文沧桑内涵……父亲以'驼'命名自己的书斋却又特于前加一'倦'字,正是国难时期特殊环境、特殊心境之下,自身形象的写照。我想,这'倦驼'之中包含了父亲默默地耐受心力交瘁之痛、坚持操守、坚毅前行的深衷。父亲晚年时以'驼庵'为名号,省去一个'倦'字,正是步入新时代精神心情的反映。"在这个书斋里还发生过比先前烧书更为"严肃与沉重"的撕书的一幕,这是因为书中有顾随先生创作的鼓吹抗日救国的《满江红》与《踏莎行》两首词,否则将会危及全家的安全! 当时爱国知识分子的艰难处境于此可见一斑!

在这一书斋也发生过令人欣喜和很有纪念意义的事情,即上世纪40年代中前期,叶嘉莹先生当时就读辅仁大学国文系,与她的同学一起到这里拜访老师,还在门前摄影留念。在这里令主人一家和广大读者难忘的还有大师"在这六年之中挨过了北平沦陷后期极其困苦的岁

---

① 详见顾之京:《女儿眼中的父亲——大师顾随》,中国工人出版社,2007年,第227页。
② 之京云:"'习堇',学业谫陋之谓也。如此具署,是在老友著作面前,表示一份尊重与谦逊之意。""从此,父亲的新书斋不再有'夜漫漫斋'的诗意与宁静;从此,'夜漫漫斋'一名在父亲的书籍文稿中消失。他的书斋沿用了往时偶一用之的'习堇'。我想,此时的'习堇'二字,已由对友人的诚谨化作了对祖国历史文化的虔敬与对国家民族的忠诚。"

中郎有"女"堪传业

月,经历了八年抗战终于光复的欣喜,而且无论著述还是创作,都有极为丰硕的收获"。在诸多硕果之中,更值得词学研究者加以关注和弘扬的是《稼轩词说》和《东坡词说》,这是两部别开生面的词学论著,顾之京教授深谙其中三昧,她说:"两词说的'自序'、'后叙'等为诗词研究之总论,不局限于苏、辛二家,更不拘束于某些词章。《稼轩词说·自序》之论诗词,不取历来王渔洋之'神韵'、王静安之'境界',而独举'高致'一说,'高致'实可兼赅境界与神韵,然更接近生活,更为实际可感。"对于二词说中更加精辟的一家之言,之京引述道:"'……东坡之词,写景而含韵;稼轩之词,言情以折心。稼轩非无写景之作,要其韵短于坡。东坡亦多言情之什,总之意微于辛。至其议论说理,统为蹊径别开。而辛多为入世,苏或涉仙佛。''是故稼轩非无景语,要在转景以益情;东坡亦有情语,要在抒情以寄景。'"苏、辛有灵,听到清河顾氏这些话也会视为知音。因为在对待诗与禅的关系上,顾先生走的仿佛也是"每逢佳处辄参禅"(苏轼诗句)的路径!更加值得一提的是,不论是鹏飞向南的高足,还是生在燕赵、长在燕赵的幼女,正是在诗与禅相辅相成的关系上,成为各自的老师和父亲事业上的最为正宗的传人。比如,在笔者所拜读过的叶嘉莹先生之论著中多次提到其业师以禅悟解说诗词,故多道人所未道;之京之所以对《东坡词说》和《稼轩词说》解析得令人心服口服,也与她深知其父擅于"谈禅"有关,她说:"父亲撰写两部'词说'之时,已精研佛教文学数年,对佛经的'语录'深为喜爱,这两部'词说'就成为用极别致的佛经语录体语言写成的学术论著。""两'词说'分论辛词20首、苏词15首,迥异于今日习见之逐字逐句、条分缕析的讲解,而是从作者的感发、创作与读者的领悟、体会两个方面,独抒一己之心见,广征博引又不离其宗;往往是拈举一个话头,生发开去,真是'说法如云如雨,讲得天花乱坠'(《景德传灯录·卷十五》语)。""短短一篇词说,不过700字,细加一番疏注,恐怕7000字也未必说得人人透彻。它只是为你开启一个门径,给你一个纲要,底下的事,用佛家语来说,则是要你自己去'会'。如此说词,前无古人,后人若无此修养,恐亦难以学步。"试问,幸得如此传业之二"女"者,亘古以来,顾随大师以外,岂有第二人哉?

三

据之京说,她的曾祖母是一位"专制的老家长";其祖母对儿子如何,笔者尚无从得知。尽管如此,拙文的这一部分还是拟从"苦水词人"命中多好"女"说起。除了长辈女性,第一个走进大师生活中的女子自然是他的夫人。据顾之惠在《忆父亲》一文中说,其母既是读过私塾的大家闺秀,又是农村大家庭的长门长孙媳,这就既要处理好两辈婆媳、姑嫂等等几十口的人际关系,又能剪裁、刺绣,做得一手好针线。从老家来到北京后,又得照料丈夫、女儿及在京就读的四位小叔子的日常生活。北京沦陷后,物价飞涨。为了给父亲治病,卖掉了陪嫁的首饰……在笔者看来,顾先生与夫人的关系,有甚于孟、梁间的举眉、接案式的体贴温馨。对此,大师曾不止一次地对女儿们说:"我在学术上有些成就,一半是靠了你母亲,也可以说我这一辈子里,有一半的时间和力量是你母亲给我的,她把我的生活照顾得妥妥帖帖,又带大了你们姊妹几个,管理着这个家。若论她的聪明和才力,如果去念书,不会比我差。"(见顾之惠《忆父亲》)仿佛有一个规律,凡是有着上好夫妻关系的家庭,孩子往往能够健康成长,顺利成才。与顾家有血统关系的几代人中才俊辈出,可否视为这一规律的"个案"?当然对于这一拙文来说,应该旋即回到"传业"的题旨,把话题集中到大师的女儿们身上。

大师有六位亲生女儿,一一视为掌珠,毫不重男轻女。老家有人曾劝说顾先生过继一个儿子,回答是:我的女儿不会比别人的儿子差,并把她们与儿子一样看待和培养,比如清河顾家的女儿以"绣"字行,顾先生则以男孩儿的排行"之"字命名其女为之秀、之英、之惠、之燕、之平、之京。其中有二女分别毕业于辅仁大学教育系和美术系,二女毕业于我国著名的医科大学,幼女之京是从事古典文学教学的大学著名教授。六女及其后代各自对家庭和社会作出了出色的贡献。

中郎有"女"堪传业

长女之秀出生在清河老家,没能像妹妹们那样受过高等教育,但她心灵手巧,善解人意。她不但是协助母亲操持家务的好手,还精于缝纫,曾为父亲制做过合体的厚呢中山装。又深知父亲爱花爱美,总是在父母居住的院落里莳花艺草,为父亲长年累月的书斋生活创造一个赏心悦目的小环境。如果说之秀本人更多的是作为母亲的助手为父亲的成就的获取尽了一份力量,那么她的后代却为传承外祖父的业绩作了不少切实有益的事情,比如由孙绳武编辑出版的《顾随和他的世界》一书就是一本集思广益为大师"传法"的难得的好教材。不仅如此,之秀的三名子女联名所撰回忆外祖父的长文中,使我们再次领略了大师的渊博学识和可贵的品格:"在孙家,我们这一辈,男孩的名字是'×武',女孩的名字是'怀×'。老大出世时,外祖父依《左传》'武之善经也'起名'经武',兼取'经'字义理、原则之义,希望他一生不违真理、原则;老二出世时,外祖父依《诗经·大雅》'绳其祖武'起名'绳武',兼取'绳'字准绳、准则之义,希望他立身行事都有准则;老三是女孩,老爷一向对男孩女孩同样看待,所以不让她依小名'芸芸'名'怀芸',而依《诗经·周颂》'念兹戎功,维序其皇之'起名为'念武',希望她继承并发扬前人的美德。"①这种隔代"传业"更为难得!

在欢庆新中国60华诞之际,我们格外怀念和敬仰顾随大师,作为老一代知识分子,大师面对侵略者表现出崇高的民族气节,面对腐朽统治和内战阴谋而坚持正义追求光明,为此作出了重大贡献,也付出了沉重的代价! 行文至此,笔者自然联想到之惠、之京在其各自的回忆文章和论著中所提到的其二姊一家的惨剧! 之京说,二姊之英"艺术"又美丽,且淑世友悌,一领到工资,就给妹妹们买她们满意的礼物。她自幼受到父亲进步思想的熏陶,丈夫同样倾向进步②,在内战一触即

---

① 孙绳武:《顾随和他的世界》,作家出版社,2007年,第216页。
② 笔者从之京等人士的记叙中得知,这位姐夫作为"国军"飞机驾驶员,他倾向进步,反对内战,曾在上海购得一套新版《鲁迅全集》赠送老泰山……这一切,在当时的台湾,均系为"党国"所不容者。

发之际,她作为空军家属先行被胁迫去台湾。当时,一个在台湾的空军飞行员,其在大陆的岳父"闻角"而歌,对新中国、新事物满怀激情加以赞颂,在岳父以往的友人与学生中,既有"潜伏"在"国军"中的高官(如王冶秋),也有聘作女儿教师的"共党"地下工作者①。在这样的家庭背景下,在国共两党你死我活的争战之际,二姐一家在当时的台湾是无法生存的,否则一个做父亲的怎能忍心与年幼的爱子们同归于尽?对于此事,之京和其他家人、亲属,只是作了低调的记叙,而在旁观者看来,这难道不是一种舍身护"法"的可歌可泣之举吗?

  根据三女儿之惠的回忆,她是在父亲对她百般耐心地因材施教下而考取名校师大女附中的,在大学毕业后遵从父亲的意愿终生从事教育工作。四女之燕从一出生就受到父亲格外"宠遇",在满月时父亲为她填了一首题作"燕女弥月,为赋此词"的调寄《鹧鸪天》②。这位"清眸点水"、"笑靥生花"俊美女儿没有辜负父亲的"破格"爱怜,按照父亲对她所进行的仁爱善良、助人为乐的启发教育,一路走来从不忘怀为社会做好事、行善举。她还能举一反三,从父亲设计的猜字谜语中悟出懂得汉字结构的重要性,从而"在小学三年级已能很熟练地使用四角号码字典,及至六十岁以后还能很快学会、并熟练运用五笔字型在电脑上写作……"③如果说之京是以教授、学者的方式承传父业,那么按照父亲的期许提高自身素质、增强服务于社会的本领同样是一种"传业"。身材修长、学习成绩总是名列前茅的五女之平,就是按照父亲给她的题辞"天行健,君子以自强不息",以及在家信中,希望她"为人民,为国家作出一番事业来,在人民的队伍中做一个'生力军'……"④的勉励下,取得了令人瞩目的业绩。"天行健"和"生力军"所体现的积极向

---

  ① 顾之惠:《忆父亲》,见《顾随和他的世界》,作家出版社,2007年。
  ② 此词之全文云"一片生机未可当,试看东海浴朝阳。清眸点水澄潭影,笑靥生花散乳香。 尘满面,鬓盈霜,生身谁不有爷娘。可怜往事思量遍,不记当初似汝长。"
  ③ 顾之燕:《怀念父亲》,收入《顾随和他的世界》,作家出版社,2007年。
  ④ 顾之平:《在父亲的勉励下成长》,收入《顾随和他的世界》,作家出版社,2007年。

中郎有"女"堪传业

上的人生态度,既是顾随大师对自己女儿的勉励,也是值得我们大家所恪守的"座右铭"和奋力弘扬的华夏文明之精髓。

在顾先生约四十年的执教生涯中,曾在济南、天津、北京等多处女校任教;解放后长期执教的男女合校的天津师院自然也会有不少女生。大凡聆听过大师讲课的男女学生大都留有不少难忘的记忆,这里仅就笔者"武断"为女生者所撰写回忆顾随大师文章中的有关"情节"移录、撮述如下:

李如鸾《顾随先生授课散记》云:"先生素来体弱多病,入冬后穿的衣服要比健康人为多。先生讲课到兴奋处,便脱掉一件上衣,差不多要脱掉三件,直到露出最里层的毛衣时,就该下课了。有时先生征引诗句,话到嘴边,忽然忘却,便毫无顾忌地询问学生,我们往往答不出来。这时,多半是坐在教室后排的旁听老师代为回答,先生则面带微笑,双手合十,表示谢意,有时情不自禁地鼓起掌来。那种虚怀若谷的谦和态度,那种赤子般的天真情感,在场的师生无不为之动容。""我们都知道先生是近代杰出的书法大师,远宗二王,近师沈尹默先生,并自成一家,所书无不龙蛇入腕,疏秀出尘。先生的板书(粉笔字)也如他的墨宝,每次课不很多,所用行草也都铁画银钩,潇洒疏落。课间休息时,爱好书法的几名同学常常伫立黑板前书空、默记,而后极不情愿地擦去。我毕业后,在京从教四十年,所以十分重视板书,认真习练书法,便是从老师处得到教益和启发的。""先生的朗诵更是独步教坛。他经常向同学们强调:作品朗诵不同于说话和歌唱,而是介乎二者之间,关键是要对作品有全然的了解和深刻的体会,还要有感情和朗诵的技巧;朗诵一般可不借助手势、眼神表情,而主要靠语调。成功的朗诵,效果应当是帮助理解作品精神实质的一半……记得早在50年代初,北京举行过一次纪念作为世界文化名人杜甫的盛会,盛会的主持者——著名诗人冯至便特邀其挚友顾随先生专程赴会朗诵杜诗的……""先生授课,姑且不谈其深刻的思想性及现实的教育意义,即侧重形式上,也算得一门高雅的综合艺术,其中有书法艺术、朗诵艺术、教学法艺术等等。听先生的课,用不着紧张地作笔记,只要用心听讲,便能心领神会,经久不忘,确实是一种不可多得的艺术享受,真可谓如嚼橄榄,如品清茗,如吸醇酒,如醉如痴!"

王振华在她的纪念文章中,列举了《狂人日记》等约30篇顾随先生在天津河北女师所讲授的鲁迅先生的不同体裁的作品,她说:"记得先生讲《伤逝》,读到'那是阿随,它回来了',满室发出了呜咽。写到这里,虽已过去六十多年,当时先生的音调,同学的呜咽,还都如在目前,使我禁不住滴下泪来!""在那黑云压城的军阀统治时代,顾先生敢于给学生讲鲁迅作品,一讲三年,这是何等的胆识!""在我们这些还未入世的十几岁的少女面前,顾先生用鲁迅思想给我们指明了前路:子君的路不能走!娜拉的路也不能走!妇女如想在社会上立足,就必须先求得在经济上的独立!""由于顾先生引路,指引我们读鲁迅作品,启发了我们对社会的关注,教育我们人生的路应该怎么走。我们由读鲁迅作品,进而读苏联四大名著:《毁灭》、《铁流》、《一周间》、《士敏土》,高尔基的《母亲》,曹靖华先生译的《烟袋》……由小说进而读社会科学书籍:《史的一元论》、《资本论》、《反杜林论》等。后来参加了1935~1937年的"一二·九"、"一二·一六"运动,从此踏上了革命的道路。""1942~1946年,我在云南昆明的昆华女中教书,对两班学生由初二到高二,教了四年鲁迅作品,学生们一半可写漂亮的小文章,一半人也文字精通。这些学生中不少人后来都参加了革命,现在已是离休干部了。许多学生还和我保持联系,他们都是顾先生的再传弟子。"①

年逾九旬的吴华英老人是顾先生在燕京大学的学生(据云她的面容颇似顾先生二女之英),她对师长的敬重和体恤②,与笔者形成了鲜明对比,下文拟以顾门之师生、父女为参照,从而检点己之"昨非"以求"今是"!

---

① 王振华:《纪念我的启蒙师顾随先生——宣传鲁迅的先行者》。
② 吴华英:《不尽的追忆,永久的怀念——和顾随老师在天津的日子里》,收入《顾随和他的世界》,作家出版社,2007年。

中郎有"女"堪传业

四

通过对顾随大师本人著作和有关"研评"之文的悉心披阅,不仅在学识上所受教益几近"胜读十年书",同时也使自己的心灵得以净化、境界有所提升,甚至感到平生七十一年来,竟有七十年之非,这首先表现在自己愧对业师方面:

在《顾随文集》中,有一首题作"侃如自澄江来函,嘱作南游,赋此答之"的调寄《鹧鸪天》词:

> 苦住难言岁月迟,九城又到雪飞时。凄凉开府吟哀赋,憔悴安仁叹鬓丝。　　愁易了,恨难支,灯前枉是说相思。故人问我南游意,露重霜寒有雁知。

词题中的"侃如",之京注作"侃如,陆侃如",大师也曾在授课时,对学生说过此信和此词之事①,可见,顾随和"侃如"至少是互通音问、彼此"相思"的"故人",而词中的这位"故人"又是笔者受业四年又四年之久的老师。前四年是作为中文系本科生的每周数节的汉魏六朝文学课和《文心雕龙》选修课,后四年则是与数位师兄及远道而来的多位进修教师一同成为升堂入室的研究生。在接触到顾先生和叶先生师生之间的诸多佳话之前,我一直在为自己历来被视为好学生而自得,也曾为受到过名师的赏识和器重而有所沾沾自喜,更认为在陆侃如先生身处逆境时自己的所作所为扪心无愧。

---

① 笔者在极为郑重地征引大师此词同时,对其中的两处标点试作改动,即将首句后的"。"(句号)改为","(逗点),又将过片两个三字句之后的"。"改为","。对此既非笔者妄改,亦未敢断言此举之无误,这是一个存有分歧的问题。窃以为:"迟"字虽居韵位,但出句意犹未尽,有待对句补足后,整联用"。"。对于此调之首句之后的标点大都作",",而对于两个三字句之后则",""。"均常见。谨以叶嘉莹《迦陵诗词稿》为例,此稿中的自1943年秋至1967年在哈佛时所作6首,其下片起拍三句的标点均同"时序晚,露华凝,秋莲摇落果何成。"当然,对这一词调首句的标点,叶、顾亦不相同!想来这种不同,当亦系大师所期望于弟子的"别有开发,能自建树"之列。

顾随研究

所谓沾沾自喜者是指诸如此类的事情,比如,在自己"风华正茂"的岁月,陆侃如先生为我们这一届学生首次开设了《文心雕龙》选修课。在差近的一段时间,报刊上也有过关于《文心雕龙》的一些报道和文章,仿佛有点《文心雕龙》"热"的苗头。或许与这种苗头有关,我对《文心雕龙》选修课产生了浓厚兴趣,总是早早进教室,坐在听课效果最好的位子上。老师在讲台上侃侃而谈,自己聚精会神地听讲,几乎一句不落地记笔记。当时仿佛自己也进入了"思接千载,视通万里"般的境界,有同学也说我听课如此用心,真是陆先生的好学生!那大约是大学二年级。在学期将要结束时,陆先生布置了"以酌奇而不失其真,玩华而不坠其实"为题的课外作业。行文至此,自己仿佛又回到了当时的规定情景之中:我是从现实主义和浪漫主义相结合的角度,加以发挥,从而写出了一篇颇为自得的小文章。在课程总结时,我的这次作业受到了表扬。当我听到陆先生询问"谁是陈祖美"而应声站起来时,刹那间,从老师"惊异"的目光中,一种从未有过的自豪和自信油然而生。陆先生又颇为风趣地对我说:"看你的文章像是老头写的,想不到是个小辫子!"从那以后,我对于写作的兴趣与日俱增。不知是否与这次受到陆先生表扬有关,不久年级就指定我做一个"科研小组"的执笔人和负责人,那时班级的一些老资格的调干同学写了文章,也叫我一起加工润色,也能较顺利地发表出来。那时由我执笔、经老师修改,发表在报刊上的"长篇大论",虽然未署具体姓名,但不少人都知道是我执笔的,被戏称为"'科'级干部",还被高年级吸收为出版后轰动一时的《文艺学新论》编写组的成员……所有这一切,都使自己感到好体面啊!因为在当时,即使高年级的高才生,也把自己写的东西能够变成"铅字"作为一个遥远而虚幻的美梦,我作为一个低年级的"小辫子",竟然为"科研组"这个小集体挣得了在当时看来数字不菲的稿酬。在人们刮目相看之时,自己也以没有辜负老师的器重而窃喜于心。

所谓扪心无愧则是指,自己当初报考陆先生的研究生,首先是中文系党政领导选定的,况且当时陆先生只是在业务方面被控制使用,

中郎有"女"堪传业

远非像"反右"前,他作为一级教授、副校长和著名社会活动家那样吃得开。自己不是为了追求虚荣,完全是出于对老师真才实学的倾慕。在考取研究生之后,《文心雕龙》成了必修课,几乎每晚都要增加讲授课时。然而在50年代末、60年代初,山东的主要领导格外浮夸,老百姓也就格外穷苦。套一句古话来说,就是"天下未饥鲁先饥,天下已饱鲁未饱"。年历都翻到"1962"了,在山东的学子,还常常是饥肠辘辘。具有"人本精神"的陆侃如、冯沅君二位先生不忍心看着学生们饿着肚皮夜以继日地学习听课,就用自己的工资买了一些高价糖果和香烟,放在书房的案头,好为夜晚来听课的人增加一点热量和乐趣。老师对学生的这种关心和疼爱,在那个时代几乎是绝无仅有的。人非木石,哪个学生能不以自己的发奋攻读来回报老师呢!所以这个"文论班"上的学子,人人情绪饱满,个个意气风发。陆先生更是人如其名,一连几个小时侃侃而谈,毫无倦意。如果就这样教学相长下去,不用多久,就可能有一批"文论"新秀脱颖而出。岂料,事与愿违,时局魔术般地发生了变化。陆先生对《文心雕龙》"夜夜讲",从上面传来了"年年讲,月月讲,天天讲"的精神,更有人闻风而动,硬是把陆先生的"夜夜讲"与毛主席的"天天讲"对立起来。陆先生随即又倒了大霉,被扣上了"向党争夺青年"的罪名。事情是明摆着的,陆、冯二位先生完全是靠真才实学,在自己的周围凝聚了一大批青年,哪里是为几枚糖块!就我自己而言,每次听课都坐在离烟雾和糖果较远的书房门口,学兄们递给我几块糖,也是只顾听课记笔记,糖块攥在手里,化得黏糊糊,总是在下课的路上才想起塞在嘴里。在如此风声鹤唳之中,陆先生刚刚得到些许"学术自由"的"摘帽右派",又迅雷不及掩耳地回到动辄得咎、变本加厉的逆境之中。而我本人也曾被有的人说成被资产阶级争夺过去的"林黛玉"!

从我国大陆六七十年代走过来的人都不会忘记,在当时的"气候"下,有多少亲人之间反目攻讦,更有多少学生视老师为寇仇,所谓批判、揭发是家常便饭……我之所以感到扪心无愧,即不管别人怎么看待自己，从不撇清，即使不被"重用"，也不落井下石，对老师则一如既往……

现在看来，自己以上的所作所为，充其量也只算是一种求知与做人的底线。老师曾那么器重自己又那么诲人不倦，自己小有成绩就窃喜于心，甚至喜形于色。再看看顾、陆二位先生，既是"故人"，又都是名师。顾门"桃李"中，有那么多人达到那么高深的造诣，又在各自的岗位上做出了那么出色的成绩，相比之下，自己平生几近碌碌无为。无论哪位老师最为伤感和失望的，莫过于当初所器重的学生到头来无甚作为，正是在这方面我常常羞愧得暗自下泪。令自己羞愧不已的另一方面是，顾门弟子中，不仅叶嘉莹先生为业师所做实事、好事多不胜数，王振华老人除了撰文极力弘扬老师的师德师艺之外，还在顾先生因久病薪资入不敷出之际，亲自多方联系为老师解决了这一当务之急。想想自己，没有能力是一回事，在无儿无女的陆、冯二位先生处于极端窘迫的境况下，自己迫于环境压力，丝毫没有尽到应有的心意，想到这些怎能不感到无地自容！

总之，作为学生，自己有负于受业八年之久的老师；作为女儿，对比顾家六女为父母所做的一切，自己大有噬脐莫及之恨！聊可自慰的是，而今从顾随大师的"门墙桃李"及诸位好女的事迹中，找到了差距，虽然为时过晚，但至少对于九泉之下的师长有所告慰，也在一定程度上对自己有生之年做人做事的目标、境界有所提升，所以衷心感谢顾随大师的遗教，感谢大师的门人和家人，为社会、为国人提供了一份弥足珍贵的精神财富；感谢此次会议的举办者，为弘扬顾门之优秀传统所作出的重要贡献！

顾随先生讲《论语》

顾农

《论语》可以有各种讲法,大众化的、学院派的、清谈式的、精英式的,只要有道理有好处,都可以。释迦牟尼大约同孔子一样一共也没有说过多少话,而发挥其教义哲理的《大藏经》则浩浩荡荡,至今也还颇有读者。

我因此想起先前读过的著名学者顾随先生(字羡季,1897—1960)的《〈论语〉六讲》——这原是他老先生20世纪40年代在北京辅仁大学课堂上讲的,我们自然无从听到,幸而有他的高足叶嘉莹女士整理出来的听课笔记,先后收入《顾随诗文丛论》(天津人民出版社1995年版)和《顾随全集》(河北教育出版社2000年版)——曾经大受启发,所以很愿意介绍给对于孔子及其思想有兴趣的人们。

这六讲具有很高的学术性,言必有据,且有深刻独到的分析。例如《泰伯》篇记录曾参的话说:"可以讬六尺之孤,可以寄百里之命,临大节而不可夺也。君子人与?君子人也。"这几句话看似好懂,其实需

顾随研究

要仔细研读。羡季先生解释说:

> "六尺之孤"——国君(幼);"百里之命"——国政。寄,犹讬也。"讬"与"托"很相近,自托曰托,讬人受讬曰讬。寄,暂存。……受外界压迫影响而变节曰"夺"。

然后他又引用南朝梁皇侃、北宋程颐(伊川先生)、南宋朱熹等几种不尽一致的解说加以说明。这三位的说法各有重点:皇侃强调为臣者能始终不变其节;程颐主要讲"节操";而朱注却道:"其才可以辅幼君,摄国政,其节即至于死生之际而不可夺,可谓君子矣。"诸说何以如此不同?哪种说法更好?看来还是朱熹讲得全面,积极的作为和消极的操守都讲到了。羡季先生认为,东晋的大臣如桓温、刘裕一旦北伐成功就跋扈起来或篡位上台,所以皇侃强调为臣之节;"朱子生于乱世,北宋之仇不能不报,而现在的局面又不能持久,故先言才。程子生于北宋,不理会此点,而且程子人太古板。伊川先生为侍讲,陪仁宗游园,仁宗折柳一枝,伊川责之。其实不折固然好,折也没关系,何伤乎?书呆子,不通人情,不可接近。北宋末洛、蜀之争,即程与东坡之争。东坡通点人情,看不起伊川。朱子乃洛派嫡传,而此点较程子积极,即因所生时代不同。"知人论世,讲得十分透彻。经典的诠释往往与时俱进,前后不会完全一样;今天来讲经典非有充分的准备不可,不掌握大量的文献并加以分析就不可能讲透。

据说现在有些学者讲古代的人物事件,每每以翻案出奇为卖点,甚至哗众取宠,信口开河。这恐怕是不大好的。讲谈当然不必像讲课那样严谨,但也不可豁边。

同那些完全身居象牙之塔的纯学者不同,顾随先生很关心社会,讲书时也偶有联系现实的地方,但都是顺便谈起,而且是从经典的原来意义出发的。这个办法比较好。一味六经注我,不如干脆讲当下的种种。

孔子说,君子的特点是"己欲立而立人,己欲达而达人"(《论语·

雍也》)。羡季先生解释这两句并发挥道,君子要做到两条:向内加强品格修养,向外成就一番事业。所以——

> 向内太多是病,但尚不失为束身自好之君子,可结果自好变成了"自了",这已经不成,虽尚有好处而没有向外的了——二减一,等于一。宋元明清诸儒学案便只有向内没有向外。宋理学家愈多,对辽、金愈没有办法,明亦然。只有向内没有向外是可怕的,而现在连向内也没有了——一减一等于零了。
>
> ……
> 现在是只会贪赃而不会办事——向内向外都没有。

对于当时完全腐败了的官场,先生完全失望了,于是在讲授儒家经典之际,顺便给予一个沉重的打击。

羡季先生学识渊博,最具通识,课堂艺术更是有口皆碑。他的经验至今值得总结和学习。

读《顾随论学精要》札记

——一名大二学生所感受到的学术大师之魅力

胡箫白

  在中国学术史上,往往一等学者天资所纵,领域广泛,然而精力所限,或于各别领域,开题立意而已。此种开题立意,因予后来者以众多法门,所以极得重视。至于二等学者,文献资料则竭泽而渔,题中之意则务穷以尽,从而区别于开创风气的大师,而为专家。无一等学者即大师,学术难以开拓;无二等学者即专家,学术难以坚实。

  本着这样的浅识,笔者平常喜翻大师的论著,以求开启愚蒙。近日获胡阿祥先生"关注顾随学术"的提示,找来《顾随论学精要》拜读,虽然匆匆之间,却每有品《论语》之警励、味《朱子语类》之启发的感觉。即以顾随学术之一端的词学言,与顾随同时的夏承焘、唐圭璋、龙榆生诸位大师,多为我辈学子所知;然而,超群轶伦的顾随词学,却淡出了我们的视线,其间缘由,或可深究?这且待之将来。本篇则以举例的方式,略记这几日粗读《顾随论学精要》的若干体会与感想,借以见顾

---

  * 胡箫白:南京大学文学院 2008 级本科生。

读《顾随论学精要》札记

随(以下敬称"苦水大师")学术对于我辈学子所具有的仿佛"芝麻开门"一般的特别冲击力。

一

《顾随论学精要》157页:"读辛老子词,且不可徒看他横冲直撞,野战八方。"160页:"读辛词,一味于豪放求之,固不是;若看作沉着痛快,似矣,仍未是也。"①

苦水大师有言:世人认为横扫六合、扫空万古者,大半皆其糟粕。所谓世人所认为豪迈者,大抵是《破阵子》(醉里挑灯看剑)、《水龙吟》(楚天千里清秋)之流,金声玉振,斩钉截铁,沉郁顿挫,长人意气。悉世人所熟知喜爱,皆了然于众人之胸,终日吟唱,此些词亦为辛老子赢得"身后"美名,冠以"豪放派"之宗。张炎《词源》将"豪放词"与"雅词"对举。沈义父《乐府指迷》称:"近世作词者不晓音律,乃故为豪放不羁之语,遂借东坡、稼轩诸贤自诿。"所谓豪放派之说,自南宋始有之,然近代硕学如邓广铭、顾随对两派说的质疑及后继学者的不断辩证,使得这种说法不再风行。细察该说之出现缘由,不难发现,豪放阔大与柔婉含蓄乃两种截然对立的风格,人们在众多词作中很容易看到巨大的风格差异。在宋代词坛上,这两种风格都有艺术成就突出的词人,故人们很容易提出这种说法。然而将宋词分为"豪放"与"婉约"两派,是把本身复杂的文学现象过于简单化了。

那么,苦水大师给二三学子带来者,究竟是何启发?比而论之,不论辛老子泉下有知作何想法,他已经被强行扒下"豪放之宗"的美衣。那么,我们是否可以再次挑战禁忌,去捋捋"婉约之宗"柳永的美髯?所谓不破不立,我们不妨振臂一呼,笑引红卫兵"打倒一切旧观念"的口号,对柳三变的宗师地位也来调侃一番。想宋之前,五代词已经深受晚唐诗的影响,追求秾丽典雅,语言精致。词,作为一种抒情诗,又

---

① 《顾随论学精要》一书是由顾之京依据叶嘉莹笔记整理的顾随先生课堂讲义,由天津人民出版社2007年9月出版,文中所引,皆以此版次为据。

是配合音乐可以歌唱的一种乐府诗,是作为诗的补充而产生的。苦水有云:"词出于诗,而其为体,纪事为劣,说理或可,亦难当行,苟非大匠,辄伤浅露。惟于抒情、写景二者曲折详尽,乃能言诗所不能言。"词产生伊始,便是供烟花女子所诵咏以助氛围之用。不论其独特的文体和表现形式或社会功用,都已经决定了词语言的精美细腻、抑扬顿挫和辗转腾挪。那么,柳永所继承者,可以说即是词的本来面目,根本不必将其提到某派某宗的神坛地位。事实上,三变对词的贡献也的确不在于此。首先,他为后人开拓了新路,采用了大量新曲调和长调词。其次,他创作诸如描绘都市繁华的词等新题材,其中潜藏了一种富有生命力的人生意识,又或是抒写羁旅行役之思的作品,常给人以沉重的苦闷。这些,才使柳永在词史上站稳了脚。而关于"婉约之宗"的说法,笔者愚见,以为只是后人推崇辛老子时,为其虚拟了一个对手而已,一如有南拳就必有北腿,有东邪就少不了西毒。

二

辛弃疾《鹊桥仙·赠鹭鸶》:"溪边白鹭,来吾告汝:溪里鱼儿堪数。主人怜汝汝怜鱼,要物我、欣然一处。　　白沙远浦,青泥别渚,剩有虾跳鳅舞。听君飞去饱时来,看头上、风吹一缕。"《顾随论学精要》179页:"词中有所谓俳体者,颇为学人诟病。苦水却不然。"

苦水大师认为,俳体纵然尖酸刻薄,科诨打趣,无理取闹,然而真正独抒性灵之作,亦是俳体,因其人情味独重故也。词之初兴,流于市井烟花之地,并不以正统文学自居,亦无取诗而代之的野心。"自白石、梦窗而后,一力趋于清真雅正,吾亦不识其所谓清新雅正,果到如何程度。要之学力日深,天机日浅。"可见,苦水大师对于这种词的正式化和板起面孔,不说不以为然,至少也是不看好的。由此论断,笔者联想到了诗词的通俗化之说。想先秦上古,诗歌是人们劳动的号子,口口相传,耳熟能详。一部《诗经》,就是一部先秦社会史。而后,似乎所谓的采诗制度消亡,抑或是由于社会上层的愚民政策得以奏效,归

读《顾随论学精要》札记

根结底,普罗大众的智慧结晶只局限在造人和漏税手段上,文学已和他们脱离了干系。这其中当然有诸多原因,笔者也只是胡诌一番,然而文学的精英化却的确是社会现实。苦水大师之语,微言大义,对俳体的赞赏,反对文学的板着面孔说事,欣喜于文学中久违的人情味,都可以引申为对"文学下放"的呐喊;再深入些,经世致用的说法便是普及社会教育,使文学,广而论之,使文化,脱离精英阶层的束缚,成为一种大众传播媒介。笔者不禁联想到近日自己亦担当了某网络文学征文大赛的评委,对严肃文学和网络文学的关系有了更加深切的思考。原以为网络文学乃糟粕之属,紧跟潮流亦步亦趋,并无多少价值可言;然而有了近距离接触之后,笔者看到了网络文学"传教士"一般的浮出。这点可以类比"百家讲坛",正统学人对其中大部分嗤之以鼻,贬其水平欠缺,信口开河,对正史随意戏谑和调侃,是对历史的不敬。然而,我们不禁要问,对于历史的推广,不用平民化的语言,不用讲故事的口吻,还有什么可行之道呢?考证文章固然严谨,溯古证今,旁引杂收,可谓滴水不漏,但其古奥的语言及其背后必备的文化积累,却拒大多数人于门外,受众欠丰。这样关起门来做研究的态度,我们不好随意予以褒贬,毕竟小平同志"以先富带动后富"的论断具有高度的概括性和适用范围,但文学精英化对于社会文化的普及,确是不利的。"百家讲坛"、网络文学一类,作为正统史学、学院文学冲锋陷阵的炮灰,虽然卑微,却也在尽着绵薄之力,而这种力量,有时真的能起到振奋士气的作用。回到苦水大师对于人情味的看重上来,文学本来就应是从群众中来,到群众中去的。若是一味地把文学束之高阁,给人望尘莫及之感,那么高处不胜寒,受创的很可能是文学本身。苦水大师微微沉吟,鼓励文学大帝多沾一些人间气息,偶尔对人间付之一笑,说不定换来的就是人间的顶礼膜拜,从而心向往之,身向往之。"历史是现实的镜子",偶尔照照,真的能看到脸上的污点和瑕疵。我们学史为文,终究还是要为现实服务的,那么找寻历史中的现实意义,对于二三学子来说,不仅是必要的,而且是迫切的。

三

《顾随论学精要》188页:"二三子得吾之说而读之者,宜先依词目,尽读其词,每一首,首宜速读,以遇其机,次则细读,以求其意,最末,掩卷思之,以会其神,必有好有不好,有解有不解,然概念既得,好者解者无论矣,若其不好者亦勿弃置,不解者更不必穿凿,然后取吾之说,仍先阅原词一过,略一沉吟,意若曰:彼苦水将奚以说耶?于是乃逐字逐句读吾之说,以相与印证焉。如是读者为得之。不然者,一得是编,流水看毕,是则不独辜负东坡,亦且辜负苦水,辜负学人自己矣。"198页:"文人学文,一如俗世积财,须是闲时置下忙时用,且不可等到三节来至,债主临门,方去热乱。所以鲁迅先生说:'不是说时无话,只是不说时不曾想。'"

苦水大师毕生育人无数,学究天人,桃李遍世。一如叶嘉莹、周汝昌、吴小如、郭预衡、欧阳中石,皆出其门下,专精学术,享誉盛名。然而相较于弟子之声名,苦水大师可谓低调许多。笔者所持工作底本《顾随论学精要》,即列于"隐藏的大家"丛书系列。笔者略略收集资料,遂颇认可大体属于同辈的王静安与苦水大师学术造诣不相上下之论,而对比王静安之为世人皆知,不得不感叹苦水大师长期以来乏人理解,其思想与学术,及至近年方才引起部分学人的注意。笔者不由想到,我辈学子常常苦闷于无文可写,谓前人研究殆尽,我辈无有空间可待发挥,现在看来,此真笑话笑话。想苦水大师离世尚不足一甲子,已近乎淡出人们的视野,那么中华数千年文化史,又有多少空白等着我们去填补,又有多少空间等着我们去开拓?念及于此,笔者不禁沾沾自喜,信心满满,低头窃笑,舍友呼之疯癫。

苦水大师学贯古今,教书育人的确自成一体。近日读书过程中,笔者即屡受苦水大师点拨。但逢"二三子"云云,俯首细看,抬头长思,收获良多。如上所引,即笔者以为极得循循善诱之道的二则。苦水大师娓娓道来,将整个读书应循过程铺陈于笔者面前,笔者不由掩面自

读《顾随论学精要》札记

惭,恨未早早"结识"苦水,白白浪费大学几近两年光阴。想先前读书,囫囵吞枣,盲人摸象,于读诗词更甚,往往草草瞥过,换页如飞,几朝几夕,读罢一本,随手一丢,觉得成竹在胸,又去寻访下个山头。如此一日接一日,一本接一本,仅仅满足于读过某集某论,数量优势实让自我感觉颇为良好。及至待到某日,真要说出个所以然来,忽然满脑空空,有仅能记起书名者,不免瞠目结舌,面成肝色。今得苦水大师点拨,乃知定心读书,必求甚解,反复思索,方为正道。或有自诘:"书海浩瀚,如何字字计较,句句把玩,必求甚解?"有树人先生助答曰:"不是说时无话,只是不说时不曾想";又有秦桧之语:"做官如读书,速则易终而少味。"实为一针见血。读书譬如俗世积财,脚踏实地,小本生意,聚沙成塔。万不可炒"读书"之股票,盈利虚高,自信满满,殊不知一着不慎,满盘皆输,只剩满眼泡沫,供人痛恨。苦水大师之语,温婉可循,句句在理,实为大家箴言,不得不依矣。

四

《顾随论学精要》144 页:"欧散文树立下宋散文基础,连小型笔记《稽古录》、《归田录》皆写得很好。后之写笔记者盖皆受其影响,比韩退之在唐更甚。此并非其诗文成就更大,乃因其官大。"

苦水大师之《宋诗略说》,形神聚散间,笔随心动,可得"意识流"之称焉,而初学者则读之不易,难以循其脉络。若本段前几句,笔者读之昏昏,及至最后一句,稍显清醒,付之一笑,笑苦水大师竟然调侃作古欧阳。待得掩卷而思,倏然想通之时,一如醍醐灌顶,对于二三学子,的确大有可以发掘之深意。"此并非其诗文成就更大,乃因其官大",这样一种观点,是否可以引申为社会阶层之高下,会关系到对其文学的评价? 笔者不知该题是否有人做过,纵然已有先贤研究透彻,笔者亦不免自喜于灵光乍现之洞察力。细细想来,专政时期,一代朝堂之上,必有一二人主管教育,或曰科举。在古代中国这样的人情社会,身处要位之人自然红遍大江南北,为数不少的士子学人们必定溜须拍马,谄媚逢迎。纵然要人们学术欠佳,亦会被有"追求"的年轻才俊捧上一捧。当然,这样的例子不会太多,但笔者以为必有些许根据。毫无文学修养的人不会舞文弄墨居于此位,而稍显风骚者,在士子们的不断吹捧下,自我感觉实该膨胀。受到大江南北人们之广为赞叹,其作品的真正质量既少人关心,人人皆出于私心或己欲对其大加赞美。由于古代中国为官做宰的终身制特性,当这些人年华老去之时,这代士人学子业已老旧。数量巨大的应景之作却长存至于后世,后世对前代的情况了解必然不深,只得依着前人的评价,存一分先见。殊不知前人多立违心之论,然而作古之人已不能破土翻案,这样便造成了一种恶性循环,笔者在此姑且将其称为"层累的文学",盖由顾颉刚前辈"层累的古史"之说发端而来。想中国文学史上下数千年,其复杂程度难以想象,社会阶层的分化对于文学之影响,是不是一个可以研究的对象呢?大师级学者之开题立意,往往功莫大焉,予后来者无限法门,此亦一例乎?

五

面对苦水大师这样的一等学者,笔者浅薄,并无对话的基础,而诸多的想法,或有难以行文者,又或有太过不成熟者。比如苦水大师为文,好用佛典,肆引禅语,常使笔者读来不得其解;佛禅与中国文学及文人的关系,确是一大重点领域,前人论述虽多,空白之处也必定不少,无奈笔者却毫无攀登之力。再如苦水大师之《稼轩词说》、《东坡词说》中,不乏比较,所谓"苏辛并称,苏之自在处,辛偶能到;辛之当行处,苏必不能到。知言哉,知言哉,稼轩性情、思致、才力,俱过人一等";"论词者每以苏辛并举,或尚无不可。且不得看作一路。如以写情论,刻意铭心,老坡实大逊稼轩。然辛之写景,往往芒角出"。如此等等,比比皆是,笔者虽无功底稍事发挥,然于苏、辛二家之词的况味,也增了一分理解与体会。又如苦水大师常有颠覆传统说法之语,世人皆谓《破阵子》豪放直率,大师偏说其悲戚苦痛,世人皆号陶公为千古隐逸诗人之宗,大师却极肯其为豪放之人,诸多的此类惊人之语,经过大师的一番论证,却也得理,或者,这便是做学问的乐趣所在吧!

相对于诸多的大师级学者,苦水大师说诗词说戏曲,谈佛谈禅,笔者感觉其纵横捭阖的气势、融会贯通的眼界、深刻独到的见解、语录感发的风格、直指灵魂的魅力,也许是顾随学术特立独行的标志、符号、象征;而这些,对于专业分得太细、视野因之狭隘、既与西方学术隔膜、又缺传统文化素养的当代大学文科学生,正是极具启发思维、指导学业乃至丰富人生之意义的方面。至于笔者这篇粗糙的读书札记,于学问本身肯定漏洞不少,而于对待学问的态度,则获得了诸多的真实与强烈的认识,比如不能总是因循旧说,对诗对文对人对物,该有自己的思考,该有自己的看法,学文之人,当有创作的体会,当求与古人唱和、与先贤对话的感觉,当知世论人、知人论学……

然则理解顾随学术,必先熟悉苦水大师;熟悉苦水大师,必先体察大师以及大师生前身后的那个时代;而那个时代,又是怎样的一个悲欢离合、稀奇古怪、跌宕起伏、风云剧变的时代哟!

[附注]

本文系南京大学"大学生创新训练计划"之"顾随学术的重新发现与文学理解的回归传统"(XY101028494)项目成果。

顾随先生诗学思想述要

刘 坤 姜剑云[*]

顾随先生是20世纪一位卓越的大师级的学者。先生多才博学，在诗词创作、杂剧创作、书法、佛学、文学研究诸多方面都有很深的造诣。他的诗词创作，"用白话表示新精神，却把旧诗体裁当利器"[①]。他把新的精神注入旧的体式中，用现代白话创作旧体诗词，表现新时代的风貌，意境远远超出了历代诗词的狭小范围。特别是词，先生用词来实时地表现社会，又开拓了词境。顾先生还是一位杂剧作家，叶嘉莹先生曾作了精彩论述："我以为先生之最大的成就是使得中国旧传统之旧剧曲在内容方面有了一个崭新的突破，那就是使剧曲在搬演、娱人的表面性能以外，平添了一种引人思索的哲理之象喻的意味。"[②]

---

[*] 刘坤：河北大学文学院2008级中国古代文学专业硕士研究生。姜剑云：河北大学工商学院教授，主要从事中国古代文学研究。
[①] 顾随：《书信·致卢季韶》，见《顾随全集》第4卷，河北教育出版社，2000年，第7页。
[②] 叶嘉莹：《纪念我的老师清河顾随羡季先生》，见《顾随全集》第4卷，河北教育出版社，2000年，第671～672页。

顾随先生诗学思想述要

他的剧作"目的并不在于搬演一个故事,而是要借用搬演故事之剧曲,来表达出对于人生之某种理念或思想"[①]。顾先生的字师法多家又加入自己风格而独为一体。先生于佛学颇有研究,特别是其中最难讲清的禅学。他曾为张中行先生主编的《世间解》撰稿,一年下来,写了十二篇,后辑为《揣籥录》。他用如椽大笔,以谈话的形式把禅学中难明之理,难见之境说得明白透彻。读了《揣籥录》,一桩桩禅宗公案,一个个性格鲜明的和尚,如在耳边,如在眼前。于文学研究方面,就更加显示出先生的大师风范。他往往有自己的独到见解,即使是为人们所熟知的大诗人,也有着不同常论,富于启发性的观点。比如,关于曹操、曹丕、曹植父子,历来的看法是曹植的文学成就最高,而先生却独具慧眼,指出"曹氏父子,在诗,子桓、子建均不及武帝;在文,武帝、子建均不及子桓"[②],把曹丕称为"中国文学批评与散文之开山大师"[③]。先生评价一个诗人、作家常常把他放在"史"的大背景之中,把他与历史上、同时代的相关诗人作比较,上下贯通,旁征博引,在多层次、多侧面的比较中阐明一个诗人的独特之处。他称曹操、陶渊明、杜甫,"曹,英雄中诗人;杜,诗人中英雄;陶,诗人中哲人"[④]。得益于先生深厚的佛学造诣,他讲诗词创作、文学研究时,往往用一种形象生动又极有韵味的语言,把繁复的道理说得那么畅快淋漓,"禅机说到无言处,空里游丝百尺长",让听者、读者在不尽余味中体会文学的奥妙。讲中国古典文学,又往往涉及外国文学、戏剧等方面,融会贯通,博而不杂,真可称为一个全才、通才。先生一生辛勤耕耘,教书育人的同时还不懈创作,现已出版的著作主要有上海古籍出版社于1986年出版的《顾随文集》,河北教育出版社于2000年出版的《顾随全集》四卷,中国人民大学出

---

① 叶嘉莹:《纪念我的老师清河顾随羡季先生》,见《顾随全集》第4卷,河北教育出版社,2000年,第674页。
② 顾随:《驼庵文话》,见《顾随全集》第3卷,河北教育出版社,2000年,第336页。
③ 顾随:《驼庵文话》,见《顾随全集》第3卷,河北教育出版社,2000年,第336页。
④ 顾随:《顾随诗词讲记》,中国人民大学出版社,2006年,第8页。

顾随研究

版社于2006年出版的《顾随诗词讲记》,广西人民出版社于2005年出版的《顾随说禅》,北京大学出版社于2008年出版的《诗书生活 顾随随笔》,虽然不算多,但堪称厚重,足供后人研读敬仰。他的著作初读起来觉得较为浅易,不似其他人的作品般艰涩,而深味之后,又有醍醐灌顶之感,仿佛先生拨去层云,让我们得见月之明朗。晚辈不敢窥见先生门墙,而有志于学,读过著作后,收获颇多,想试着从"为人生而艺术"、"诗心说"、"情感论"三个方面来解读先生的诗学思想。

一、为人生而艺术

顾随先生主张"文学是人生的反映,吾人乃为人生而艺术"①,认为仅仅为艺术而艺术,力量就薄弱。"要在诗中表现生的色彩"②,"生"有两层意思,一为生命,一为生活。

首先,先生讲的"为人生而艺术"是指作品要表现作者的生命色彩,认为成功的作品中必有作者的生命精神蕴含其中。他又强调诗人要超越小我,表现大我,为各民族全人类说话。批评诗歌少伟大作品是因为小我色彩过重,只知有己不知有人。他指出诗人应通过两个途径实现自我扩大,一是对广大人世的关怀,以杜甫"花近高楼伤客心,万方多难此登临"为代表;一是融入大自然,以陶渊明"采菊东篱下,悠然见南山"为代表。

其次,为人生而艺术还要求作品要全面真实地反映社会生活,使作品中生活的色彩浓厚。反映社会生活要求诗人切实地深入体验社会生活。"人在社会上要不踩泥、不吃苦、不流汗,不成。此种诗人即使不讨厌也是豆芽菜诗人。粪土中生长的才能开花结子,否则是空虚而已。在水里长出来的漂漂亮亮的豆芽菜,没前程。"③还要求诗人把

---

① 顾随:《顾随诗词讲记》,中国人民大学出版社,2006年,第3页。
② 顾随:《驼庵诗话》,见《顾随全集》第3卷,河北教育出版社,2000年,第38页。
③ 顾随:《驼庵诗话》,见《顾随全集》第3卷,河北教育出版社,2000年,第22页。

世法融入诗法,"一切世法皆是诗法"。①世界上的困苦、艰难、丑陋,甚至卑污,都是诗。诗人不能摒弃世法,专写所谓"雅"的饮酒赏花,吟风弄月。要使作品中"生的色彩"浓厚,除了深入生活,顾先生还提出三个条件:要有"生的享乐"、"生的憎恨"、"生的欣赏"。②第一要有"生的享乐",是享受生命之趣,在人生中有所作为,不虚度年华。这样的人生才有活力,心才专一。陶渊明乐天知命,农事虽苦而乐此不疲,"种豆南山下,草盛豆苗稀,晨兴理荒秽,带月荷锄归。道狭草木长,夕露沾我衣。衣沾不足惜,但使愿无违。"他又是积极向上的,有儒家的建功立业的情怀,"先师遗训,余岂云坠!四十无闻,斯不足畏。脂我名车,策我名骥;千里虽遥,孰敢不至!"杜甫也有"生的享乐",他的《春夜喜雨》,写春雨应时而降后自己的欣喜之情。《闻官军收河南河北》把听到官军收复失地,安史之乱宣告平息这一天大喜讯时的狂喜之情表现得淋漓尽致。他也有自己的人生理想就是"致君尧舜上,再使风俗淳。"从这两位大诗人身上我们也可以看出诗人要有"生的享乐"。没有生之乐趣,生活成为一种负担,就没有文学存在。第二要有"生之憎恨"。这在杜诗中是显而易见的:杜甫对唐代,特别是安史之乱中的社会是有看法的。"边庭流血成海水,武皇开边意未已"是对朝廷穷兵黩武的不满;《哀江头》指出国家的败亡是统治阶层骄奢荒淫的恶果;甚至对于当朝皇帝,他也要议论一下,"唐尧真自圣,野老复何知!"惟其有不满才能有创造,越有生的享乐,憎恨就越大,生的色彩也越强。没感觉,什么都无谓的人怎么能创作呢!第三要有"生的欣赏"。人生的战场上,要七进七出,"天下没有写不成诗的,只在一出一入,看你能出不能,能入不能。不入,写不深刻;不出,写不出来"③。诗人于生活,要深入进去,才有感触,还要能跳出来,以欣赏的眼光,作壁上观,

---

① 顾随:《顾随诗词讲记》,中国人民大学出版社,2006年,第21页。
② 顾随:《顾随诗词讲记》,中国人民大学出版社,2006年,第37页。
③ 顾随:《顾随诗词讲记》,中国人民大学出版社,2006年,第143页。

才能写成好的作品。有时候,人们在生活中遇到一件事,心灵受到极大的震撼,产生一种非常强烈的感情,不得不发泄出来,但此时写出来不一定是好诗。鲁迅先生曾说:"我以为情感正烈的时候,不宜作诗,否则锋铓太露,能将'诗美'杀掉。"德国大诗人席勒也说:"只有表现激情的艺术,没有沉湎于激情的艺术。"该跳出来还是要跳出来。杜甫"朱门酒肉臭,路有冻死骨"一句诗揭露现实固然深刻,但不免失于叫嚣,大概是不能跳出来的缘故。杜甫尚如此,何况别人呢?所以,诗人之于生活要能入又能出。

我们认为,文学与社会生活是一种双向互动的关系。社会生活构成了文学的来源,反过来,文学又以一种特殊的方式呈现社会生活。文学产生的过程就是作家主体与生活客体相互融合、转化的过程,是主体对象化和对象主体化同时进行的过程,其结果就是在文学中呈现出一个不同于客观实在又独立于主观世界之外的审美化的世界。在这一过程中,诗人、作家要对世界进行真实全面的反映,对生活不能回避的真实存在要给予如实的呈现。真实面对人生,不遮蔽恶俗丑陋,才能发现人性中最不平凡、最具光彩的本质。大诗人、大作家由于对真实的无条件的尊重,使生活中的恶俗成为审美对象,并具有了超凡脱俗的神圣性。审美对象的"美"不仅仅指表象美的客观实物,也包括加工过的丑陋。这就涉及"雅"与"俗","审美"还是"审丑"的问题。雅俗之辨,由来已久。有的人以为风花雪月、青山绿水是美,这是以美为美,原无可厚非。但是在我国古代,甚至有一种说法是生活有"七雅七俗",琴棋书画诗酒花,是为"七雅";柴米油盐酱醋茶,是为"七俗"。历代文人都以美为美,都去写饮酒赏花吟风弄月,写到后来,屋上架屋,毫无真诚可言。有的人又专意写一些恶俗之事,使诗成为恶的展览,也不成其为诗。我们认为一部作品的美与丑,不取决于它所描写的对象作用于我们的感官上的感觉,而在于这部作品以其所表现与再现的一切在我们内心体验中产生的精神反应。写"美"的作品不一定美,写

"丑"的作品有时反倒有神韵。这是因为诗人、作家在丑陋中加入趣味,使丑陋化为艺术美。所以,诗人应深入生活,尊重生活,不避恶俗,真实全面地反映生活。

文学作品一定是诗人、作家接触了生活,有了感触,然后创作出来的。所以,社会生活的历练是非常重要的。但不是社会生活经验丰富了就可以创作出好的作品。街头流浪汉的生活一定比杜甫更苦,他应该见过更多的人,看过更多的世态炎凉,但他没有写出杜诗那样的作品来。可见,文学创作除了要有社会生活的积累,还有另一个方面的因素,就是作家的主体条件。这就是顾先生提出的"诗心说"。

二、"诗心"说

先生提出"诗人尚应有'诗心'"①。"诗心二字含义甚宽,如科学家之谓宇宙,佛家之谓道。"②归结一处,诗心要求"诚"。"诚有二义,一者无伪,一者专一。"③"无伪"指诗是感发,是不得已且发自内心,在作者是行所不得不行,止所不得不止,像饥饿的人渴望吃食,口渴的人想要喝水。写诗不能刻意为意,应景之作不易写出高水平。许多作品,诗人不知道要写什么,只是本着自己内心,随意地表达自己的感受,而写出来却自然地成为好诗。他评价"雨中山果落,灯下草虫鸣"(王维《秋夜独坐》)"岂止无是非,甚至无美丑,而纯是诗"④,"微云淡河汉,疏雨滴梧桐"(孟浩然残句)"说得美虽无意义亦为好诗"⑤。

"无伪"还要求诗人创作要写自己的真实感受,描写一景一物不能从前人作品中求意象、辞句,应写自己亲眼见到的事物,自己从现实中得出意象:

---

① 顾随:《顾随诗词讲记》,中国人民大学出版社,2006年,第8页。
② 顾随:《顾随诗词讲记》,中国人民大学出版社,2006年,第8页。
③ 顾随:《关于诗》,见《顾随全集》第2卷,河北教育出版社,2000年,第109页。
④ 顾随:《顾随诗词讲记》,中国人民大学出版社,2006年,第40页。
⑤ 顾随:《顾随诗词讲记》,中国人民大学出版社,2006年,第16页。

顾随研究

> 我们能写诗因为是读书人,而写不好亦因是读书人。因一写时古人的字句先到脑中来了。江文通写《别赋》脑中泛出的真是"春草碧色,春水绿波",我们写离别泛出的是《别赋》中的四句。
>
> 古人画山水,脑中泛出的是真山真水,吾人画山水,泛出的是古人的画。写诗亦然。弄好是再现,弄坏了连再现都够不上,只是把古人文字重新排列。古人是本号自造,吾人是假冒。弄好是假古董,弄不好连假古董都够不上。近代作家之诗已无生气盖即此故。①

确是如此。文人创作应该以诚为本,真诚地表达自己的感受,如实描绘自己眼中的世界。写景抒情应是自己面目,不能以写集句诗为业。

诚字尚有专一之意。我们认为顾先生说的"专一"就是诗人在生活中要长期保有一颗单纯的心。无论什么样的生活境况,无论外面的世界多么精彩多么嘈杂,诗人的诗心要不为所动。要想成就一番大事业,心不定不行。《论语》所谓"造次必于是,颠沛必于是"就有此意。用心要专注,专注到一定程度,心里再没有余地容纳其他纷纷扰扰,这样方能集中精神,使出全力。许多好诗都是诗人对一个问题进行长期思索,苦苦追求后得来的。大致是先有一种思想、感情萦绕诗人心中,久久徘徊,挥之不去,然后有一天诗人得到外界触动,把这种情绪表达出来成为诗。

"有诗心亦有两个条件,一要恬静,一要宽裕。"② 宽裕然后能容。诗心能容,境界就高,材料丰富,内容就充实。试以顾随先生最推崇的杜甫为例来谈。杜甫之所以能"集大成"就在于他有博大的胸襟,能容纳各方面的长处。他不鄙薄哪一种诗体,所以五古、七古、律诗、绝句哪一体都有好作品;他不区分所谓雅俗,所以他的诗歌内容丰富多彩;他不像初唐陈子昂等人那样认为诗歌"建安以来,绮丽不足珍",所以

---

① 顾随:《顾随诗词讲记》,中国人民大学出版社,2006年,第18页。
② 顾随:《顾随诗词讲记》,中国人民大学出版社,2006年,第8页。

他能充分吸收前人的长处而独成一家。恬静然后能观。流水不能照影,必须是静的水才行。顾先生说:"做诗人是苦行,一起感情需紧张(诗感),又须低落沉静下去,停在一点,然后再起来,才能发而为诗。诗感是诗的种子、佳种,沉落下去是酝酿时期,然后才有表现。"①英国诗人华兹华斯也说:"诗起于沉静中回味得来的情绪。"必须是热闹过去以后,经过冷静的思考酝酿,才能写出好的作品。太热烈会破坏文学的美,就像米发酵后才能成为醇酒,情绪要有沉淀加工,才能呈现一种调和的美。

诗人要有一颗真诚、纯净、寂寞、无功利的诗心,这样才能在生活中欣赏美,发现诗,而不至于熟视无睹,才能创作出好的作品。诗心又不只是创作必备的,在文学鉴赏中也必不可少。"人可以不作诗,但不能没有诗心。"②要很好地进行文学鉴赏,就必须有诗心。我们常说文学描写要使人如亲眼看见,这种看见是用诗眼看见,因为文学真实不同于生活的真实。我们读蒲松龄的《聊斋志异》就要看出来作者要说的是现实社会的异化,而不是单纯地讲一些离奇荒诞的故事。即使是单纯的抒情写景之文,也要用诗心去体会它们的无尽韵味。

创作者靠着一颗诗心,以心转物,创作出作品。鉴赏者又靠一颗诗心,把作品转化入心,完成一个轮回,实现文学的社会功能。

文学作品除了再现现实,还有表现感情的一面。所以顾随先生还提出了他关于诗歌中情感问题的看法,可以归结为"情感论"。

三、情感论

顾随先生提倡在诗中表达自己的真情实感,忠于内心,用"情"催动感觉、思想成其为诗。同时又要求"情"要有节制,"乐而不淫,哀而不伤"不失中庸之美。

他指出,文学作品"以情为主,以觉、思为辅,皆要经过情的渗透、

---

① 顾随:《驼庵诗话》,见《顾随全集》第3卷,河北教育出版社,2000年,第34页。
② 顾随:《驼庵诗话》,见《顾随全集》第3卷,河北教育出版社,2000年,第14页。

过滤。"①下面我们分开论述觉、思、情。

觉,即人对世界的感知。文人要先接触社会,有了感动,才能发而为诗。在三者中,觉是最先发生的,是基础,必有觉,才能有情思,感觉真才有思想感情的真。诗人都是敏感的,极易受到外界的影响。人们常说"诗人是天生的",大概就是指诗人具有一种与生俱来的素质——感觉敏锐,多愁善感。这些是天生的,是后天学养不可能得到的。如果像黑旋风李逵一般鲁莽豪放,即使天塌下来,也不可能写出诗来。

思,即思想,是从生活中得来的智慧以及人对生活所取的态度。思想深度决定了作品的水平。顾先生说:"诗三百篇、十九首、魏武帝、陶渊明、杜工部,古往今来只此数人为真诗人。"②而后世作品贫弱就是因为思想的贫弱。"欣赏别人的痛苦是变态、残忍。有一种是白痴,毫无心肝。文学上变态固然可怕,但白痴更可怕。这种人便毫无心肝,不要说思想,根本便没感觉。"③曹操、杜甫之所以伟大,盖因他们诗中有崇高的思想:悲天悯人,以天下为己任。

情,是指作者的真情实感,是诗歌的第一要素。"诗中最要紧的是情,直觉直感的情,无委屈相。一切有情,若无情便无诗了。"④顾先生说的情是指由衷的、没有掩饰的真性情。他欣赏敢于表达自己真情的诗人。他说陆游:"放翁虽非大诗人,而确是真实诗人。先不论其思想感染,即其感情便已够上真的诗人,忠实于自己的感情。"⑤作品中没有感情的贯注,虽格律形式似诗,也不是诗。历史上,能流传千古而没有泯灭于时间长河的伟大作品一定有着作者的真情实感,并且这种感情有着普遍的意义,能于千百年后拨动读者心弦。

"人有感觉思想必加以感情的催动,又有成熟的技术,然后写为

---

① 顾随:《顾随诗词讲记》,中国人民大学出版社,2006年,第27页。
② 顾随:《顾随诗词讲记》,中国人民大学出版社,2006年,第13页。
③ 顾随:《驼庵诗话》,见《顾随全集》第3卷,河北教育出版社,2000年,第28页。
④ 顾随:《顾随诗词讲记》,中国人民大学出版社,2006年,第26页。
⑤ 顾随:《顾随诗词讲记》,中国人民大学出版社,2006年,第111页。

诗。"①仅有感觉没有思想,作品难免流于肤浅。有思想而不经过感情的渗透,思想只是凝固的格言。故文学以情为主,以觉、思为辅。

先生于诗是主情论者,但也看到诗中情感要有节制。他说,诗中之情犹如河中之水。河中有水才能行船、润物,但是河水泛滥又可翻船害物。他评价李商隐《蝉》中"五更疏欲断,一树碧无情","下句真好,是感情的节制,诗之中庸"②。

顾随先生的情感论是对我国古典文论的继承。古代文论家历来重视文艺中情感的作用。"诗言志"就与情感论有关,到了魏晋南北朝,文学进入自觉时代,对文艺的情感特色更加重视,陆机《文赋》说:"诗缘情而绮靡";刘勰《文心雕龙》说:"情者文之经";《周书·王褒庾信传论》说:"文章之作,本乎情性",他们都把情感看做文学的根本。诗人的感情强烈丰富,没有感情就没有创作。许多作品都是饱含作者爱憎、蘸着血泪写成的。史上更有"诗穷而后工"之说。曹植生活中是不如意的,但这对于其创作来说又是幸运的。王羲之把自己的失意写到了字里。八大山人别的方面都失败了,独绘画得到极大成功。大致是因为在穷困处境中,作者感情真挚,容易产生优秀作品。但是"文章尤忌数悲哀",文学中的感情又要经过理智的节制,不能感情泛滥不可收拾,过犹不及。陶渊明的诗中有丰富的感情,但经过理智的节制,呈现一种平和自然的风致。

我们主张的文学反映论认为,文学是对社会的能动反映,是主体表现与客体再现的统一。作品中表现的是生活在客体世界中的主体,他的抒情、感慨都来自于外在的世界。而再现于作品的客体世界又一定是主体熟悉的、有感触的世界,经过了主体精神投射、主体化了的客体。"我见青山多妩媚,料青山见我,应如是"即是此意。所以,生活是文学的唯一源泉。诗人要创作必须深入生活,走上街头。生活是第一性的,文学是生活的反映,脱离了生活,文学就成为无本之木、无源之水,再有技巧,

---

① 顾随:《顾随诗词讲记》,中国人民大学出版社,2006年,第27页。
② 顾随:《驼庵诗话》,见《顾随全集》,河北教育出版社,2000年,第29页。

也写不出作品。有了客体对主体的触动才有文学的产生,因此,文学中必定包含着作者的情感。这种情感的产生与表现又与主体的理智紧密联系。诗人们思想执著,所以感情丰富。感情要表现出来,又必须经过理智的控制,一味地呼号不是诗。艺术中表现的感情,要经过理智的过滤,摆脱原来的偏狭状态,超越一己之私情,带有相当的普遍性。这就是文学与世界、文学与主体的错综关系。顾先生的文学思想立足于"为人生",提倡创作者要用一颗纯真的"诗心"去感受世界,深入地体验生活,然后遵从内心把自己的真情实感表达出来,又有所节制,呈现中和之美;要求作品中有深厚的思想底蕴,不能流于无思想无感觉的文字堆砌。这与我们所说的"文学反映论"是一致的。

顾随先生的诗学思想散见于其论著中,并没有作为一个整体提出来,但他的诗学观点继承了中国古典文学的精华,又吸收了佛学、外来文化的有益之处,为我们进行古典文学研究的继往开来树立了光辉的榜样。他是一个文学研究家,又是一个诗人、词人,了解他的诗学思想有助于我们深入研究他的学术、诗词创作。所以,对顾随先生的诗学思想进行这样一些梳理工作还是必要的。

学杜之锤炼 发杜之阳刚

——顾随先生论韩愈学杜甫诗

张弘韬

杜甫作为中国历史上最伟大的诗人之一,集众家之长而又开启后代诗风。宋代秦观云:"杜子美之于诗,实积众家之长,适当其时而已。昔苏武、李陵之诗,长于高妙;曹植、刘公幹之诗,长于豪逸;陶潜、阮籍之诗,长于冲澹;谢灵运、鲍照之诗,长于峻洁;徐陵、庾信之诗,长于藻丽。于是杜子美者,穷高妙之格,极豪逸之气,包冲澹之趣,兼峻洁之姿,备藻丽之态,而诸家之作所不及焉。然不集诸家之长,杜氏亦不能独至于斯也。岂非适当其时故耶。孟子曰:'伯夷,圣之清者也;伊尹,圣之任者也;柳下惠,圣之和者也;孔子,圣之时者也。孔子之谓集大成。'呜呼,杜氏、韩氏,亦集诗文之大成者欤!"[①]韩愈虽是古文大家,但

---

* 张弘韬:河北大学文学院硕士研究生,从事古代文学专业研究。
① 周义敢、程自信、周雷编注:《秦观集编年校注》卷二十一《韩愈论》,人民文学出版社,2001年,第479~480页。

顾随研究

他的诗奇崛生新,雄豪益气,学杜而独树一帜。故清赵翼指出:"韩昌黎生平所心摹力追者,惟李、杜二公……至昌黎时,李、杜已在前,纵极力变化,终不能再辟一径。惟少陵奇险处,尚有可推扩,故一眼觑定,欲从此辟山开道,自成一家。此昌黎注意所在也。"① 顾随先生亦指出,杜甫《旅夜书怀》诗与韩愈《山石》诗可分别代表二人:"'星垂'句可以代表老杜,如'山石荦确'之可以代表退之。"② 本文将就这两首诗分析韩愈对杜诗锤炼与阳刚的学习。

刘勰《文心雕龙》所谓:"捶字坚而难移,结响凝而不滞。"③ 顾随先生曾说:"中国诗只老杜可当此二句。走此路成功者唐之韩退之,宋之王安石、黄山谷及江西诗派诸大诗人。而自韩而下,皆能作到上句,不能做到下句。"④ 如杜甫《旅夜书怀》:

细草微风岸,危樯独夜舟。星垂平野阔,月涌大江流。名岂文章著,官应老病休。飘飘何所似,天地一沙鸥。⑤

全诗上半首写旅途夜泊之江景,后半首抒发了壮志难酬的悲愤之情,格律严整,结构井然。首联"细草微风岸,危樯独夜舟"以两个无动词的谓语句写江岸近景,虽无动词却写动景。颔联"星垂平野阔,月涌大江流"写星月大江之远景。与李白《渡荆门送别》的"山随平野尽,江入大荒流"⑥ 二句,有异曲同工之妙,且有新创。一"涌"字,形象活泼,又有鲜明的立体感,令人耳目心神为之摇撼。杜诗此联,远近大小对

---

① 赵翼《瓯北诗话》卷三《韩昌黎诗》,人民文学出版社,1963年,第28页。
② 顾随讲授,叶嘉莹笔记,顾之京整理:《韩愈诗之修辞——〈驼庵讲坛录〉之一节》,《周口师范学院学报》,2008年第3期。
③ 《文心雕龙》卷六《风骨第二十八》。(南朝梁)刘勰著,詹锳义证:《文心雕龙义证》中册,上海古籍出版社,1989年,第1054页,下同。
④ 《韩愈诗之修辞——〈驼庵讲坛录〉之一节》。
⑤ (唐)杜甫著,(清)仇兆鳌注:《杜诗详注》卷14,中华书局,1979年,第1228~1229页。
⑥ (清)王琦注:《李太白全集》卷15,中华书局,1977年,第739页。

学杜之锤炼 发杜之阳刚

比,更显出旅夜的孤凄。颈联"名岂文章著,官应老病休",名虽著,官却休,虽称"应休",实为不应。故沈德潜云:"胸怀经济,故云名岂以文章而著;官以论事罢,而云老病应休,立言之妙如此。"①安史乱后,国家倾危,杜甫携家颠沛流徙,加之老病,一家人衣食无着,真乃凄凉之甚矣!尾联"飘飘何所似,天地一沙鸥",以一天地间孤独的沙鸥表现孤苦无依的凄境,读之如陈子昂《登幽州台歌》"念天地之悠悠,独怆然而涕下"。②"飘飘"二叠字极富象征意义。诗人熟通《文选》,转益多师,一生学问,岂以文章逐名,悲老病而报国无门,辄起又跌,虽歌实泣,情极悱恻,悲不成声。结联虽收实纵,从表面上看,上联语义已尽,又似上下无涉,细审深究,递进一层,以笔扫天地之力放开,以无边无际的凄凉悲慨之情,收在一老病孤独的诗人身上。老病之身何所似,荒凉凄苦天涯海角一漂泊之沙鸥也。沙鸥与一般鸟不同,它富于人情味。沙鸥与人为友,善良多情,而今被欺被弃而孤落天涯,更加一倍凄凉。以天地间一孤飞沙鸥自喻,写出了漂泊不定、终无归宿的悲情。故金圣叹曰:"夫天地大矣,一沙鸥何所当于其间。乃言一沙鸥而必带言天地者,天地自不以沙鸥为意,沙鸥自无日不以天地为意。"③这种欲收能放,放而又收,放得开收得住,真有一拳打死活虎,挥手能把死虎救活的本领,只有杜甫能做得到。陈贻焮先生也说:"置一沙鸥于天地之间,则愈见天地的无垠和用以自况的沙鸥的微渺……老杜好用'天地'、'乾坤'等大字眼,又常以鸥自况,多嫌空泛,独此有实感。"④确是的论,杜诗常以鸥自比,他说"世事已黄发,残生随白鸥",将今后的归路比作白鸥之飘飞之途一般不可预期,同样抒发了茫然无依的悲慨。

  细看此诗字字推敲,句句斟酌,确可当得"锤炼"二字,正如顾随先

---

① (清)沈德潜选注:《唐诗别裁》卷10《五言律诗·杜甫》,上海古籍出版社,1979年,第355页。
② 徐鹏校点:《陈子昂集》,中华书局,1960年,第232页。
③ (清)金圣叹著,钟来因整理:《杜诗解》卷三《旅夜书怀》,上海古籍出版社,1984年,第159页。
④ 陈贻焮:《杜甫评传》,北京大学出版社,2003年,第858页。

生所说:"老杜有'星垂平野阔,月涌大江流',若易'垂'为'明','阔'为'静'则糟了。'明'、'静',阴柔、幽美,'垂'、'阔'壮美。余不太喜欢自然,而喜欢人事,对陶诗'采菊东篱'非极喜欢,而老杜之二句好,以其中有人,气象大,'星垂'句尤佳。'星垂'句可以代表老杜,如'山石荦确'之可以代表退之。"①微风吹拂的细草,孤停的夜舟,辽阔的平野,浩瀚的大江,灿烂的星月,飘飞的沙鸥,衬托出诗人晚年漂泊的孤苦形象和凄怆心情。着"垂"、"涌"二动词把死景写活,用得极好,不经意间显出杜诗的锤炼之功,可谓自然天成,虽匠心殊运,却不露斧凿。韩愈亦然,"荦确"二字,看似拙笨,实则用以形容山石不但恰切,也最能突出韩公性格,可谓学杜不露痕迹,而得杜之神髓者也。

钟嵘《诗品序》云:"气之动物,物之感人,故摇荡性情,形诸舞咏。"②刘勰《文心雕龙·明诗篇》也说:"人禀七情,应物斯感,感物吟志,莫非自然。"③杜甫这首《旅夜书怀》,正是他有感于旅途孤凄的夜景而发出的自然之叹,故字字不显锤炼而有锤炼之功。瑞士诗人阿米尔说:"一片自然风景就是一种心情。"④《旅夜书怀》一诗正体现了杜甫暮年报国无门、旅途漂泊的悲情与诗的个性。王夫之《薑斋诗话》曰:"情景虽有在心在物之分,而景生情,情生景,哀乐之触,荣悴之迎,互藏其宅。"⑤情景互藏其宅,即寓情于景和寓景于情。前者写宜于表达诗人所要抒发之情的景物,使情藏于景中;后者不是抽象地写情,而是在写情中藏有景物。杜甫的这首《旅夜书怀》诗,就是古典诗歌中情景相生、互藏其宅的一个范例。所以纪昀评之曰:"通首神完气足,气象万千,可当雄浑之品。"⑥

---

① 《韩愈诗之修辞——〈驼庵讲坛录〉之一节》。
② (梁)钟嵘著,陈廷杰注:《诗品注》,人民文学出版社,1961年,第1页。
③ 《文心雕龙》卷二《明诗第六》,《文心雕龙义证》上册,第173页。
④ 朱光潜:《诗论》第三章,生活·读书·新知三联书店,1984年,第56页。
⑤ 《薑斋诗话笺注》卷一《诗译》一六,人民文学出版社,1981年,第33页。
⑥ (元)方回选评,李庆甲集评校点:《瀛奎律髓汇评》卷十五,上海古籍出版社,1986年,第534页。

学杜之锤炼　发杜之阳刚

长安十年的困守蹉跎、对黑暗政治的了解使杜甫从一位"裘马颇清狂"①、对未来充满美好憧憬、对自己充满信心的青年成长为一位忧国忧民的诗人;安史之乱使国家失去了和平与安定,大唐社会从此陷入动荡不安,使杜甫失去了家园,离别了亲人。正是安史之乱,给杜甫的思想造成了巨大的冲击,成就了杜诗深刻的思想性。结合唐朝政治与杜甫思想的转变,我们就能更好地理解为何在江边舟中的夜宿竟能使诗人产生如斯的悲慨。安史之乱后,杜甫辗转流离,报国无门,有家难回,很多诗篇都反映了这种孤苦无奈。他说:"故国见何日,高秋心苦悲。"②又说:"始欲投三峡,何由见两京。"③虽然他在蜀中曾有过一段相对较为安定的生活,但对家园的思恋使他毅然出峡东归。故陈贻焮先生说:"老杜于此时此境,就难免有身世之悲、飘零之叹了。"④正是心中不尽的苦悲使杜甫在漂泊的途中写下了这首千古绝唱。

韩愈尊杜、学杜,而有新创。且看他的《山石》诗的锤炼:

> 山石荦确行径微,黄昏到寺蝙蝠飞。升堂坐阶新雨足,芭蕉叶大栀子肥。僧言古壁佛画好,以火来照所见稀。铺床拂席置羹饭,疏粝亦足饱我饥。夜深静卧百虫绝,清月出岭光入扉。天明独去无道路,出入高下穷烟霏。山红涧碧纷烂漫,时见松枥皆十围。当流赤足踏涧石,水声激激风吹衣。人生如此自可乐,岂必局束为人鞿。嗟哉吾党二三子,安得至老不更归!⑤

这首诗虽题为"山石",但写山石的只有"山石荦确行径微"一句,诗虽仅二十句,却是一篇完整的游记,故被人称之为游记诗的名篇。虽是诗,却是赋的写法。此法杜诗为长,而韩诗继之。诗虽用了赋的

---

① 《杜诗详注》卷16《壮游》,第1441页
② 《杜诗详注》卷12《薄暮》,第1036页。
③ 《杜诗详注》卷11《悲秋》,第931页。
④ 陈贻焮:《杜甫评传》,北京大学出版社,2003年,第858页。
⑤ 《韩昌黎全集》卷三,世界书局,1935年12月初版,第46~47页。

写法,却丝毫无铺张累赘之感。方东树评曰:"只是一篇游记,而叙写简妙,犹是古文手笔。"还说:"不事雕琢,自见精彩,真大家手笔。"①刘熙载亦云:"昌黎诗陈言务去,故有倚天拔地之意。《山石》一作,辞奇意幽。"②诗的修辞与锤炼使韩愈此诗独得高致。

开篇"山石荦确"四字展现了怪石嶙峋,"蝙蝠飞"三字展现了古寺晚景。首二句就点明时间与地点,是黄昏时分到达了山间古寺。三四句紧接着点明环境气象,即雨后之寺的雨足天气。"芭蕉叶大栀子肥"一句尤其值得注意,也许北方人很难理解栀子叶如何"肥",但如到过南方,恐不会有此疑问,肥大的栀子叶从另一侧面衬托出"新雨足"。"僧言"、"铺床"两联写山寺情景。"夜深"一联写山间夜景,"天明"之后三联写次日离寺后的山游,仅六句就写出了山路崎岖,山雾朦胧,山间红花古松,山涧水流激激,好一幅有声有色的山水图。末四句因景而发出对人生的感慨。短短二十句诗,就从前一夜到第二日游山,寺景、山景一一展现,有动有静,有声有色,无不精彩。所以顾先生说:"看韩诗应注意其修辞,(下字确切,组织分明)(1)下字,(2)结构。下字所以成句,结构所以成篇。韩之短篇不佳,应看其长篇之组织。《山石》从庙外至庙中再至庙外,有层次。前半黄昏,写眼前景物,以黑夜不能远见;后半天明后始写远景。"③清何焯亦云:"《山石》直书即目,无意求工而文自至,一变谢家模范之迹,如画家之有荆关也。'清月出岭光入扉',从晦中转到明。'出入高下穷烟霏','穷烟霏'三字是山中平明真景。从明中仍带晦,都是雨后兴象,又即发端'荦确'、'黄昏'二句中所包缊也。'当流赤足踏涧石'二句,顾雨足。"④《山石》诗之结构成篇确有此特点,即锻炼而来的。

---

① (清)方东树著,汪绍楹校点:《昭昧詹言》卷十二《韩公》一〇五,人民文学出版社,1961年,第270页。
② (清)刘熙载著:《艺概》卷二《诗概》,上海古籍出版社,1978年,第63页。
③ 《韩愈诗之修辞——〈驼庵讲坛录〉之一节》。
④ (清)何焯著,崔高维点校:《义门读书记》卷30《昌黎集赋诗》,中华书局,1987年,第509页。

学杜之锤炼 发杜之阳刚

韩愈又用对比的方法增加诗的力度,如僧言佛画好,他却说"稀";看画不用灯,却用"火",平添几分野性;羹饭,他偏说"疏粝"。写山花,是"纷烂漫",显出山景野趣;赤足踏涧,水声激激,更显出韩公的阳刚气质。顾先生说:"韩退之修辞最好,如《山石》中'山石荦确',用'荦确'二字,好;若易为'磊落',或'磊磊',或'嶙峋'都不好。'落'乃语辞,'磊磊'则形、音太整齐,'嶙峋'太漂亮,美;漂亮虽漂亮,而无力,皆不如'荦确'。且'荦确'二字对韩愈最合适,韩是阳刚,是壮美;若用'嶙峋',是阴柔,是幽美。二词虽相似而实不同……'星垂'句可以代表老杜,如'山石荦确'之可以代表退之。韩诗'山石荦确'、'芭蕉叶大栀子肥',荦确、大、肥,即法国小说家福楼拜所谓合适形容词。"①这段话逐字分析了韩愈此诗用字之妙,锤炼之功。

清人姚鼐有一段文字专论阳刚与阴柔两种美学范畴:

> 其得于阳与刚之美者,则其文如霆如电,如长风之出谷,如崇山峻崖,如决大川,如奔骐骥;其光也,如杲日如火,如金镠铁;其于人也,如冯高视远,如君而朝万众,如鼓万勇士而战之。其得于阴与柔之美者,则其文如升初日,如清风,如云如霞如烟,如幽林曲涧,如沦如漾,如珠玉之辉,如鸿鹄之鸣而入廖廓;其于人也,漻乎其如叹,邈乎其如有思,暖乎其如喜,愀乎其如悲。观其文,讽其音,则为文者之性情形状,举以殊焉。且夫阴阳刚柔,其本二端,造物者糅而气有多寡,进绌则品次亿万,以至于不可穷,万物生焉。②

这段文字对阳刚之美与阴柔之美作了十分生动的描绘,韩愈《山石》诗可为阳刚之代表。正如元好问《论诗三十首》曰:"有情芍药含春

---

① 《韩愈诗之修辞——〈驼庵讲坛录〉之一节》。
② 《惜抱轩全集》卷六《复鲁絜非书》,世界书局,1936年,第71~72页。

泪,无力蔷薇卧晚枝。拈出退之《山石》句,始知渠是女郎诗。"①与秦观诗相比,韩愈诗确实充满了男子汉的阳刚之美。顾先生说得好:"如以为必写高山大河风云始能壮美,则壮美太少;此是壮美,而壮美不仅此。要看作者表现如何。'芭蕉叶大栀子肥','芭蕉'、'栀子',岂非阴柔?而韩一写,则成阳刚之美。"②

《旅夜书怀》和《山石》两首诗可分别代表杜甫和韩愈诗歌的主体风格,但两首诗又各有特色。其一,两首诗都是从景入,但又有不同。《旅夜书怀》写的是旅途中的夜景,而《山石》诗写的是游山寺之景。其二,同是以景为衬托,《旅夜书怀》是以阔大的江景衬托细草、孤舟之渺小、孤独。再以沙鸥作比,抒发凄凉孤独、老病无依之情;而《山石》诗则是借古寺、山景写游山情趣,以古寺之幽雅、山景之怡人,发人生之感慨:看似乐于山寺景色之美,实则是抒发对人世拘束的怨气。写法却多从细处着手,又不用柔媚之辞,而是用阳刚之语。其三,同是以阳刚之辞写景抒怀,《旅夜书怀》是以"垂"、"涌"二颇含力度的动词突出阔野大江的博大气象表阳刚;《山石》则是以刚健之辞描写细部山寺之景表阳刚。其四,两首诗都是即景抒情,《旅夜书怀》抒发的是旅途中的孤独无着的悲凉之情;而《山石》诗抒发的则是游山寺的喜悦之情,发年几半生、怀抱难展的感慨。《山石》写于《赠侯喜》之后,《赠侯喜》写与侯喜同钓于温水,整整一天才钓得"一寸才分鳞与鬐"③的小鱼,二人"相看而悲"。故之后到寺休息,见雨后新鲜之景,翌日游山看到山花烂漫,心中喜悦与前日迥别。真可谓景可寓情,情亦可以焕景也。

就此二诗而言,一为杜诗,一为学杜诗,乍看似无相类之处,但顾先生却一语道破两诗锤炼与阳刚的相通之处:韩愈学习杜甫诗的创作,一者学其锤炼,不避险字难字;一者发展了杜甫诗开始呈现的阳刚

---

① 郭绍虞集解、笺释:《杜甫戏为六绝句集解 元好问论诗三十首小笺》,人民文学出版社,1978年,第76页。
② 《韩愈诗之修辞——〈驼庵讲坛录〉之一节》。
③ 《韩昌黎全集》卷三,第50页。

学杜之锤炼　发杜之阳刚

之美,并将其发扬光大,形成了韩诗阳刚之美的独特风格。韩诗同杜者,是学习借鉴杜诗经验;不同者则是在学习借鉴的基础上创新。顾先生说:"诗是女性,偏于阴柔、优美。中国诗多自此发展,直至六朝。至杜甫已变,尚不太显。至韩愈则变为阳刚、壮美。"又说:"唐宋诗转变之枢纽在此'芭蕉叶大栀子肥'一句。唐诗之变为宋诗,能自杜甫看出者少,至韩愈则甚为明显。到江西诗派则致力于阳刚。"[1]无继承难以创新,无创新不能代雄。故韩愈能以创新,振起一代,开宗立派,影响当代,开宋一代诗风,成为诗文俱佳的一代文学宗匠。

---

[1]　《韩愈诗之修辞——〈驼庵讲坛录〉之一节》。

心血频浇溉 春花始盛开

——顾随杂剧《游春记》浅论

高献红

作为现代文学史上"隐藏的大师",顾随先生在词曲学界与吴梅并称"南吴北顾",其韵文创作诗词之外更有杂剧六种——《飞将军》、《再出家》、《祝英台》、《马郎妇》、《馋秀才》、《游春记》。其中,《游春记》一剧在全部六种杂剧中,酝酿时间最久,写作时间最长,完稿时间最晚,篇幅规模最大,情节最为曲折,曲牌最为丰富,曲辞最为华瞻,意蕴最为丰厚——有此八"最",堪称顾随先生杂剧创作的压卷之作。

一、《游春记》概说

《游春记》分上下两卷,各四折,取材于蒲松龄文言小说《聊斋志异》卷三《连琐》,叙写人鬼相恋的故事——书生杨于畏山斋夜读,与连琐的精魂隔墙对诗而相见相爱,最后杨于畏以自己的鲜血使连琐复

---

* 高献红:河北大学新闻传播学院副教授,中国古代文学专业。

生。

　　顾随先生有意将《连琐》一传谱为杂剧,其始"在杂剧三种脱稿之后"(杂剧三种指《再出家》、《祝英台》、《马郎妇》)。而开始着笔,则已是 1942 年 1 月间。据先生序文(指《游春记·序》)所言,当时"下卷第三折写讫,牵于课事,又腰背作楚益甚,遂不复能赓续",其后多"援笔而中止"。直至 1945 年冬,方谱完下卷第四折。"顾念无楔子及科白",先生"又以十日之力补足之,删改之,涂乙至不辨认。又以十日之力,手抄一过"。1946 年初,始成今日所见之《游春记》。

　　《游春记》全名为"陟山观海游春记","陟山观海"是对"连琐"故事的拓展;"题目"为"炎暑山斋自习文,严寒雪夜犹相访","正名"为"杨生得意春鸟鸣,连琐团圆秋坟唱",大略概括了全剧剧情;"题目"、"正名"之后有"总关目"——"精魂横成意外缘,秀才得遂平生志,惹草沾帏无夜诗,陟山观海游春记",标明全剧结构与关键情节的安排。全剧上场人物有名姓的共 7 位;八折之中由正末杨于畏与正旦连琐各唱四折,每折末尾有净扮书童抱琴唱一两支曲子,正末正旦所唱皆用北曲,而净所唱乃用南曲,此略近于元明杂剧中所谓"南北合套",丰富了剧作唱腔。全剧中所唱曲词共计 112 支,使用曲牌 60 种,加之以大量宾白中尚有诗歌 26 首,其体式规模不可谓不宏大。

二、《游春记》之情节安排

　　顾随先生的杂剧创作一向不囿于所依本事,《游春记》的情节设计与《聊斋志异·连琐》相较,亦有很大不同,其处理方法大抵有以下三种:

　　其一,增添情节以提升境界。此一点突出表现在《游春记》的结局处理与《连琐》之不同。《聊斋志异·连琐》以连琐复生与"二十余年如一梦"①的喟叹作结,而杂剧《游春记》则于连琐复生之后,增加了杨于畏与连琐驰马登山观海折,以"团圆剧收场"。顾随先生向重悲剧,以为悲剧"动人之深且长,亦在喜剧之上",因此本拟以悲剧结局,想是连琐复生后又起波澜,终未能与杨于畏结成连理。然而先生又认为"五味不能有辛而无甘,人生亦不能有失败而无成功。戏剧所以刻画人生,亦岂能有分离而无团圆"?② 因此更弦易辙,以"陟山观海"为收束,将全剧之情感、境界提升到一个新的高度,展现一种美好的人生与高远的志意;且结尾处大海之壮美与书斋之冷寂、坟冢之凄迷构成鲜明对照,起着烘托主题的作用,将全剧推向高潮。

其二,变更情节以紧凑冲突。《聊斋志异·连琐》就其故事而言,有一半篇幅写薛、王二书生闹书斋,引起连琐怨怒,又有王生于危急时刻转而相救连琐一节。作为文言小说,如此叙述,自无不可。但若原封谱进剧中,则未免冲淡主题,涣散剧情。因此,先生之《游春记》"闹书斋"一段,将原占一半篇幅的书写大大缩短,压缩于下卷开端的楔子之中;在情节上,则将薛、王二生改换为张、王、李、赵四氏同闹书斋,惭愧而退。如此处理,既能使情节不枝不蔓、更为集中,又可象喻好事多磨、陡起波澜。即使是个别细节,顾随先生亦不曾轻易搬进。如将连琐的系履"紫带一条"改为所佩"绣香囊";小说中杨于畏拾得紫带于次日"取以授女",而剧中则改为杨于畏拾得香囊正在欣赏叹美,"风起""香囊化灰飘散"。这一更易符合旧日人鬼界殊的观念,且增加了人物的惆怅之情,同样亦使剧情更趋合理,且更具诗意之美。

其三,删除情节以洁净格调。在《聊斋志异·连琐》中有描写稍近淫媟之处,如写杨于畏"戏以手探胸"诸语,即是如此。而在《游春记》一剧中,则尽行删除,以使情节更显清丽、格调更觉高雅。

---

① (清)蒲松龄《聊斋志异》,上海古籍出版社,1962年,第140页。
② 顾随:《游春记·序》,见《顾随全集》,河北教育出版社,2000年,第270页。

心血频浇溉 春花始盛开

三、《游春记》之曲辞设计

作为杂剧,最主要的构成部分当是曲辞,尤其是供案头阅读而非舞台脚本的作品,更是如此。《游春记》中112支曲子,支支满宫满调、笔酣墨饱,曲辞莹如珠玑、清丽自然,且无不符合人物的身份、性格、处境,深蕴情感,丰沛动人。且先看杨于畏第一折上场时所唱:

【混江龙】漫道是秋高天霁。晚来只剩乱鸦啼。淡烟笼罩,衰草低迷。任岁月难留如逝水,尽摧折不尽是生机。看了这山围水绕,月皎星稀。则平生有多少相思意,相伴着花开花落,春去春归。

此曲夹以古典诗词的意象与意境,写来语辞典丽,迂曲优美。秋气的肃杀与生机的蓄蕴并在,岁月的流逝与相思的期盼共存,这既是全剧情感的基调,又是杨于畏性格的隐括。

至上卷第四折,在杨于畏与读者的切盼中,连琐的精魂终于正面当场。她一上场,先唱着"相伴着狐鸣鸦噪,磷走萤飞"的二十年幽闭孤坟的死的哀怨:

【紫花儿序】一夜夜清眸炯炯,绣履轻轻,翠袖盈盈。行来荒野,立尽残更。无情。有情呵,幽闭在泉台下待怎生?抵多少天边雁影,水际萤飞,露下虫鸣。

这里叠音的使用与铺陈排比的构成,表达出低回往复、幽怨深切的内心世界,而死的幽怨则更加反衬了生的美好。接着连琐又唱出被杨于畏真情所动、重新唤起的生的激情:

【调笑令】月明,淡云横。向想昨夜三更那后生,在荒园不管霜风劲。把新诗霎时酬定,则他那聪明更兼心志诚,热肠儿敢解冻融冰。

【秃厮儿】将俺这二十年酣梦唤醒,是兀那一联儿诗句吟成。十四字滚珠般令人实爱听。一字字,一声声,真诚。

这中间充溢着足以超越死生、召回生命的人间真情。

待到下卷第三折杨于畏即将掘开坟墓迎接连琐重生的时刻,剧中则以套曲【九转货郎儿】——共九支曲子——淋漓尽致地传达了杨于畏的心声。尤其是其中第六支【六转】开掘坟墓时,杨于畏唱出自己内心的庄严、震撼与紧张:

……俺只见沸沸扬扬,飞起尘土,破砖碎瓦,断断续续。好着俺澎澎湃湃,旋旋转转,热血似怒潮奔注;忐忐忑忑,毕毕卜卜,小鹿儿心头驰逐。飘飘荡荡魂,笃笃速速肉。花花绿绿,晃晃忽忽,两眼模胡。早看见齐齐臻臻,整整致致,退漆棺木。好教俺抖抖擞擞,战战兢兢,手脚慌张难做主。

十四组 56 个叠字连绵而下,象形象声,营造出一种急促、跳动、铿锵的音乐效果,且极为生动地表现出杨于畏的内心感情。

杂剧进入最后一折,艳阳春日,复生的连琐与杨于畏并辔登山观海。在剧中连琐以六支曲子唱出发自肺腑的对于大海的咏叹。听闻大海的"林簌涛声,宫商交作",连琐以一支【耍孩儿】发抒她的欣悦之情;远观大海的"浴日浮天,烟波浩淼",连琐以一支【四煞】表述她的赞赏之情;面对大海"涛翻风吼,风云生袖",连琐以【三煞】、【二煞】唱响对海的喜爱;遥赏大海"红轮西坠,碧雾东升",连琐以【一煞】、【煞尾】深诉对海的依恋。具有浓郁的诗化色彩的唱词喷薄而出,以"曲"的形式将大海歌颂得如此酣畅淋漓,灵动而富有情韵。连琐的歌声将剧情推向高潮,全剧在高潮声中落幕。

还应当注意的是,《游春记》之人物,增进了书童抱琴这一角色。这一角色虽是配角,但对全剧情节起着串联缀合的作用。更为重要的是,这一配角插科打诨的诙谐表演,符合杂剧习用的表演程式,沉淀着幽默的特殊情趣,对全剧起着调谐气氛、寓谐入庄的作用,使全剧更具起伏变化的节奏。

四、《游春记》之审美意蕴

《游春记》一剧所涉及的是前人曾经叙说的题材,但它并未因题材之"旧"而缺乏创意之"新"。相反,此一剧表现出一种具有感性的现实指向的"人情物理",即如顾随先生在《自序》中所言:"今之为此《游春记》也,其自视也则又何如?则应之曰:人既有此生,则思所以遂之,遂之之方多端,而最要者曰力。其表现之于戏剧也,亦曰表现此力则已耳。"而所谓"力"字之蕴意,叶嘉莹教授一笔点透:《游春记》以连琐死而复生之故事为素材,"乃在于以此来表现一种可以起死人而肉白骨的精神与感情的伟力,同时也表现一种求遂其生的强烈的意志与愿望"①。

剧本开端上卷第一折,顾随先生布置了"风中叶落,露下虫鸣"的高秋环境,并通过正末杨于畏出场所唱的第一支曲子【点绛唇】"黄叶凄凄,又是悲风起"数语带出秋日的肃杀凄凉,而紧接其下的第二支曲子【混江龙】却唱出"任岁月难留如逝水,尽摧折不尽是生机"的对坚强生命意志的歌颂。至第二折,叙写连琐鬼魂出现,则象征着一个美好生命被幽闭于凄冷世界的孤寂与悲凉;转至第三折则又有杨于畏一支【川拨棹】写出追寻爱情与生命的徘徊与迷惘。直至上卷第四折,叙写连琐被杨于畏诚挚之情所感动,现身与杨相见。整个上卷,实在是以秋日背景喻示出虽在凋零肃杀中也难以摧毁一线美好之生机。

至下卷第一折,背景则由肃杀之秋日转为凛冽之严冬。这一设定,就故事情节发展而言,是以时间的推移暗示出杨于畏与连琐之间感情的增进;就其象喻意味而言,则是以严冬之凛冽来彰显对于生机

---

① 叶嘉莹:《纪念我的老师清河顾随羡季先生》,见《顾随文集》,上海古籍出版社,1986年,第815页。

顾随研究

追寻的不畏艰险的一份执著。所以,下卷第一折,连琐上场即有"不辞风雪为阳乌"之言语,这正是追逐光明与温暖的心志之表述。至第二折,则更有明媚春光中连琐幽魂"生机一片水生涛"的唱词和"滴血入脐"的请求。当这一庄严仪式完结后,正末杨于畏下场诗有云:"带月荷锄汗未消,南山曾记豆生苗。谁知深夜明灯下,一朵心花仗血浇。"正可见出一切收获皆须付出血汗代价的严肃意义。第三折,顾随先生更是以北曲中的著名套曲【九转货郎儿】对连琐死而复生进行了极为细腻、极为生动的正面叙写,其中艰苦的寻求与期待、得偿所愿的欢喜与兴奋、美好生命的复活,无不显现一种超越现实之上的审美意味。

而全剧最具审美意蕴的片段则是下卷第四折杨于畏与连琐的"陟山观海"。选择以"陟山观海"而不取其他任何方式象征团圆,则与顾随先生对大海的特殊情愫有着直接关系。先生年轻时曾在青岛执教三年,海的博大、壮阔、汹涌,不仅荡涤人的胸怀,更激起人的志意。因此,《游春记》以"陟山观海"为收束,以连琐演唱的六支曲子将对大海的称颂推向了极致,则正是以象喻的手法构筑出一种至圆满、至完美的境界,它不仅应有春日的欣荣,更当有一种高远雄壮的追求与志意。

综观顾随先生《游春记》的创作成就,其在情节建设、曲辞安排以及审美意蕴诸方面均有不俗展现,而以其审美意蕴最为突出,诚如叶嘉莹教授所言:

> ……先生之最大的成就是使得中国旧传统之剧曲在内容方面有了一个崭新的突破,那就是使剧曲在搬演、娱人的表面性能以外,平添了一种引人思索的哲理之象喻的意味。这种开拓,就先生而言,并非只是一种偶然的成就而已,而是有着深思熟虑之反省和用心的结果。[①]

---

① 叶嘉莹:《纪念我的老师清河顾随羡季先生》,见《顾随文集》,上海古籍出版社,1986年,第804页。

浅谈《马郎妇坐化金沙滩》中的佛学思想

尽心

《马郎妇坐化金沙滩》是苦水先生（顾随羡季）的杂剧创作之一。苦水先生现存剧曲六部：《垂老禅僧再出家》、《祝英台身化蝶》、《马郎妇坐化金沙滩》、《飞将军百战不封侯》、《馋秀才》、《陟山观海游春记》。前四种收入1936年刊行的《苦水作剧》，第五种发表于1941年，第六种作为单行本于1945年刊行。1986年上海古籍出版社出版的《顾随文集》收录了其中的第一、二、四、六这四种，1992年台湾桂冠图书公司的《苦水作剧》一书收录了全部六种剧曲。[①]

该剧分为四折加一楔子（在第二折和第三折之间），正旦扮马郎妇主唱到底，是元杂剧的标准格式。《马郎妇坐化金沙滩》是杂剧的"正名"，"题目"是"柏林寺施舍肉身债"。

---

* 尽心：原名靳欣，中国古代文学专业博士。
① 本文所引曲词及跋文依河北教育出版社2000年12月版的《顾随全集》之"创作卷"所收录的《马郎妇坐化金沙滩》，第223～236页。

顾随研究

一、"马郎妇"的背景

据作者1936年12月写的《跋》,"余谱此剧,依《青泥莲花记》也"。《青泥莲花记》是明代梅禹金辑纂的一部奇书,"专以娼论",把青楼妓女视为"莲花"。其中有"锁骨观音"和"马郎妇"两节,苦水先生在《跋》中概述如下:"昔延州有妇人白皙,颇有姿貌,孤行城市,年少之子悉与之游。狎昵荐枕,一无所却。数年而殁,人瘗于道左。大历中忽有胡僧自西域来,见墓遂跌坐,具敬礼。焚香围绕,赞叹数日。人问之,僧曰,斯乃大圣慈悲,喜舍世俗之欲,无不徇焉。此即锁骨菩萨,顺缘已尽,圣者云耳。众人即开墓视,遍身之骨钩结如锁状。又记马郎妇于金沙滩上施一切淫,人死葬后掘开,乃锁子骨云云。"其中提到的"延州"在今陕西省延安东北一带,金沙滩为当地地名。

"延州妇人"与"马郎妇"到底是一个人还是两个人呢?

最早记载这一故事的是唐文宗太和年间的李复言(约公元831年前后在世),在其《续玄怪录》(又收于《太平广记》卷一百一)中记有"延州妇人"条(卷五),记录了唐代宗大历年间(766~779)住在陕西东部延州的一位女子。其实最初记载的有关"延州妇人"的事迹与之后出现的"马郎妇"事迹是有很大区别的,虽然她们后来都被作为是观音菩萨的化身。最根本的不同是:延州女子纵欲,马郎妇守贞。而"手提渔篮"也是在"延州妇人"之后出现的形象,这个女子被称为"渔篮观音"是因为她初到金沙滩时,装扮宛如一位卖鱼的妇人,手中提着渔篮,于是之后出现的"马郎妇"在故事中即成为"渔篮观音"。当马郎妇(渔篮观音)的故事留存下来时,之前的"延州妇人"的故事就渐渐消失了。

为什么观音菩萨要手提渔篮呢?有人说鱼是富足、多产的象征,有性崇拜的意思;有人说渔人是要通过引诱而达到制伏的目的,与故事中菩萨度人的手段类似;还有人说"渔篮"即"盂兰盆"。渔篮观音手中的渔篮,一般被认为是菩萨以"性"作为方便法门的标志,后来民间信仰则赋予它新的功能,使它成为降魔伏妖的法器(《西游记》小说中

浅谈《马郎妇坐化金沙滩》中的佛学思想

有类似情节)。

无论是"延州妇人"还是"马郎妇",基本情节都是"观音化倡",以"性"作为方便法门,传法度人,惩恶劝善。但是在中土传统文化中,那个如妓女般的菩萨是不可能被众人所接受的,于是在渔篮观音信仰传播过程中,故事中的女子经历了从"纵淫"到"守贞"(下文解说)的转变。

这两种形象都归属于汉日佛教艺术的"三十三观音"之中,渔篮观音列于第十,而马郎妇则列于第二十八。

苦水先生取用"马郎妇"的形象,却没有依据符合传统礼教的"守贞"一说。

二、以色设缘

依照大乘佛教的观点,为了度化众生,菩萨随类应现,到处化身。如佛经所说:"先以欲钩牵,后令入佛智","如吞钩之鱼,出水不远"。佛不度无缘之人,菩萨的教化,往往讲究因缘,他们为弘扬佛法,常常需要徇俗设缘,有的甚而以色设缘,以"性"作为方便法门,引导众生依归正信。"或现作淫女,引诸好色者。"

如何通过"性"这个法门设缘?在马郎妇系列故事中提到了两种方法:

一种是所谓"顺缘",以慈悲之心,顺遂世俗之欲望,"以欲止欲"。比如马郎妇与任何有求于她的男子发生性关系,然而,只要与她发生性关系的人,据说从此都不再有性欲。

较早的记载出于北宋叶廷珪的《海录碎事》。该书卷十三上《马郎妇》条云:

> 释氏书:昔有贤女马郎妇,于金沙滩上施一切人淫。凡与交者,永绝其淫。死葬,后一梵僧来,云:"求我侣。"掘开,乃锁子骨。梵僧以杖挑起,升云而去。

另外一种是从最初的"顺缘"、狎游,改变成了先是顺从大众的爱欲之心,然后诱导世俗之人诵读佛经,起念信佛。在"诵经发心"这个系列中,女主人公以美色进行诱惑,但是最终并不真正顺从世人的欲望,而是坚守童贞。

苦水先生在《跋》中还提到,《佛祖通载》(即《佛祖历代通载》,是元代释念常所撰的编年体佛教史料)中也记载了马郎妇的故事,与梅禹金记录的有所不同。"但以色为饵,诱人诵经信法,而未尝有淫行。"

这个故事的大概是这样的:唐代佛教盛行,笃信者甚众,但在陕西东部一带居住的人性喜打猎,对佛教缺乏兴趣。大约在唐宪宗元和四年(809)或元和十二年(817)时,有位年轻貌美的女子来到此地,宣称谁能在一个晚上熟记《法华经》中的《普门品》,她便委身下嫁。第二天早上,有二十个人通过测试,女子说不能一身嫁给这么多人。于是,她要他们熟记《金刚经》,第三天,十个人通过考试。她再要求这些人在三天之内背诵整部《法华经》,这次只有马郎通过测试。美貌女子答应嫁给马郎,马郎于是开始准备婚礼,并迎娶了女子。但是,就在圆房之前,女子突然死去,而且尸体很快就腐坏了,马郎必须立即将她下葬。几天之后,一位身着紫袍的老和尚来到此地,要求马郎带他去看女子的坟墓。当和尚打开坟墓,并用他的手杖碰触尸体,只见尸体的血肉早已腐烂,只剩下由一条金链子串起来的骨头。和尚告诉围观的群众,这女子是圣人示现,她来此是为了要解救他们脱离恶业。和尚用水将尸骨洗净后,系在杖上腾空而去。此后,这里的许多居民都开始信奉佛教。就像舍利子一样,金锁链串起来的骨头是圣人明显的标记,所以人们把她称为"锁骨菩萨"。

苦水先生所作的《马郎妇坐化金沙滩》一剧没有依据上述这两种说法,该剧既没有让马郎妇通过性行为使那些男人们"永绝其淫",也没有以此为饵"诱人诵经信法"。但是,剧中的马郎妇毕竟用的也是"以色设缘"、"顺缘"的手段,因为马郎妇具备了足以诱惑众人的美貌,她的出现才会特别引人瞩目,无论是在市井,在禅寺,还是在金沙滩,她让众人眼睁睁看到菩萨的示现。马郎妇以其美貌引人关注,也正因为如此引人关注,其影响才更加广大,对凡夫的触动也更加深刻。

三、舍身度人

苦水先生的这部杂剧改编自梅禹金的《青泥莲花记》,但是与《青泥莲花记》记载的故事也有不同。正旦扮演的马郎妇一上场就开门见山道出主旨:"为这延州人民不识大法,堕落迷网,俺誓愿舍此肉身,渡登觉岸。"该剧的梗概是:延州人不识大法,堕落迷网,有美妇(马郎妇),也就是南海观音,誓愿以肉身作为布施,度化众生。美貌的马郎妇受到当地柏林寺长老的排斥,在村中又受到当地民众的鄙视,被认为是淫妇,大家一致要赶走她,于是马郎妇只得宣称将要离开此地,而所谓的离去也就是在金沙滩头坐化。

苦水先生把"坐化"一折作为整部剧的高潮,是最为精彩的一折,而这恰是《青泥莲花记》中所没有的情节。"坐化"也是依据佛经而来,大菩萨来世间示现说法之后往往不会久留,很快会以一种特别的方式弃世而去。

佛家最讲"慈悲",其"六度"第一即是"布施",有以财布施、法布施、无畏布施分别,也有以内布施与外布施分别。总之,把财物、知识技能施舍给别人是比较容易做到的。涉及自己的修为则有一定难度,而要把自己整个肉身都布施出去,则是最最难以做到的。这就好比以身饲虎。在该剧的第四折的《幺篇》中马郎妇唱道:"俺常准备着肉饲虎,肠喂鹰,走长街吆喝着卖魂灵,您当俺不是爷娘血肉生。"

在大乘佛教中,特别强调"度人",发菩提心。即使是毫无目的的舍身布施,其救度行为也不仅是为了受施者肉体的安乐,更是要引渡其内心有所皈依并且到达彼岸,或者说是在这个"度"的过程中唤醒其自身固有的佛性。慈悲的最高层次是"无所缘慈",把自己布施出去,没有自身,没有对象,也没有理由。

该剧第一支《黄钟醉花阴》有这样四句唱词:"云幻波生但微哂,万人海藏身市隐。你道俺恋红尘,那知俺净土西方坐不得莲台稳。"南海观音菩萨之所以要下凡化身马郎妇救度众生,绝非对这滚滚红尘有什么贪恋,而是强烈的度人愿望,即使自身成佛,可以在西方极乐世界无忧无虑,但是心里却不踏实。地藏王菩萨说:"地狱不空,誓不成佛。"而佛家认为"一即一切",不仅地藏菩萨如此,任何一位菩萨都是如此。在民间信仰中,观世音菩萨更是被作为救苦救难、大慈大悲的代表。该剧的主角即是观音菩萨化身的马郎妇。在佛经的记载中,观世音菩萨又名观自在菩萨,能够观照自心,了达自在,随类现身,寻声救苦。其早已成佛,名"正法明如来","倒驾慈航"是为了到人间普度众生,因此也称"慈航大士"。

从剧情来看,马郎妇(即南海观音)的说道讲法似乎并没有被当地民众所接受。但是,在整部剧中体现的"舍身度人"的菩萨情怀与慈悲精神却深深触动着观剧者,同时也昭示给众人:世事变幻无常,真性清洁无染。"转眼西天白日曛,可怜这咫尺光阴百岁人。""到今朝待回避了晓风残月影,好插向羊脂玉净瓶。"

四、苦水先生的佛缘

在苦水先生的剧作中,《垂老禅僧再出家》和《马郎妇坐化金沙滩》这两部与佛教的关系最为紧密。金沙滩马郎妇故事的主角乃是观世音菩萨,与禅宗的基本理念与精神有着紧密的联系。发大慈悲心,度一切众生,体现着强烈的大乘佛教色彩。

通过这两部剧曲,我们可以看出,在苦水先生眼中,舍身不仅是一个瞬间行为,比如"肉饲虎,肠喂鹰",而且也是一种相对持久的奉献过程。在这个过程中,奉献者在行为上可能舍弃常规的方式,以染而达净。比如在《垂老禅僧再出家》一剧中,老禅师为了从物质生活乃至精

浅谈《马郎妇坐化金沙滩》中的佛学思想

神上救助一位丧夫的女子,与她结婚并生儿育女,到那女子去世之后再度出家,对尘世的一切了无牵挂。马郎妇所采取的布施手段也是令常人难以接受的,但是其"真如本性"却是清澈无染的。如第四折马郎妇所唱:"俺本是白莲过雨自盈盈,相伴中天古月明,红尘任教餐落英,则俺这真性,圆明清过他玉壶冰。"

苦水先生曾在《禅与诗》一文(原为1943年11月6日下午应辅仁大学国文系同学之邀所作的演讲的记录整理稿,曾在杂志发表)中谈到自己与"禅"的因缘,其关键是在其父去世的打击之下,当时作者已经30多岁,"当此身心衰弱之时,才感到历来所学,并不能帮助自己渡此无可奈何之关头。至此方思学禅,原意是即或不能在此中辟一大道,亦可稍睹光明也"。苦水先生多年修习禅宗,颇有感悟。其作品与文论中亦体现出佛家的慈悲与智慧。

叶嘉莹先生常常引用苦水先生所说的:"以无生之觉悟做有生之事业,以悲观之心境过乐观之生活。"禅是生命的自在,禅无时无处不在,在禅意中生活,在生活中体现禅的境界。

在所有观音菩萨的应生戏当中,《马郎妇坐化金沙滩》无疑是非常重要的一部,而且可以认为在有关"马郎妇"的剧曲当中,这是现存最好的一部。这部杂剧情节紧凑有致,人物形象生动饱满,唱词典雅,内蕴丰富,苦水先生的禅学思想在他这部杂剧中也得以充分体现。

以剑笔写文章

——羡季师论稼轩词之风格

张清华

一

陈廷焯《白雨斋词话》云:"稼轩词仿佛魏武诗,自是有大本领大作为人语。"①说得好。读稼轩词激昂慷慨者,如见魏武帝横槊赋诗,如读魏武帝"老骥伏枥,志在千里,烈士暮年,壮心不已"②的诗句。其秾丽绵密者,如读小晏、秦观词。

羡季师云:"自吾始知词家有稼轩其人以迄于今,凡三十年矣。是之间,研读时之认识数数变,习作之途径亦数数变,而吾每有所读,有所作,又不能囿于词之一体。时而韵,时而散,时而新,时而旧,时而三五月至三五年摈词而不一寓目,一著手。而吾之所以喜稼轩者或有

---

* 张清华:河南省社会科学院文学所研究员,唐代文学研究会韩愈研究会会长。
① (清)陈廷焯:《白雨斋词话》,人民文学出版社,1959年,第22页。
② (三国魏)曹操:《步出夏门行》,中华书局,1983年,第354页。"骥老"今从《晋书·王敦传》、《书钞》、《御览》、《广文选》、《诗纪》校作"老骥"。

以剑笔写文章

变,其喜稼轩则固无或变也。……稼轩之性直而率,戆而浅,故吾之才力、之学识、之事业,虽无有其万之一,而性习相近,遂终如针芥之吸引,有不能自知者耶。噫,佛说因缘,难言之矣。"①我喜稼轩词当受老师影响,特别是羡季师在课堂上讲到文如其人时,说:稼轩"以剑笔写文章"时我心为之震荡。后来读稼轩词多了,愈发为稼轩憨直不渝的爱国忧民之心,身入敌穴取奸诈敌酋之头的勇敢精神,虽受压抑任地方官亦一心力图仗剑杀敌、恢复中原的思想,虽被黜闲居而志不少改的行为所感发:敬稼轩人,爱稼轩词。

稼轩是南宋民族斗争战线上的一名老兵,又是"以气节自负,以功业自许"的骚人,以这样一个人借词作"陶写之具",必然表现他耿耿闪耀的剑气。字心画也,词心声也。词如其人,稼轩为最。稼轩生于战乱,长于战乱,起于战乱,自举义军抗金后,执剑挥戈,总不离战斗;即如南渡后,或贬官,或闲居,无一日不想战斗,无一日不想恢复中原,无一日不恋念山东的家乡父老。他每一动笔填词,这种忧民复国的思想无不如人的骨髓一样,通贯全词,成为其词之生命性情,撼动读者之心,激发读者之情。羡季师在《稼轩词说》目录后一段论述里说:"词中之辛,诗中之杜也。一变前此之蕴藉恬淡,而为飞动变化,却亦自有其新底蕴藉恬淡在。世之人于诗尊杜为正统,于词则斥辛为外道,何耶?杜或失之拙,辛多失之率。……善乎后村之言曰:'公所为词,大声铿鞫,小声镗鞳,横绝六合,扫空万古,其秾丽绵密者,亦不在小晏、秦郎之下。'铿鞫镗鞳者,吾之所谓飞动变化者也。世人所认为铿鞫镗鞳者,太半皆其糟粕也。无已,其于秾丽绵密求之乎,吾之所谓新底蕴藉恬淡也。"②下面就以羡季师所肯者:稼轩词铿鞫镗鞳者、蕴藉恬淡者及不同题材的共同内涵,来解读羡季师"稼轩以剑笔写文章"之内涵吧!有不妥之处,恳请师长与方家指正。

---

① 顾随:《顾随全集》第2卷,河北教育出版社,2000年,第4页。
② 顾随:《顾随全集》第2卷,河北教育出版社,2000年,第11页。

二

先说铿鍧镗鞳者。羡季师谓"铿鍧镗鞳者,吾之所谓飞动变化者也"。甚是。这类词多表现在稼轩早期和过于激愤时写的词中,是他忧民心重、杀敌心切的激情表现,突出了稼轩刚直、狂放一面的性情。大多论者谓稼轩是性情中人,诚然。诗中退之,词中东坡、稼轩,皆情胜于理,故后世谓他们皆性情中人也。稼轩《沁园春·将止酒,戒酒杯使勿近》,学退之《毛颖传》为兔毫立传,而讽谏时君;以词为酒杯立传,真学得好,用得妙。如《七颂堂词绎》云:"稼轩词:'杯汝来前',毛颖传也;'谁共我醉明月',恨赋也。"①诚然,辛词云:"浑如此,叹汝与知己,真少恩哉!"不但人物形似,用语及神髓亦似;韩愈《毛颖传》说秦始皇,此指谁?诸君稍想即知。即恨秦皇如弃中书老而不用者,恨南朝之君也。只是借说酒杯而寓其意也。退之有一首《利剑》诗,云:"利剑光耿耿,佩之使我无邪心。故人念我寡徒侣,持用赠我比知音。我心如冰剑如雪,不能刺谗夫,使我心腐剑锋折。决云中断开青天,噫!剑与我俱变化归黄泉。"②二公都是心如冰洁,性似剑耿;且为振兴自己的王朝,想化做利剑,刺敌人,刺谗夫的。

再看稼轩《水龙吟·过南剑双溪楼》,词云:"举头西北浮云,倚天万里须长剑。人言此地,夜深长见,斗牛光焰。我觉山高,潭空水冷,月明星淡。待燃犀下看,凭栏却怕,风雷怒,鱼龙惨。　峡束苍江对起,过危楼、欲飞还敛。元龙老矣!不妨高卧,冰壶凉簟。千古兴亡,百年悲笑,一时登览。问何人又卸,片帆沙岸,系斜阳缆?"③词不但用语似退之《卢郎中云夫寄示送盘谷子诗两章歌以和之》诗之"谁把长剑倚太行",《贞女峡》之"江盘峡束",用典寓意亦与《利剑》同。南剑双溪乃张华宝剑化龙之津,上片一十二句,如珠斗盘龙,盘龙戏珠,虽句句

---

① 龙榆生编选:《唐宋名家词选》,上海古典文学出版社,1956年,第260页。
② (唐)韩昌黎:《韩昌黎全集》卷2,中国书店,1991年,第45页。
③ 邓广铭:《稼轩词编年笺注》卷3,上海古籍出版社,1978年,第282页。

以剑笔写文章

不离此典,却不嫌其以典为戏。相传晋朝中兴,夜有紫气冲斗、牛二星,张华使雷焕为丰城令,掘狱屋基,入地四丈,得龙泉、太阿二剑,与焕各佩其一。华遭诬被诛而剑失所在。后焕卒,焕子华为州从事,佩剑过延平津,剑忽从腰间鸣跃而飞入水中;寻之,但见双龙盘曲水中,目光如电,遂不敢取。稼轩借此事典,揭其心事,表其性情,合其身世,故丝毫无掉书袋之嫌。词辟头以"举头西北浮云,倚天万里须长剑。"以浮云遮蔽西北天空,喻中原沦陷于金人之手;若扫除这遮天的浮云,必须倚天万里的长剑。因为只有像龙泉、太阿那样的神剑、长剑,才能雪张华之冤,也才能刺煞践踏中原的金兵。燃犀,用晋温峤燃犀牛角照妖的事,则是把谗臣比作妖魔,仍是为了增强仗剑杀敌的力度,表现稼轩这位儒将的气概。可是,又怕水上"风雷"、水底"鱼龙"的干扰。这干扰显然是指南宋主和的权臣。若说上片是放,词人挥笔开拓,真能放得开。下片是收,也能擒得住,只是情调衰煞。过片换头三句,突出一个"敛"字,因面对苍江有高峡拘束,江水不能自由,过危危高楼,令人寒慄,故欲飞还敛。稼轩由北入南,本抱复国还乡壮志;可入南之后,累累遭挫,其志难伸,不得不以三国有大才,而不能展其怀抱的陈登(字元龙)自解自嘲:吟冰壶,卧凉簟以自洁。虽衰煞,却流露出"千古兴亡,百年悲笑",而不忘人民的命运、国家的前途。然形势所迫,仍是无奈何而已!此正与阮嗣宗登广武原、陈伯玉登幽州台一样气概、一样心胸也。虽无奈何,却不忘天下事!其实,在他悲慨、哀怨,甚至苦乐自嘲、无奈何的字里行间,何尝不潜藏着他欲仗剑杀敌、忧民复国、还我家乡的利剑?其实,稼轩无时无刻不想"补天",如《声声慢·滁州旅次登奠枕楼作,和李清宇韵》:"凭栏望:有东南佳气,西北神州。"[1]《满江红·建康史帅致道席上赋》:"袖里珍奇光五色,他年要补天西北。"[2]

读《水龙吟·举头西北浮云》词,不由得想起《菩萨蛮·书江西造

---

[1] 邓广铭:《稼轩词编年笺注》卷1,上海古籍出版社,1978年,第22页。
[2] 邓广铭:《稼轩词编年笺注》卷1,上海古籍出版社,1978年,第9页。

口壁》词:"郁孤台下清江水,中间多少行人泪。西北望长安,可怜无数山。　　青山遮不住,毕竟东流去。江晚正愁予(《笺注》作"余",龙榆生、胡云翼《词选》作"予"),山深闻鹧鸪。"①此稼轩任江西提举刑狱时,登郁孤台有感而作。邓广铭云:"《鹤林玉露》金人追隆祐至造口不及而还之说凡数见,当俱出传闻之误。此词前章'西北望长安'句,疑是用李勉登郁孤台北望故事。亦即李白诗中所谓'长安不见使人愁'之意。盖自李勉事流传之后,至其地者即多联想及此,故苏轼《虔州八景图》亦有一首云:'涛头寂寞打城还,章贡台前暮霭寒。倦客登临无限思,孤云落日是长安。'此与词中'望长安'二句意境已极相近矣。此词后章亦泛说行役,不关孟后。……稼轩恢复素志,胜利信心,自壮至老,不曾稍变,此词作年甚早,更不应有如罗氏所云之感兴。所谓'山深闻鹧鸪'者,盖深虑自身恢复之志未必即得遂行,非谓恢复之事决行不得也。"②如《菩萨蛮》词大声镗鞳者,未之有也。郁于胸中的忠愤之气,聚之于笔端矣。词从怀古发端,忆昔金兵南侵赣西地区,人民所遭受的苦难泪如清江之水,流淌不断;再写眼前现实,中原大地仍在金人践踏之下。可怜无数山者,表现出稼轩极其沉痛的心情。转入下片抒情:先写江水冲破重重山岭阻碍,奔腾东去,谁也遏制不住,对抗敌仍充满信心;"夕阳无限好,只是近黄昏。"见日暮而愁,听鹧鸪叫声而悲叹恢复之难也,心情之凄凉也。此词虽未剑拔弩张,却也以自然哲理,给人以鼓舞力量。正如唐圭璋所说:"此首书江西造口壁,不假雕绘,自抒悲愤。小词而苍莽悲壮如此,诚不多见。盖以真情郁勃,而又有气魄足以畅发其情。起从近处写水,次从远处写山。下片,将山水打成一片,慨叹不尽。末以愁闻鹧鸪作结,尤觉无限悲愤。"③

《水龙吟·登建康赏心亭》:"楚天千里清秋,水随天去秋无际。遥岑远目,献愁供恨,玉簪螺髻。落日楼头,断鸿声里,江南游子。把吴

---

① 邓广铭:《稼轩词编年笺注》卷1,上海古籍出版社,1978年,第37页。
② 邓广铭:《稼轩词编年笺注》卷1,上海古典出版社,1978年,第38、39页。
③ 唐圭璋:《唐宋词简释》,上海古籍出版社,1981年,第178页。

以剑笔写文章

钩看了,栏干拍遍,无人会,登临意。 休说鲈鱼堪鲙,尽西风、季鹰归未?求田问舍,怕应羞见,刘郎才气。可惜流年,忧愁风雨,树犹如此。倩何人、唤取红巾翠袖,揾英雄泪?"①这首词写于宋孝宗乾道五年(1169),任建康通判时。在此前后,他连上《美芹十论》、《九议》,表现出他抗金必胜的信心,分析了敌我双方的形势,提出了夺取胜利的策略;却不得回应,而此词正是他此刻心情的写照。辛老子心真苦,因为他"把吴钩看了,栏干拍遍,无人会,登临意"。全词都在讲这个"意"字。他把吴钩看了又看,栏干拍了又拍,为什么?究是想让人明白他看"吴钩"的心意:呼唤南宋君臣与广大群众起来,仗剑抗金,收复失地,使江河南北百姓过上安定生活。他登临远眺中原,引发出的仇恨,即"登临意"产生的缘由所在。词先景后情,起则天水相接,浩荡无际,气势恢弘。"随水"句近写水,"遥岑"三句远写山。"水随天去",见秋景无涯。从"远目"中见"玉簪螺髻"之山。"落日"三句写客游江南,孤独悲凉。此皆珍珠倒卷之笔。吴钩者,古之锐器。"把吴钩看了"四句,写他最苦恼的是无人理解其复国大志,故沉恨塞胸,凄凉不堪,愤慨之极矣!换头三用典,委曲跌宕,一气直下,又环环紧扣。他不愿像张翰那样"莼羹鲈鲙",又以许汜"求田问舍"为耻,言不得便归,不屑求田。"可惜"二句,用桓温事,转写伤悲。结三句,如屈子《天问》,伤悲至极,然气豪情秾,悲愤交加,如闻垓下悲歌!虽属无奈,仗剑复国的英雄本色却在:真可谓楚怀王君臣逼煞骚人耶!亦真能揭出辛老子这位山东老兵的性情。如羡季师所说:"千古骚人志士,定是登高远望不得。登了望了,总不免泄漏消息,光芒四射。不见阮嗣宗口不臧否人物,一登广武原,便说:'时无英雄,遂使竖子成名。'陈伯玉不乐居职,壮年乞归,亦像煞恬退。一登幽州台,便写出'念天地之悠悠,独怆然而涕下'。况此眼界极高、心肠极热之山东老兵乎哉?"②虽英雄失意,却流露出念"千古兴亡",叹"百年悲笑"的心肠。无论是对外,还是对

---

① 邓广铭:《稼轩词编年笺注》卷1,上海古籍出版社,1978年,第31页。
② 顾随:《顾随全集》第2卷,河北教育出版社,2000年,第20页。

内;是愤激,是伤悲,字里行间都含钩剑一样的锋芒锐气。又《水龙吟·甲辰岁寿韩南涧尚书》:"渡江天马南来",借新亭诸公北望而泣,叹"神州沉陆",而"几曾回首","算平戎万里,功名本是,真儒事,君知否?"①此为韩南涧尚书元吉的寿宴而作,却借王衍作为南宋统治集团和社会上层人物的替身痛加斥责。

可能是因为年轻气壮,阅历浅,学力薄,在大学读书时就喜欢这首《破阵子·为陈同父赋壮词以寄之》:"醉里挑灯看剑,梦回吹角连营。八百里分麾下炙,五十弦翻塞外声。沙场秋点兵。　马作的卢飞快,弓如霹雳弦惊。了却君王天下事,赢得生前身后名。可怜白发生!"②稼轩在"把吴钩看了,栏干拍遍,无人会,登临意"的情况下,不得不借"醉"而挑灯看剑,借"梦"而点兵沙场,重返军旅生活。麾下炙牛,塞外弄弦,这是何等的气魄,表现出多大的力量? 不过这老兵虽然气魄存,雄心在,可眼前的现实却无法使他跨骏马,挽硬弓,驰骋疆场,挥剑杀敌。所留下的只有无奈何的哀叹——此乃稼轩此刻的真情,对他豪情志气被压抑的慨叹。故羡季师云:"总而言之,统而言之,稼轩这老汉作此词时,其八识田中总有一段悲哀种子在那里作祟,亦复忒煞可怜人也。其实又岂只此一首? 一部《稼轩长短句》,无论是说看花饮酒,或临水登山,无论是慷慨悲歌,或委婉细腻,也总是笼罩于此悲哀的阴影之中。此理甚明,倘无此种子在八识田中作祟,亦无复此一部《长短句》也。"又说:"看他自开首'醉里'一句起,一路大刀阔斧,直至后片'赢得'一句止,稼轩以前作家,几见有此。""前后片共是十句,前九句真如海上蜃楼突起,若者为城郭,若者为楼阁,若者为塔寺,为庐屋,使见者目不暇给,待到'可怜白发生',又如大风陡起,巨浪掀天,向之所谓城郭、楼阁、塔寺、庐屋也者,遂俱归幻灭,无影无踪,此又是何等腕力。"③羡季师说:一部《稼轩长短句》,总是笼罩于悲哀的阴影之

---

① 邓广铭:《稼轩词编年笺注》卷2,上海古籍出版社,1978年,第119页。
② 邓广铭:《稼轩词编年笺注》卷2,上海古籍出版社,1978年,第204页。
③ 邓广铭:《稼轩词编年笺注》卷2,上海古籍出版社,1978年,第28页。

中。诚然。悲哀是他壮志不能实现时产生的情绪;然也可以从他悲哀的情绪中,体察到他仗剑复国、还家的强烈愿望,所以,稼轩无一日不想复国还家,故仗剑杀敌、复国还家的思想情绪亦渗透于一部《稼轩长短句》中。按:词题"壮岁",词中也写金戈铁马,大戟长枪。羡季师又云:"世人于老辛之为人,动是说他英雄,于其为词,动是说他粗豪,已是知人知面不知心。……周止庵曰:'稼轩固是才大,然情至处,后人万不能及。'又曰:'稼轩敛雄心,抗高调,变温婉,成悲凉。'苦水曰:如是,如是。"①若具慧眼,当深察他"变温婉,成悲凉"根底在!

《贺新郎·赋琵琶》,羡季师云:"辛老子则既有杀人刀,亦有活人剑,所以不但活虎可以打死,亦且死虎可以救活。不信么?不信,试看他'贺老定场无消息,想沉香亭北繁华歇'十五个字,一口气便呵得死虎活转来了也。"②按:稼轩此词用了许多故实,恰如狮子滚绣球,上下、前后、左右、空中、地下,狮不离球,球不离狮,将狮子全副精神,注在球子身上。使出力鼎千钧的解数,能放能收,能擒能纵,不但能以千斤膂力,把活虎打死,又能用超越千斤的膂力把死虎救活。他援典用事,挥斥百家,如主帅点将驱兵,恢恢乎游刃有余也。

《沁园春·灵山齐庵赋,时筑偃湖未成》,辟头便说:"叠嶂西驰,万马回旋,众山欲东。"羡季师云:"自来作家写山,皆是写它淡远幽静,再则写他突兀峻厉。稼轩此词,开端便以万马喻群山,而且是此万马也者,西驰东旋,跷足郁怒,气势固已不凡,更喜作者羁勒在手,故作驱使如意。真乃倒流三峡,力挽万牛手段。……他胸中原自有此郁勃底境界,所以群山到眼,随手写出,自然如是。"③虽是写山势,若与下句"老合投闲,天教多事,检校长身十万松"对析,则可窥测此老胸次,总不忘军阵上金戈铁马。故起三句乃以山势比战势;"老合"三句,则以长松为兵将,检阅军阵也。可谓虎老雄心在,虽罢官闲居,仍有指挥千军之

---

① 邓广铭:《稼轩词编年笺注》卷2,上海古籍出版社,1978年,第28页。
② 顾随:《顾随全集》第2卷,河北教育出版社,2000年,第14页。
③ 顾随:《顾随全集》第2卷,河北教育出版社,2000年,第17页。

师的气魄,恢复河山的大志也。上片写眼前景,以景寓意;下片写心中意,意中寓景。"在龙蛇影外,风雨声中"①,想"铁马冰河入梦来"的战斗厮杀。

不管是席上送人的《水调歌头》:"文字起骚雅,刀剑化耕蚕",②郁闷难奈时写的《水调歌头》:"说剑论诗余事,醉舞狂歌欲倒,老子颇堪哀。白发宁有种,——醒时栽",③还是在饯送的宴上,都会想起兴业图霸的事,如写送张坚去守汉中的《木兰花慢》:"汉中开汉业,问此地,是耶非?想剑指三秦,君王得意,一战东归。"④剑指三秦,一战而复国东归。

三

再说蕴藉恬淡的。羡季师以"高致"为词之最高境界,他在《稼轩词说·自序》里说:"稼轩之为词,初若无意于高致,则以其为人,用世念切,不甘暴弃,故其发而为词,亦用力过猛,用意太显,遂往往转清商而为变徵,累良玉以成疵瑕,英雄究非纯词人也。然性情过人,识力超众,眼高手辣,肠热心慈,胸中又无点尘污染,故其高致时时亦流露于字里行间。即吾所选二十首中,如《水龙吟》之'楚天千里清秋,水随天去秋无际',《鹊桥仙》之'看头上风吹一缕',《清平乐》之'谁似先生高举,一行白露青天',皆其高致溢出于不觉中者也。"⑤又在《稼轩词说》目录后说明里说:"其于秾丽绵密求之乎,吾之所谓新底蕴藉恬淡也。"⑥羡季师又云:"稼轩性情、见解、手段,皆过人一等。苦水如此说,并非要高抬稼轩声价,乃是要指出稼轩悲哀与痛苦的根苗。凡过人之人,不独无人可以共事,而且无人可以共语。以此心头寂寞愈蕴愈深,

---

① 邓广铭:《稼轩词编年笺注》卷4,上海古籍出版社,1978年,第306页。
② 邓广铭:《稼轩词编年笺注》卷2,上海古籍出版社,1978年,第194页。
③ 邓广铭:《稼轩词编年笺注》卷2,上海古籍出版社,1978年,第101页。
④ 邓广铭:《稼轩词编年笺注》卷1,上海古籍出版社,1978年,第73页。
⑤ 顾随:《稼轩词说·自序》。
⑥ 顾随:《顾随全集》第2卷,河北教育出版社,2000年,第11页。

即成为悲哀与痛苦。发为篇章,或涉愤慨。"又云:"稼轩即不然,实实有此性情、见解与手段,实实感此寂寞,且又实实抱此痛苦与悲哀。"①《念奴娇·重九席上》:"龙山何处?记当年高会,重阳佳节。谁与老兵供一笑?落帽参军华发。莫倚忘怀,西风也解,点检尊前客。凄凉今古,眼中三两飞蝶。　　须信采菊东篱,高情千载,只有陶彭泽。爱说琴中如得趣,弦上何劳声切。试把空杯,翁还肯道,何必杯中物。临风一笑,请翁同醉今夕。"②此词以"龙山"发问,忆昔重九之会,借晋桓温与孟嘉尚可同饮供笑,而自己这一当年抗战老兵,虽志欲抗金复国,今遇重九,追昔抚今,联翩浮想,我辛弃疾却无一人能供事,可同饮供笑者;又拈出千载高人陶公,借他犹能挂冠闲居,悠然东篱,自己却不能,开自己玩笑,苦中求乐,心更苦也。"弦上何劳声切",更道出辛老子凄凉悲哀。正如羡季师所说:"老兵者谁?昔之桓温,今之稼轩也。桓温当年面前尚有一个孟嘉,可供一笑。稼轩此时眼中一个孟嘉也无。往者古,来者今,上是天,下是地,当此秋高气爽,草木摇落之际,登高独立,眇眇余怀,何以为情?所以又有'莫倚忘怀,西风也解,点检尊前客'三句,是嘲是骂,是哭是笑,兼而有之。"③何其悲哀,痛苦。这悲哀和痛苦的根源,是他的复国大志无法实现,他的才智和力量无法施展,这其中蕴含的力量,比之仗剑杀敌的呐喊更能感染人,又何异于利剑刺心也。故对辛老子这类词,不能正面看,只可反转来往深处想。

《汉宫春·立春日》词:"春已归来,看美人头上,袅袅春幡。无端风雨,未肯收尽余寒。年时燕子,料今宵、梦到西园。浑未办(《稼轩词说》作"辨",上古新版《长短句》、龙《词选》、邓《笺注》作"办",今从"办"),黄柑荐酒,更传青韭堆盘。　　却笑东风从此,便熏梅染柳,更没些闲。闲时又来镜里,转变朱颜。清愁不断,问何人、会解连环。生

---

① 顾随:《顾随全集》第2卷,河北教育出版社,2000年,第14、15页。
② 邓广铭:《稼轩词编年笺注》卷4,上海古籍出版社,1978年,第372页。
③ 顾随:《顾随全集》第2卷,河北教育出版社,2000年,第15页。

怕见、花开花落,朝来塞雁先还。"①羡季师云:"于换头'却笑'直至'连环'六句,悟得健字诀。……看他三十六个字,曲曲折折写来,逐句换意,不叫嚣,不散涣,生处有熟,熟中见生。说他劲气内敛,潜气内转,庶几当之无愧。尤妙在说不断,说连环,此三十六个字,便真有不断与连环之妙。若只见他声东击西,指南打北,而不见他谨严绵密,岂非既负古人,又误自己。苦水于此处有个悟入。"即悟得"健字诀"。又云:"前片开端二句。若论'春已归来',实实不见有甚奇特。但'美人头上袅袅春幡'八字上,加之以'看',却何等风韵,何等情致。"即此"看美人头上袅袅春幡"九字,就把春讯写足,真可谓大手笔之简约也。如羡季师所说:"近代人论文动曰经济,即此便是经济。动曰象征,即此便是象征。动曰立体描写,即此便是立体描写。古人曰:'状难写之景,如在目前,含不尽之意,见于言外',亦复即此便是。《四库书目提要》说辛老子词'于剪红刻翠之外,屹然别立一宗'。别立一宗且置,即此岂非剪翠刻红底真本领?一般人又道辛词非本色,即此又岂不是稼轩底惟大英雄能本色也?"②虽于美人头上看见春讯,然无端风雨,余寒尚在,旧燕新归,只能是梦里之景,故"梦"字是写春色的关键。下接"浑未办",浑未办者,即全未置办也。因余寒尚在,春色未现,所见者只能是词人悟出来的,即这悟的本原是"袅袅春幡"。由梦到办的实景,乃进一层说,揭出春天真景:"黄柑荐酒,青韭堆盘。"这时哪里会有这些食品呢?一"传"字揭出消息,还是一个"梦"字,即梦中之景。由"春幡"传来春讯,则以梦、办、传三字翻转递进,把立春的含意和托出来。曰经济:约,即以"春幡"一词,写春讯,省去多少笔墨;曰象征:以人说物,以物寓人,给人以鲜明的形象、深刻的内涵;曰立体描写:体现一个活字,即把一包容万象、由冬变春的景象活泼泼地托给人们看,而词人亦在其中了。连环者何?解不开的愁也。春之将归,却为无端风雨的余寒所阻,不得归也;大好春光,本当使人愉悦,可朱颜已变,故忧愁不

---

① 邓广铭:《稼轩词编年笺注》卷5,上海古籍出版社,1978年,第463页。
② 顾随:《顾随全集》第2卷,河北教育出版社,2000年,第22、23页。

断,且是无人能解开的连环不断的愁。因愁,故怕见花开花落,塞雁北归。愁人不解春意,愁人增岁。如《宋四家词选》所说:"'春幡'九字,情景已极不堪。燕子犹记年时好梦,'黄柑'、'青韭',极写燕安酖毒。换头又提动党祸,结用'雁'与'燕'激射,却捎带五国城旧恨。辛词之怨,未有甚于此者。"①怨深恨笃。借春寒怨人,怨那些阻挡北伐复国的君臣,恨不得用利剑刺穿他们的心肺给世人看。

《八声甘州·夜读〈李广传〉不能寐,因念晁楚老杨民瞻约同居山间,戏用李广事以寄之》,羡季师云:"但于此《八声甘州》一章,却不能不联想到小说中所写之堕龙。看他开端二语,夭矫而来,真与一条活龙相似。但逐句读去,便觉此龙渐渐堕落下去。匆匆者何也?或是草草之意耶?……'落魄'两句便是因地一声堕入泥中。……'风流慷慨,谈笑过残年',纵然极力腾踔,仍是不数尺而坠。直至'汉开边'十五个字,方是风雨晦冥,霹雳一声,掣空而去。龙终究是龙,不是泥鳅耳。至'纱窗外,斜风细雨,一阵轻寒',则是满天云雾,神龙见首不见尾矣。"②活龙不幸而堕入泥中,希望遇雨而复起,若真能复起,则真是一条生机勃勃之活龙,腾踔太空而无阻也。惜无及时雨,只能听雨听风,慨叹兴废了。如陈廷焯《白雨斋词话》云:"辛稼轩,词中之龙也。气魄极雄大,意境却极沉郁。"③

四

不管什么时候,写什么题材,稼轩填词总是自觉或不自觉地于怨愁里暗含剑气。《祝英台近·晚春》④本是咏春的,以咏春写人和物不解他挥之难去的愁。春带愁来,又带愁去,春来春去都是愁,时时刻刻愁不离身也。羡季师云:"一首《祝英台近》只说得没奈何三个字。说

---

① 龙榆生编选:《唐宋名家词选》,上海古典文学出版社,1956年。
② 顾随:《顾随全集》第卷2,河北教育出版社,2000年,第21、22页。
③ 陈廷焯:《白雨斋词话》,人民文学出版社,1983年,第20页。
④ 邓广铭:《稼轩词编年笺注》卷1,上海古籍出版社,1978年,第83页。

起没奈何来,自韦端己、冯正中,多才词人跳这个圈子不出。稼轩这位山东老兵拈笔填词,表现手段,有时原也推倒智勇。但一腔心绪,有时也便与古人一鼻孔出气,也还是没奈何三字。不过前片怕上九字,后尾三句,没奈何尚是是物而非心;尚是贫无立锥,不是连立锥也无。既是怕上,不上即得;春既不曾带得愁去,也只索由他。所以者何?权非己操,即责不必自负也。今日看来,倒是'试把花卜归期,才簪又重数'十一个字,是心非物,是连锥也无,真是没奈何到苦瓠连根苦。"①《谭评词辨》卷二云:"'断肠'三句,一波三过折。结笔托兴深切,亦非全用直笔。"②按:词写分别、送别、伤别;卜归、望归、盼归,到不得归也。古人以分簪卜期,此写才簪又摘,摘了又数,数来数去,总也摆布不开,风与雨,春与愁,交织在一起,难解难分,真没奈何矣。羡季师说,造成这没奈何的权不在稼轩,而在妥协屈膝的君臣,故责不必自负,也不必自责也。在温柔婉转抒发怨愁中把笔锋指向那些君臣。

《江神子·和陈仁和韵》③,本是和韵,词辟头即写望重欢,而意外惊喜,然思来不来,盼得翠被香残,故"肠断新来",新者,乃此次又断肠之谓也。可见此前也曾想而未见断过肠,又知其因相思肠断者再三也。"待得来时"十三字,写盼之切,由始春直到春尽,梅结子,竹成竿还不见来,真令人身死气绝也。上片写思我,下片写我思,即欲我老死温柔乡也。可词人是山东一老兵,总也不忘实现自己的志向:定天山。羡季师云:"温柔乡住得住不得,干他定天山何事?若是定得天山底人,住了温柔乡,也不碍去定。如其不然,纵然不住温柔乡,天山依旧定不得。"④不过这位山东老兵能不能仗剑复国且先不说,可他这一愿望无一日不在也。所以,不管什么时候,写什么题材,总自觉或不自觉地暗含剑气。

---

① 顾随:《顾随全集》第2卷,河北教育出版社,2000年,第24页。
② 龙榆生编选:《唐宋名家词选》,上海古典文学出版社,1956年,第252页。
③ 顾随:《顾随全集》第2卷,河北教育出版社,2000年,第178页。
④ 顾随:《顾随全集》第2卷,河北教育出版社,2000年,第26页。

以剑笔写文章

羡季师《浑融圆润 谐和圆妙》里云:"世人动以苏辛并称,而苦水则以苏为圭角尽去,而以辛为锋芒四射。然其所以致此之因,苦水仍未说破。于此不妨再行漏逗。老辛一腔悲愤,故与自然时时有格格不入之叹,饶他极口称赞渊明,半点亦无济于事。"① 锋芒四射为外,一腔悲愤是内,在稼轩为一体。所以,稼轩词不管写什么,怎么写;或以锋芒四射者为主,而内含一腔悲愤;或以悲愤为主,而内含锋芒,其浑圆一体的词,总带着刺向敌人和邪恶的锋芒剑气。这大抵就是羡季师所说的:"稼轩以剑笔写文章"的表现吧!

张清华 2009 年 6 月 19 日于郑州百花书屋初稿

---

① 顾随:《顾随诗书生活》,北京大学出版社,2008 年,第 88 页。

鲁迅到顾随

——杂文笔法填词杂谈概要

安宁狂生*

一、顾随先生与鲁迅先生

顾随先生十分推崇鲁迅先生,认为鲁迅先生的白话文是运用得最熟练、写得最好的人。顾随先生当然有些词受到鲁迅先生杂文笔法的影响,自不待言。试举一例:

【贺新凉】

又到三春矣。尽教他、吹开吹谢,夭桃艳李。十日九风偏无雨,好个清明天气。奈天色、沉沉欲死。河畔衰杨生意尽,看栖鸦、欲落重飞起。三两点,浮空际。　　中年情调无佳思。甚时时、填词觅句,沾沾自喜。旧日空花新来梦,头上身旁眼底。小楼外、一双燕子。都道此间真个好,弃江南、来往风沙里。君试问,

---

* 安宁狂生:中华诗词(BVI)研究院研究员。

燕何意。

这类词《味辛词》集里颇有。这类词如不从读杂文的角度去读,读不出感受。

二、填词之杂文笔法由来已久

杂文笔法填词,被一些自命清高的人所称的北宋所谓俗词中颇有。比较著名的如王观、王齐叟的一些词。词作为文章之一种,这些词当然有其重要的意义。比较著名的文人词这里举两个例子:

辛弃疾【卜算子】
刚者不坚牢,柔者难摧挫。不信张开口了看,舌在牙先堕。
已阙两边厢,又豁中间个。说与儿曹莫笑翁,狗窦从君过。

刘辰翁【六州歌头】
向来人道,真个胜周公。燕然眇。浯溪小。万世功。再建隆。十五年宇宙,宫中膺。堂中伴。翻虎鼠,搏鹫雀,覆蛇龙。鹤发庞眉,憔悴空山久,来上东封。便一朝符瑞,四十万人同。说甚东风。怕西风。　甚边尘起,渔阳惨。霓裳断。广寒宫。青楼杳。朱门悄。镜湖空。里湖通。大纛高牙去,人不见,港重重。斜阳外,芳草碧,落花红。抛尽黄金无计,方知道、前此和戎。但千年传说,夜半一声铜。何面江东。

到了清代,杂文笔法填词更加普遍,比如《湖海楼词》、《竹眠词》、《板桥词钞》里的一些词。这里不必去抄书。

三、我用杂文笔法填词之实践

【贺新郎·杂感。戏而题之】(2009—10—01 01:06)
清照真重嫁。算明诚、才情相若,性情同雅。金石同勘夫胜友,赌泼茶书消夏。戏一对、鸳鸯潇洒。多少红尘村夫妇,可如斯、胶漆无忧也。是一幅，美图画。　　天公试试教新寡。怕难知、才寒尸骨，动心尤野。琴未断弦弦失柱，弹不成音早舍。受不得、孤衾长夜。确实张生能暖被，撇忠诚、渴雨思云下。才不管，掉回价。

李清照在这里其实只是一个符号。李清照再嫁与否之讨论没有意义。我们假定李清照是一个纯粹的爱情至上主义者，那么，她后来的举动离自己的要求太远，我这里目的主要不是去揭示什么她的悲剧，而是要暗示人在要求别人如何时，必须要自己想清楚自己做不做得到；只有用在真正遇到的事实面前自己是怎么去做的来检验，由此归纳出一些类似的概念，比如清高、闲雅、悲天悯人等等。这些，都是要拿人在遇事时如何处理来检验，如果没做到，那么，平时喊得越响，就越在事实面前更加显得丑陋。这些东西的实质是实践而不是理论。

四、杂文笔法填词不需要温柔敦厚

杂文笔法不需要温柔敦厚，争的效果是一剑穿喉，不留余地。但要在具体中读出抽象，关照现实中普遍现象，词才有意义。

顾随所倡词之一祖三宗论试析

李国明

河北顾随先生词说有《稼轩词说》、《东坡词说》,此外尚有杂出于其所著之《驼庵诗话》、《诗文丛论》中。先生字羡季,别号驼庵,河北清河县人。生于1897年,卒于1960年。1920年毕业于北京大学,后讲学于诸上庠。平生著述甚丰,除上述者外,尚有《元明残剧八种》、《揣龠录》、《佛典翻译文学》、《顾随文集》、《顾随说禅》等多种。而其说词尤为词人所重,其门人周汝昌亦谓:"先生词说一出,一新天下耳目,实乃《人间词话》后第一伟著。"纵观自王国维至顾随先生期间,精于论词之作品不多,故周汝昌此语亦非过誉也。今拈其词说一章试析之,特恐未能道出其奥妙处耳。

倚声兴起之初,犹如今之撰时代曲歌词也,倚声者为求文字悦耳协乐,至其未甚通顺处,亦有所不计,而冀望者,词曲由歌伶演唱,顾曲者酒边闻之,瞬间有所感慨,视为合作。后士大夫亦喜倚声填词,文字

---

* 李国明:香港著名词人,书画家。《岭雅》主编。

渐由大众化而趋高雅,五代北宋初则已发展为一新文学体裁,今可从词学之发展证之。倚声虽云始自隋唐,然直至盛唐以后方盛,因当时社会已趋安定,经济得以迅速发展,长安以及各大城市客商云集,边陲诸民族往来者亦不鲜,一时宴乐蓬勃,流行乐曲多有异以往所歌唱者。既然音乐有所不同,文字亦需随之与往昔之体裁有异,此乃词学兴起之主要原因也。且盛唐以后,近体诗已趋成熟,当时之诗人如李白、白居易、韦应物、刘禹锡等亦喜为此一新兴文学体裁着笔,或许因其有新鲜感,而冀望从中有新之艺术突破,遂使此一新兴之体裁为人注目,然皆作品不多,且视为诗之一部分,附于诗集中而已。直至晚唐,士大夫参与倚声者渐多,无论作品之内容、数量均较盛唐、中唐时丰富,水平亦高,著名者应为温庭筠、韦庄二人。前蜀词技法已臻熟练,但词格不高,佳作较少,今见所传之作品,多为宫廷宴乐,内容狭窄,故为后来论者所诟病也。南唐李后主以倚声崛起江南,其成就除因天分、身世者外,亦有词学自然发展规律之原因。倚声之作,唐及五代俱为小令,且偏重协乐。至南唐北宋时,已非全重音乐,亦留意文字内容矣。今观李后主、冯正中、晏同叔、欧阳修诸家之作,可谓其时乃小令发展至成熟阶段,而诸家亦为当时之最大成就者。每一事物,其成熟之时,亦即其最佳、最完美之时。以此视词之小令,既于南唐北宋已成熟,则其最佳、最完美之时,亦为南唐北宋时矣,此无可置疑者也。

每一艺术体裁当其盛行时,后学者必有所问,如何师承、如何评论古今之作。词亦然,诗亦然。诗论则有元方回撰《瀛奎律髓》一诗选,其旨在排斥西昆诗体;而张大江西诗派,且倡一祖三宗之说,一祖者杜甫,三宗者黄庭坚、陈师道、陈与义也。顾随先生亦尝效方回论江西诗派之法论词,并于其《驼庵诗话》中载有一章谓:"词之'一祖'乃李后主,词之'三宗'乃冯正中、晏同叔、欧阳修。"江西诗派所涉及之诗人与作品乃某一时期、某一诗派之作,所涉及之作者及作品较少,较易作结论,亦易为人接受。顾随先生所倡词之一祖三宗论则涉及唐五代、以及两宋之倚声者,作者及作品繁多,非有真知灼见,焉敢贸然下此定论

顾随所倡词之一祖三宗论试析

耶。实践总结而为经验、而为理论,理论复又指导实践,倚声亦然,自宋以后,词论已见,有清一代尤多,而论及宗尚者则甚少,今持一二与顾随先生之论较之,可知其所倡之一祖三宗论非谬也。如宋黄升《唐宋诸贤绝妙词选》尝评唐李白《菩萨蛮·平林漠漠》、《忆秦娥·箫声咽》二词为百代词曲之祖,细味黄升此语,实谓李白此二词为具有作者名字之最先者、或士大夫词曲之祖而已。因李白之前已有词曲,如今所见"缰邨丛书"所辑之《云谣集》杂曲子一卷,此卷为敦煌石室唐写本,倚声者与创作时间已不可考。此类唐时佚名之作甚多,黄升宁会不知,故考其评李白二词之语,应谓士大夫词曲之祖较恰当,倘曰具作者名字之最先词曲,则无甚意思矣。清人论词,尊清真、白石、梦窗诸家,而以清真为最。倚声自柳永、苏轼始见长调。长调一体至周邦彦可谓已臻善美,南宋以还,除一二人外,倚声者大多未能超出周邦彦之范畴,只能于其某一法度发挥,而成自我风格而已。清人论词亦视为倚声者之圭臬。如清初朱彝尊谓填词者须"家白石而户玉田,方可春容大雅"。晚清周济亦以"问涂碧山、历梦窗稼轩,以还清真之浑化"。戈载编宋七家词选,以周清真、史梅溪、姜白石、吴梦窗、周草窗、王碧山、张玉田七人之词视为倚声正轨与雅音,且意谓此七人为有宋一代倚声者之代表者也。近代王国维于倚声尊唐五代北宋诸家之作,于南宋则独喜稼轩、白石二人而已。在其所著之《人间词话》尝云:"词至李后主而眼界始大,感慨遂深,遂变伶工之词而为士大夫之词",又云:"冯正中词虽不失五代风格,而堂庑特大,开北宋一代风气。""予于词,五代喜李后主、冯正中而不喜花间。宋喜同叔、永叔、子瞻、少游而不喜美成。"观王国维此数论,则知其对李后主、冯正中、晏同叔、欧阳修诸家词作之推崇也。今据前诸家所论,倚声可宗者唯李白、李后主、周邦彦。附之以冯正中、晏同叔、欧阳永叔、姜白石、王碧山、吴梦窗、辛稼轩、史梅溪、周草窗、张玉田诸家。余以为李白词作不多,当时士大夫倚声仍未成风气,其作品对后来者之创作影响不大,黄升所评如前所述非意谓李白词当为倚声者所宗者也。而周邦彦之作,南宋诸家,

顾随研究

以至有清一代大多宗之,其佳处亦有变为滥调者,是以王国维力主宗唐五代北宋词,冀能一洗当时词坛之颓风。顾随先生更倡词之一祖三宗论继之,二人词论之文字虽有异,然其意则一也。

  顾随先生尝评点王国维《人间词话》,对其为人及作品俱甚推重。先生所著之《诗文论丛》中载有其六女顾之京女士一按语谓:"先父向称王国维为静安先生……"由是可以知之矣。其实顾随先生词说亦为王国维《人间词话》之发展。王国维论词喜从大处着笔,顾随先生则深入浅出,每有所论必说得透彻始肯罢笔。二者有异曲同工之妙,此不可不知也。

2009 年 10 月 20 日 于港

论顾随词之创新

李 云

　　顾随先生是20世纪一位非常具有创新精神的词人,素有"苦水词人"之美称,有《无病词》、《味辛词》、《荒原词》、《留春词》、《积木词》、《霰集词》、《濡露词》、《倦驼庵词稿》、《闻角词》九种词集(共计五百多首词)。创新是其词学的艺术追求,早在1921年他即曾表示:"我的主张是——用新精神作旧体诗。改说一句话,便是——用白话表示新精神,却又把旧诗的体裁当利器。"①倡导以新精神作旧体诗词,打破古人的语言传统,解放思想的禁锢,自由地表现新的思想和新的事物,如实地反映"我"所生活的社会和时代精神,使受格律束缚的诗词成为表情达意的文体。创新是顾随词的一大特色和亮点,受到许多学者的关注和赞赏。如吴宓称其词"得中道之至美,以新材料入旧格律,合浪漫之感情与古典之艺

---

* 李云:天津师范大学津沽学院文学系助理研究员。
① 顾随:《致卢季韶信》,见《顾随全集》第4卷,河北教育出版社,2000年,第7页。

术"、"戛戛独造",①俞平伯评其"善以新意境入旧格律",②叶嘉莹称其"对词之写作能具有创新之精神,足以自成一种风格",③刘梦芙称其"掉臂独行,别开生面,洵豪杰之士",④都是着眼于顾随词在创新方面取得的成就而言的。他的词擅长使用新的语言和新的句法表现当代人的思想感情和日常生活,并以"否定式"和象征手法建构具有北方地域色彩的新意境。下面我们将分别从语言、句法、意境三个方面讨论顾随词的创新之处。

一、新语言的运用——以新词语和白话表现思想感情和日常生活

顾随词经常使用一些比较新颖的词语来表达自我思想和情感。如"劳君催索,夜深犹自,吟诵彷徨"(《朝中措·先生觅句不寻常》),写深夜为填词而劳烦不安。"东来海上共伤神。一样沉沦。如君应有千秋业,是谁教、作个词人"(《风入松·燕南赵北少年身》),表达事业无成的心情。"谁知霸气已销沉。有时尝苦闷,无病亦呻吟"(《临江仙·自古燕南游侠子》),表现心潮的起伏不平。"中年情调无佳思。甚时时、填词觅句,沾沾自喜"(《贺新凉·又到三春矣》),写填词偶得的喜悦心情。"庄严。依旧是平凡。冬去又春还"(《木兰花慢·向闲庭散步》),写时光荏苒的感慨。"月底花前,才抽欢绪,已流清泪。只年来诅咒早心烦,也无心赞美"(《灼灼花·不是豪情废》),写烦躁沉闷的心绪。在这些词句中,"彷徨"、"沉沦"、"苦闷"、"沾沾自喜"、"平凡"、"赞

---

① 吴宓:《吴宓·诗话》,商务印书馆,2005年,第226页。
② 俞平伯:《〈积木词〉序》,见《顾随全集》第1卷,河北教育出版社,2000年,第119页。
③ 叶嘉莹:《纪念我的老师清河顾随羡季先生》,见《顾随全集》第4卷,河北教育出版社,2000年,第661页。
④ 转引自闵军《顾随年谱》,中华书局,2006年,第317页。

美"等都是在词体语境中非常新颖的词语。① 再如"莫怪新来无好梦。爱神烦恼诗神病"(《蝶恋花·昨夜宿醒浑未醒》),"老红尘、自有安身处,更不须重问、象牙塔里,十字街头"(《好女儿·地可埋忧》),使用了"爱神"、"诗神"、"象牙塔"等西方传来的词语,特别地富有新意和时代特色。在顾随的词中,这样的例子还有许多。总之,与传统的词相比,顾随先生所使用的词汇更加生动丰富,具有新时代的语言特色。

  顾随先生是白话填词的倡导者,他常常以白话写成的词来反映他的日常生活和工作。如《味辛词》中的《清平乐》四首,成功地运用了白话表现他因生计所迫而起早贪黑地工作,忙忙碌碌中都没有了其他的闲情杂念,甚至连人生中的各种烦恼都忘记了。请看其中的第二首:"眠迟起早。都把愁忘了。磨道驴儿来往绕。那有工夫烦恼。我今不恨人生。自家料理调停。难道无花无雨,不教我过清明。"他觉得自己好像是一头不停地拉磨的驴,这种比喻既生动形象又十分的贴切诙谐,他虽对生活无可奈何,但是却并不怨天尤人,而是忙碌地经营人生,并且乐在其中。再如《无病词》中的《行香子·三十初度自寿》三首,也非常成功地运用了白话,既表现了他苦中有乐、愁中有笑的平常生活:"拚一枝烟,一壶酒,一杯茶","共愁中乐,苦中笑,梦中花";又表现了他读书填词、教书育人的执著与酸辛:"读书自苦,卖赋犹贫","近来生活,力尽声嘶。问几人怜,几人恨,几人知";还表现了他坚强乐观、豁达向上的人生态度:"可唤愁来,鞭愁死,葬愁尸。"白话增强了词的实用性,使古典的词体贴近了现实生活,既让作者容易表达真实的思想感情,也让读者容易理解和接受,从而更易产生感情的共鸣。

---

  ① "彷徨"、"沉沦"、"苦闷"虽然是中国古代汉语系统中的词语,但在词体中却很少被使用。笔者据河北大学尹小林《国学宝典》全宋词检索系统统计,这六个词语在 20083 首宋词中的使用率都为 0。

二、新句法的使用——以排比句和"同异格"增强小词的气势和力量

顾随先生虽然是依照旧谱填词,但往往会打破传统的句法和句式,自然巧妙地运用新句法和修辞技巧来增强词的表现力。其中最具有创新性质的就是重复使用字词并形成排比句式。《荒原词》中有一首《行香子·效樵歌体》,我们试把这首词与朱敦儒的原作做一下比较:

【行香子】 朱敦儒

宝篆香沈。锦瑟尘侵。日长时、懒把金针。裙腰暗减,眉黛长颦。看梅花过,梨花谢,柳花新。 春寒院落,灯火黄昏。悄无言、独自销魂。空弹粉泪,难托清尘。但楼前望,心中想,梦中寻。①

【行香子·效樵歌体】 顾随

不会参禅。不想骖鸾。惯飘零,岁岁年年。趁风海燕,昨夜飞还。甚盼春来,留春住,又春残。 自辟心园。自种心田。自栽花,自耐新寒。一枝一叶,总觉新鲜。问是仙山,是天国,是人间。②

这两首词都为六十六字,属《行香子》的常用体,结尾重复用字,形成排比句。顾随却打破了《行香子》词牌的常规定式,不只是在结尾、在上片重复使用"不"字,下片重复使用"自"字和"心"字,形成两组排比,铿锵有力地表达了自强自立、不屈不挠的思想感情。这种以重复和排比来打破词牌常规句式的现象在顾随先生的词中是常见的。如

---

① 唐圭璋:《全宋词》,中华书局,1999年,第1103页。
② 顾随:《顾随全集》第1卷,河北教育出版社,2000年,第64页。

论顾随词之创新

《青玉案》词牌的结句,句法一般为"二二,二二,二三",且无重复。贺铸的"一川烟雨,满城飞絮,梅子黄时雨",辛弃疾的"蓦然回首,那人却在,灯火阑珊处"都是此句法。但是顾随的《青玉案》(阴晴寒暖无凭准)一首,结句却为"闷无人理,愁无人管,病了无人问",句法为"一三,一三,二三",且重复使用"无人"一词,形成与前人不同的排比句式,强烈地表达出孤独寂寥的心情和处境。

顾随词特别注重修辞技巧,其中最明显的特征就是"同异格"的使用。一般的所谓"同异格",就是在一句话中,字面上同中有异的两个词语对应出现。① 如"烛影伴将人影瘦,月痕照得泪痕干。此身堪恨不堪怜"(《浣溪沙·真个今年胜去年》),三句话中都使用了"同异格",烛影对着人影,月痕照着泪痕,衬托出孤独寂寥和痛苦伤感的情怀。"闲言闲事闲情。而今一笔勾清"(《清平乐·晕头涨脑》),写一笔勾掉烦恼的淋漓痛快。"闲绪闲心成底事,此时此际为谁生。教人南望最伤情"(《浣溪沙·再和》),写对远方友人深深的思念。随手翻开顾随的词,就会发现"同异格"的使用是非常普遍的,而且他把"同异格"由同中有异的词语扩大为同中有异的句子。这些句子或者是同头式:"时似波涛。时似蓬蒿。独自行来行去好心焦"(《添字采桑子·朝来方寸都何物》),表现心潮的起伏不定与焦灼忧虑;"恰似春灯。恰似繁星。恰似游魂自在行"(《采桑子·水边点点光明灭》),描写夜色中忽明忽暗的萤火虫;或者是齐腰式:"不是人间象,犹作人间想"(《千秋岁·独来独往》),衬托出对人世间的失望;或者是并尾式:"说愁绝。更愁绝。愁绝天边月"(《醉花间·题叶上寄君培》),勾勒出冷月下的凄凉;或者同头、齐腰共用:"今年人比前年老。今番梦比前番好"(《菩萨蛮·今年人比前年老》),写出年华虽老梦想却不改变的执著,等等,都丰富生动,活泼有趣,在写景传情的同时形成鲜明独特的艺术特色。

句法的改革创新和修辞技巧的运用所产生的艺术效果是非常惊

---

① 谭汝为:《诗歌修辞句法与鉴赏》,澳门语言学会,2003年,第97页。

人的。如《采桑子》：

> 如今拈得旧词句，不要无聊。不要牢骚。不要伤春泪似潮。心苗尚有根芽在，心血频浇。心火频烧。万朵红莲未是娇。①

在一首八句四十四字的小令中运用两组连珠式的排比句式，而且在"心"字的排比句中还含有"频"字的又一排比，这种大胆独特的写法使小词产生了一种震撼人心的轰鸣效果，全词好像是从词人热血沸腾的胸膛中迸发出来，字字滴血，句句滚烫，表现出作者顽强执著的奋斗精神和积极进取的人生态度。这首词在历代的《采桑子》词牌中可以说是前无古人后无来者的，令我们联想到公孙大娘舞剑器"爟如羿射九日落，矫如群帝骖龙翔。来如雷霆收震怒，罢如江海凝清光"。杜甫是顾随最崇敬的诗人之一，从杜诗中吸取养料和灵感来填词是非常自然的。他这种以诗的手法来填词、大胆运用排比修辞的尝试，使小词获得了一种磅礴的气势，增强了震撼人心的力量。

三、新意境的开创——以否定式和象征手法建构具有北方地域色彩的新词境

（一）"否定式"的创作思维

唐宋词有着比较明显的"南方文学"特色。② 以描写春天为例，在传统词境中，常常出现的景象是娇桃艳杏、绿杨芳草、游丝飞絮，还有伴随春天而来的莺莺燕燕、蜂蝶杜鹃。如"杏花含露团香雪，绿杨陌上多离别"（温庭筠《菩萨蛮》），"樱桃谢了梨花发，红白相催"（冯延巳《采桑子》），"翠叶藏莺，朱帘隔燕，炉香静逐游丝转"（晏殊《踏莎行》）等等。这种种美的意象，构成了词中春天的传统意境——或柔美伤感，或明艳绚丽，或安谧温馨。而这也深深地印刻到读者的头脑中，融入

---

① 顾随：《顾随全集》第1卷，河北教育出版社，2000年，第60页。
② 杨海明：《唐宋词史》，天津古籍出版社，1998年，第12页。

论顾随词之创新

到读者的期待视野中,让人觉得春天就该是这样。顾随却有意地打破这种传统意境,提出"自开新境界,何必似花间"(《〈临江仙·题纳兰饮水〉〈侧帽〉二词》)的创作主张。他曾说:"春的象征就是花。'渐觉棉裘生暖意,阳春原在风沙里'(按:顾随的《鹊踏枝》),这不成,这不是普遍的,这是北地的春天。古人没有这样说的,古人一说春便是花。这是不走古人的路子……"①可见,他把不走古人的路子作为一种艺术追求和目标。

顾随常常运用"否定式"的创作思维,以北地春天的无娇花、无飞絮、无燕子来创造出一种新颖独特的词境。如"海上春无主。嫩杨枝、匀黄未遍,怎生飘絮。姹紫嫣红无消息,谩道美人迟暮"(《贺新凉·海上春无主》),海上的春天冷清寂寞,柳树还没有发芽,怎么会有满天飘舞的飞絮,花还没有开,也不用矫揉造作的哀叹凋落。这种逆向的写作思维对词中传统的春天景象可以说是一种颠覆。再如"三月清明不见花"(《采桑子·恼天气微吟好》),"未见花飞和絮舞。已道春将暮"(《清平乐·春归何处》),"看看三月半。不见双飞燕"(《菩萨蛮·春江鱼浪空千里》)。好不容易有几朵花,却也是"疏疏落落两堤花。莫嫌花太瘦,只此已亏他"(《临江仙·西沽看桃花》),所以只好把"楼外长杨吐穗,任风吹雨打,权当花看"(《汉宫春·梦里神游》)。但是长杨穗也是那么狼狈——"镇日风吹土,长杨垂穗,看他还似花否"(《壶中天慢·旁人笑我》),当然不再有"似花还似非花"(苏轼《水龙吟》)的轻盈和娇慵。这种否定之美在顾随先生的词中处处可见。有时候,他的整首词都会运用这种否定式的写法。如《味辛词》中的《清平乐》:"白天黑夜。黄尘如雨下。这样春天真笑话。便没有他也罢。昨宵细雨如麻。醒来依旧风沙。总算清明过了,虽然没看桃花",写北方的春天并没有桃花可看,只有黄尘如雨,有着几分戏谑的味道。在读者的阅读经验中春天本该是花团锦簇、温馨明媚的,顾词以否定式造成的巨大

---

① 顾随:《〈赋〉十一讲》,见《顾随全集》第3卷,河北教育出版社,2000年,第275页。

反差打破了词在读者头脑中早已形成的传统模式,形成一种否定之美和不美之美,显得别有风味。

(二)象征手法的运用

在否定之美的基础上,顾随词还以独特的狂风、沙尘、阴雨等景象建构了一种萧瑟、残暴、荒寒的具有北方地域色彩的词境。如"飞沙遮断来时路。黄昏待到杀风时,漫天下起濛濛雾"(《踏莎行·放眼楼头》),"镇日黄尘飞万丈。须赏。此间此已是春天"(《定风波·扰扰纷纷》),"三日春阴尚不开。薄云未雨净飞埃"(《浣溪沙·三日春阴尚不开》),"才能几日不春阴,狂风又是沙成阵"(《踏莎行·天气难凭》),"打窗撼屋,一天风势如虎"(《壶中天慢·旁人笑我》),"春雨只销魂。春风不算春。甚天天、风雨黄昏。谁想雨停风住了,阴沉得,怪烦人"(《唐多令·春雨只销魂》),"重五恰如重九日,云漠漠,雨霏霏"(《江神子·去年此际两心知》)等等,在历代的词体意境中都是比较独特而新颖的,超出了读者的期待视野,让读者看到北方真实的地域特色并进一步感受到当时的现实环境。在顾随先生的词中这些奇特的景象并不是孤立存在的,而是与其思想感情有机地融为一体,生动地表现出在特定的社会生活中的特定心态,这种艺术效果的取得在于他对象征手法的熟练运用。

顾随的象征手法并不是单纯地运用某个意象,而是运用整首词来暗示很复杂的情思。如作于1929年的《清平乐》:

怕看风色。掩户眠高阁。索索尘沙窗隙落。睡也怎生睡得。 春来不信春来。花开不信花开。窗外绛桃一树,无言落满空阶。①

表面上看,这首词是在写风沙天气,词人欲要"躲进小楼成一统",但是内心终究不能平静,不能安然睡去。春天虽说是来了但实际上还

---

① 顾随:《顾随全集》第1卷,河北教育出版社,2000年,第63页。

是没有来,花儿虽然开了但也没有情绪赏花。词人的心就像窗外默默凋零的桃树,既凄苦悲凉,又无可奈何。这首词通篇都是用象征的手法写成的,所以还有着更深一层的内涵和意蕴,狂风与沙尘暗示时局的不安,反映了当时社会环境的恶劣,闭门闲眠却无法入睡表达了词人对政治环境的极度不满,以及对国家前途的关心和忧虑焦灼,落花无言寓托着自身不能有所作为、备受煎熬的苦闷。可以说,这是对旧社会一代知识分子报国无路、压抑愤懑的心态的真实写照。以象征的手法来解读这首词并不是牵强附会,而是有着事实依据的。顾随生活的旧社会是战乱纷争的年代,1928年南京政府虽然在名义上统一了中国,但社会时局并没有多大改变,依旧是兵荒马乱、动荡不安。据顾随的书信记载:"(1928年6月17日)天津易帜已将一周,丝毫不见新气象。大胡同商家,仍是开门不开窗。河北一带,大兵云屯,人心浮动。女师校每日必有军队来看房子;刻下后面讲堂已驻有兵士军官多人"[1],这正是对"春来不信春来,花开不信花开"的最好注释。

在顾随的词中风沙尘雾往往象征着恶劣黑暗、动荡不安的社会环境,春天的迟迟不来则暗示着生活的不安宁、政局的不清明以及社会的不稳定。这样的例子在顾随词中有很多,如作于1928年的《添字采桑子》:

> 劝君莫问春来未,已过元宵。又过花朝。争奈轻寒犹自不相饶。　　长街却在风沙里,人影寥寥。灯影摇摇。冒了黄尘独自过红桥。[2]

词写不要问春天来了没有,虽然说在时节上已到了春天,花期也都开过了,但寒潮还是纠缠不休,暗示着国家并没有因为名义上的统一而走上稳定安宁、繁荣昌盛的发展道路。长街被风沙笼罩,可见环境是非

---

[1] 顾随:《致卢伯屏信》,见《顾随全集》第4卷,河北教育出版社,2000年,第364页。
[2] 顾随:《顾随全集》第1卷,河北教育出版社,2000年,第45页。

常的恶劣,人影孤单寂寥,灯影摇摇欲坠,词人顶着黄色的风尘走过红桥,表现了知识分子在昏暗的世道中孤独无助,但却执著地踽踽前进的生存状态。还有作于1929年的《破阵子》:"却笑昨宵祝祷,祈求今日晴明。不道朝来风已起,直到黄昏势未停。长空摇万星。　眼底云翳乍去,胸中块垒初平。仍旧黄尘如雨下,不是年时此际声。宵深笼被听。"天气晴明象征着词人所追求的幸福安宁的个人生活以及清和明朗的政治环境,但老天却不遂人意,从早晨就刮起了大风,一直到黄昏也不见停,把夜空刮得也不宁静,好不容易风平云散了,却又是黄尘如雨,这一连串的残暴意象暗示着民国期间的军阀混战给人民带来的灾难和阴影。词人心情难安,块垒难平,只好在深宵静卧思量,突出了事与愿违的感慨!象征手法的运用使我们阅读顾随词的时候,会联想到当时风雨飘摇的社会背景、黑暗混乱的政治环景,感受到其中包含着千言难尽的酸楚和泪水,体会到更深层次的身世之感和时代之悲。

　　以上我们分别从语言、句法及意境三方面论述了顾随词的创新追求与取得的成果。顾随先生使用新的语言和句法使词体突破了传统的束缚,增强了小词的气势和力量,并以"否定式"和象征的手法建构了具有北方地域色彩的新词境,开拓出一种明显的不同于古人的词风和词境。顾随的词之所以能够取得较高的艺术成就并不只是因为写作手法和技巧的改革,更在于创新的精神和艺术追求,思想的解放促进了语言的解放,抒发情感的需要战胜了格律形式的束缚。总之,顾随先生的词是值得我们后人不断学习和借鉴的,其创新精神也是值得我们深入研究的一种宝贵的学术精神。

雄奇健婉

——论顾随词之艺术风格

李 云

五四以后,词成为一种非主流的文体,备受冷落。然而实际上诸多作家、学者并没有放弃以词来抒写心曲,顾随先生就是其中一位取得卓越成就的词人。顾随(1897—1960)生于河北清河县,青年时期(1920—1927)曾在山东济南、青岛等地任中学教师,后(1927—1960)一直在津、京两地的大学任教,是一位典型的生长于北方大地的学者教授和才子词人。作为20世纪一位著名的词学家,他的主要成果不在词人年谱的编撰与词籍的整理,而在词人词作的讲评和词之创作。顾随素有"苦水词人"之美称,现存《无病词》、《味辛词》、《荒原词》、《留春词》、《积木词》、《霰集词》、《濡露词》、《倦驼庵词稿》等词集,共五百多首词。他的作品不仅数量多,而且风格多样。如刘梦芙在《五四以来词坛点将录》中曾言其小令清丽真淳,新意叠出,长调则语多粗率直俚,有大刀阔斧之风。叶嘉莹也曾言其早期词偏于发扬显露,经过对晚唐五代词之拟作,其词增添了深情远韵之美。无论是从顾随词之类型来论,还是从其词之写作年代来论,顾词都表现出多种艺术风格。

顾随研究

综合而言,可以概括为"雄奇健婉"。

一、雄壮——才子词人的慷慨悲歌

顾随词有着鲜明的刚直个性,其雄壮词风可归属于辛弃疾、陆游一派。刘梦芙《五四以来词坛点将录》称其为"天杀星黑旋风李逵",并指出其明显受辛弃疾之影响。辛弃疾向来是顾随最崇敬和推尊的词人,自少时初学词他就一见钟情地喜爱稼轩。顾随曾言:"意者稼轩籍隶山东,吾虽生为河北人,而吾先世亦鲁籍,稼轩之性直而率,戆而浅,故吾之才力、之学识、之事业,虽无有其万一,而性习相近,遂终如针芥之吸引",可见顾随喜爱稼轩乃是因为性情相近。青年时期的顾随颇有雄心壮志,虽然已是很著名的才子词人,但他却不甘心于只做一个词人。如其1927年在词中写道:"万岁千秋徒虚语,眼看此身将老。且点检、残篇断稿。说到文章还气馁,算个中事业词人小。清泪滴,到清晓"(《贺新凉·天远星飘渺》);"醒来布被无温。不禁对影酸辛。难道老天生我,只教作个词人"(《清平乐·知交分散》)。

同辛弃疾、陆游等爱国词人相似,顾随也有着英雄的胸怀和抱负,渴望为国家作一番事业和贡献,这种思想奠定了其词的雄壮基调。如"把酒劝君君且醉,莫言我辈终穷。中原逐鹿几英雄。文章千古事,手障万流东"(《临江仙·送君培北上》),"极天南,十万貔貅。江山未改,何人谈笑觅封侯"(《金人捧露盘·雪漫漫》),表现出气吞山河、指点江山的英雄豪气,期待在有生之年建功立业。然而,功名和壮举向来都不青睐热血沸腾却手无寸铁的文人。如唐诗人李贺《南园十三首其五》所言:"请君暂上凌烟阁,若个书生万户侯?"所以,顾随青年时代的英雄之梦势必会破灭,他在词中常常表现出一种壮志难酬的惆怅之情:"卅年岁月,回首何事苦凄惶。低唱微吟事业,乞食吹箫生活,人世漫雌黄。试拂箧中剑,尘渍暗无光"(《水调歌头·拄杖去东海》)。箧中宝剑象征其高远追求和伟大抱负,但无情的世道却让这把剑黯淡无光,表现出无用武之地的悲慨。"别旧暗牵旧恨。送行都是行人。也

雄奇健婉

有沉江浮海志,可惜南来北去身。廿年常苦辛。"(《十拍子·别旧暗牵旧恨》)"沉江浮海"是一种惊天动地的气魄和胆识,但却被庸碌的现实消磨得荡然无存,流露出无限的酸辛。这一类词多作于顾随的青年时期,流露出既慷慨激昂又伤感凄凉的情绪,表现出雄壮悲慨的艺术风格。

顾随的雄壮之词既有上面所述的渴望建功立业的悲慨之作,又有歌颂抗日杀敌的爱国之作,如《满江红》(夜雪飞花)、《踏莎行·为老兵送人出关杀敌赋》(百战归来)等等。这些词皆以淋漓尽致的笔墨抒写词人心中的英雄情怀,以慷慨激昂的笔调表现词人的万丈豪情与铁血丹心。试读《鹧鸪天》:

> 说到人生剑已鸣。血花染得战袍腥。身经大小百余阵,羞说生前死后名。　　心未老,鬓犹青。尚堪鞍马事长征。秋空月落银河黯,认取明星是将星①

这是一首英雄之歌,是继苏轼《江城子》(老夫聊发少年狂)、辛弃疾《鹧鸪天》(壮岁旌旗拥万夫)、陆游《诉衷情》(当年万里觅封侯)等雄词壮调之后的又一杰作。词中歌颂了身经百战、奋勇杀敌的英雄将士,他有着视死如归、置功名利禄于度外的高尚情操,同时也表达了词人立志报国的壮志与决心。顾词中所表现的爱国情操比之苏、辛、陆三词更加坚定和乐观,完全抛弃了小我的利益,面对现实的挫折仍然能够奋勇前进,"心未老,鬓犹青。尚堪鞍马事长征"而不是"胡未灭,鬓先秋,泪空流"(陆游《诉衷情》)的落寞与绝望。这种勇于担荷的意志是不老不灭、永远长青的,在顾随的雄壮之词中表现得非常显著,形成昂扬向上的主旋律。

顾随的雄壮之词皆是有感而发,与现实密切相联,有着深厚的时代背景和真实的情感内容,绝不同于一些辛派词人的狂言叫嚣。试读其1933年作的《满江红》:

---

① 顾随:《顾随全集》第1卷,河北教育出版社,2000年,第62页。

顾随研究

> 夜雪飞花,更映衬宝刀如雪。看今夕、健儿身手,立功奇绝。星斗无光天欲泣,旌旗乍卷风吹裂。只衔枚、袭近敌营时,心先热。　　鸣画角,声清越。扬白刃,光明灭。冒枪林弹雨,裹创浴血。保我版图方寸土,是谁青史千秋业。算英雄死去也无名,肠如铁。①

这是一首歌颂抗日杀敌的作品,上片写飞雪之夜紧张的袭营场面,下片写激烈的战斗情景和保家卫国、视死如归的决心。与新时代的小说、散文、诗歌等文体相比,以词来写抗日之歌在形式上似乎不合时宜。但是,保家卫国、视死如归的精神却同样是最宝贵、最高尚和最赤诚的。在国家遭受帝国列强侵凌和瓜分的年代,顾随以词发出"保我版图方寸土"的时代强音,亦是民族的心声。词中不仅歌颂某些无名英雄,而且歌颂了一个不甘于灭亡和沉沦的民族。词中"冒枪林弹雨,裹创浴血"奋不顾身的精神与《义勇军进行曲》中"我们万众一心,冒着敌人的炮火,前进"同样的大义凛然与慷慨激昂。由此可见,顾随的雄壮之词完全可以奠定他在词坛上的重要地位,堪称为20世纪一位以旧词写新声的爱国词人。

二、新奇——创新精神的大胆尝试

顾随先生曾提出以白话表现新精神、开拓新意境的词学主张,他的词在句法、景象和意境等方面都有着创新的尝试,表现出新奇的艺术风格。

首先,顾词之"奇"表现为"同异格"句法的运用。所谓"同异格"就是在一句话中,字面上同中有异的两个词语对应出现。② "同异格"的运用在词中是自古就有的,并不是顾随的新发明,但是顾随却在词中运用得最广泛和集中。如"烛影伴将人影瘦,月痕照得泪痕干。此身堪恨不堪怜"(《浣溪沙·真个今年胜去年》),三句话中连用三组"同异

---

① 顾随:《顾随全集》第1卷,河北教育出版社,2000年,第98页。
② 谭汝为:《诗歌修辞句法与鉴赏》,澳门语言学会,2003年,第97页。

雄奇健婉

格",烛影对着人影,月痕照着泪痕,衬托出孤独寂寥和痛苦伤感的情怀。再如"闲绪闲心成底事,此时此际为谁生。教人南望最伤情"(《浣溪沙·再和》),以两组"同异格"写出对远方友人的深切思念。

顾词中的"同异格"还由同中有异的词语扩大为同中有异的句子。这些句子或者是同头式,如:"时似波涛。时似蓬蒿。独自行来行去好心焦"(《添字采桑子·朝来方寸都何物》),以波涛和蓬蒿比喻心潮的起伏不定与焦灼忧虑;"恰似春灯。恰似繁星。恰似游魂自在行"(《采桑子·水边点点光明灭》),以春灯、繁星和游魂来形容夜色中忽明忽暗的萤火虫;或者是齐腰式,如:"不是人间象,犹作人间想"(《千秋岁·独来独往》),衬托出对人世间的失望;或者是并尾式:"说愁绝。更愁绝。愁绝天边月"(《醉花间·题叶上寄君培》),勾勒出冷月下的凄凉;或者同头、齐腰共用,如:"今年人比前年老。今番梦比前番好"(《菩萨蛮·今年人比前年老》),写出年华虽老梦想却不改变的执著,等等,都丰富生动,活泼有趣,在写景传情的同时形成鲜明奇特的艺术风格,并产生奇特的艺术效果。最具代表性的是一首《采桑子》:

> 如今拈得旧词句,不要无聊。不要牢骚。不要伤春泪似潮。
> 心苗尚有根芽在,心血频浇。心火频烧。万朵红莲未是娇。①

全词好像是从词人热血沸腾的胸膛中迸发出来,句句滴血,字字滚烫,表现出作者顽强执著的奋斗精神和积极进取的人生态度。这首小词在历代的《采桑子》词牌中可以说是前无古人后无来者的,"同异格"运用得非常成功,形成了排比句式,产生了一种震撼人心的轰鸣效果,体现出新奇独特的艺术特色。

其次,顾词之"奇"表现为景象之奇。顾随曾说:"春的象征就是花。'渐觉棉裘生暖意,阳春原在风沙里'(按:顾随的《鹊踏枝》),这不成,这不是普遍的,这是北地的春天。古人没有这样说的,古人一说春便是花。这是不走古人的路子……"②可见,他把不走古人的路子作为

---

① 顾随:《顾随全集》第1卷,河北教育出版社,2000年,第60页。
② 顾随:《〈文赋〉十一讲》,见《顾随全集》第4卷,河北教育出版社,2000年,第275页。

一种艺术追求。以描写春天为例,顾随常常运用"否定式"的创作思维,写北地春天无娇花、无飞絮、无燕子的荒凉景象。如"海上春无主。嫩杨枝、匀黄未遍,怎生飘絮。姹紫嫣红无消息,漫道美人迟暮"(《贺新凉·海上春无主》),海上的春天冷清寂寞,杨柳还没有发芽,怎么会有满天飘舞的飞絮,姹紫嫣红的花还没有开,所以不必矫揉造作地哀叹凋落。再如"三月清明不见花"(《采桑子·恼人天气微吟好》),"未见花飞和絮舞。已道春将暮"(《清平乐·春归何处》),"看看三月半。不见双飞燕"(《菩萨蛮·春江鱼浪空千里》),截然不同于唐宋词中诸如"翠叶藏莺,朱帘隔燕,炉香静逐游丝转"(晏殊《踏莎行》),"绿杨烟外晓寒轻,红杏枝头春意闹"(宋祁《木兰花》)等花红柳绿、燕飞莺语的旖旎意境。顾词中好不容易有几朵花,却也是"疏疏落落两堤花。莫嫌花太瘦,只此已亏他"(《临江仙·西沽看桃花》),所以他只好把"楼外长杨吐穗,任风吹雨打,权当花看"(《汉宫春·梦里神游》),但是长杨穗也是那么狼狈——"镇日风吹土,长杨垂穗,看他还似花否"(《壶中天慢·旁人笑我》),当然不再有"似花还似非花"(苏轼《水龙吟》)的轻盈和娇慵。顾随有时整首词都运用否定式的笔法来写,请看《清平乐》:

> 白天黑夜。黄尘如雨下。这样春天真笑话。便没有他也罢。
> 昨宵细雨如麻。醒来依旧风沙。总算清明过了,虽然没看桃花。①

在读者的阅读经验中春天本该是花团锦簇、温馨明媚的,这是唐宋词所形成的一种传统词境。但是顾词中的春天偏偏却是白天黑夜黄尘如雨,风沙不断,而且无花可看,令人无可奈何,只能置之一笑,有着几分戏谑的味道。这种"否定式"思维造成的巨大反差打破了读者头脑中早已形成的模式,形成一种否定之美和不美之美,体现了顾词中"景象之奇"的特点。

除"否定式"的笔法外,顾词还以直笔描写独特的狂风、沙尘、阴雨

---

① 顾随:《顾随全集》第 1 卷,河北教育出版社,2000 年,第 50 页。

雄奇健婉

等景象,建构了一种萧瑟、残暴、荒寒的具有北方地域色彩的新奇词境。如"飞沙遮断来时路。黄昏待到杀风时,漫天下起濛濛雾"(《踏莎行·放眼楼头》),"镇日黄尘飞万丈。须赏。此间此已是春天"(《定风波·扰扰纷纷》),"三日春阴尚不开。薄云未雨净飞埃"(《浣溪沙·三日春阴尚不开》),"才能几日不春阴,狂风又是沙成阵"(《踏莎行·天气难凭》),"打窗撼屋,一天风势如虎"(《壶中天慢·旁人笑我》),"春雨只销魂。春风不算春。甚天天、风雨黄昏。谁想雨停风住了,阴沉得,怪烦人"(《唐多令·春雨只销魂》),"重五恰如重九日,云漠漠,雨霏霏"(《江神子·去年此际两心知》),等等,在历代的描写春天的词作中都是比较独特而新颖的,超出了读者的期待视野,让读者看到北方真实的地域景色并进一步感受到当时真实的现实环境。

最后,顾词之"奇"还表现为意境之奇。顾随的一些词意境阔大雄奇,于表象之外往往寄寓着更深层次的象征意义,这种手法的运用虽然与中国传统的比兴寄托有相通之处,但是却更加与西方文学中的象征手法相近。如《八声甘州》:

> 怕今宵无处解雕鞍,何须问吾庐。正月尖风紧,星高露重,人在征途。张目四围望去,身外总模糊。无奈青骢马,也自踟蹰。
> 渐渐星沉月落,又青磷走火,野蔽鸣狐。听白杨树上,宿鸟乱相呼。隔长林、夜灯一点,蓦向人暂有暂还无。鞭摇动、马长嘶了,踏过平芜。①

词中单枪匹马的豪侠健儿是词人心目中英雄人物的化身。由"月尖风紧,星高露重"可见天气环境之恶劣,"青磷走火,野蔽鸣狐"更加深了恐怖氛围,"白杨树上,宿鸟乱相呼"亦令人毛骨悚然。这位征途中的英雄先是孤独、踟蹰,不知该走向何处,当他望见那若隐若现的一点灯光,好像找到了希望之光;最终战胜了内心的怯懦,快马加鞭冲出了黑暗的荒野,大踏步地向着希望之光前进。这首词不是"写境",而是"造境",充满了象征主义的暗示性,暗示着词人在现实生活所受的

---

① 顾随:《顾随全集》第1卷,河北教育出版社,2000年,第77页。

困惑和对理想的不懈追求。顾词中多有象征手法的运用,虽是写小景小事,但却也表现了一种新奇的意境。如作于1938年的《临江仙》:

  记向春宵融蜡,精心肖作伊人。灯前流盼欲相亲。玉肌凉有韵,宝靥笑生痕。 不奈朱明烈日,炎炎销尽真真。也思重试貌前身。几番终不似,放手泪沾巾。①

叶嘉莹评这首词"如果用西方的话来说,这是一首很象征化的作品,而且整首词好似在说一个故事,一个事件,整个的故事是象征,还不是说一个语汇的象征而已"②。"一个作品是一个象征"恰恰是顾词形成新奇意境的一个重要原因。

语言是词的载体,景象是词中不可或缺的内容,语言、景象和思想综合而为词之意境。由此,"同异格"形成的奇句,"否定式"所写的奇景,以及"象征手法"所塑造的奇境综合构成了顾词新奇的艺术风格。

三、健婉——隐藏于柔婉中的劲健

词虽不可以豪放和婉约来划分,但其所表现的美大体却可分为阳刚之壮美和婉约之柔美,一位词人往往会兼有此两种之美。如苏轼既有"大江东去浪淘尽"(《念奴娇》),又有"似花还似飞花"(《水龙吟》);辛弃疾既有"千古江山,英雄无觅,孙仲谋处"(《永遇乐》),又有"昨日春如十三女儿学绣,一枝枝、不教花瘦"(《粉蝶儿》);陆游既有"当年万里觅封侯,匹马戍梁州"(《诉衷情》),又有"红酥手,黄縢酒,满城春色宫墙柳"(《钗头凤》)。顾随词也有着阳刚与柔婉的双重之美,既有"说到人生剑已鸣。血花染得战袍腥"(《鹧鸪天》),也有"凝泪眼,画眉弯。更翻旧眉待君看"(《鹧鸪天》)。

顾随的幽婉之词,与其学习并继承前人作品风格有关。顾随初学词最喜稼轩,早期词作多直抒性情并形成雄壮真率的词风。后来,经

---

  ① 顾随:《顾随全集》第1卷,河北教育出版社,2000年,第129页。
  ② 叶嘉莹:《苦水先生作词赏析举隅》,见《顾随先生百年诞辰纪念文集》,河北大学出版社,1999年,第134页。

雄奇健婉

过一段时间弃词不作后,他在 1935 年至 1936 年对《浣花》、《花间》、《阳春》等词进行追和,词风产生了非常明显的变化。恰如叶嘉莹所言"经过此一阶段对晚唐五代词之拟作……使先生之词于原有之率真清健之风格以外,又增加了一份深情远韵之美"[1]。在顾随的和词中,有一些堪与古人原作相媲美的作品,如《采桑子·窗前种得相思树》、《鹊踏枝·长夜迢迢凉露坠》、《浣溪沙·花底移灯独自归》等等,皆情景妙合,尽现晚唐五代词风的缠绵悱恻。试读其和冯延巳《鹊踏枝》八首之三:

明月寒光疑向曙。独坐深闺,检点新情绪。香烬炉烟余淡雾。轻盈还恐随风去。　　日日愁思兼愁缕。一自分携,忘却来时路。陌上花开莺乱语。人间可有相逢处。[2]

词之上片写月光凄寒映着闺中之人彻夜无眠,她独坐着静静地思索自己的生活和情感,时光正在一点一点地流走,不只是香已经燃尽,香雾也要散尽了,"轻盈还恐随风去"以传神妙笔写出了女主人公内心的伤感与哀愁,这些都是夜间的景象。词之下片写白天,她的愁思依旧浓郁得化解不开,对一旦分开就不再归来的负心之人有着无限的怀念和幽怨,处处的灿烂春光和鸟语花香不仅不使她觉得欢喜,反而更加令她烦恼。词中意象缥缈轻柔,写景传情,曲尽其妙,写活了一个兰心蕙质、多愁善感的女子,具有一种低回要眇的婉约之美。

顾随对前人的学习继承是非常广泛的,并不局限于唐宋词人温庭筠、韦庄、冯延巳、晏殊、欧阳修等。在他的词中往往会见《楚辞》、《诗经》之遗风,形成婉约典雅之美。如《南乡子》之二:

山色正苍苍。几杵寒钟送夕阳。我待与君同结伴,徜徉。湖畔宵深踏月光。　　散发袒银裳。眇眇予怀水一方。白雁数声

---

[1] 叶嘉莹:《纪念我的老师清河顾随羡季先生》,见《顾随全集》第 4 卷,河北大学出版社,2000 年,第 664 页。

[2] 顾随:《顾随全集》第 1 卷,河北教育出版社,2000 年,第 116 页。

> 飞过也,凄惶。重露沾衣半是霜。①

山色苍茫,寒钟夕阳,本是一幅萧疏的景象,湖畔深宵的月光使之转化为明澈清朗。散下头发,袒开银白色的衣裳该是何等的潇洒舒畅,但在这清风明月之夜"我"待与君徜徉却不可得,于是产生念远的愁思。深宵中白雁的长鸣显得那么凄惶,"我"长时间伫立苍茫之中,重露沾衣结成白色的霜。全词化用"蒹葭苍苍,白露为霜。所谓伊人,在水一方"(《诗经·蒹葭》)的意境,在色彩上阴暗与明朗相间,在感情上希望与失望相伴,形成低回要眇、清幽婉转的艺术风格。

以上所举的两首作品虽然取得了一定的艺术成就,但还不是顾随最具代表性的词。顾随最具代表性的词当属其健婉之作。"健婉"是一种兼有阳刚与阴柔之美的艺术风格。刘熙载《艺概》曾言:"词之妙莫妙于以不言言之,非不言也,寄言也。如寄深于浅,寄厚于轻,寄劲于婉,寄直于曲,寄实于虚,寄正于馀,皆是。"顾随的优秀之作恰恰有着"寄劲于婉"的艺术特点,在柔婉的外形下隐藏着劲健的意志和笔锋,"柔"只是其词之貌,"健"乃是其词之筋骨。

顾随的健婉之词主要作于1937～1945年。1937年北平沦陷,社会和政治环境发生了巨变,知识分子不仅没有言论自由,还随时有因文字而惹祸上身的危险。顾随就曾把《留春词》词集中有关抗日的两首词撕掉。② 身在沦陷区,他不得不收敛满腔热情,化悲愤激昂之调为低回要眇之姿,运用象征寄托手法,以女子之坚贞美好来寄托内心的执著信念。如《鹧鸪天》(一半秋江雾影涵)中长倚危阑看远帆,期待远人归来的"红袖"佳丽,《鹧鸪天》(谁唱阳关第四声)中罗巾淹泪半成冰,渴望与离人梦中相聚的"眉月"佳人等等,皆以坚贞执著的女性抒情形象寄托词人热爱祖国、期待光复的心曲。试读1938年所作的《鹧鸪天》:

> 不是新来怯凭栏。小红楼外万重山。自添沉水烧心篆。一

---

① 顾随:《顾随全集》第1卷,河北教育出版社,2000年,第125页。
② 顾之京:《女儿眼中的父亲——大师顾随》,中国工人出版社,2007年,第99页。

雄奇健婉

任罗衣透体寒。　凝泪眼,画眉弯。更翻旧谱待君看。黄河尚有澄清日,不信相逢尔许难。①

词中写的是一位身着罗衣、黛眉泪眼、心有期待的女子。然而,这女子却不同于一般的思妇、征妇或怨妇。她是词人自我形象的化身,从"自添沉水"可见其执著,从"一任罗衣透体寒"可见其坚强,从"更翻旧谱待君看"可见其坚贞,从"黄河尚有澄清日"可见其对祖国光复的期盼和必胜的坚定信念。词虽然运用了"红楼"、"栏干"、"重山"这样的传统背景,描写了"罗衣"、"泪眼"、"黛眉"这样的柔婉人物,但抒写的却不只是怀人念远的传统主题,而是在怀人念远中寄托着坚贞不屈的爱国情怀。再如《减字木兰花》:

栖鸦满树。借问行人何处去。满树栖鸦。不信行人尚有家。　云鬟雾鬓。心上眉间多少恨。雾鬓云鬟。倚遍危楼十二阑。②

乌鸦还有树木可栖,行人却不知该宿于何处。"不信行人尚有家"点出因为沦陷而流离失所,无家可归。"云鬟雾鬓"的美人由此而产生无限的愁恨,遍倚阑干,寄托了词人失去国家、无枝可依的感伤忧怨。再如《眼儿媚》:

山光薄暮欲沉烟。月影似弓弯。伤心何限,赤栏桥畔,碧瓦楼前。　严妆和泪无人见,强理旧眉残。纵翻新谱,不描新月,不画春山。③

词写天色已晚,暮霭沉沉。月影似弓照着红桥碧楼,美人无限伤心。虽无人欣赏,却依然和泪严妆强理旧眉。纵然有新的眉谱,她也只画旧眉的样式,不描新月不画春山,以此象征对祖国的忠贞和依恋。

---

① 顾随:《顾随全集》第1卷,河北教育出版社,2000年,第130页。
② 顾随:《顾随全集》第1卷,河北教育出版社,2000年,第140页。
③ 顾随:《顾随全集》第1卷,河北教育出版社,2000年,第143页。

顾随研究

"健婉"之"健"一方面指贯穿于顾随词中坚贞执著、顽强不屈的信念和意志,如以上所论述的几首作品;另一方面乃是指健笔所写的阔大意境和深邃感慨,并由此而形成的刚柔并济的风格。如《临江仙》:

> 千古六朝文物,大江日夜东流。秣陵城畔又深秋。云迷高下树,雨打去来舟。　　忆写瑶笺传恨,更书花叶传愁。篆香消尽事全休。月明还荻荻,风起正飕飕。①

起句境界阔大,气势雄厚,时间与空间交汇,日夜东流的大江见证了六朝的兴衰繁华。秣陵(即金陵)城畔的深秋景象悲凉而壮观,云雾缭绕着枯树,风雨吹打着行舟。下片收敛雄健,出以幽眇之语,既写瑶笺以传眉头幽恨,又书花叶以表心上忧愁,可谓姿态摇曳、千回百转。然而无论是千古江山还是英雄美人都如梦如幻,随着篆香燃烧而烟消云散。现实的世界,只有无言的明月和无情的寒风,令人不由得伤感慨叹。词中既有雄健之笔,盘旋涌动着一股雄放劲健的力量,又有幽眇之语,千种风情和万般幽怨若隐若现,交织成一幅刚柔相济的画面。恰如叶嘉莹所言:"融想象、现实、情深与辞美于一体,达到词之上乘境界","兴象丰融,寄托至深,既有清健之气,复饶情韵之美",②体现出健婉的艺术风格。

综上,顾随是一位既能广泛地向古人学习,又能勇敢地超越古人,形成多重艺术风格的现代词人。他的词既有鲜明的刚直个性,形成雄壮豪放的词风;又有着创新的追求和尝试,在句法、景象和意境等方面都有所开拓;也有着低回幽婉之作,在柔婉中抒发坚韧的意志,形成健婉的艺术风格。

---

① 顾随:《顾随全集》第1卷,河北教育出版社,2000年,第128页。
② 叶嘉莹:《纪念我的老师清河顾随羡季先生》,见《顾随全集》第4卷,河北教育出版社,2000年,第664页。

说到人生剑已鸣 血花染得战袍腥

——略述顾随先生在词体文学上的现代尝试

郑绍平

顾随先生继黄遵宪、丘逢甲的诗词革命之后以战斗的姿态吹响了词学迈向现代生活的号角。顾随先生针对诗文创作在《〈文赋〉十一讲》中提出:"我们要保有古典文学,装入新的内容。"①也就是说诗文词赋的框架可以是唐宋的,或是明清某一流派的,而内容必须是作者自己的实际生活,而不是对古人生活的模仿,这就需要作者面对现代生活的步伐,抓住自己生活中的人与事进行文学创作。所以,顾先生认为:"抓不住实际生活,这样作品是虚幻的,没实在东西也就没有力量;或在若有若无之间,也有一点美,但决非具体东西,那是幽灵。"②他对那些没有作者自己真实生活的作品深恶痛绝。他不仅要求作者的作

---

* 郑绍平:香港诗词学会首席顾问,深圳诗词协会首席顾问。
① 顾随《顾随诗文丛论》,天津人民出版社,1997年,第312页。
② 顾随:《顾随诗文丛论》,天津人民出版社,1997年,第306页。

品要有生活,还要求再现的生活中必须具备作者的理想,他曾说:"没有理想的生活是枯燥的,没有实际的生活是空虚的。"他强调理想与实际结合在一起的生活,强调生活"美"的本质在文学作品中的再现。这种浪漫与现实的紧密结合是古往今来诗词创作所追求的完美境界。假若浪漫是情感的流露,而现实是反思的表述,那么情感与主题间就存在着互相制约的关系,正如刘知几在《史通》中所说"斯皆言近而旨远,辞浅而义深"。尤其对词体文学而言,要在固定的篇幅和文字内,将"情(感)"与"意(观)"两个方面都能表现得尽善尽美,就必须在"情"与"意"之间找到一个黄金分割点。顾随先生以自己的创作实践和具体理论找到了这个分割点,解决了自己提出的既要保有古典文学的框架与韵味,又要在内容上体现生活的理想与现实——这在他以现代语言融入古典诗文的词作中表现得最为突出。

一、小令的诗化与长调的赋化

(一)顾随先生说:"无容怀疑,词,毕竟还是诗。特别是抒情诗。"[①]他认为诗和词的区别只在形式而不在内容。词是诗中之诗,词比诗的范畴要狭小,因格律之严,篇幅之短,这就缩小了词内容的容量。当然,顾先生这里所指"词比诗的范畴要狭小"是针对小令而言的。北宋初期的词体文学还停留在民间歌词形式上的时候,歌词与诗歌本存在着明显的区别。宋代的令词到苏轼才开始转向诗歌化,但因着明显的区别曾被李清照指为句读不葺之诗,这是苏李两派词人对词的理解不同而产生的分歧。宋代的词本是歌唱的,作为歌词与诗歌不同,歌词有它独具的特点。把北宋初期的词与顾先生的词作比较:

---

① 顾随:《顾随全集》第 2 卷,河北教育出版社,2000 年,第 167 页。

说到人生剑已鸣 血花染得战袍腥

【浣溪沙】 晏殊

一曲新词酒一杯,去年天气旧亭台。夕阳西下几时回。
无可奈何花落去,似曾相识燕归来。小园香径独徘徊。

【浣溪沙】 晁补之

江上秋高风怒号。江声不断雁嗷嗷。别魂迢递为君销。
一夜不眠孤客耳,耳边愁听雨萧萧。碧纱窗外有芭蕉。

【浣溪沙】 顾随

千古文章一寸心,杜陵此语重千金。宵长短烛几沉吟。
客气未除豪气减,诗情日浅世情深。当年争信有如今。

我们首先发现,晏殊的词和晁补之的词都具备明确的主观意动性,带有内心自我向客观固定对象的倾诉性,这种主观意动化的倾诉具有内心的"排他性"。而顾先生的词主观自我向客观世界的倾诉中没有固定对象,具有明确的"容他性"。其次,晏词和晁词都不具备诗歌的自反性,而顾先生的词是根据自己设下的假定:"千古文章一寸心,"盘问审视自己的内心世界,有目的、有意识地反思,揭示社会存在"客气未除豪气减,诗情日浅世情深"的现象。最后,将反思的结果落在个人质量,"从'当年争信有如今'反观'杜陵此语重千金'的现象到'千古文章一寸心'"的追求与改造上。纵观晏殊和晁补之的词,都是借客观景色抒发个人情感,将主观情绪"夕阳西下几时回"与"别魂迢递为君销"单方面向客观的"你"第二人称倾诉"无可奈何"、"一夜不眠"的个人感触,这种感觉是"唯你我"才可以体会到的生活场景。顾先生小令的诗化是在苏轼诗词"自是一家"的基础上自觉的从量变到质变的过程;是逐步脱离"排他性",走向"容他性"、"自反性"诗化的漫长过程。

顾随研究

我们从顾先生的其他小令中也可体验到他的诗化后的词里对"容他性"与"自反性"的阐述,如写于 1940 年的《鹧鸪天》:

> 城外遥山渐杳冥,北湖波冷欲生冰。谁家美酒犹堪醉,满市哀弦不忍听。　　添恨绪,减诗情。江南昨夜梦中行。一番雨打风吹后,尚有高枝下落英。

词的发端写景言情与北宋初期的令词并没有什么不同,但下片流水对"添恨绪,减诗情"后,宕出全词的主旨"江南昨夜梦中行"是个人的理想对大众的传达与号召。"一番雨打风吹后"则是对过去沦陷区岁月的反思,而"尚有高枝下落英"是对过去反思之后,把个人心迹向大众的表白。

又如《定风波·潮声入户,败叶敲窗,秋宵独坐,填此自遣》:

> 纵酒吟诗莫说愁。晚来天气好清游。镇日西风吹碧浪。波上。长空万里几渔舟。　　树树霜枫红似锦。缘甚。满林黄叶不禁秋。腰脚中年应未老。谁道。归来已是怕登楼。

同样这首词自下片始到"腰脚中年应未老"也并不是对单一固定对象的倾诉。"谁道。归来已是怕登楼"则是化用王粲《登楼赋》之典内含了自反性。词体文学自苏轼诗化之后,由不自觉地融入了"容他性与自反性"后,便逐渐与音乐分离了;到民国顾随先生等词人面对山河的破碎,出于文人爱国的情怀自觉地在创作中运用"容他性"与"自反性"借词以言志,这样词体就与音乐彻底地分道扬镳了。

自苏轼之后,小令的诗化,便脱离了"当行、本色",开拓了令词的境界。顾先生明确提出了"保存着旧的横的联想的文字美,而加上竖的思想。"[①] 竖向思想的表达,便是词的"意即:主题",这就为词的"情"与"意"的结合找到了最初的黄金分割点。顾先生还总结说:词必须情

---

① 顾随:《顾随诗文丛论》,天津人民出版社,1997 年,第 312 页。

深才可传情,意可浅但必须深刻。他进一步提出了令词要在自反性与深刻性上下功夫,使处于两维平面上"词"的意境,在主旨的深刻上作了延伸后,在平面上的意境演变成了三维空间,给予受众视觉上一个准确清晰的黄金分割点。这个点并且有了空间立体感,由此增加了词"情与意"、"观与感"的厚重感与真实感。

(二)诗与词到底"自是一家"还是"别是一家",自古人们争论不休。词到苏轼手中将之诗化,而在周邦彦开始融赋入词,至辛弃疾手中将长调的赋化达致完美之境。本来"诗"擅用象征性思维,即兴的手法,"词"擅用具象性思维,即比的手法。"赋"的特点是"荀结隐语,宋发巧谈"式的铺陈描写。然而,顾先生认为"词"是"诗中之诗"。他认为"词"是更为精美的诗歌。他将三者一起融入到了他的令词之中。比如,他1940年填写的《鹧鸪天》:

一梦钧天只偶然,旧欢新恨自萦牵。试沿流水寻芳草,但得无风即好天。　　怜此日,忆从前。为云为雨更为烟。朱楼碧瓦今犹在,犹在残霞落日边。

"一梦钧天只偶然",那时的北京已是日本铁蹄践踏下的沦陷区,面对外族的入侵、民族的存亡,顾先生以"钧天梦"——战国赵简子一日睡醒时,叙说梦游钧天,闻广乐九奏的故事为象征(见《史记》卷四十三赵世家,即韶乐)。起拍运用"隐语"以横向的联想,扣紧这个象征着中华民族礼乐恢复的故事,展开对"旧欢新恨"的回忆与思考:"自萦牵"。屈原在《离骚》中说:"何所独无芳草兮,尔何怀乎故宇。"冷静思考后,也试图像屈原一样去怀念、学习京城未沦陷前的那些道德高尚的君子们,企望蹂躏国家民族的风雨——战争快些过去,但愿有明朗的好日子出现。"试沿流水寻芳草,但得无风即好天。"是以赋笔展开内心的"萦牵"。虽然,眼前的今天与过去,大家生活在弥漫着战争硝烟、不见天日的京城之中,仍在日寇的奴役下痛苦地挣扎。"怜此日,忆从前。为云为雨更为烟。"李煜在《虞美人》词中悲观地说:"雕栏玉砌今犹在,只是朱颜改。"李煜

顾随研究

"一旦归为臣虏"之后,放弃了原来的操守,无奈每日以泪洗面。顾先生在国难当头之际却鼓励大家说:"朱楼碧瓦今犹在,犹在残霞落日边。"我们的国家即社稷的颜色不仅不会改变,反而会更加红艳,日寇的气焰已日薄西山了。顾随先生从自己的词学主张出发,以客观具象"钧天梦"为象征,回忆过去,期许未来。由偶然一"梦"触发的感慨,选择视角进行广泛的摄取,产生了对身在"沦陷区做亡国奴"主观心理的撞击,从而道出了个人的抱负——"试沿流水寻芳草"和对社会的关注——"但得无风即好天";进而产生了思想上的抽象飞跃——预感到中华民族最终的胜利。这个借"梦"的感触产生的横向联想都是"诗"的笔法。但是从"试沿流水寻芳草,但得无风即好天。怜此日,忆从前。为云为雨更为烟"的主旨部分进行竖向的思考中,却是运用了具象思维——"词"的笔法。此词虽不是咏物之作,却借用了赋的笔法,使内在的美感特质与外在的写作环境紧密结合,产生双重语境,进一步深化了"唤起民众,相信未来,胜利一定属于我们"的主题。以现代语言形式道出"天行健,君子以自强不息"的心声。

苏轼与辛弃疾的令词,也有诗词"自是一家"之作。如辛弃疾的《菩萨蛮·书江西造口壁》一词:

郁孤台下清江水,中间多少行人泪。西北望长安,可怜无数山。　青山遮不住,毕竟东流去。江晚正愁余,山深闻鹧鸪。

弃疾开篇就点出客观存在的具有历史回顾价值的地名——郁孤台,以先声夺人的方法破题入境,钓出这个"历史意象"借对史实"双重语境"的回顾下推上挽,以"江水"、"人泪"、"长安"、"山峦"等带有感情色彩的具象反复作比,来抒发"久望"的激愤。扣住"望"字向愁中深化,一样道出"天行健,君子以自强不息"的心声。整体上侧重的是象征性思维,即诗的笔法;在写作手法上虽有隐语,但缺乏巧谈式的铺陈描写。

两相比较,顾先生的令词不仅将诗词融为一体,不拘泥于诗词之别,而且使用赋笔进行铺陈展开意境。他的一些令词在整体上运用象征性思维,在细节处理上运用具象性思维,在深化主旨、拓宽意境上融入了赋笔。这个赋笔的运用便将"情与意"、"感与观"的结合点更加清晰化了。这一点是顾先生令词的特色之一。

(三)关于长调词的赋化,顾随先生曾说:"赋物之作最怕赋不成物,然而更怕赋成只是个物,最好赋成似此物而又不全是此物,赋此物的灵魂,使所赋之物是物那样的人,而人又似那样的物。历来咏物赋景之诗词都是同一精神,同一手段,辛弃疾赋水仙也莫不如此,但辛弃疾却又有他独到之处,与平常词人不同。"辛弃疾已把《贺新郎·赋水仙》这个入南吕慢词的长调赋化达致完美境界:

> 云卧衣裳冷。看萧然、风前月下,水边幽影。罗袜尘生凌波去,汤沐烟波万顷。爱一点、娇黄成晕。不记相逢曾解佩,甚多情、为我香成阵。待和泪,收残粉。　　灵均千古怀沙恨。记当时、匆匆忘把,此仙题品。烟雨凄迷僝僽损,翠袂摇摇谁整?谩写入、瑶琴幽愤。弦断招魂无人赋,但金杯、的皪银台润。愁殢酒,又独醒。

《贺新郎》依《南词新谱》,是南吕调的慢词。所谓南吕调,对燕乐而言就是宋代的林钟商,今日音乐的姑洗商(E调)。"云卧衣裳冷"是杜甫《游龙门奉先寺》诗第六句(已从招提游,更宿招提境。阴壑生虚籁,月林散清影。天阙象纬逼,云卧衣裳冷。欲觉闻晨钟,令人发深省)。辛弃疾截搭老杜诗的原句作《贺新郎·赋水仙》一词的首拍,统摄全词。这拍先赋予"水仙"一个直观的形态,如云,如卧,如衣裳俱带有冷意。起拍共四个意象,辛弃疾截取杜甫原句,并不是机械地套用,他与杜甫诗句中营造的"云"与"衣裳"两个实词性意象完全不同,他这里的云已不是云,衣裳也不是衣裳,只"卧"与"冷"两个虚词性意象相类似,辛弃疾"钓出""卧"与"冷"来表现水仙的幽娴的情态。接着是从"卧"与"冷"中看到水仙"幽影""萧然"的外在身形。除水仙外极难有第二种花当得"萧然"二字,萧然既有骚动,又有虚空空寂,还有潇洒幽闲之意,如晋陶渊明《五柳先生传》:"环堵萧然,不蔽风日。"用虚空空寂之意,杜甫诗句《刘九法曹郑瑕邱石门宴集》:"秋水清无底,萧然净客心",是闲远淡泊之意。辛弃疾信手拈来一个既含静态,又含动态,又具情态的形容词来写"水仙",使水仙动中有情,静中也有情。"水边幽影"是常态是静态,"风前月下"是不失本色的变化,是潇洒中的略动;从这朦胧的"风前月下"的动态引出了像曹植在洛水边"凌波步缓,罗袜生尘"一样美丽的幻觉,但辛弃疾并没有沿着曹植对人的美感一直幻想下去,而是用"罗袜尘生凌波去"入幻之后即刻走出幻觉,紧扣住"去"字再让水仙动起来,写出水仙在渺渺然、浩浩然烟波水雾中的情态美。"汤沐"一词专指汤沐邑,是古代天子赐给诸侯的封地,以其地的收入供斋戒沐浴之用,后专指封给女性姻亲的食邑。《礼记·王制》:"方伯为朝天子,皆有汤沐之邑于天子之县内。"郑玄注:"给斋戒自絜清之用。"《史记》卷三十《平准书》:"自天子以至于封君汤沐邑,皆各为私奉养焉,不领于天下之经费。"或称为"汤邑"(汉五日一沐,唐十日)。辛弃疾借用汤邑作双关语(暗说偏安的奢靡幻象),实说水仙如美人出浴那一霎间,继续用夸大手法将汤沐邑变成"烟波万顷",透出他潜意识中"坐对真成被花恼,出门一笑大江横"的念头。然而黄庭坚这两句是抛开水仙抒发自我,辛弃疾却是一心一意在写水仙,自"云卧"一句钓出"卧"、"冷"的意象开始。由"看"字起云腾雾漫,鞭策驱使,以一动、一静、一幻、一感将水仙的情态推挽至此,只是纯客观的描写,已将水仙整体的外在精神淋漓尽致地表现出来了,可是辛弃疾忽将视角聚焦在"爱一点、娇黄成晕"花黄的细节上。所谓花黄是伊人之额黄也。额黄是中国古代妇女的面部妆饰。南北朝时,因佛教盛行,一些妇女由涂金的佛像上得到灵感,于是形成了额部饰黄的风气。开始是以画笔沾黄色染料涂抹在额上,后来用黄色花瓣或饰物贴在额上,亦称"花黄"(对镜贴花黄)。唐李商隐《蝶诗三首》之三:"寿阳公主嫁时妆,八字宫眉捧额黄。"辛弃疾在这里将水仙花这个焦点放大,借

说到人生剑已鸣 血花染得战袍腥

额黄作由"花"到"人"的横渡之桥,这个眼前的水仙原来是水仙一样的人,使人与物交织在一起。于是辛弃疾拉开形象思维的空间一口气唱出:"不记相逢曾解佩,甚多情、为我香成阵。待和泪,收残粉。"这与姜夔《疏影》写梅时"昭君不惯胡沙远,但暗忆、江南江北"如出一辙。"解佩"是汉皋神女与郑交甫的故事,辛弃疾说:我虽没有郑交甫与神女以珠易佩的故事发生,但今日与"水仙"般多情的人一见,她专为我素妆淡抹出来相迎,胜似见那汉皋神女多矣。然而可惜,毕竟美人只在出浴的那一霎间出现,转眼即逝,回天乏术,顿足徒唤奈何。于是从内心深处发出"待和泪,收残粉"的呼唤。这也是屈原"惟草木之零落兮,恐美人之迟暮"式的感叹。平常词人正面咏物至此已力尽。

然而,辛弃疾非一般词人可比,下片看似劈空一笔,他是将《离骚》之意挽起,换头再作过渡,从中抽丝剥茧,形成层层递进式虚写。《怀沙》本是《楚辞·九章》的篇名,是屈原投江前的绝笔,写他怀沙石投水的悲愤之情。"灵均千古怀沙恨。记当时、匆匆忘把,此仙题品。"屈原临死去之前,在《离骚》中题遍众芳,唯独于匆忙中忘了水仙花,这太不公平了!"烟雨凄迷僝僽损,翠袂摇摇谁整?"水仙在烟雨中悲苦迷惘受尽了百般折磨,但"天寒翠袖薄",依然在风中顽强地摇曳着身影,楚楚动人。原来水仙不仅花美,叶子也满有风韵,使水仙中有人的神韵,人中又有水仙的气质。宋陆游《即事诗八首》之三:"烟雨凄迷晚不收,疏帘曲几寄悠悠。"正因此,后人伯牙将它这种百折不挠的精神写入了古琴曲《水仙操》:"滔滔谁起兮群龙怒,黄丝一结兮束丰隆。"嵇康又将它的这种精神写入了《幽愤》诗:"采薇山阿,散发岩岫。"(其实伯牙、嵇康并没有真将水仙写入琴曲与诗歌中,辛弃疾是借《水仙操》与《幽愤》诗的名义作起兴之笔,在虚写中运用意象思维,为招水仙的魂再渡出一个桥段,招水仙之魂,招屈原之魂,招自己叱咤风云之魂,招志士北伐抗金之魂。然而,琴弦已断,无人为赋,只有水仙和我曾经精神焕发地在风前月下摇曳。① 辛弃疾免职赋闲在带湖,身处困境之中十年,空有一腔报国之志,无可奈何似水仙花般殒落。"愁殢酒,又独醒"只好借酒浇愁,沉醉于梦中,到醒时又如屈原一样,世人皆醉我独醒,这是何等的痛苦啊。名为赋物,实是借"卧"、"冷"与水仙的共性一路推挽、寻渡,在腾挪变化中以花自况,达到咏志的目的。

顾先生的长调赋化与辛词略有不同,他晚年(1953年)填的《木兰花慢》一词中把新中国建立之初,整个社会上呈现的,激励全民族发愤图强,改天换地一派欣欣向荣的气象和个人欲大干一番事业的心境表现得最为淋漓尽致:

> 故人书问我,新愈后,近如何。正李广桥边,绵吹高柳,波暖平湖。衰躯、病心渐稳。觉释迦也是老臊胡。学佛直无兴趣,要愁哪得功夫。　雄图,飞将计全输。驰檄更分符。甚射虎南山,夜行却被,醉尉传呼。扶疏,绕檐众树,笑渊明抵死忧吾庐。驾起清牛薄笨,迢迢又上征途。

《木兰花慢》与《贺新郎》一样都是南吕慢词,即今天音乐的 E 调②。李白《送友人》诗说:"浮云游子意,落日故人情。"顾先生借李白诗述题,以"故人"一词暗示一生精神无所寄托,如游子般漂浮不定,到晚年才见到希望。词起拍:"故人书问我,新愈后,近如何",便以双重语境入题引发联想,大病初愈,这病既是指个人也指国家。以"新愈"为核心扣住"近如何"推挽,用一个领字"正"展开眼前一派欣欣向荣的新春气象;继续再用双重语境"李广桥边,绵吹高柳,波暖平湖",引发诗内容理解上的多重歧义,增加诗词的朦胧美与幻觉美。顾随先生本住在什刹海北官房一带,李广桥就在先生故居附近。顾先生将自己身

---

① 的砾:鲜明显著的样子。《文选》左思之《魏都赋》:"丹藕凌波而的砾,绿芰泛涛而浸潭。"《文选》张衡之《思玄赋》:"离朱唇而微笑兮,颜的砾以遗光。"

② 龙榆生:《唐宋词格律》,上海古籍出版社,1978年,第77~78页。

说到人生剑已鸣 血花染得战袍腥

边的真实生活写入词中。李广桥在积水潭通往什刹海的月牙河上,因两岸植有许多柳树,故由桥连通的街道又叫柳荫街。关于李广桥有两个传说:一个据说是明弘治年间的太监李广所建,他依仗权势开凿月牙河,引积水潭水过自己的府邸,然后入什刹海为自己的居所造景;一个据说是古代大将军李广打仗后胜利归来,进德胜门,走德胜门大街,过德桥,来到月牙河上这座桥,从此得名李广桥。《京尘杂录》曾描述李广桥的景色说:"明湖滉漾,大似江南水国,每过其地,辄令人起秋风莼鲈之思。有龙庆堂,水槛,回廊,轩窗四敞,盛夏入其中,一望芰荷芦荻,间与凫鹭鸥鹭,上下浮沉,熏风胜凉,心清香妙,恍如置身海上三神山。"顾先生填词强调:"言中之物,物外之言",将两个传说一起融入词中,不管是曾经祸国殃民的权宦,还是曾干过一番英雄事业人物,今天走过李广桥后,面临的都是国家一片欣欣向荣而又百废待兴的新局面。"绵吹高柳,波暖平湖",一高一平最见顾先生词里物外之言的用意。

"衰躯、病心渐稳。觉释迦也是老臊胡",再用双重语境暗示国家与个人都渐趋强壮,从此人们也不必将命运寄托在神佛的身上了,由此醒悟到释迦牟尼也只不过是一个长满络腮胡子的平常胡人而已。这个"胡"字用得更为绝妙。"老臊胡"一词出于丁福保的《佛学大辞典》:"老臊之夷人也。斥达摩。联灯二十德山章曰:'这里佛也无,祖也无,达摩老臊胡,十地菩萨是担屎汉。'虚堂告香普说曰:'达摩元是老臊胡,释迦老子干屎橛。'"顾先生有意将达摩与释迦互文,让佛祖走下神坛,不再成为救世主。佛说:人有三千烦恼丝,潜心修行便能脱出苦海。顾先生一反佛家之说指出身边正"绵吹高柳,波暖平湖"之时,人们都忙于建设新中国,"学佛直无兴趣,要愁哪得功夫"对未来寄予了深厚的期望。

词的过片"雄图,飞将计全输。驰檄更分符"以"雄图"换头,又是一个含两重词义的意象。江淹《恨赋》说:"雄图既溢,武力未毕",泛指伟大的谋略。这既指国家计划,也借李广暗说自己的雄心。"飞将计全输"指李广军亡导而失道之事。《史记·李广传》:"李广谓其麾下曰:'广结发与匈奴大小七十余战,今幸从大将军出接单于兵,而大将军又徙广部行回远,而又迷失道,岂非天哉?且广年六十余矣,终不能复对刀笔之吏。'遂引刀自刭。"顾先生引用此典之意,是想指出:在大展雄图之时,不应计较过去的失败,要与过去的事一刀了断。"驰檄"指卫青令长史封书与广之莫府:"急诣部,如书",广不谢大将军而起行,意甚愠怒……合军出东道之事(见《史记·李将军列传》)。"分符"指朝廷分封王侯,派遣使节时,用做凭证的信物。分符拥节指封官授爵。如《三国演义》第一百零四回:"臣亮赋性愚拙,遭时艰难;分符拥节,专掌钧衡。"这拍指征战终生而未取到成就得以封侯。

"甚射虎南山,夜行却被,醉尉传呼。"刘辰翁《摸鱼子》说:"看射虎南山,遭逢醉尉,何须饮田父",与顾先生此句"甚射虎南山,夜行却被,醉尉传呼"同为一辙。"甚"字在词中作领字与文章中的词汇"很、过、怎"等意相异,当作"正是、真是"解①,指李广家与故颍阴侯孙屏野居蓝田南山中射猎,尝夜从一骑出,从人田闲饮。还至霸陵亭,霸陵尉醉,呵止广,广骑曰:"故李将军。"尉曰:"今将军尚不得夜行,何乃故也。"止广宿亭下。广出猎,见草中石,以为虎而射之,中石没镞,视之石也,因复更射之,终不能复入石矣。广所居郡闻有虎,尝自射之。及居右北平射虎,虎腾伤广,广亦竟射杀之(见《史记·李将军列传》)。这两拍是倒装句式:真是飞将军李广又怎样?夜行晚归也曾被醉尉侮辱,更何况迷道错失战机,未得尺寸之功的人呢?当了断过去,展望将来,再干一番大事业,才对得起国家与人民。

"扶疏,绕檐众树,笑渊明抵死忧吾庐",司马相如《上林赋》说:"攒立丛倚,连卷栎佹。垂条扶疏,落英幡纚。纷溶箾蔘,猗狔从风。"李善曰:"《说文》:扶疏,四布也。《吕氏春秋》曰:树肥无使扶疏。"陶渊明《饮酒》第三首诗:"结庐在人境,而无车马喧。问君何能尔,心远地

---

① 张相:《诗词曲语词汇释》,中华书局,1979年,第147页。

说到人生剑已鸣　血花染得战袍腥

自偏。采菊东篱下,悠然见南山。……"人间结庐隐居这不仅是陶渊明一生的理想世界,也是千百年来所有读书人的梦想。陶渊明一生所追求的无车马之喧、无俗世纷扰的生活环境,今天我已亲眼看到了,至此一语点明了主旨。"薄笨",顾先生自注说是车名,清牛薄笨即老牛破车之意。《宋书·隐逸传·刘凝之》:"妻亦能不慕荣华,与凝之共安俭苦。夫妻共乘薄笨车,出市买易,周用之外,辄以施人。"收拍一句"驾起清牛薄笨,迢迢又上征途",以老迈之躯,迎着明媚的春光再上征途去完成未竟的事业。

在同一个音乐调式下将辛弃疾词的赋化与顾先生词的赋化两者相互比较理解,发现辛词在"汤沐烟波万顷"处借用汤邑作双关语境后即向"爱一点、娇黄成晕"上收拢。以"额黄"作由"花"到"人"的转进跨越,将"额黄"这个咏物的聚焦点放大,让人感觉到眼前的水仙原来是水仙一样的人,使人与物交织在一起。于是辛弃疾借赋笔拉开形象思维的具象空间向纵深处递进,一口气唱出:"不记相逢曾解佩,甚多情、为我香成阵。待和泪,收残粉。"在反复递进中道出"弦断招魂无人赋",而今我补上屈原的疏漏,继承屈原忧国忧民的情怀,在词的赋化上是借助词藻的铺陈将主题向纵深递进。而顾随先生的词是一路不断地运用双重语境,增加语境的歧义感,给人以扑朔迷离而又朦胧的美感。分别在上下片的"觉释迦也是老臊胡"与"笑渊明抵死忧吾庐"处汇合,直指向落想:"驾起清牛薄笨,迢迢又上征途"。顾随先生词的赋化是借助隐语与巧谈横向展开多维视角,在空间上呈现出多个黄金分割点连成一线来体物言志,在"观"(即思考)与"感"(即情绪)形成的分割线上再现主题。这是两种完全不同的赋化方法。顾先生的小令诗化中融入赋化的目的是为了找到"观"(即思考)与"感"(即情绪)之间的结合点,而长调赋化的目的是为了清晰主题的脉络。

二、婉约词风与豪放词风结合为一体

顾先生说:"南宋写长调者甚多,如吴梦窗、姜白石。然彼等所走乃北宋之路子。北宋长调作者有柳永《乐章集》、周邦彦《清真集》。周清真在北宋词中地位甚重要,北宋词结束于周,南宋词发源于周。宋人词史中有两大作家不在此作风内,一为苏东坡,一为辛弃疾。……周清真之词曰'清真',美得不沾尘土,其人盖亦然。周是女性的,辛是男性的。"顾先生钟爱辛词,但不盲目崇拜,他的一些长调把周词的柔美与辛词的豪宕结合在一起形成了另一种独特的风格。如他的《贺新郎》:

多少萧闲意。废园中、苇塘萧瑟,鸟声细碎。微雨轻风都过了,头上青天如洗。这些事、闲人料理。见说南山曾射虎,算灞陵未短英雄气。千载下,有谁继。　我如引火烧枯苇。想霎时、飞烟万丈,烈红十里。众鸟纷纷飞散去,火舌直腾空际。制造得、无边欢喜。蓦地回头高岗上,烂红缨正被风吹起。枪矗在,斜阳里。

词前有一个小序:"秋来寄居西郊,时时散步圆明园废墟中。芦苇萧瑟,弥望皆是,傍晚有人持长矛立高岗上,意其逻者也。"当看到高岗上手持长矛在秋风中的巡逻者,诗人心情激动,历史的往事不由地涌上心头,引发了的一系列的联想。

1860年10月,清代咸丰年间,入侵北京的英法联军大肆劫掠了圆明园内文物书画、珠宝玉器。随后,英军头子额尔金为了消灭劫掠的罪证,因而极其野蛮地下令纵火焚毁了这一举世闻名的"万园之园"。当时的侵略者为了掩盖自己纵火劫掠的罪责,大造舆论说:"中国官员与流民在英法联军攻陷圆明园时,因监守自盗,为蒙混自保,随纵火烧园。"一时众说纷纭,扑朔迷离,莫衷一是。此说流传于民间直至改革开放后,香港摄制的影片《火烧圆明园》中,还有一段这样的镜头描述:英法联军侵入北京圆明园地区后,奸淫掳掠,当地的村民猎户奋起反抗,后因寡不敌众,在清管园大臣的主动引领下,退入圆明园内供奉清帝列祖列宗画像的宫殿(安佑宫)内,随后英法侵略军尾追而至,于是发生了劫掠和焚毁圆明园之事,也未明确烧园之责。火烧圆明园69

说到人生剑已鸣 血花染得战袍腥

年后,诗人闲游散步时,偶然亲眼见到高岗上手持长矛自愿守卫废园的东北旺肖家河当地老百姓时,借诗词为手段,以百般悲愤的心情,揭穿了侵略者欲盖弥彰的阴谋。这是词前作一个小序的目的。

诗人虽悲愤激动,然而首拍却说:"多少萧闲意",以潇洒悠闲的心情统摄全篇。唐顾况《山居即事》诗说:"下泊降茅仙,萧闲隐洞天",宋林逋《送思齐上人之宣城》诗说:"萧闲水西寺,驻锡莫忘归",都是说潇洒悠闲的隐逸之心。诗人在《驼庵诗话·总论》[①]中说:"热烈过去到冷静,才能写出热闹热烈的作品",并且说:"好的抒情诗都如伤风病,善感染。如宋玉《九辩》:'悲哉秋之为气也'一句千载下还活着。而人读之受其感染……写者成功而读者也不可忘了自己,读'悲哉'一句若使我们忘了自己,在宋玉是成功了,而在我们是失败了。"同样,我们观察事物,不能跟着事件的情节发展而被激动,被感染,去呐喊,应该在冷静之后再将情节发展、演变的过程记录下来去感染读者。由此诗人提出了解决的方法,诗人在谈《义山诗梦的朦胧美》时[②]说好的诗歌要先将情感沉下去再浮出来:"一类诗写欢喜便是欢喜,写悲哀便是悲哀,而观照诗人则在欢喜烦恼时加以观照,看看欢喜烦恼是什么东西。一方面观,一方面赏,有自持的功夫(沉得住气,不是不烦恼,不叫烦恼把自己压倒,不是不欢喜,不叫欢喜把自己炸裂)。此即所谓情操。必须对自己情感仔细欣赏、体验,始能写出好诗。""实则有许多诗人因情感热烈把诗的美破坏了"。顾先生正因为是在自己创作理论指导下填词的,内心很清楚这一点,所以当他看到高岗上手持长矛自愿守卫废园的巡逻者异常激动后,在《贺新郎》起拍才用十分沉静的心情"多少萧闲意"领起全篇。同时,"萧闲"一词除本身意义外,还是蔡松年(1107—1159)的名号,他是金代前期的重要词人,也是辛弃疾的老师。

---

① 叶嘉莹笔记,顾之京整理:《顾羡季先生诗词讲记》,台北桂冠图书出版公司,1992年,第13~15页。

② 叶嘉莹笔记,顾之京整理:《顾羡季先生诗词讲记》,台北桂冠图书出版公司,1992年,第265页。

他的词作高情远韵在文学传统方面的渊源主要有二:东晋奇韵与东坡词风。顾先生将"萧闲"一词的两义一起纳入了领拍之中,并暗示了后文必用苏辛词风。

"废园中、苇塘萧瑟,鸟声细碎",宋玉《九辩》说:"萧瑟兮,草木摇落而变衰",苏轼《满江红·江汉西来词》:"空洲对鹦鹉,苇花萧瑟",谭献《桂枝香·瑶流自碧词》:"拾翠汀洲,密意总成萧瑟",具言废园中秋风瑟缩,芦苇在河塘摇落,周围一片寂静冷清,偶尔有一两声鸟雀的叫声。"微雨轻风都过了,头上青天如洗",黄庭坚的《捣练子》说:"梅凋粉,柳摇金。微雨轻风敛陌尘。厚约深盟何处诉,除非重见那人人。"天气晴朗,面对着废园中的残迹,内心有一种类似黄庭坚面对梅花的感觉。顾先生从起拍至此一直用冷静的视角观察,借隐语,以婉约笔法渲染周围环境,暗示圆明园的兴衰都已成为过去了,即使有悲愤也无处可诉了。

蓦地,作者将笔锋一转说:"这些事、闲人料理",把这些悲情恨绪交给那些闲着没事的人去感叹吧!白居易《对镜偶吟赠张道士抱元诗》:"眼昏久被书料理,肺渴多因酒损伤。"这里"料理"是"煎熬、折磨"之意。"见说南山曾射虎,算灞陵未短英雄气",这一拍由实写景色开始转入虚写人物。"见说"一词,"见"字与动词连用时,在古汉语中是动词的被动用法"被大家传说",引申作听说解。李白《送友人入蜀》:"见说蚕丛路,崎岖不易行",张炎《高阳台》:"见说新愁,如今也到鸥边",都是作听说解。听说像李广那样的射虎英雄,细算来也曾受过如灞陵尉这样小吏的气,他虽然是睚眦必报,也无损其英雄气魄。李广"尝夜从一骑出,从人田闲饮。还至霸陵亭,霸陵尉醉,呵止广,广骑曰:'故李将军。'尉曰:'今将军尚不得夜行,何乃故也。'止广宿亭下。居无何,匈奴入杀辽西太守,败韩将军,后韩将军徙右北平。于是天子乃召拜广为右北平太守。广即请霸陵尉与俱,至军而斩之"(见《史记·李将军列传》)。这是作者的言中之物,物外之言是李广那样的将军不仅使入侵虎视之强敌胆寒,不敢越我关山一步,对待宵小之徒也绝

说到人生剑已鸣 血花染得战袍腥

不手软。国家就需要这样的将军震慑强敌,治理军队,来保护人民生命财产的安全。

"千载下,有谁继",李广的英雄气概曾经不仅使外界虎视的强敌无不心怯,也使内在的宵小之徒无不胆寒,从汉武帝打击外族入侵,封狼居胥之后到今天已是一千多年过去了,又有谁继承了李广的胆略与作风呢?无人啊!至此作者已经沉下去感物激发的情绪,在冷静观察后,借李广事迹重新激发出来,在上片以"这些事、闲人料理"为界使婉约凄柔的情绪与豪宕疏朗的思考产生了互动。

从"见说"一拍开始已作入幻虚写,作者的情感一直在联想的思路上驰骋。岑参有《至大梁却寄匡城主人》诗说:"长风吹白茅,野火烧枯桑。故人南燕吏,籍籍名更香。"岑参的诗更加速了作者的联想。"我如引火烧枯苇",假若我将这废园,将这一片寂静冷清的国家,将这沉睡的民心,用一把大火唤醒他们会如何?这个自我盘问是词的核心,是冷静的思考,也是作者情感重新被激发出来的细节描写。

"想霎时、飞烟万丈,烈红十里",我想一瞬间这星星之火就会形成燎原之势。李白《独坐敬亭山》诗说:"众鸟高飞尽,孤云独去闲。相看两不厌,唯有敬亭山。"烈焰冲天之时"众鸟纷纷飞散去,火舌直腾空际",我面对燃烧的大火,面对飞散的众鸟,面对历史的残痕,独自在这废园中欢呼。

"制造得、无边欢喜",我亲自制造的这个轰轰烈烈的场面,让我很陶醉。"蓦地回头高岗上,烂红缨正被风吹起",忽然回头一笔将作者从幻觉中拉出来,视觉回到现实之中,看见高岗上的巡逻者,那长枪上的红缨正在西风中飘舞,闪闪发着火红的亮色,也许正是我想象中那燎原的星星之火。《诗经·郑风》中《女曰鸡鸣》:"子兴视夜,明星有烂",《汉书·王莽传上》:"四年于兹,功德烂然",这里"烂"字皆作"光明、显著"讲。

"枪矗在,斜阳里"一拍以积极的态度收住与上片"千载下,有谁继"的无奈的感叹形成鲜明对比。绕回到领拍"多少萧闲意",这"萧闲"两字的隐语也就被揭示出来了。蔡松年,本是真定(今河北正定)人。宋宣和末从父守燕山,宋军败绩时随父降金,天会年间授真定府判官。他虽然一生官运亨通,但其作品中却流露了颇为矛盾的思想感情。他自称"自幼刻意林壑,不耐俗事"(《雨中花》词序),后曾"买田于苏门之下","将营草堂,以寄余龄"(《水龙吟》词序)。内心深处尝潜伏的民族意识则又使他感到"身宠神已辱"、"低眉受机械"(《庚申闰月从师还自颍上,对新月独酌》),"违己交病,不堪其忧"。这种思想感情一直困扰了他终生,因此他才写出:"离骚痛饮,笑人生佳处,能消何物。夷甫当年成底事,空想岩岩玉璧。五亩苍烟,一丘寒碧,岁晚忧风雪。西州扶病,至今悲感前杰。我梦卜筑萧闲,觉来岩桂,十里幽香发。嵬隗胸中冰与炭,一酹春风都灭。胜日神交,悠然得意,遗恨无毫发。古今同致,永和徒记年月。"①这首词就表现了词人对现实的不满、对官场的厌倦和对自己变节的不安以及由此引发的隐居避世的向往。

顾先生在词的开篇以"萧闲"作隐语,目的就在于劝慰那些正当强敌环视中国之际,每一个中国文人都应当把握住自己的气节与情操,不可做蔡松年那样降敌的文人,使自己一生都觉得失去了做人的气节。"多少萧闲意",当内心潇洒悠闲之际看到"枪蠹在,斜阳里"时,一点儿也不可悠闲地放松了自己的警惕性,每一个中国人都要时刻警惕着各式各样入侵的敌人。词虽写于1929年,但正因此,当北京陷于日寇铁蹄下时,他才能坚持自己的操守,没有和周作人他们同流合污。

我们从这首《贺新郎》的解读中看到了顾先生把婉约凄美的词风与豪宕疏朗的词风结合在一起的方法。

(一)将词中主观情感与客观观察分为"感"(即情绪性的)与"观"(即理智性的)。他认为:"唐人重感,宋人重观,一属于情,一属于理,

---

① 叶嘉莹笔记,顾之京整理:《顾羡季先生诗词讲记》,台北桂冠图书出版公司,1992年,第13~15页。

说到人生剑已鸣 血花染得战袍腥

宋人重观察,观察是理智的。"[1]他举杜甫诗句"暗飞萤自照,水宿鸟相呼"和陈与义诗句:"蛛丝闪夕霁,随处有诗情"为例,认为"暗飞萤自照",似"观"而真是"感";"蛛丝闪夕霁"句太清楚,凡清楚的诗句皆出于"观"。诗应该表现对生活的一种憧憬、一种渴望,是近似梦的一种感觉。所以诗歌要力求诚于中而形于外,有自己的思想、感觉、情感,失去这一点就失去了诗人创造的资格。这是两种词风结合的大前提。诗词如同一只翱翔在山海之间的鸟儿,"观"与"感"是两翼,两者必须保持平衡才能飞向幻想的天空。

(二)诗词也要讲"典型环境"中的"典型性格",讲结晶升华后的生活本质,讲豪爽中的凄美,委婉中的疏放。这就要求将热烈的情绪先经过冷静的处理,经过"典型化地提炼与升华"沉下去再出来。顾先生举黄仲则《都门秋思》:"寒甚更无修竹倚,愁多思买白杨栽"和李商隐的悼亡诗"更无人处帘垂地,欲拂尘时簟竟床"为例,两者相较他认为黄仲则的诗是理性观察后冒出来的,太清楚了。而李义山的诗是真的伤感,假若妻子仍在,断不会如此寂寞,也绝不会令簟上尘满。妻亡后,人已衰老,筋力不及,竟混得如此邋遢。这里"帘垂地"、"簟竟床"都蒙上了一层迷离的色彩。李义山是情感沉下去后再浮现出来的悲哀,是委婉中的疏放,这种疏放是含泪的倾诉。而黄仲则"寒甚更无修竹倚",天气过于寒冷,翠竹都冻死,便无竹可倚了。这是理性对客观的观察。婉约凄美的词风与豪宕疏朗的词风结合在一起的具体方法就是:沉下去再出来使两种风格产生互动,在互动中再现生活美的本质,使之得到艺术的升华。

(三)顾先生说:"诗人达到最高境界是哲人,哲人达到最高境界是诗人,即因哲理与诗情最高境界是一。"[2]诗词中道理可讲,唯所讲不可

---

[1] 叶嘉莹笔记,顾之京整理:《顾羡季先生诗词讲记》,台北桂冠图书出版公司,1992年,第269页。

[2] 叶嘉莹笔记,顾之京整理:《顾羡季先生诗词讲记》,台北桂冠图书出版公司,1992年,第268页。

浮浅,必须深刻。要将诗情与哲理融为一体。他说老杜《秦州杂诗》:"浮云连阵没,秋草遍山长"就是将"哀鸣思战斗"的人生哲理,都融于对景色和情感的描述之中了。婉约凄美的词风与豪宕疏朗的词风结合在一起的第二个方法就是:要将诗情与哲理融为一体,所讲哲理不可浮浅,必须深刻。

(四)婉约凄美的词风与豪宕疏朗的词风结合在一起时,不可提倡性灵、趣味,应该注重韵味。韵是修养来的,而非勉强来的。修养需要努力,其后再泯去人力的痕迹成为自然才能有韵致。顾先生举例说:"'美酒饮教微醉眼,好花看到半开时',邵雍的《安乐窝中吟》诗句,凡事留有余味是中国人的常情。"[①]韵致也是两种词风的结合点,尤其犯调的词,换韵处便是情绪转换处。

(五)盖在诗词中最重要,诗词最忌平铺直叙。诗讲起承转合,词更讲换头,这是开合转递的关键处,也往往是两种词风交接点,这个点往往又是词的主旨突显处。我们从顾先生赋化的词中也嗅到了现代词的气息。

总之,婉约凄美的词风与豪宕疏朗的词风的结合,就是"观"与"感"的结合。

三、双声叠韵与飞沉是"词"旋律形成的主要因素,也是情感与观察的结合处

顾随先生说填词要讲"篇中的'旋律'好像就不大有人理会了。"他又说:"这里所谓'旋律',不单指、当然也包括句中每一个字的平仄……此刻要说的是下面这种旋律,一首中每一个字的音色和音量之强弱、高低、宽窄、粗细以及安排和搭配。这只有声可寻,却无谱可查。"顾先生这里所讲的"旋律"本质就是依汉语语音高度有规律地形

---

① 叶嘉莹笔记,顾之京整理:《顾羡季先生诗词讲记》,台北桂冠图书出版公司,1992年,第26页。

成的曲线。这个曲线其实对燕乐而言就是四声阴阳的搭配和双声叠韵的运用,以音高所显示的五线谱,如将五线谱上的乐音所代表的位置连成线就会形成很直观的一个音高起伏的函数图表,这个函数曲线就是顾先生这里所讲的旋律。

(一)汉字的四声阴阳最初起源于唐代的"长安八声"。日本僧人了尊记录的"长安八声"的调值尤为具体。原文如下:

平声重,初后俱低;平声轻,初昂后低;

上声重,初低昂;上声轻,初后俱昂;

去声重,初低后偃;去声轻,初昂后偃;

入声重,初后俱低;入声轻,初后俱昂。①

这份调值的记载十分重要。了尊发现了汉字的字音(按:这里专指"长安"音)由于声母(包括"零声母")有清、浊的不同,通过声调的调头位置和调身升降就可听得出有高低、曲折的区别;并找出声调随清声母则高、随浊声母则低的规律,于是把"四声"按其声母各分"轻"(清)、"重"(浊)两大类。依黄侃和姜亮夫、潘重规的分析,《切韵》形成之前的两汉魏晋汉语语音声母只有十九个正声:

牙(角)音:见、溪、疑;

舌(徵)音:端、透、定、泥、来;

唇(羽)音:帮、滂、并、明;

喉(宫)音:影、晓、匣;

齿(商)音:精、清、从、心。②

因外来文化的融入,尤其佛教文化中经文在梵汉互译对音时,十九正声开始有了轻重之变,由此形成了唐代的"长安八声",到唐宋通

---

① 马伯乐:《唐代长安方言考》。
② 姜亮夫:《中国声韵学》,世界书局,1933年,第99～110页。

语时代——河洛语音演变成三十六个声母：十八个清声，十八个浊声。这一点北宋的《广韵声系》和《韵镜》给予了详尽的总结。南渡后语音又发生了部分清音浊流与浊音清化等现象，宋代通语不再严格按三十六个声母的清浊区分四声阴阳。黄公绍的《古今韵会举要》依当时雅音（即宋代通语语音，他在《礼部韵略七音三十六母通考》的序言中说："韵书始于江左，本是吴音今以七音母通考韵字之序，惟以雅音求之，无不谐叶。"）又把三十六个声母纵向按发声部位分为：牙、舌、唇、次唇、齿、次齿、喉七音（宋代黄公绍在汉语五音的基础上，依当时实际语音加入了次唇、次齿合为七音——见郑樵《通志·七音略》）；横向按音高、音量分为：清音、次清、次清次、次浊次、次浊、浊音六类。这就使四声阴阳音量不仅有了高低、粗细之分，也使音色有了宽窄、强弱之别。这个语音传统，因南渡后形成的特殊政治气候，大部分保留在粤方言与闽南方言之中。依照粤方言九调高低（1935 年前粤语还曾保留有十一个声调乐音的调值），即当 1＝C 时：

阴平＝阴入＝7（入声是短音 7 0）；

阳平＝2；

阴上＝6；阳上＝阴去＝中入＝5（入声是短音 5 0）；

阳去＝阳入＝3。（入声是短音 3 0）

这也就是顾炎武为什么说黄公绍的《古今韵会举要》是"自元至今词人相承用之"的原因了。（见《音学五书》第 30 页）

依粤方言标出顾随先生《蝶恋花》的四声阴阳：

才阳平 送阴去 春阴平 归阴平 秋阴平 已阳上 暮阳去。

今阴平 日阳入 孤阴平 游阳平，前阳平 日阳入 同阳平 来阳平 路阳去。

欲阳入 落阳入 斜阳平 阳阳平 浑阳平 不阴入 语阳上。

青阴平 山阴平 对阴去 拱阴上 云阳平 来阳平 去阴去。

说到人生剑已鸣　血花染得战袍腥

　　暗阴去 祝阴入 天阴平 公阴平 休阴平 再阴去 误阳去。
　　莫阳入 起阴上 霜阴平 风阴平，莫阳入 下阳去 凄阴平 凉阳平 雨阳上。
　　留阳平 得阴入 红阳平 酣阴平 枫阴平 几阴上 树阳去。
　　伴阳去 人阳平 夜阳去 夜阳去 相阴平 思阴平 苦阴上。

我们把标上四声阴阳后的《蝶恋花》转换成依乐音高度标注的旋律，则《蝶恋花》一调依《乐章集》注"入小石调"。宋代的小石调，按沈括的《梦溪笔谈补笔谈》记载律应林钟，是仲吕宫的商调，即今日的无射宫的商调、西乐的^{b}B调。填此词时在不违反节奏与旋律走向的情况下，要在词谱中可平可仄的文字上下功夫，应尽量使用接近"2"这个乐音的平声，形成以平声为主的商调式。这是因为当$1=^{b}B$时，文字的四声阴阳是：

阴平＝阴入＝1(高音)(入声 10)；

阳平＝$^{b}3$＝$^{\#}2$；

阴上＝$^{b}7$；

阳上＝阴去＝中入＝6；(入声60)

阳去＝阳入＝4。(入声是短音40)

以此，则形成由骨干乐音组成的文字旋律起伏的曲线(我们为了便于大家理解，标成简谱)：

　　$^{\#}2-6-\dot{1}-\dot{1}-\dot{1}-6-4$。$\dot{1}-\underline{40}-\dot{1}-^{\#}2$，$^{\#}2-\underline{40}-^{\#}2-^{\#}2-4$。

　　$\underline{40}-\underline{40}-^{\#}2-^{\#}2-^{\#}2-\dot{1}-6$。$\dot{1}-\dot{1}-6-^{b}7-^{\#}2-^{\#}2-6$。

　　$6-\dot{1}0-\dot{1}-\dot{1}-\dot{1}-6-4$。$\underline{40}-^{b}7-\dot{1}-\dot{1}$，$\underline{40}-4-\dot{1}--^{\#}2-6$。

　　$^{\#}2-\dot{1}0-^{\#}2-\dot{1}-\dot{1}-^{b}7-4$。$4-^{\#}2-4-4-\dot{1}-\dot{1}-^{b}7$。

这个起伏曲线只是文字音高与音量的基本旋律,还不是歌曲音乐的旋律,要形成歌词演唱的旋律,作曲家还要根据不同唱腔的特色、不同地区音乐旋律框架的特点、歌词与方言对调式变化的要求,加上字与字间的过腔与润腔及后缀音等才能形成真正的音乐旋律。当然作曲家在谱曲时,所依赖的基础就是骨干乐音组成的文字旋律。顾先生很清楚这一点,所以强调一首词中每一个字的音色和音量之强弱、高低、宽窄、粗细以及安排和搭配。《文心雕龙·情采》也说:"凡立文之道,其理有三:'一曰形文,五色是也;二曰声文,五音是也;三曰情文,五情是也。'"所谓"声文"就是顾先生提出的由音色、音量组成的文字旋律。旋律的高潮处正是"观"与"感"最好的结合点。

(二)顾先生的词不仅重视四声阴阳搭配组成的文字旋律,还重视声音长短缓促的配合使用。顾先生在《诗词散论》中说:"入声与平声,特别是穿鼻音平声,是两个对立面。"宋代的郑庠曾把汉语的韵母依收音的口型不同分为六大类:

穿鼻韵:东冬钟、江阳唐、庚耕清青蒸登三部其字必从喉间反入,穿鼻而出作收韵。

展辅韵:支脂支微齐灰、佳半皆咍二部其字出口后必展两辅如笑状作收韵。

敛唇韵:鱼虞模、萧宵爻豪、尤侯幽三部其字在口半启半闭,敛其唇以作收韵。

抵腭韵:真谆臻文欣魂痕、元寒桓山先仙二部其字将终之际以舌抵着上腭作收韵。

直喉韵:歌戈、佳半麻二部其字直出本音以作收韵。

闭口韵:侵、覃谈盐沾严咸衔凡二部其字闭其口以作收韵。[①]

其中穿鼻、抵腭、闭口三类韵属阳声韵,填词时入声字不可替代这

---

① 《词林正韵·发凡》,第50~53页。

说到人生剑已鸣　血花染得战袍腥

三类韵中的平、上、去三声中的字；展辅、敛唇、直喉三类韵属阴声韵，填词时入声字可替代这三类韵中的平、上、去三声的字。所以顾先生说穿鼻音平声与入声，是两个对立面。填词时一般多是阴声韵与入声配合形成长短音，如：

  飞将计全输。驰展辅阳平檄阳入更分符。（顾随《木兰花慢·故人书问我》）

  打熬敛唇阳平得阴入，此心未死身先死。（顾随《摸鱼儿·梦游海滨》）

  寒蝉凄展辅阴平切中入，对长亭晚，骤雨初敛唇阴平歇中入。（柳永《雨霖铃》）

  倚东风、一笑嫣然，转盼万花羞敛唇阴平落阳入。（辛弃疾《瑞鹤仙·赋梅》）

  料不啼清泪长啼展辅阳平血中入。（辛弃疾《贺新郎》）

  那人正睡里，飞近蛾直喉阴平绿阳入。（姜夔《疏影》）

  又却怨、玉龙哀展辅阴平曲阴入。（姜夔《疏影》）

宋词多在行文中运用阴声韵的平声与入声配合，形成高音域中的缓促配合以表现激情。而阳声韵多低沉混浊，尤其穿鼻韵低浊而悠长，配合短促而高清的入声往往音差太大势如水火，一旦配合失当会产生不协和音，使音域发生断裂，这需要依靠声母的对转或调高相同，来加强音与音间的连接。故词人填词多不常用此种字与字的搭配之法。宋代以至明清大家运用的也不是很多：

  钗钿堕处遗香穿鼻阴平泽阳入，乱点桃蹊，轻翻柳陌。（周邦彦《六丑》）

  病叶难留，纤柯易老，空穿鼻阴平忆阴入斜阳身世。（王沂孙《齐天乐·蝉》）

  元嘉草草，封狼居胥，赢穿鼻阳平得阴入仓皇北顾。（辛弃疾

《永遇乐》

> 香：匣母；
>
> 泽：澄母，两声母是舌根音与舌面音对转；
>
> 空：溪母；
>
> 忆：影母，虽然清喉音不能与牙音对转，但是"空"、"忆"两字乐音高度相等阴平＝阴入＝7；
>
> 赢：以母；
>
> 得：端母，喉音的以母与舌音的端、透、定三母间存在对转。①

但是宋代词人为了腔句走势有力，全篇收结余韵悠长，使用入声腔韵的词调偶用此法，例如：

> 曾见几番，拂水飘绵送行穿鼻阳平色阴入。（周邦彦《兰陵王·柳》）
>
> 但蜂媒蝶使，时叩窗穿鼻阴平隔中入。（周邦彦《六丑》）
>
> 谈笑里、乌巢空穿鼻阴平幕阳入。（刘克庄《贺新郎·傅相生日壬戌》）
>
> 但暗忆、江南江穿鼻阴平北阴入。（姜夔《疏影》）

词中用入声韵最多的恐怕还是《贺新郎》一调，刘克庄填过四十三首，其中有八首是入声韵的词，全篇收结用穿鼻韵的平声字与入声字配合的也只有两首：

> 聊举酒，笑相穿鼻阴平属阳入。（《题蒲涧寺》）
>
> 君不饮，铸成穿鼻阳平错中入。（《和人咏荼蘼》）

辛弃疾填过二十四首，其中有九首是入声韵的词，全篇收结用穿鼻韵平声与入声配合的也仅有一首：

---

① 《汉语语音发展史说略》，第24～40页。

说到人生剑已鸣 血花染得战袍腥

谁共我,最明穿鼻阳平月阳入。(《别茂嘉十二弟》)

顾先生共填过五首《贺新郎》,但都是用上、去声韵的。他的其他词也极少用入声韵。这可能因为他是北方人之故,或他强调情绪先沉下后浮起之因,又或因入声激越,不利于他的词学主张。他除和前人词外,仄声韵的词一般用上、去韵。用穿鼻韵平声与入声配合作腔韵或收拍其实更少。偶用也常有不如意处,例如:

和冯延巳《鹊踏枝》:"燕子梁间相对说,人生常是悲生穿鼻阴平别阳入。"悲:帮母(羽清音),脂韵,开口三等,阴平;别:并母(羽浊音),仙韵,开口三等;生:生母(次商次清次音),梗韵,开口二等。"悲"与"别"都是唇音中隔一"生"字,《文心雕龙·声律》说:"双声隔字而每舛(不顺)",双声字须连用,中间一旦隔一字,音色便低哑,如反复使用,就会拗口,所以《文心雕龙·声律》又说:"往蹇来连,其为疾病,亦为文家之吃也。"从"人生"到"悲生别"已成辘轳交往。这就是唱和词无奈之举。

和魏承班《渔歌子》:"酒同醒,情未歇。可可一庭明穿鼻阴平月阳入。"

和韦庄《谒金门》:"帘卷始知风穿鼻阴平力阳入,尘没旧时行穿鼻阳平迹阳入。"上边这两首的收结"可可一庭明穿鼻阳平月阳入"与"尘没旧时行穿鼻阳平迹阳入"与和冯延巳的《鹊踏枝》不同,就在阴阳两平声飞扬不还中,腔句忽以入声收定,犹如驰骋的骏马戛然收缰,身欲止而步难收一样,词的"韵气一定,则余声易遣"。词之余音能绕耳不绝,一在意境的深远,一在声韵的配合。

但是有时,顾先生为了增加词的厚重感,提起全篇沉郁的情绪,爱用满宫满调的平声字与入声配合在一起,借助形象的声音与色彩表现悲壮而郁积的情感:

"诗豪落落人中杰。向个里、言亲切。雅志高怀谁与说。玉溪风格,剑南情绪,一瓣心香穿鼻阴平爇阳入。"

"香"字：晓母、阳韵，许良切。见《汉字古今音表》、《韵学骊珠》"开口羽浊音"、《古今韵会》"羽次清音"（依七音略"晓"母实为宫次清）。凡开口三等，韵之头、腹、尾完整的复合韵母是满调字。

"酿造一场飞雪，扫尽四山黄穿鼻阳平叶阳入，只剩满林风。"

"黄"字：匣母、唐韵，胡光切。见《汉字古今音表》、《韵学骊珠》"合口宫浊音"；《古今韵会》"羽浊音"（依七音略"匣"母实为宫浊音）。凡合口一等，韵之头、腹、尾完整的复合韵母是满宫字。

词中平声与入声配合时，刘勰在《文心雕龙·声律三十三》中说："凡声有飞沉。"又说："沉则响发而断，飞则声扬不还。"顾先生说："入声字偏于'沉'；穿鼻音平声则纯属于'飞'入声短促，所以'响发而断'；平声悠长所以'声扬不还'。飞与沉、长与短互相抵触，譬如水火、冰炭。但如配合得当，他们之间又能互相补助。……只有在句中穿鼻音平声字的帮助之下，才能沉雄得满宫满调。这也是形象化，不过不是状态，而是声音。"顾先生明确指出可借助声音的合理搭配来加强词体文学艺术细节的真实性，给予读者视觉与听觉上的综合享受，提高词体的感染力。这是借用理智在词的传情上下的功夫。

（三）双声叠韵

刘勰在《文心雕龙·声律三十三》中说："夫音律所始，本于人声也。声含宫商，肇自血气……故言语者文章，神明枢机，吐纳律吕，唇吻而已。"又说："凡声有飞沉，响有双叠。双声隔字而每舛，叠韵杂句而必睽"（注：见《汉书·诸侯王表》："大者睽孤横逆，以害身丧国"，都是离群孤独之意）。我们从刘勰的总结可以推测到，双声叠韵具有响亮的声效。顾先生认为双声与叠韵在声效上有本质上的不同。这种声效王国维的《人间词话》（卷下）曾主张"词之荡漾处多用叠韵，促节处用双声。"顾先生认为："'荡漾'不全面，应该说是爽朗高亢。促拍却说得是。促拍即现代语的紧板，无论声乐或器乐，到了紧板，必须清楚有力。"从顾先生词看，如《高阳台》与宋代的词人相比：

张炎的《高阳台·西湖春感》上下片的主腔是最典型的双声叠韵。

说到人生剑已鸣 血花染得战袍腥

东风且伴蔷薇住,到蔷薇、春已堪怜。——上片用叠字重复主音。

无心再续笙歌梦,掩重门、浅醉闲眠。——下片用叠腔重复主音。

王沂孙《高阳台》:

朝朝准拟清明近,料燕翎、须寄银笺。——用叠韵。"清":清母、庚韵;"明"字:明母庚韵;"翎"字:来母、青韵。在《韵会》中庚青同韵,又含来母通押各声之意在内。

何人寄与天涯信,趁东风、急整归船。——用双声。"天"字:透母先韵;"东"字:端母东韵。"透、端"同属舌尖中音,在《韵会》中同是征音。

蒋捷《高阳台·芙蓉》:

秋香不断台隍远,溢万丛、锦艳鲜明。

霜浓月淡三更梦,梦曼仙、来倚吟屏。——上下片主腔皆以主元音"a"的音值高低形成押韵头式的叠腔。"远、溢、梦"又是双声形成促拍。

顾随的《高阳台·客里高歌》:

而今更似空心柳,弄晚晴、无力垂丝。——"空"字:通摄开一,东韵、溪母(牙);"心"字:深摄开三,侵韵、心母(商);"柳"字:流摄开三,尤韵、来母(半征)。"弄"字:通摄开一,东韵、来母(半征);"晚"字:山摄合三,元韵、明母(羽);"晴"字:梗摄开三,清韵、从母(商)主要是双声形成促拍。

醒来眼底苍茫甚,正打窗,夜雨凄其。——"苍"字:宕摄开一,唐韵、清母(商);"茫"字:宕摄开一,唐韵、明母(羽);甚:深摄开三,侵韵、禅母(商);"正"字:梗摄开三,清韵、章母(次商);"打"字:梗摄开二,庚韵、端母(征);"窗"字:江摄开二,江韵、初母(次商)。下片不仅是双声形成促拍,且由"苍茫甚"三字形称叠韵与和声,在爽朗高亢的腔句之中形成铿锵有力的节奏。

比较宋词,顾先生是有意识分层次运用双声叠韵响亮的特点,加强词的听觉效果。又如《摸鱼子》,龙榆生说:"前第四韵,后第五韵,定十字一气贯注。"① 龙榆生为何这样说?如:辛弃疾的词:

见说到,天涯芳草无归路。——"到"字:端母,"天"字:透母,都是舌音,形成促拍。

君不见,玉环飞燕皆尘土。——"见"字:见母,"玉"字:疑母,都是牙音,形成促拍。

晁补之的词:

最好是,一川夜月光流渚。——"好"字:晓母,"是"字:禅母,"一"字:影母。虽不是双声,但"月、光"两字都是牙音;兼"好、是"两字晓母可与一切舌音通转,禅母是舌齿音,形成语速更快的双促拍。

满青镜,星星鬓影今如许。——"镜"字:见母,"星"字:心母,不但都是舌部音,还与后一个"星"字形成双声叠韵加快语速,形成促拍。

这是因为《摸鱼子》一调上下片收拍要求用送拍,所谓送拍是众人合唱的乐段。众人合唱必须有一个响亮的提示音,才能使不同乐部的声腔在统一的旋律下达到和声,运用双声叠韵响亮的特点是最好的办法,所以龙榆生说这拍定十字一气贯注。这样不仅可以加强全词的节

---

① 见《唐宋词格律》第142页。

说到人生剑已鸣　血花染得战袍腥

奏感,引起众人的共鸣,还能众口铄金,事彰前史。顾先生的《摸鱼子》前第四韵、后第五韵兼后一拍四字句:

应能把、心苗滋润心田洗。试浇些子。——"应"字:心母(商),"把"字:帮母,"心"字:心母,"滋"字:精母(商),"洗"字:心母、前十个字一半是齿音(商)。后四字:"试"字:书母(商),"浇"字:见母(牙),"些"字:心母,"子"字:精母,上声。三个齿音,共十四字八个商声,两个牙音。这一拍在牙齿间出入,不仅加快了语速,还形成了《摸鱼子》一调清商乐要求的凄清的腔韵。以一个阴上高音弯拱的声调收拍,恰恰给促拍的乐腔作了烈马收缰式的缓冲。为送拍留下展开旋律的余地。

打熬得,此心未死身先死。鳞伤遍体。——"打"字:端母,"熬"字:疑母,"得"字:端母,"此"字:清母,"心"字:心母,"未"字:明母,"死"字:心母,"身"字:书母,"先"字:心母。前十字六个是齿音,甚至是四个齿音连用,就更加快了这拍的语速,形成了一气贯注式的腔句。

由顾先生的《摸鱼子》主腔看,他填词时比前人更重视双声叠韵在此调中的运用。之所以如此,他是为了在主腔里借助声律的作用,推动文字旋律的高潮,使"观"与"感"在旋律的高潮中找到两者结合的黄金分割点。这一点最突出的是他的小令《鹧鸪天》在过片"流水对"上双声的运用:

空怅望,漫疑猜清(齿)。自从(齿)家情绪自安排。
心未老,鬓犹青清(齿)。尚禅(齿)堪鞍马事长征。
判扰扰,莫惺惺心(齿)。江见(牙)南山比故山青。
添恨绪,减诗情从(齿)。江见(牙)南昨夜梦中行。

当然,《鹧鸪天》一调并未要求这里一定用双声加快语速。但是《鹧鸪天》一调结构上要求在这里表现主题,用双声加快语速却是使主题更加明确清楚的方法之一。

"双声叠韵、"四声阴阳"的运用都是为了强调调式主音,而"飞"、"沉"的运用是为了强调调式节奏与腔调的特色。总之,这都是形成词体文字主旋律的方法之一。这也是学而能的方法,顾先生对词体文字的旋律在《诗词散论》中运用大量篇幅论述的目的就是为了强调可借用一些《音韵学》的知识来把词"观"与"感"的两个矛盾对立面有机地结合起来。所以他说:"毛主席咏黄鹤楼用《菩萨蛮》这个调子,咏大柏地也是这个调子,而词的格律依照旧谱,毫厘不差。只因为内容有别,其旋律也自不同。"[①]这个旋律因内容不同,文字组合自然也就不同,首先四声阴阳就有了不同,这不同不在简单的平仄格律上,在四声阴阳高度不同形成的基本旋律上,加之"声有飞沉,响有双叠","异音相从,同声相应"就形成了独具特色的腔句。虽词牌子相同,但腔调旋律已大相径庭了。这个不同不仅仅是内容有别,还在于四声的不同。这许多的不同就形成了一首词的特点。顾先生因此说词的旋律:"有声可寻,无谱可查","我不能担保所有学习写诗的百分之百地都学而能,我只是说要能,必须学,不学无例外地绝对不能。"[②]

顾随先生在他的现代词中强调诗化与赋化的运用,强调多种风格的结合,强调文字旋律的特色,其目的是为了调和"观"与"感"两个矛盾的对立面,使之在词体有限的空间中找到最佳的黄金分割点,达到词传情不仅仅要情深,还要意切的目的,并使其意真切而深刻,让余韵留在人们心间。

2009 年 8 月 20 日于港

---

① 《诗词散论》,第 168~169 页。
② 《诗词散论》,第 168~169 页。

灞陵未短英雄气

——顾随长调词创作实践管窥

丘海洲

顾随是我国现代文学史上不可遗忘的国学大师。随着时间的推移,这位才华横溢的学者正日益为广大读者所熟识与敬重。可以说,几乎所有读过顾随文学艺术作品与理论文章的人都会对他褒敬有加。在这里,我们要感谢叶嘉莹先生等为世人解读顾随所做出的努力,使我们今天依然能够如沐春风般受教于顾随先生,并如历其境般感受顾随治学中诸多闪光思想。

在诗词创作理论方面,顾随有着许多精辟见解;在评价古代名篇时,常常闪显文学批评方面的独见卓识;而在词的创作方面,顾随更是以自己的创作实践向世人展示了其作为一代大家的风范。可以说,在20世纪三四十年代,顾随是词坛一颗耀眼的亮星。

纵览顾随的诗词作品,在其词作丰富的内容和完美的结构形式

---

* 丘海洲:深圳大学督导,中文系研究生班毕业,深圳诗词学会常务副会长兼秘书长。

中,可以处处感觉到作者填词时的从容淡定和逼人的才气。笔者对顾随诗词的创作背景还有待更全面的了解,本文仅选择其中具有代表性的词作加以分析,以图从中探究顾随词作主要风格特点。

一、热爱家国、积极人生是顾随长调词的思想灵魂

任何文学作品都是客观与主观的统一体,它既包括作品所反映的客观现实生活,也包括作者的主观评价与思想感情。顾随词作是作者所处客观现实社会在作者主观思想中的反映,作者审视社会现实的主观意识决定着其词作内容的品位与思想性。所以,分析评论顾随作品必须全面考虑主客观各种因素,然后才能作出比较客观的评价。

顾随先生是学者,教育家,翻译家,又是文学家和书法家,是个才华横溢的才子,其文学作品涉猎甚广,有诗词、散文、小说、剧本、诗话文论等等。他的诗词创作以词为主,诗词相对较少;词作中又以小令为主,长调稍少。顾随的人生经历比较坎坷,由于所处客观环境和主观意识所致,其青、中年时代的诗词很多是表现孤怀哀伤、国难家愁一类作品,词的基调大多比较压抑,对自己心灵深处的热爱家国、怀才不遇但又积极人生的感情流露,往往是婉转地渗透在其作品中间。顾随长调词作数量不算很多,但几乎都可圈可点,几臻精品。笔者以下就长调《贺新郎·多少萧闲意》和《木兰花慢·故人书问我》等词作的内容形式提出个人见解,然后再结合顾随的创作主张来管窥其主要写作风格。

《贺新郎·多少萧闲意》是作者1929年寄居北京西郊时的作品,词作写道

多少萧闲意。废园中、苇塘萧瑟,鸟声细碎。微雨轻风都过了,头上青天如洗。这些事、闲人料理。见说南山曾射虎,算灞陵未短英雄气。千载下,有谁继。　　我如引火烧枯苇。想霎时、飞烟万丈,烈红十里。众鸟纷纷飞散去,火舌直腾空际。制造得、

灞陵未短英雄气

无边欢喜。蓦地回头高岗上,烂红缨正被风吹起。枪矗在,斜阳里。

圆明园在被英法联军焚毁六十九年之后的一天傍晚,作者在废墟上散步,偶然遇见自觉为圆明园废墟巡卫的当地民众,因而产生感慨,并激发了强烈的爱国热情和铁肩担道义的气概。作者上阕先写眼前景色:"废园中、苇塘萧瑟,鸟声细碎",抬眼一望,"头上青天如洗"。应该说,"微雨轻风都过了,头上青天如洗"应是颇有诗意的景色,但这些景色对于此刻的作者来说不但无诗意可言,此时写这些景色反而会令人伤心,这就激发了作者藏在内心深处的家国仇恨,所以就有"这些事、闲人料理"之句。作者借景色兴起,然后笔锋一转,"见说南山曾射虎,算灞陵未短英雄气",作者此处用了李广灞陵受辱的典故,让心目中的英雄跃然纸上,也在暗中抒发了自己怀才不遇的心情。当然,在艺术作品中,作者只能委婉地说出这种心情,只好叹一声:"千载下,有谁继?"

然而,作者内心积攒了太多的家国恨,积攒了太多的爱国情,此时此刻,作者愿意自己是一个火炬手,亲自点燃烈火,让烈火以摧枯拉朽之势燃遍天际,摧毁一切恶势力,燃出一个崭新的天地——"制造得、无边欢喜"。泄发了心中深藏的感情后,作者久久不能平静,依然深浸在"飞烟万丈,烈红十里"的意象中,即便是巡卫者红缨枪头那一点耀眼的红缨,也使他觉得那是火红的一片,而这火红的一片正被沐洒在金色的斜阳里。就这样,全词以无穷的韵味、深远的意境作结。

综观全词,此词布局巧妙,借景兴起,一气呵成,先抑后扬,跌宕起伏,感情炽烈,意境深远。

另一词《木兰花慢·故人书问我》写于新中国成立之后百废待兴的背景中,作者在词中同样抒发了强烈的爱国之情:

故人书问我,新愈后,近如何。正李广桥边,绵吹高柳,波暖平湖。衰躯、病心渐稳。觉释迦也是老臊胡。学佛直无兴趣,要愁哪得功夫。

雄图,飞将计全输。驰檄更分符。甚射虎南山,夜行却被,醉尉传呼。扶疏,绕檐众树,笑渊明抵死忧吾庐。驾起清牛薄笨,迢迢又上征途。

作者热情饱满,告诉故人北京的新景象。在轰轰烈烈的新中国建设中,自己已完全投入到新的生活中,"正李广桥边,绵吹高柳,波暖平湖"。在这个崭新的年代,自己的思想也有了新变化:"学佛直无兴趣,要愁哪得功夫。"在这种时代背景下,过去的名利得失都是蝇头屑事,诸如"射虎南山,夜行却被,醉尉传呼"之类的事大可不必去计较。而今,(作者认为)陶公"结庐在人境"这个所有读书人的至高理想已成为事实,最令人向往的无忧无虑的生活就要开始了,"扶疏,绕檐众树,笑渊明抵死忧吾庐。"作者现在终于明白陶公为何会"抵死忧吾庐"了,因为在旧社会,清贫的知识分子要过安稳的生活是太不容易了。作者接着写道,虽然已过中年,但还是让我们一起驾起老牛破车("清牛薄笨"),在新中国的建设中"迢迢"再上征途吧。

此词情景交融,气韵贯通,通幽入微,超凡脱俗,语言清丽流畅,用典恰到好处,很容易让读者在思想上产生共鸣。

顾随的好友卢宗藩《荒原词·序》评顾随词曰:"觉其或愀然以悲,或悠然以思,或倏然意远,或磅礴郁积而不能自已"。看来,卢宗藩先生是很了解顾随的。

顾随在《驼庵诗话》中谈道:"凡艺术作品中皆有作者之生命与精神,否则不能成功",认为"文人是自我中心,由自我中心至自我扩大至自我消灭,这就是美,这就是诗"。从上述二首词的内容浅析中,从"想霎时、飞烟万丈,烈红十里"等充满浪漫主义色彩的词句里,我们看到了顾随上述这些闪光的创作指导思想。

与此同时,顾随非常重视生活磨炼对写好作品的作用。他认为,只有经历过生活的磨炼,才能写出好的作品。他主张"学诗至少要有一半精神用于生活,否则文字部分好,作来也不新鲜",认为"中国诗人一大毛病便是不能跳入生活里去",而"曹、陶、杜三人之所以伟大,就是他们在实际生活中确实磨炼了一番才写诗"。关于这一点,顾随先生是深有体会的,在对上述词作分析中,我们也可以感受到生活磨炼在诗词创作中是何等的重要。

二、从顾随诗词创作手法及创作主张看其长调词作的艺术风格

通过对顾随长调词代表作内容与形式的分析,并结合其诗词创作理论的分析,我们可以初步概括出顾随词作的艺术风格和主要特色。

(一)格调高雅,感情真挚

顾随词作抒情性强,格调高雅,我们在他的词作中处处可以感受到这一点。顾随非常注重讲诗品,他说,"中国诗最讲诗品、诗格。中国人好讲品格",认为"诗要有诗格,如人有身份品格。人的身份品格与身心似而还高。人的身心在外表是身份,在精神上说便是品格"①。顾随认为,只讲写作技巧不是真正的诗人,"作诗者只晓得怎样去讲平仄,讲声调,讲对仗与格律,结果只是诗匠而非诗人,因为他压根儿就不曾有过诗心"②。在自身创作实践和指导学生诗词写作过程中,顾随非常注重诗品和诗格问题,将对诗品、诗格的要求提到很高的位置。如1947年8月《致叶嘉莹》写道:"年来不佞于堂上论文,时时说及'韵'与'品'……文心之合乎三者(笔者注:三者指天、道、自然)之道德底方面者有品,其合乎智慧底方面者有韵。"顾随关于诗品的主张与我

---

① 顾随:《论王静安》,见《顾随全集》第3卷,河北教育出版社,2000年,第219~233页。
② 顾随:《关于诗》,见《顾随全集》第2卷,河北教育出版社,2000年,第112页。

顾随研究

国古代诗词那些闪闪发光的创作理论不谋而合,宋人李錞在《李希声诗话》中说:"有道之士胸中过人,落笔便造妙处。彼浅陋之人,雕琢肺肝,不过仅然嘲风弄月而已。"明人王世贞在《艺苑卮言》中进一步说:"才生思,思生调,调生格。思即才之用,调即思之境,格即调之界。"李錞、王世贞的这些观点可以说是古代文学理论的精髓,至今仍然对诗词创作有着重要的现实指导意义。顾随和先哲们一样,强调作诗者的品格、学识和才思,认为诗人首先要有学识和才思,然后才能有高雅的格调。我们通过对《贺新郎·多少萧闲意》和《木兰花慢·故人书问我》等顾随词作的内容和形式分析,就可以感受到人品、学识和才思在诗词创作中的关键作用。

与此同时,我们在诵读顾随词作时,往往会强烈感受到作者在创作中付出的真挚情感。换句话说,有了学识和才思,创作时还必须感情真挚,只有这样才能创作出感人的作品。近代著名词人况周颐说:"真字是词骨。情真、景真,所作为佳。"况周颐将真实性看作是艺术的生命,是作品存在的基本条件和基本骨架,丧失了真实性,也就丧失了艺术生命。顾随先生认为:"古人写诗非无感情、思想,而主要还是感觉。从感触中自然生出情来,带出思想来。只要感触、感觉真实,写出后自有情感、思想。若没有感触、感觉,虽有思想情感也写不出太好的诗。"顾随《贺新郎·多少萧闲意》这首长调就是"感触中自然生出情来,带出思想来"的代表。可见顾随很好地吸收了先贤们的真知灼见,并予以积极实践。此外,顾随认为"诗人应感觉锐敏,神经如琴弦,但应身体如钢铁,二者合起来才是诗人的健康,缺一不可。"这里,顾随间接点出了品位问题,强调了身心健康的重要性;否则就会"由生理身体之不健康,影响到心理之不健康"。试读顾随"我如引火烧枯苇。想霎时、飞烟万丈,烈红十里。众鸟纷纷飞散去,火舌直腾空际","雄图,飞将计全输。驰檄更分符。甚射虎南山,夜行却被,醉尉传呼。扶疏,绕檐众树,笑渊明抵死忧吾庐。驾起清牛薄笨,迢迢又上征途"这些句子,就能感受顾随胸次豁达、积极向上的思想品位,可以说顾随先生的写作实践为他这段论述作出了最好的诠释。

(二)语言自然凝练,用词精准

顾随是较早用现代语言写作诗词的诗人。对于诗词语言的运用,他认为"平淡而有韵味,平凡而神秘,此盖为文学最高境界"①。顾随主张"自在"与"当行"相结合,"自在"是写得轻松,"当行"是写得出色精彩,二者相辅相成,不应分离或对立②。顾随词作力求语浅而意深,像"多少萧闲意","废园中、苇塘萧瑟,鸟声细碎","微雨轻风都过了,头上青天如洗","又说江南听雨好,楼在花深深处","我误清明天误我,都自无凭无据"(《壶中天慢》),"我问红桥春水,谁教无语东流"(《木兰花慢》),"客里高歌,愁来善病,难忘小扇题诗","黄叶飘零,年年长怕秋时"(《高阳台》)这类句子,既"自在"又"当行",韵味浓郁,用词精准。另外,顾随还主张用自己富有个性的语言去写作,主张学习古代大词人,"如盛唐诸公之诗个个不同,词在北宋、曲在元初亦然。及其既衰,或者学而不能似,或者得其一二而不出古人范围,或者于模仿学习之外参入自己个性"。

北宋陈师道云:"宁朴毋华,宁拙毋巧,宁粗毋弱,宁僻毋俗",就是指诗歌创作应以自然为尚,以不娇柔造作、不刻意雕饰为妙。明人谢榛说:"自然妙者为上,精工者次之,此着力不着力之分"(《四溟诗话》),况周颐说:"意不晦,语不琢,始称合作"(《蕙风词话》)。所谓"意不晦",指立意要深刻但不晦涩;所谓"语不琢"指语言要精美但不雕琢,历代诗词家都充分认识到语言自然凝练的重要性。顾随词作的成功,也是得益于此,得益于如王国维所强调的"不隔"。"隔"是指词的立意模糊,语言晦涩;"不隔"指词的意象鲜明,语言朴实流畅,自然即"不隔",雕凿即"隔"。"不隔"就是所谓"其言情也必沁人心肺,其写景也必豁人耳目"。在今天,顾随词作力求"不隔"的创作实践仍然有现

---

① 顾随:《驼庵诗话》,见《顾随全集》第3卷,河北教育出版社,2000年,第3页。
② 顾随:《诗词散论》,见《顾随全集》第3卷,河北教育出版社,2000年,第176页。

实指导意义。

(三)结构跌宕起伏,注重意境气韵

诵读顾随长调词会有情景交融、引人入胜的感觉,他的长调非常讲究结构安排,词意跌宕起伏,讲究发端,精于结句。同时,全词讲求气韵贯通,注重意境的营造。像《贺新郎·多少萧闲意》、《木兰花慢·故人书问我》、《木兰花慢·蓦青山翠敛》、《贺新郎·天远星飘渺》、《八声甘州·数今来古往几词人》、《水调歌头·拄杖去东海》等都具有这些特点。如《贺新郎·多少萧闲意》,从"多少萧闲意"这种较平和的心气带起,逐层递进,直至"飞烟万丈,烈红十里"到"制造得、无边欢喜",然后又从高潮渐渐回归,但感情依然饱满:"回头高岗上,烂红缨正被风吹起",再以"枪矗在,斜阳里"营造深远的意境作结。

意境至上也是顾随词的重要特色。这里所说的"意境",是指作者以富有韵味的词语,用虚实结合的艺术手法营造出来的情景交融的艺术形象。我们试读:

> 问长安甚处,人共指,夕阳边。(《木兰花慢》)
> 收尽双眸清泪,重寻月里河山。(《木兰花慢》)
> 凭阑极目送斜阳,滔滔东去流水。(《西河》)
> 更一片潮声,半天风色,相与纷纭。(《木兰花慢》)
> 又孤身、海滨游戏,飞涛直共云起。(《摸鱼儿》)
> 任三更渔唱,数声年柔橹,半夜荷风。(《八声甘州》)
> 一朵空花,宵深入梦还迟。醒来眼底苍茫甚,正打窗,夜雨凄其。(《高阳台》)

以及《贺新郎·多少萧闲意》和《木兰花慢·故人书问我》等顾随长调作品中众多组句,它们都具有很强的艺术感染力,读之会使读者产生意如己出、境同亲临的感觉,进而和词意产生共鸣,这就是意境的魅力。况周颐说:"无词境,即无词心",可见"境"之重要。

长调与小令在表意方法上有较大差别。小令结构简单,其技巧主要以含蓄婉约、辞约义丰为上,而长调则内容较丰富,讲求章法结构,讲求语气、立意的贯串,以整体优势见长。清人彭孙遹认为,词"长调之难于小调者",非难于字数繁多,亦非难于篇幅较长,而是"难于语气贯串"(《金粟词话》)。只有做到"不冗不复,徘徊宛转,自然成文",方能成为好词。而清人沈祥龙对词的写作说到了关键点,他在《论词随笔》指出:"词有三要,曰情、曰韵、曰气。情欲其缠绵,其失也靡。韵欲其飘逸,其失也轻。气欲其动宕,其失也放。"其中的"情",指词的抒情特点;"韵"指词要有意境、有韵味,"气"指词要有气脉、有风格。顾随长调词在情、韵、气三方面都下足了苦功,真正做到了"不隔"。

郭绍虞在《沧浪诗话校释》中说:"词和理的结合或词和意的结合,是形式和内容的统一问题","意和兴的结合,不是象被意化,便是意融于象,不是景被情化,便是情融于景,这是主观和客观的统一问题"。顾随长调词的绝正大部分正是这样一种形式和内容、主观和客观统一的佳作。

顾随长调词在写作上还有许多值得后人学习的地方,如长调的谋篇布局、注意音韵声调运用的和谐、叙景叙事中的虚实相间、用典的"活"并恰到好处等等,限于篇幅,就不在这里逐一展开讨论了。

卢宗藩《荒原词序》中这样评顾随词:"当其下笔,不自知为填词,其心目中庸讵复有古人?惟其忘词,故词益工;惟其无古人,而后或与古人合也。"笔者认为这段话指出和概括了顾随词高人一格的主要缘由,而顾随注重诗品词骨和个人修养,用富有个性的语言创作诗词,并在创作实践中不断超越自我是其成为诗词大家的必然。

2009 年 9 月 4 日稿于深圳大学
9 月 6 日订正于观云书斋

附：

青玉案

——出席顾随诗词学术研讨会有感

丘海洲

中天雪霁分清宇，更平野、驱迷雾。一点猩红春意露。朝云几朵，霞光几缕，都是情归处。　　灞陵谁问雄心阻？宁效将军射山虎。八斗才华人共誉。君吹号角，众催鼙鼓，且把诗魂铸。

试解父亲顾随八种词集之命名

顾之京

如同讲坛生涯贯穿着父亲的一生一样,诗词创作也伴随了他的一生。当他刚过而立之年时,已赢得"苦水词人"之名。在长达四十年的词人生涯中,父亲将自己的词作编订为八种词集,计:

《无病词》,收词81首,始自1924年初秋,迄至1927年夏,1927年夏印行。

《味辛词》,收词74首,始自1927年秋,迄至1928年春,1928年夏印行。

《荒原词》,收词81首,始自1928年夏,迄至1930年秋,1930年秋印行。

《留春词》,收词46首,始自1930年秋,迄至1934年夏,1934年与《苦水诗存》合印为一集。

《积木词》,均系和晚唐五代词人之作,共153首,作于1935~1936

---

* 顾之京:河北大学文学院教授,顾随先生六女。

年间,未印行,今仅存词46首、卷尾诗6首和自序。

《霰集词》,收词66首,始自1937年初秋,迄至1941年底,1941年印行。

《濡露词》,收词22首,均作于1943年秋,后附《倦驼庵词稿》(收1940年冬至1941年春间之词作10首),1944年春印行。

《闻角词》,遴选1952年秋至1956年1月间之词作,大部分刊于当年报刊,未印行,稿已佚。(1952年至1960年辞世前之词作尚未及全部收集辑录)

八种词集均系父亲亲手编订,亲自命名。对八种词集命名之缘由,我想根据自己的理解、体味甚至臆想,试作诠释,以就教于方家。

一、无病

《无病词》成书以后,父亲将一册赠予好友郑因百。其赠书封面有《自题〈无病词〉赠因百》的一首《临江仙》[①],词中以"有时尝苦闷,无病亦呻吟"隐括自己的词集。"无病亦呻吟",看似一句平常口语,却是借用了稼轩"更欢须叹息,无病也呻吟"(《临江仙》[老去浑身无著处])的词句。父亲于词,最看重者乃稼轩,借用稼轩词句命名自己的第一种词集,正体现了这一情愫。

父亲之词不但与稼轩同一词牌,即便是"无病亦呻吟"一语在词章中的位置也同为上片之结句。但父亲的"有时尝苦闷,无病亦呻吟"十个字,其形式,尤其是含义并非完全模袭稼轩。稼轩的十个字,上下两句是并列的,其含义也近似;父亲的十个字,上下两句为递进的,其意乃是一因一果,自与稼轩不同。

词集既命名"无病",不妨从此二字的本义上去深味之。父亲的确

---

① 此词收入《荒原词》后附之《弃余词》,见《顾随全集》"创作卷"。

试解父亲顾随八种词集之命名

时常患病,仅只一个风湿骨痛,一年之中倒有半年以上折磨着他。但我知道,父亲自大学就是"大刀"式握拍的乒乓好手,在青岛时期更酷爱海水浴,他需要的、追求的是一个"无病"的身躯。推而广之,人而深之,其深层的意义更在于他憧憬的、追求的是一个无病的人生、无病的社会、无病的家国,这在《无病词》中完全可以找到富于诗意的表达。如"纵酒吟诗莫言愁,晚来天气好清游。镇日西风吹碧浪。波上。长空万里几渔舟"(《定风波》);如"河山破碎,斜日画角正悲凉。肩上千秋事业,眼下几条道路,纵横少年场。挥手自兹去,努力爱韶光"(《水调歌头》);如"莫言我辈终穷。中原逐鹿几英雄。文章千古事,手障万流东"(《临江仙》)……;他不失追求与奋斗的勇气,如"万斛闲愁,掮起掉头而走"(《绮罗香》),"新愁不断,愁不叫人怕。最怕是闲来,心如叶、西风吹下。古人堪笑、寻地好埋忧,问何似、唤愁来,却共愁撕打"(《蓦山溪》)。

冯至老伯在《怀念羡季》一文中说,他当年与我父亲一同编订词集时,"羡季从词集里摘取两句能概括全书内容的作为题辞"。父亲摘取的两句是:

也有空花来幻梦 莫将残照入新词

我以为这正是对"无病"二字的深层阐释。尽管是"空花",尽管是"幻梦",但终竟有花、有梦,终竟有生命在、有前途在、有理想在,故而那行将落山已没有生命力的"残照"就不要再入"新词"。"莫将残照入新词",正是对无病的人生、社会、家国所抱有的无限憧憬的表征。两句题辞,坚定了我对"无病"二字的臆想。[①]

然而,现实的残酷性并不因词人的美好憧憬而出现丝毫美好的迹

---

① 父亲1926年一首《浣溪沙》中有句"爱将残照入新词",编订《无病词》时此一首摒除在外,也可看出父亲的用意所在。

象。"一朵空花,宵深入梦还迟"(《高阳台》),"时有空花来梦里,梦醒何处追寻"(《临江仙》),现实与无病的人生、社会、家国,正成巨大的反差。父亲是清醒的、冷静的,在《无病词》中,他以更多的篇幅揭开了有"病"的人生、有"病"的社会、有"病"的家国。在"浪软温柔海,灯明上下街"的海滨城市青岛,父亲想到的是社会的黑暗:"中原却被夜深埋,那更秋风秋雨逐人来"(《南歌子》);在"向晓阴阴向晚晴"的宜人的清明时节,他嗅到的是社会的腐朽:"黄云都带金银气,白雨还浮酒肉腥"(《鹧鸪天》);"春归"之际,他意识到"佛国仙山终泡影",现实是"江南江北起烟尘,风力猛,笳声动"的战乱(《天仙子》);"重九"时节,他敏感到"风惨淡,云苍茫,河山破碎"的残象(《水调歌头》)……由此看来,"无病亦呻吟"既可从表象上看为是词人的自谦之词,更应从深层上会出词人是在强调苦闷中的呻吟并非来自自身的病痛之苦,而是源自世事人生引发的苦闷。

无情的现实,何处是"无病"?"无病"只是词人的理想、词人的追求。

[附记]父亲在1940年代(此时间尚未经准确考订)曾别署"去病"一号,此或与"无病"二字有"同工"意味,只是"去病"比"无病"少了些理想成分,多了些实在的力量与希冀。

二、味辛

"无病"的人生、社会、家国只是理想,现实是"味辛"的,紧接着"无病"之词的自当是"味辛"之词。

父亲别号"苦水",苦水是味辛的。"味辛词"就是"苦水词"——这是对"味辛"一名的最直截、最简明的解释。若从集名的字义看,"辛",含辛酸、辛楚、辛劳、艰辛、苦辛、悲辛等义,而"味"字又是一个动词,那么,"味辛词"就是词人经过"无病词"对现实的咀嚼体味了现实中的"辛"之后发出的咏叹。从《味辛词》中的作品来看,这"辛"绝不仅仅是

试解父亲顾随八种词集之命名

局限于自身小我之"辛",与《无病词》一样,这是大我的人生、社会、家国之"辛"。《味辛词》的创作时间向上与《无病词》紧紧衔接,如果说"无病"二字尚涂有一些理想色调的话,"味辛"二字则更根植于现实的土壤,更具有深沉的现实情味。

不妨再引《味辛词》的题辞来印证:

  愁要苦担休殢酒 身如醉死不须埋

这里,没有了《无病词》中的"空花"、"幻梦"、"新词",有的只是"愁"、"苦"、"死"。愁、苦、死三字代表了"全书内容",是对"味辛"二字的形象展示。"愁要苦担休殢酒",直言现实中的愁、苦不是用酒就可以消得的,不言而喻,只有用精神、意志的力量来担荷;"身如醉酒不须埋",则是曲言,即使为之付出生命的代价也在所不惜。我想,这是两句题辞对"味辛"二字所作的诗意的阐发。

如果通读《味辛词》74首,其中既新人耳目、更撼人心魄,且最能体现"辛"之味、最能标志"味辛"一题之所出的,可以几首长调为代表,即:《木兰花慢》(是何人弄笛)、《庆清朝慢》(梦又还醒)、《永遇乐》(少岁无愁)、《木兰花慢》(又沉沉醉也)、《八声甘州》(记明湖)、《八声甘州》(便将来)、《八声甘州》(数今来)。两首《木兰花慢》与一首《庆清朝慢》展示了传统词作从来不曾出现过的人间事象——午夜深巷吹笛的盲卜者、深宵街头"呵夜"的"戍兵"、寒夜"号呼惨苦"的"街头乞丐"——词作以社会底层的小人物为主角,以暗夜凄凉的街巷为背景,以悲凉的笛声、呵声、号呼声为音响,绘制着深邃悲凉凄惨的境界。而透过这种种人间事象所抒发的却又迥异于古代现实主义诗人所共有的同情与悲悯。父亲以盲卜者探索担起命运、操持人生的现代哲理命题;以呵夜戍兵撕开战乱不宁、虽曰人世、实为鬼蜮的社会现实;他对"熬饥"、"怨寒"的乞丐,虽是隐含了对挣扎于生死线上者的深深同情,但更层转层深地隐含了为人立命的人性尊严这一人生命题。这一切无处不浸透着、显现着"味辛"的特质。

三首《八声甘州》更是饱含了血泪的"味辛"之作,这是以词的形式直接表现1928年5月1日日本帝国主义残杀中国人民的"济南惨案"的史诗式的作品。日间是"连天烽火"、"血痕点点",入夜是青青"磷火"闪烁在"芦苇丛中";"好山好水"之间,"胡马又嘶风",优美的泉城济南充塞着"无穷恨"、"恨无穷"。三首词作是父亲发自内心深处的爱与悲交织、美与仇交响的忧国伤时、念乱恤民之曲。回望前代词章,罕见如此直接反映一段现实中的民族悲剧之作。而词作更特以"哀济南"与"忽忆历下是稼轩故里,因再赋"之词题,重笔点醒这血泪交迸的重大历史现实主题。如此反映国家民族悲剧的作品,必然要出自"味辛"一集之中。

《永遇乐》一首标有词题"夜读《大心》不能寐,因赋",可知是一首以词的形式书写的读后感。但《大心》是旧俄作家丹钦柯的小说,以词写域外小说的读后感,但所感发者并非域外风物,而是故国故土的严酷现实。词里所写的是"沙场炮火,深沟弹雨"、"战云滚滚,江南直到江北"的连年内战,愁之多,愁之浓,愁之重,已到了"愁也怎生愁得"的境地。古人借"醉乡"以"忘我",借"桃源"以"避世",只不过是"堪笑"的"痴绝",词人渴望着、祈祷着"万丈银河,可能倒挽,静洗平原血"。篇末"韶华未晚,君莫蹉跎悲切",传达的是"愁要苦担休殢酒"的担荷与奋斗精神——一首纯粹的"味辛"之作。

三、荒原

集名"荒原"二字,给人以广袤、旷古、寂寥的感受。顾荒原之名,思词作之义,《荒原词》81首当以悲怆色调之作为主。但其扉页题辞却是:

> 往事织成连夜梦　归云闪出满天星

别是一番静美、深沉、悠远的境界。可见"荒原"一名绝非简单的"荒漠的草原"之意。再看置于词集首位的《卜算子》:

试解父亲顾随八种词集之命名

> 荒草漫荒原,从没人经过。夜半谁将火种来,引起熊熊火。
> 烟纵烈风吹,焰舐长天破。一个流星一点光,点点从空堕。

以一首耀人眼目、出人意表的荒原之歌,作为本集的"序曲",把读者带进一个雄奇幻美的神话境界。以诗歌的首二字为诗篇命名,或以集中的首篇为诗集命名,是诗人们习用的方法。若然,《荒原》一集的命名显然是由此开端一词而得,无需再多喋喋。不过,我总觉得问题并非如此简单。以之为集名的荒原之歌如此崇高而壮美,而代表全书内容的题辞却如彼其阴柔而优美,这巨大的对比与反差之间,必有其内在的相谐相通之处。否则,以之名集的一首"序曲"岂不是游离于集中的一个特例?

父亲从未到过大草原,我想《卜算子》之取象首先当是希腊神话中为人类带来火种的先觉者普罗米修斯,其次当是《尚书》中所言"若火之燎于原"。无论是取象于西方古代的神话还是东方古代的经典,词中的荒原烈焰显然是不熄的生命力的象征。明乎此,我们就触到了一首《卜算子》与两句题辞之间内在思想情致的相通,也同时触到了统领一部《荒原词》内容的关捩。

与"无病"、"味辛"二集一脉贯通,忧患家国、担荷命运、希冀人生依然是贯穿于《荒原词》的情感主线。如1928年所作《踏莎行》,感叹"荒城何处还吹角"、"天南地北心分裂"的战乱现实;1930年所作《浣溪沙》,金秋返乡"途中阻兵"发出"可怜景物与心违"的慨叹;1928年所作《鹊桥仙》,流露出"街头毕竟象人间,是谁说不许人住"的坚忍情志;1929年所作《灼灼花》,充溢着"一种人间味,须在人间会"的担荷精神;而其1928年所作《小桃红》中"花落花开,年华有尽、人生无价。待明晨早起上高楼,看江山如画",更是表现了对人生美好的希冀。

或许与1929年调任燕京大学这一事业与人生的重大转折有关,《荒原词》中毕竟有了不同于"无病"、"味辛"之处,它根植于现实的土壤,却又不乏浪漫情怀的展现,也偶或流溢一点开朗的情调。父亲初到燕大时,只身居住在学校附近的宿舍里,课后"时时散步圆明园废墟中"(《贺新郎·序》),《荒原词》中有三首圆明园词,正可表现"荒原"与"无病"、"味辛"的同与异。《临江仙·游圆明园》之第一首,词人登上废墟,"还见旧山河","落落眼中吾土,漫漫脚下荒坡",眼中所见、足下所立的"吾土",实是"落落""漫漫"的"荒坡";透过眼前实景,由残破的现状一下子回溯到血泪的历史,而"人少夕阳多"的五字结句更是充满了象喻意味。在这"人少夕阳多"的境界里,第二首词人"正襟危坐高岗","一回眺望一牵肠",这一首的结拍一韵明白唱出了"教人争不恨,故国太荒凉"的满怀忧患。令人意想不到的是,就在此后几日,就在这圆明园的废墟之上,父亲以一首《贺新郎》展开他诗人的遐想:"我如引火烧芦苇,想霎时、飞烟万丈,烈红十里。众鸟纷纷飞散去,火舌直腾空际。制造得、无边欢喜。"父亲竟将自己幻化为引火之人,幻想着腾空的烈焰烧尽"荒凉"的"旧河山",涅槃出一个"无边欢喜"的新境界!他以如此浪漫的情怀、超现实的手法来表现一个十分现实的主题。(至于这"无边欢喜"的境界该是怎样一种模式,父亲当然是茫然的——那是革命家与哲学家的课题。)这一段"引火烧芦苇"的词句,较之《卜算子》的荒原烈火虽有着力量轻重、境界大小的区别,但毕竟前后相映、息息相通,紧紧地挽合着,承接着。《贺新郎》几乎可以看作是《卜算子》的续篇,尽管前者具有浓重的神话色彩,后者较多现实意味。

读"荒原"一集,还会发现词中多处出现"心花"的意象。品读此中意味,心花当是自身品格修养求得的"正果"——"自辟心园,自种心田,自栽花,自耐新寒。一枝一叶,总觉鲜妍"(《行香子》);心花之绽放是搏击运命的结果——"拚将眼泪双双落,换取心花瓣瓣开"(《鹧鸪天》);心花给人以希望,给人以慰藉——梦中春花绚烂,梦醒之后"眼花消失心花放","眼底心头温一饷"(《渔家傲》)。即使心花凋残,也有酿得之花蜜长留人间——"心上伤痕知多少,开落心花狼藉。看心血涓涓流溢。是把君尝君应说,甚春蜂酿得成花蜜"(《贺新郎》)。一首《采桑子》更可以说是一支绝美的心花之颂:

试解父亲顾随八种词集之命名

如今拈得新词句,不要牢骚,不要无聊,不要伤心泪似潮。
心苗尚有根芽在,心血频浇,心火频烧,万朵红莲未是娇。

《荒原词》中的朵朵"心花",是不泯的人生理想、不灭的生命力量的象喻,与"荒原烈焰"的广博、雄奇、壮美相比,它显得纤巧、精致、优美,但二者同为超现实的、幻想的、浪漫的意象,具有着共同的情感内质,相谐相融于一部《荒原词》中。

四、留春

"留春"一集,收词46首,远少于此前"无病"等三种。

自古以来,诗家的惜春留春之作,几如恒河之沙,无以计其数。父亲的词集"留春"一名与其它七种集名置于一处,自有一番雅正与平俗的协调与互补;但若单独观此一名,又难避旧文人、旧习气的意态。父亲是现代诗人,深受西方和现代文艺与理论的熏陶,何以用"留春"这略带旧文人情调的语汇命名自己的词集?再者,若仅就名解意,这集名给人的印象岂不让人误以为是一部伤春、惜春为主题的作品?

依我看来,父亲的"留春"一名,绝非传统的旧诗家文人一番伤春、惜春之后,遥对无语流逝的春光发出的徒劳的挽留,他只是借用了旧文人常用的这一语汇,而赋予以全新的寓意。父亲在1930年写有一篇题名《初夏》的散文,开端就是:"我喜欢初夏的天气。"[①]《留春词》中的《定风波》(六首)之第四首以美妙的词句描绘初夏:"试向青青池畔路。闲步。芦芽荷叶一时新。小院梧桐今夜月。清绝。始知夏浅胜残春。"对于自然界的四季,父亲并不留恋春色,而更喜欢初夏。他之"留春"绝然不是旧作品中伤春、惜春的延续。

1934年《留春词》结集的时候,父亲已迈过"而立"而近"不惑"。此

---

① 刊于1930年6月30日《骆驼草》周刊第八期,收入《顾随全集》"创作卷"。

时,他已步入人生的中年,他将已逝的青春岁月的回顾、体认、总结、感悟、慨念……——留驻于词,是为"留春"之词。这里的"春"不是自然界的春天,而是人生的青春岁月;这里的"留",不是挽留,而是留驻;"留春",意谓将青春岁月留驻于"千古事"的"文章"之中。依此,再看《留春词》代表全书内容的题辞:

  欢情已似花零落 诗思还同酒浅深

  正与"留春"二字之意相吻合——过往的岁月已似春花凋零般地消失了,如酒一般浓烈的诗思记述了已逝岁月的痕迹。

  1980年代初期,我首次草拟父亲的简传。当时,我曾向父亲的老友卢季韶先生请教,卢四叔在回信中,依据早年的记忆列举父亲的创作目录时,词集一项竟无"留春",而多了"再青"一名。对此,似乎只能有一种解释——当年"留春"本定名为"再青"。"再青",意谓青春岁月在词中的再现,因而词中就有着词人青春岁月的留驻。"再青"、"留春",字面相异而蕴意相同,"再青"一名可证我对"留春"二字的理解尚无大谬。

  那么,何以未用"再青"而改用"留春"?以我推测,仅就二集名之字面论,"再青"似不如"留春"响亮而流畅,父亲作诗作文是很讲究字词的音色的,"再"字平,"留"字峻;"再"字死,"留"字活;"再"无力,"留"力度强。更为紧要的,乃是"再青"二字出自陆游诗句"双鬓向人无再青"。1933年两首情感激越、紧扣时代脉搏、具有鲜明政治历史特征的抗敌颂歌——《满江红》(夜雪飞花)、《踏莎行·为老兵送人出关杀敌赋》——这两"出"重头"戏"出场之后,"再青"已不能包容这一部词集的内容。限于篇幅,本文仅以第一首为例。"九一八"事变后,阴霾晦暗的抗日形势,沉重地压抑着每一个中国人的心。1933年3月11日,廿九军大刀队在喜峰口雪夜砍杀日本官兵上千人的"长城抗战",如挣脱严寒的一丝春意暖入了中国人的心田。父亲的《满江红》热烈地唱出了:

试解父亲顾随八种词集之命名

> 夜雪飞花,更映衬、宝刀如雪。看今夕、健儿身手,立功奇绝……鸣画角,声清越。扬白刃,光明灭。冒枪林弹雨,裹疮浴血。保我版图方寸土,是谁青史千秋业……

亢奋而昂扬地歌颂着"大刀向鬼子们的头上砍去"的著名战役。留驻"长城抗战"这一声抗日的春雷,呼唤更为壮阔绚美的抗日春天,是每一个中国人的心愿。"留春"一名,由是确立;取代"再青",正是由"小我"的人生历程提升及于包括"小我"在内的"大我"的国家民族运命。因而这一集名在人生课题的基石之上具有了更为强势的时代政治色彩。

[附记]在拙作《女儿眼中的父亲——大师顾随》中,由于我历史知识的匮乏,对《满江红》背景解读得十分含糊,说"可能是传来杀敌取胜的好消息"。书成之后,忘年之友赵林涛博士为我查阅了相关历史资料,核实了这首抗日颂歌真实而具体的历史背景。词"活"了,词所描绘的意境有了鲜明而切实的针对性,因而也就提升了这首词的社会历史价值。

五、积木

八种词集,唯"积木"一种非创作集,乃"和作"集。父亲在《积木词·自序》中说:"《花间》是旧所爱读之书,尤其飞卿、端己二家作。"父亲1935年岁末患病至1936年初仍未愈,病中"乃取《花间集》而尽和之"。

"积木"本是一种小儿的玩具,父亲因何以之命名自己的词集?他在《自序》中有一段风趣的说明::

> 余之弱女喜弄积木,长短方圆,依势安排,当其得意,往往移晷。此一卷和词,其余病中之积木乎?

若果以此而论,则《积木词》不过是父亲病中借以舒缓病痛、排遣时日的游戏之作。这当然是他的一番自谦之词。《积木词·自序》虽是一篇散文,却通篇流溢着浓郁的诗情、诗韵、诗趣。小女儿专心一意玩积木的神态,恰如诗家词人专注地作诗填词,联想之下,于是有了《自序》中那一段诗意的表达。而诗的境界总是"言有尽而意无穷","积木"一词,寥寥二字,其意也正无穷。

《积木词》共三卷,自上卷之和韦庄,至中卷之和温庭筠等七人,再至下卷之和冯延巳,一首一首地和来,堆叠累加,积少成多,积散成整,终成一部153首词作的和集,也真如小儿之搭积木,"一块一块,长短方圆",终成一座美不可言的建筑。由此,"积木"一名,真可说是一种很形象的描述,不过这毕竟也还只是对表层含意的理解。

父亲在1933年秋《留春词》结集之后,《叙》中曾有"后此断断乎不为小词"之说。他之不再为小词,不是就此不再染指于词,而是自感词之创作已"有年","地力渐薄,人力不济",因而作品如草木之不能茁壮,即使开花结实也"不肥不腴",我想,父亲暂停创作的脚步,是要假以时日,蓄积地力,滋养人力,以使创作华肥实腴。此际病中,和晚唐五代之作,正是揣摩古人情意,体味古人风格,借以灌溉创作的土壤,滋长创作的心力,实际是一个向古代词人学习的过程。[①] 此一过程也正如小儿之玩积木,一块一块,一层一层,终能成塔、成亭、成楼、成阁。这当是"积木"一名之深意所在。对此,父亲的传法弟子叶嘉莹有过一段极为精彩的理论阐释,不可以不引述:

> 这些与古人和韵之词,对于先生词之风格曾产生过相当大的影响。原来先生早期词作受稼轩及樵歌影响较大,偏于发扬显露而略少含蓄之情韵,经过此一阶段对晚唐五代词之拟作,对先生旧有之风格恰好产生了一种调节融汇之作用。这种作用,使先生之词于原有之率真清健之风格以外,又增加了一份深情远韵之美。(《顾随文集·代跋》)。

《积木词》题辞之二句"香尽炉烟余淡雾,轻盈还恐随风去",已可

---

① 此后1937年之和韩偓《香奁集》时,曾在信中向好友卢伯屏诉说过同样的意思。

见晚唐五代风格之印迹,透出"深情远韵"的气息。

六、霰集

父亲名随字羡季,"霰集"二字正与"羡季"谐音,"霰集词"即"羡季词"也。父亲别号"苦水",取此一号的主要缘由即"顾随"二字当时的英文拼写正与"苦水"相谐,因取之为号。当年以谐音取别号,此时以谐音命集名,均系以音而得名。

若从字义来看,霰,《辞海》释义为:"即雪珠。雨点下降遇冷而成的微小冰粒,俗称米雪。"记得父亲有一次聊天曾经说过,比起雨露霜雪来,他更喜爱"霰"。由于科学常识的缺乏,又由于缺少细致观察自然现象的文学素养,我当时不知道霰与雪的同与不同,更不知道所谓"雪珠"、"米雪",一直认为霰就是俗所谓"树挂",即明末小品作家张岱《湖心亭看雪》中的"雾凇"。直到年届半百,父亲已过世二十余年,我读到父亲遗下的一首词稿——《水调歌头·晨见木稼作》,其中"前日晴天霏雪,纷似梨花飘落,撩乱夕阳红。昨夜结珠霰,瑟瑟下长空",这神话般优美的境界,让我恍然于"霰"绝不是"树挂"!查阅辞书,我找到了上述答案,而这也促使我对"霰集"这一集名有了进一步的思索。

霰,晶莹明透,星星簌簌,洒然而落,构成了自然界绝美的景观,也成为了诗歌中一个美好的意象,《诗经·小雅·颂弁》中已有"如彼雨雪,先集维霰"的诗句。于是我想到,父亲廿余岁在泉城济南时,曾设计、筹划将自己与好友们的诗词散文汇编为集,他定集名为"集霰"[①];这时,他又将自己1937～1941五年间的词作汇而为一册,定集名为"霰集"。集之命名回应了青年时期一段美好的设计。

如若再从《霰集词》创作的时间背景来看,那正是北平沦陷于日寇铁蹄下的暗夜时期。父亲坚贞自守,过着清贫的日子,葆有着高尚的民族气节,他把自己内心的苦痛、对国家民族运命的担忧、对光明前景

---

① 由于客观条件,此一设想未能实现。

的坚贞期待,一一流注于词。文学作品中的意象总是具有象喻意义的,霰不似雪般飘舞,较雪更为清纯,它的洁白明澈、纤尘不染,具有着坚持操守的象征意味,这当是父亲为集定名更深一层的隐喻。我想,集中的66首词作,或可以为我的这一番揣想作为印证。①

七、濡露

"濡露"二字,源于杜甫《北征》"雨露之所濡,甘苦齐结实"的诗句。

父亲于词,最重稼轩;于诗,则最重老杜。父亲课堂讲课,即使不是专讲杜诗,也会时时说到老杜,仅就叶嘉莹先生所记听课笔记,他引述"雨露之所濡,甘苦齐结实"二句也不止一次。父亲在一次讲到"诗之锤炼"时,曾说:"锤炼宜于客观的描写,作诗有时应利用此点。如老杜《北征》,乱后回家,对此茫茫,心中当如何?而老杜是诗人,未忘掉客观,故尚能注意路上景物。不然归心似箭,岂能复有心情欣赏路中景色?老杜则连山上小果木皆看见。"②接着他就引出《北征》中的几句:

> 山果多琐细,罗生杂橡栗。或红如丹砂,或黑如点漆。雨露之所濡,甘苦齐结实。

当然,单就老杜的几句诗来看,是说大自然的雨露滋养了自然界中的万物;而父亲用来名集却是深之、扩之,是在说社会历史的雨露浸染着自己的思想灵魂,而结出了创作的果实。

《濡露词》收词仅22首,在八种词集中为数最少,但创作的时间最为集中,都是1943年秋季所作,秋季是"结实"收获的季节,为集命名,取杜诗上句中之"濡"与"露"二字,其用意则是在下句之"甘苦齐结实"。

---

① 限于当时的条件,《霰雪集》的印制,因陋就简,只是小32开的白报纸铅印本,也没有扉页及题辞。

② 见《驼庵诗话·总论》,《顾随全集》"讲录卷"。

试解父亲顾随八种词集之命名

此一卷《濡露词》之印行，全是由弟子史树青①策划筹办的。同时，史树青自己也仿照老师诗词集一贯的装帧设计，印制了自己的《几士居词甲稿》，并请老师作序。父亲为弟子所作的序文中，将词人少时之作比为"春日花蕊"的"风姿情韵"，而将壮老之作比为"雨露所濡，甘苦齐实"。这一年，父亲已经四十七八岁，是奔五十的人了，他的词作自是大半生"雨露所濡"种种"甘苦"结出的果实。

与《霰集词》一样，"濡露"中的全部词章均是北平沦陷时期所作，如此而言，"甘苦"二字无疑隐含了更多的国家民族的苦难于其中。所谓"甘苦"二字，则是汉语词汇学中构词法所说的"偏义复词"，其实义是苦重于甘，甚至是有苦而无甘。"霰集"与"濡露"两种词集，乃是于国家民族与众生苦难中所发出的声声浩叹，这已完全脱尽旧传统之作中的"小我""闲愁"，融入的是具有时代命意的家国之愁。

《濡露集》其扉页题辞是：

> 篆香不断凉先到　蜡烛成堆梦未回。

"凉"已"先到"，"梦"仍"未回"，而"篆香"依然袅袅"不断"，"蜡泪"还在滴滴"成堆"。我以为，这一方面是词人对自己坚贞心志的表达，一方面又是以词所特具的婉约情态，对"雨露之所濡，甘苦齐结实"这厚朴沉实的诗句，所作的深婉而凄美的独特表达。

[附记] 就在结束"濡露"一节文稿时，我忽然想到，父亲于诗歌之用字，一向讲究形、音、义三者的结合。他在文稿与讲课中，多次引用并周详地阐发刘勰《文心雕龙·情采》中"形文"、"声文"、"情文"之说。1940年代父亲有一首绝句，前两句是"溪流活活出新源，芳草萋萋没旧痕"②，上句写水，七字中用了5个有"水旁"的字；下句写草，七字中用

---

① 父亲在辅仁大学的学生，现当代文博大家。
② 此为近年所辑得之佚诗，《顾随全集》中未及收入。

了五个有"草头"的字①,正是实践他以形表意的修辞主张。由此我想到,"霰集"与"濡露"两种词集,集名四字之中,用了三个带"雨头"的字,有没有以此象喻身处风雨飘摇的动荡时代之用意呢?这纯是我大胆得近乎荒唐的揣测。聊记此一时之想以备忘。

八、闻角

"闻角"一名是八种词集中唯一无须后人再做解读的一种,因为在父亲过世之后,一件相关资料中尚保存了父亲在编订此集后所写的《闻角词剩题记》中之核心部分:

> 卅年前读尹默师《秋明集》,其《破晓》五律一首发端即曰"破晓闻清角",甚喜之,至今弗能忘,故名吾词为"闻角"。角者,号角也。建设事业,云蒸霞蔚,一日千里,每读报未尝不鼓舞奋发,譬闻角号,号召前进。词名"闻角",是其义也。

在这段仅存的不足百字的"题记"中,父亲自己已经阐明了两个问题:其一,"闻角"二字源自老师沈尹默的诗句;其二,命集名为"闻角"的用意。

从"题记"可确知,《闻角词》是父亲1952年大病痊可再度出山之后的晚年作品;且全部词作均系歌颂新中国、新气象以及抒发自己病后又逢太平盛世的"谁道人生无再少"的情怀。但是,《闻角词》的原稿早已亡佚于动乱的年月,迄今不但没有人见过,而且至今尚未发现有关此集的任何线索。

现在,我只想借此次撰文的机会,说几句并非绝对题外的"题外话",作为本节以至本文的结束。

第一,《闻角词》的结集时间,我过去曾据"题记"臆断为1959年,并写进了《女儿眼中的父亲——大师顾随》一书。但今年夏天,我意外

---

① "旧",繁体作"舊",亦有"草头"。

试解父亲顾随八种词集之命名

得到周汝昌先生提供的父亲于 1955～1960 年初写给他的一大批信函,其中有 1956 年 10 月末父亲抄寄给弟子汝昌的一份《述堂近稿》[①],近稿之前言开端即说,"《闻角词》断手于今岁一月间"。据此,可以确知《闻角词》的结集时间是 1956 年 1 月,而其中词作当是 1952 年秋至 1956 年 1 月近五年中的作品。拙作中原推断时间有误。

第二,父亲 1958 年 12 月 25 日致好友卢季韶的信中说:"两三年来所作词有百余首,大半有政治性,甚至赶任务,配合运动,不免是'急就章'。若严加删选,或有半数不致刺目。"如此而论,即使有"赶任务"、"配合运动"的词章,父亲自己也绝不会收入《闻角词》中。

第三,上述父亲致卢氏的信中所言,"两三年来所作词有百余首",按时间推算,这百余首词作恰是 1956 年《闻角词》结集之后的作品。那么,"闻角"之后,父亲是不是又对这百余首词"严加删选",保留了其中近半数的、自谦为"不致刺目"的作品编订为自己的第九种词集了呢? 若然,词集又将如何命名? 这恐怕是中国现代词史上一个不会得到答案的谜了。但是,至少可以让我们知道:"苦水词人"生前曾有为自己编订第九种词集的设想。

第四,假定父亲已经编订好自己的第九种词集,"配合运动"、"赶任务"的"政治性"的作品当然不会掺杂其中。我估计,集中定有一定数量的词是当时未曾在报刊上发表过的;而集中的词章定然是既葆有旧日词作的风神情采,又饱含着新气象、新情意的精彩作品。"闻角"时期与"闻角"之后,已发表的作品可以辑录得到,那些未发表的更引人入胜的词章或许还有星星点点的印迹散落于人间,留给后人一丝搜寻辑佚的期望。

2009 年 8 月末 9 月初草成
2009 年 11 月中旬改订

---

① 收 1956 年 10 月间的词作 5 首。

顾随先生和他的"高致说"

曾大兴

顾随(1897—1960)先生的说词文字,据笔者统计,共有11种。按照出版的时间,依次为:《沈启无编校〈人间词〉及〈人间词话〉》(1933)、《华钟彦〈花间集注〉叙》(1935)、《史树青〈几土居词甲稿〉序》(1943)、《稼轩词说》(1947)、《东坡词说》(1947)、《说辛词〈贺新郎·赋水仙〉》(1986)、《论王静安》(1992)、《评点王国维〈人间词话〉》(1995)、《〈静安词〉扉页题记》(1995)、《说竹山词》(1997)和《诗词散论》(2001)。

顾先生说词,和别的人不一样。他是有些"另类"的。他一不作时代背景、词人生平和作品"本事"方面的介绍,二不作典故和字、词、句方面的诠释,三不作思想艺术成就方面的归纳。他通常的做法,是就作品的某个写法、某个意思,或者某个片断、某句话,甚至是某个字,拈出一个话头,生发开去,讲得天花乱坠。他的说词文字不是理论性的

---

* 曾大兴:广州大学中文系教授,系主任,研究生导师,广州发展研究院副院长。主要从事词学与文学地理学的研究。

顾随先生和他的"高致说"

论文,也不是知识性的散文,而是佛经语录式的文体,多半是要靠悟的。即以《稼轩词说》的开篇为例,这是讲辛弃疾的《贺新郎·赋琵琶》这首词的。原词如下:

凤尾龙香拨。自开元、霓裳曲罢,几番风月?最苦寻阳江头客,画舸亭亭待发。记出塞、黄云堆雪。马上离愁三万里,望昭阳宫殿孤鸿没。弦解语,恨难说。 辽阳驿使音尘绝。琐窗寒、轻拢慢捻,泪珠盈睫。推手含情还却手,一抹凉州哀彻。千古事、云飞烟灭。贺老定场无消息,想沉香亭北繁华歇。弹到此,为呜咽。

说词如下:

读辛老子词,且不可徒看他横冲直撞,野战八方。即如此词,看他将上下千古与琵有关的公案,颠来倒去,说又重说。难道是几个典故在胸中作怪?须知他自有个道理在。原夫咏物之作,最怕为题所缚,死于句下;必须有一番手段使他活起来。狮子滚绣球,那球满地一个团团转,狮子方好使出通身解数。然而又要能发能收,能擒能纵,方不至不可收拾。稼轩此作,用了许多故实,恰如狮子滚绣球相似,上下,前后,左右,狮不离球,球不离狮,狮子全副精神,注在球子身上。球子通个命脉,却在狮子脚下。古今词人一到用典咏物,有多少人不是弄泥团汉?龙跳虎卧,凤翥鸾翔,几个及得稼轩这老汉来?虽然如是,尚且不是辛老子最后一着。如何是这老子最后一着?试看换头以下曲曲折折,写到"轻拢慢捻","推手""却手",已是回肠荡气;及至"一抹凉州哀彻",真是四弦一声如裂帛,又如高渐离易水击筑,字字俱作变徵之声。若是别人,从开端至此,费尽气力,好容易挣得一片家缘,不知要如何爱惜维护,兢兢业业,惟恐失去。然而稼轩却紧钉一句:"千古事云飞烟灭。"这自然不是"曲终人不见,江上数峰青"。但是七宝楼台,一拳粉碎,此是何等手段,何等胸襟。真使读者如分开八片顶阳骨,倾下一瓢冰雪来。又如虬髯客见太原公子,值得心死两字也。要会稼轩最后一着么?只这便是。然而若认为是武松景阳冈上打虎的最后一拳,老虎便即气绝身死,动弹不得,却又不可。何以故,武行者虽是一片神威,千斤膂力,却只能打得活虎死去,不会救得死虎活来。辛老子则既有杀人刀,亦有活人剑,所以不但活虎可以打死,亦且死虎可以救活。不信么?不信,试看他"贺老定场无消息,想沉香亭北繁华歇"十五个字,一口气便呵得死虎活转来了也。①

695个字,曲曲折折,只是要说明一个如何用典的道理,即要"能放能收,能擒能纵"。至于这首词的写作背景是什么,主要意思在哪里,除了用典之外还有哪些艺术特点,典故的来源何在,本意何在,用在这里又有哪些新的含义,等等,他都没有讲,也不屑于去讲。他的《稼轩词说》说辛词20首,《东坡词说》说苏词15首,基本上都是这个路数。不是"我注六经",而是"六经注我";不是要为读者做鉴赏的服务,而是要通过说词,来表达自己对词、对艺术、对人生的某些感悟、某些心得。这样的说词法,与古人的那种断章取义的说词法相比,与今人的那种条分缕析的说词法相比,确实是有些特别的,能予人耳目一新之感。但是读这样的说词文字,是需要一定的知识积累、创作经验、人生阅历和感悟能力的。一个初学词的人,要想通过这样的文字来了解词的基本知识,似乎是不大可能的,因为它不是一个知识性的读本。他的弟子叶嘉莹教授在为他的《全集》所作的《序言》中说:"先生的《全集》与一般学者的学术性著作,似乎颇有不同之处,一般学术著作大多是知识性的、理论性的,纯属客观的记叙,而先生的作品则大多是源于知识却超越于知识以上的一种心灵与智慧和修养的升华,如果只从知识去追求,既不能真正得其三昧,但如果没有知识的积累而去阅读,则

---

① 顾随:《稼轩词说》,见《顾随全集》第2卷,河北教育出版社,2000年,第13~14页。

顾随先生和他的"高致说"

也同样不能尽得其三昧。我诚恳地盼望此书的读者,能够撇弃掉今日的只以知识为商品的浅薄的观念,而能以积学深思的态度去阅读此书,若能于其中真有体悟,则无论在为学与为人各方面,都必将受益无穷。"①这就是说,读顾随的书,包括读他说词文字,需要换一种心态,换一种期待,换一种读法,重在感悟,重在体会,而不是求知。

顾先生的说词文字,给人的第一印象是比较随意,说到哪是哪,没有什么系统性,但是读过两遍,就会发现他还是有目的在的,目的之一,就是阐述和张扬他的"高致说"。

"高致说"的源头是王国维的"境界说"。如果说,"境界说"是王国维对于20世纪词学理论的一个重要贡献,那么"高致说",就是顾随对于20世纪词学理论的另一个重要贡献。"高致说"继承了"境界说"的合理内核,同时又在很大程度上弥补了"境界说"的不足,从而丰富和发展了"境界说"。

讲王国维的"境界说",不能不讲顾随的"高致说"。讲顾随的"高致说",又不能不事先梳理梳理他与王国维之间的承传关系。

"以不曾拜在王氏门下为憾"

顾随是第一个在大学里讲授王国维《人间词话》的人。据吴世昌先生回忆,他在燕京大学英文系读书时(1928~1932),顾随就在燕大讲词。他说:"因为对诗词感兴趣,我曾经跑到国文系听顾随、闻宥讲课。顾随写新诗,也写小说,讲课并不正规,常常拿一本《人间词话》随意讲。"②顾随讲《人间词话》,从燕京大学一直讲到辅仁大学,他的《论王静安》这篇讲义,就是叶嘉莹教授根据她当年在辅仁大学国文系读书时(1942~1947)的听课笔记整理的。顾随用的本子,就是靳德峻

---

① 叶嘉莹:《顾随全集·序言》,见《顾随全集》第1卷,河北教育出版社,2000年,第1~2页。
② 吴世昌:《我的学词经历》,《文史知识》,1987年第7期。

顾随研究

撰、北京文化学社1928年印行的《〈人间词话〉笺证》；他的《评点王国维〈人间词话〉》这篇札记，就是写在这个本子上的。

顾随对王国维的推崇可以说是终生不渝的。早在1933年6月，顾随作《〈静安词〉扉页题记》，就称"先生词与同时诸老旗帜特异，蹊径殊别，卓然名家，自是不朽之作"。又说署名为樊志厚的那两个序言"是夫子自道，如鱼饮水，冷暖自知，一班词匠，岂能梦见？"[①]顾随推崇王国维的词，更推崇他的词论。1933年10月，顾随为《沈启无编校〈人间词〉及〈人间词话〉》作序，说他之所以要写这一篇序，原因之一，就是"平日喜读此二书，兹欲假一序结香火因缘。"[②]直到1958年，也就是在他去世的前两年，顾随还在一篇《教学检查》中说，他这一生，"以不曾拜在王氏门下为憾"[③]。在他现存的11篇词学论文、序跋和讲义中，讲王国维的就占了4篇；其余的7篇中，又有6篇引述过王国维的观点。

顾随的词体观和词史观，与王国维是相通的。在《华钟彦〈花间集注〉叙》这篇文章里，顾随提出："文之隶事，其起于文之将衰乎？六朝兰成孝穆之文也，晚唐义山樊川之诗也，南宋白石梦窗之词也，几非隶事不能成篇，而六朝之文，唐之诗，宋之词，于是乎衰。盖王静安先生曾先我言之矣：意足则不暇代，语妙则不必代，代字且不必用，何用于隶事？"[④]在《说竹山词》这篇讲义里，他指出："宋末词路自北宋清真（周邦彦）一直便至南宋白石（姜夔），其后则梅溪（史达祖）、梦窗（吴文英）、碧山（王沂孙）、草窗（周密）、玉田（张炎），此为一条路子……自清以来，词人多走此路子。余不喜此路。"又强调说："南宋末词家多走入纤细、用典之路，而

---

① 顾随：《〈静安词〉扉页题记》，见《顾随全集》第2卷，河北教育出版社，2000年，第96页。

② 顾随：《沈启无编校〈人间词〉及〈人间词话〉序》，见《顾随全集》第2卷，河北教育出版社，2000年，第98页。

③ 顾之京：《心苗尚有根芽在，心血频浇——记先父顾随的一生》，见《顾随全集》第4卷，河北教育出版社，2000年，第642页。

④ 顾随：《华钟彦〈花间集注〉叙》，见《顾随全集》第2卷，河北教育出版社，2000年，第97页。

多咏物之作(同学不喜咏物之作最好,若喜欢,最好抛掉此种爱好)。"①这些话,与《人间词话》的相关言论,可谓有"针芥之合"。

顾随对王国维的"境界说"有过很高的评价。他说:"王静安先生论词,首拈境界,甚为具眼。神韵失之玄,性灵失之疏,境界云者,兼包神韵与性灵,且又引而申之,充乎其类者也。"②在把王国维的"境界说"、王士祯的"神韵"说和严羽的"兴趣"说作过一番分析、比较之后,顾随指出:"严之兴趣在诗前,王之神韵在诗后,皆非诗之本体。诗之本体当以静安所说为是","王静安所谓境界,是诗的本体,非前非后。"他认为"兴趣、神韵二字'玄'而不'常',境界二字则'常'而且'玄',浅言之则'常',深言之则'玄',能令人抓住,可作为学诗之阶石、入门。"③

值得注意的是,顾随虽然推崇王国维,但是并不在王氏后面亦步亦趋。他曾对自己的弟子叶嘉莹说:"不佞之望于足下者,在于不佞法外,别有开发,能自建树,成为南岳下之马祖,而不愿足下成为孔门之曾参也。"④他自己就是20世纪词学界一个马祖式的人物。他对《人间词话》是有独到的体认和研究的。在他看来,"境界说"虽然好过"兴趣"说、"性灵"说和"神韵"说,但也只能作为学词的"阶石"和"入门",而不能奉为圭臬。因为"境界说"也有不完备处,作为王氏的崇拜者,他所要做的工作,就是"于静安先生所说不完备处加以补充"⑤。

顾随先生的"高致说"

王国维讲:"词以境界为最上。有境界则自成高格,自有名句。五代北宋之词所以独绝者在此。"⑥什么是"境界"? 王国维有一个明确的

---

① 顾随:《说竹山词》,见《顾随诗词讲记》,中国人民大学出版社,2006年,第209页。
② 顾随:《稼轩词说》,见《顾随全集》第2卷,河北教育出版社,2000年,第29~30页。
③ 顾随:《论王静安》,见《顾随全集》第3卷,河北教育出版社,2000年,第220页。
④ 叶嘉莹:《顾随全集·序言》,见《顾随全集》第1卷,河北教育出版社,2000年,第2页。
⑤ 顾随:《论王静安》,见《顾随全集》第3卷,河北教育出版社,2000年,第220页。
⑥ 王国维:《人间词话》,见王幼安校订《蕙风词话·人间词话》,人民文学出版社,1960年,第191页。

解释,这就是:

> 能写真景物、真感情者,谓之有境界。否则谓之无境界。①

可见"境界说"的核心,在一"真"字。王国维又讲:

> 大家之作,其言情也必沁人心脾,其写景也必豁人耳目。其辞脱口而出,无矫揉妆束之态。以其所见者真,所知者深也。诗词皆然。②

王国维所说的"大家之作",就是指"有境界"的作品。在王国维看来,"有境界"的作品,在内容上是真实而深刻的,即"所见者真,所知者深";在表现形式上是"脱口而出,无矫揉妆束之态";在审美效果上则是"沁人心脾"、"豁人耳目"。"无境界"的作品,可以用一个字来概括,就是"隔"。"隔"是如何造成的?首先是不能"以自然之眼观物",其次是不能"以自然之舌言情"。③ 这样在艺术表现上,就不能做到"语语都在目前"④;在审美效果上,就不能给人以"真切"、"自然"之感,不能给人以"沁人心脾"、"豁人耳目"之感。

需要指出的是,"真"字于文学,虽是至关重要的,却不是它的全部。因为"真"的文学,未必就是"善"的文学,未必就是"美"的文学。王国维的"境界说"和严羽的"兴趣"说、王士禛的"神韵"说相比,虽然具有创新意义,但是就其理论内涵来讲,仍然不够完善,需要补充。顾随在理论上的贡献,就是在肯定"境界说"的前提之下,提出了"高致

---

① 王国维:《人间词话》,见王幼安校订《蕙风词话·人间词话》,人民文学出版社,1960年,第193页。
② 王国维:《人间词话》,见王幼安校订《蕙风词话·人间词话》,人民文学出版社,1960年,第219页。
③ 王国维:《人间词话》,见王幼安校订《蕙风词话·人间词话》,人民文学出版社,1960年,第217页。
④ 王国维:《人间词话》,见王幼安校订《蕙风词话·人间词话》,人民文学出版社,1960年,第211页。

顾随先生和他的"高致说"

说",从而在一定程度上弥补了"境界说"的不足。诚然,在《人间词话》里,王国维也使用过"高致"这个概念。他说:

> 读东坡、稼轩词,须观其雅量高致,有伯夷、柳下惠之风。①

又说:

> 诗人对宇宙人生,须入乎其内,又须出乎其外。入乎其内,故能写之。出乎其外,故能观之。入乎其内,故有生气。出乎其外,故有高致。②

但是,王国维并没有像对"境界"那样,对"高致"的内涵作进一步的界定。因此王国维只建立了"境界说",而没有建立"高致说"。"高致说"的建立,是由顾随来完成的。

顾随在《稼轩词说》里讲到:

> 大凡为文要有高致,而且此所谓高致,乃自胸襟见解中流出,不假做作,不尚粉饰,亦且无丝毫勉强,有如伯夷、柳下惠风度始得。不然,便又是世之才子名士行径,尽是随风飘泊底游魂,依草附木底精灵,其于高致乎何有?③

王国维对"高致"的解释是:"有伯夷、柳下惠之风",能够"出乎其外"。这个解释是非常重要的,但是并不完整。顾随在王国维的基础之上,进一步明确了"高致"的审美特征,就是"自胸襟见解中流出,不假做作,不尚粉饰,亦且无丝毫勉强"。这几句话的意思,用王国维的语言来讲,就是"自然",就是"不隔"。而"自然"与"不隔",就是"真",

---

① 王国维:《人间词话》,见王幼安校订《蕙风词话·人间词话》,人民文学出版社,1960年,第213页。

② 王国维:《人间词话》,见王幼安校订《蕙风词话·人间词话》,人民文学出版社,1960年,第220页。

③ 顾随:《稼轩词说》,见《顾随全集》第2卷,河北教育出版社,2000年,第36页。

就是"有境界"。

顾随指出：求高致，先要涵养身心，敦励品行，先要"立诚"。

> 古亦有言：诗心声也，字心画也。夫如是，则学文之人将如何以涵养其身心，敦励其品行乎？殆必如儒家之正心诚意，佛家之持戒修行而后可……奈学文者又决不可忽视上所云之涵养与敦励。然则如之何而可？于此而有简当之论，方便之门，夫子之忠与恕，初祖之直指本心，见性成佛是。所谓诚也。故曰"修辞以立诚"。故曰"诚于中，形于外"……稼轩之词无游辞，则何其诚也。①

顾随重申了"修辞以立诚"这条古训。他说："耳之所闻，目之所见，心之所感，虽一草一木，一花一叶，一毫端，一微尘，发而为文，苟其诚也，自有其不可磨灭者在，又何必定要鞭笞鸾凤，呼吸风雷，始为惊世骇俗底神通乎？"②所谓"立诚"，用王国维的话来讲，就是"忠实"。顾随对"立诚"所作的解释，和王国维对"忠诚"所作的解释是相通的："词人之忠实，不独对人事宜然。即对一草一木，亦须有忠实之意，否则所谓游词也。"③"游词"的本质，就是"哀乐不衷其性，虑叹无与乎情"，就是虚情假意，就是不"真实"，就是没"境界"。顾随讲"稼轩之词无游辞，则何其诚也"，和王国维讲"稼轩之佳处，在有性情，有境界"，意思也是相通的。因此，从"真实"、"自然"、"立诚"这一方面来讲，"高致说"与"境界说"是一脉相承的。

"高致说"不同于"境界说"的地方，在于除了求"真"，还要求"善"。王国维强调"忠实"，但是并没有讲如何才能做到"忠实"；顾随强调"立诚"，却同时讲了如何才能做到"立诚"，这就是要"涵养其身心，敦励其

---

① 顾随：《稼轩词说》，见《顾随全集》第2卷，河北教育出版社，2000年，第6页。
② 顾随：《稼轩词说》，见《顾随全集》第2卷，河北教育出版社，2000年，第36页。
③ 王国维：《人间词话》，见王幼安校订《蕙风词话·人间词话》，人民文学出版社，1960年，第242页。

顾随先生和他的"高致说"

品行",要像儒家那样"正心诚意",像佛家那样"持戒修行",要朝着"夫子之忠与恕,初祖之直指本心,见性成佛"这样的目标去努力。概括地讲,就是要养心,要敦品,要修炼,要求"善"。因此,"立诚"的目的在求"真",求"真"的前提在求"善"。

"高致说"不同于"境界说"的地方,还在于除了求"真"、求"善",还要求"美",即还要讲求"文采"。顾随讲:

> 文也者,文彩(按:应为"采",下同)也。无彩,即不成其为文矣。吾之所谓文彩,非脂粉熏泽之谓。脂粉熏泽,皆自外铄,模拟袭取,非文彩也。而欲求文彩之彰,又必须于文字上具炉捶,能驱使,始能有合。①

"炉捶"就是锻炼,就是求工。顾随讲到"文采"时,借用了小学的形、音、义这三个概念,但是赋予了它们新的内涵。他说:"小学家之论小学也,曰形,曰音,曰义。今姑借此固有之假名,以竟吾之说。曰义者,识字真,表意恰是,此尽人而知之矣。然所谓识字,须自具心眼,不可人云亦云。否则乃模拟,非文采也。曰形者,借字体以辅义是。故写茂密郁积,则用画繁字。写疏朗明净,则用画简字。一则使人见之,如见林木之翁郁与夫岩岫之杳冥也。一则使人见之,如见月白风清,与夫沙明水净也。曰音者,借字音以辅义是。故写壮美之姿,不可施以纤柔之音;而宏大之声,不可用于精微之致……以上三者,莫要于义,莫易于形,而莫艰于声。"②

王国维在《人间词话》中所激赏的作品,多是有境界、有气象、能得事物之"神理"的佳作,这样的佳作,"其言情也必沁人心脾,其写景也必豁人耳目",它们的美学价值是很高的,但是王国维很少去分析它们的"美"的元素与"美"的构成方式。他虽然不轻视"美"的形式,但也不

---

① 顾随:《稼轩词说》,见《顾随全集》第 2 卷,河北教育出版社,2000 年,第 6 页。
② 顾随:《稼轩词说》,见《顾随全集》第 2 卷,河北教育出版社,2000 年,第 6~7 页。

强调"美"的形式的重要性。他说"人能于诗词中不为美刺、投赠之篇,不使隶事之句,不用粉饰之字,则于此道已过半矣。"①他认为只要把这"三不"做到了,诗词的问题就解决了大半。这是有些简单和武断的。虽然就当时的词坛背景来讲,他有他的道理,有他的针对性,他难免矫枉过正,但是作为一个理论来讲,其缺陷是毋庸讳言的。顾随不一样,他的《稼轩词说》与《东坡词说》有许多是分析作品的"美"的形式即"文采",他把词的"文采"归纳为"形"、"音"、"义"三项,这在词学理论批评方面也是有创新意义的。

需要说明的是,他虽然强调词的"文采",但是又反对"脂粉熏泽"和"仿真袭取",这与"境界说"的强调"自然",反对"摹拟"、"雕琢"与"粉饰",又是一脉相承的。

顾随总结说:

> 既曰高致,则作品所表现,亦尝有关乎作者之心行乎?曰:此固然已。"若高致之显于作品之中也,则必有藉乎文字之形、音、义与神乎三者之机用。是以古之合作,作者之心、力既常深入乎文字之微,而神致复能超出乎言辞之表,而其高致自出。"②

"心行"即"涵养其身心,敦励其品行"。"心行"是善,"文字之形、音、义"是美。"高致说"既关乎作者之"心行",又藉乎作品"文字之形、音、义",既求善,亦求美,因此对于只求"真"的"境界说",无疑是一个很好的补充。

那么,如何才能获得"高致"呢?顾随强调说:"不可以无心得,不可以有心求。稍一勉强,便非当家。古之作者,其入之深也,常足以探其源而握其机。故能操纵杀活,太阿在手。其出之彻也,又常冥然如

---

① 王国维:《人间词话》,见王幼安校订《蕙风词话·人间词话》,人民文学出版社,1960年,第219页。
② 顾随:《稼轩词说》,见《顾随全集》第2卷,河北教育出版社,2000年,第8页。

顾随先生和他的"高致说"

无常,夷然如不屑。故能左右逢源,行所无事。于是所谓高致生焉。"①高致的特点在能入能出,其最高层次则在"入之深"而"出之彻"。这个说法与王国维也是一脉相承的。

"高致"作为一个美学概念,虽然来自于王国维,但是把这个美学概念的内涵说得如此具体,使之既能弥补"境界说"之不足,又能成为一个独立自足的"高致说",则是顾随的功劳。顾随对这一点是很自觉的,也是很自信的。他说:

> 吾如是说,其或可以释王渔洋之所谓神韵,王静安之所谓境界乎?虽然,吾信笔乘兴,姑如是云云耳。吾年来于是之自悟、自肯也?亦已久矣。即与两家所标举之神韵与境界无一毫发合焉,吾之自肯如故也。即举世而不见肯,吾之自肯仍如故也。"②

结 语

那么,和王国维的"境界说"相比,顾随的"高致说"是不是"既尽善,又尽美"了呢?似乎也不能这么说。"高致说"也是有些偏颇、有些局限的。"高致"者,"高韵远致"之谓也,在词里,真正能达到这个水平的作品是不多的。早期的词,多是歌筵舞席的产物,作品的语言、题材、情感、风格等等,都是比较浅俗、比较大众化的,谈不上有多少"入之深"而"出之彻"的成分,谈不上有多少"高致"。后期的词,应歌的功能少了,嘴唱的文学变成了眼看的文学,人们像写诗一样地写词,又往往变得矜持起来,匠人的气息一天比一天严重,像这种"不可以无心得,不可以有心求"的"高致"也是十不一遇的。真正具有"高致"的作品似乎只有从苏东坡和辛稼轩这些人的词里去寻找,因为苏、辛等人的词,原是一种诗化的词。第一,他们的作品,多不是应歌之作;第二,他们作词,较少有匠人的气息。顾随选择他们的作品,作为"高致说"

---

① 顾随:《稼轩词说》,见《顾随全集》第2卷,河北教育出版社,2000年,第8页。
② 顾随:《稼轩词说》,见《顾随全集》第2卷,河北教育出版社,2000年,第8~9页。

的研究对象,原是有道理的。但是,苏、辛的词,原只是词中一格,不能代表所有的词。虽然我们不赞成把它们称为"别调",但也不赞成把它们称为"主流"。因此,有"高情远韵"、"入之深"而"出之彻"的"高致"之作是很少的,"高致说"的代表性是有限的。

事实上,不仅宋词当中的很多佳作,难以用"高致"来概括,就是苏、辛词本身,也不能全用"高致"来概括。"高致"的基本质量,是"入之深"而"出之彻",而苏、辛词,尤其是辛词,也有许多是能"入"而不能"出"的。辛弃疾这个人,是个功名意识很强的人,即便投闲置散,内心里还是有许多慷慨不平之气,他的"出",又能"出"到哪里去?顾随显然也意识到了这一点,所以他说:"辛词混杂悲喜而为深,故当之入。苏词超越悲喜而为高,故偏之出。"这样一来,"高致说"的代表性就更其有限了。

从理论上讲,"高致说"虽然充实了"境界说"的内涵,但是却缩小了"境界说"的外延。许多在王国维看来是有"境界"的作品,在顾随看来,却未必有"高致"。但是,由于"境界说"的理论基础是文学上的进化论,它所提倡的是"真"的文学、"自然"的文学;它所反对的是模拟因袭、粉饰雕琢的文学。由于它的代表性比较广泛,针对性也比较强,所以很快就被一大批有新思想的词人和词学家所接受,影响日甚一日,以至成为文学理论上的经典。

与"境界说"相比,"高致说"的影响就要小一些。原因有多种:第一,它缺乏广泛的代表性;第二,它缺乏较强的现实针对性。或者说,它针对的只是"境界说"的某些偏失,只是一种理论的某些偏失,而不是针对整个创作领域的某些偏失;第三,它的理论基础不是20世纪上半叶较为先进的文学上的进化论,而是文学上的古典主义;第四,顾随一生的愿望,是想当个作家,而不想当个学者。他活着的时候,并不以学者名世,而是以诗人、词人和书法家名世,他的学术成果不算多,在学术界的影响也不算大,所以他的某些观点,即便很有见解,也不大容易为人们所广泛知晓。

顾随先生"高致说"论略

陆有富*

顾随先生是我国现当代著名词人和学者,幼年聪颖,早承庭训,具备良好的国文基础,18岁考入北京大学国文系,其后在校长的指点下,转读西洋文学。这样一个良好的知识结构和开放性的思维的环境,为他后来的学术生涯奠定了良好的基础。顾之京先生曾言及顾随先生在北京大学读书期间"不仅接受了五四新思想的熏陶,更在饱学中国古代诗文的基础上,接受了西方新文化,集旧学新学于一身,熔古今中外于一炉,从而形成了他学问上兼容并包、博大精深的新型基础。"[①]缘于此,顾随先生在中国古代词学、诗学、禅学、戏剧研究等方面都取得了丰硕的成果,令人瞩目。

在词学批评中,顾随先生不取王士禛的"神韵"说、王国维的"境界说",而自树立、独标"高致"一说,并在其词学批评著作中详细阐说。

---

* 陆有富:南开大学文学院词与词学方向博士研究生。
① 顾之京:《心苗尚有根芽在,心血频浇——记先父顾随的一生》,见《顾随全集》第4卷,河北教育出版社,2000年,第632页。

但是,"高致说"并非无本之木,一空依傍,而是顾先生在把严羽之"兴趣说"、王士禛之"神韵说"、王国维之"境界说"经过认真研究比较之后所提出来的又一范畴。他说:"严之兴趣在诗前,王之神韵在诗后,皆非诗之本体。"①"王静安所谓境界,是诗的本体,非前非后。"②叶嘉莹先生对此进一步解释云:"沧浪之所谓兴趣,似偏重在感受作用本身之感发活动;阮亭之所谓神韵,似偏重在感兴所引起的言外之情趣;至于静安先生所谓之境界则似偏重在所引发之感受在作品中具体之呈现。"③无论"兴趣"、"神韵",还是"境界",都是从诗歌美学角度提出的范畴,而顾先生还认为"境界说""以其能同于兴趣,通于神韵,而又较兴趣、神韵为具体",同时又指出,"兴趣、神韵二字'玄'而不'常',境界二字则'常'而且'玄',浅言之则'常',深言之则'玄',能令人抓住,可作为学诗之阶石、门径。""境界"之说虽可以作为学习诗词的阶陛,但是终有缺陷,于是顾先生拈出"高致"二字,"且于静安先生不完备处加以补充"。

一

所谓"高致",一方面是指气度的恢弘。《三国志·吴志·周瑜传》曾记载:"(周瑜)性度恢廓,大率为得人,惟与程普不睦。"裴松之注引晋人虞溥《江表传》:"干(蒋干)还,称瑜雅量高致,非言辞所间。"这里的"高致"便是指周瑜气度之宏阔,情致之高雅。另一方面,"高致"还指诗、词、文高雅的格调,属于引申义。宋人胡仔在《苕溪渔隐丛话前集·杜牧之》中说:"古乐府中《木兰诗》、《焦仲卿诗》,皆有高致。"这里的"高致"便是从这方面而言的。

以"高致"论词,清人词话已有之。沈雄《古今词话·词辨》(下卷)曰:"陈参政词,亦自慨切……王士禄全步其韵而稍改正之,读其'向风

---

① 顾随:《论王静安》,见《顾随全集》第3卷,河北教育出版社,2000,第220页。
② 顾随:《论王静安》,见《顾随全集》第3卷,河北教育出版社,2000年,第220页。
③ 叶嘉莹:《王国维及其文学批评》,河北教育出版社,1997年,第296页。

顾随先生"高致说"论略

尘决计',见其高致。"①刘熙载《艺概·词概》"词客当有雅量高致"条云:"耆卿《两同心》云:'酒恋花迷,役损词客。'余谓此等,只可名迷恋花酒之人,不足以称词客,词客当有雅量高致者也。"②王国维《人间词话》亦曾两度提到"高致":

> 东坡之词旷,稼轩之词豪。无二人之胸襟而学其词,犹东施之效捧心也。读东坡、稼轩词,须观其雅量高致,有伯夷、柳下惠之风。③

> 诗人对宇宙人生,须入乎其内,又须出乎其外。入乎其内,故能写之。出乎其外,故能观之。入乎其内,故有生气。出乎其外,故有高致。④

囿于词话片段性和无逻辑性的特殊表达方式,诸家对"高致"一词并未能全面发覆、指出要义。我们根据上面"高致"词义的分析可以看出诸家对"高致"一词的运用是包含着两层意思的,沈雄、刘熙载所说的"高致"是对于词作者的人格、气度、情致而言的;而王氏"出乎其外,故有高致"中的"高致"则是对作品的格调而言的。然而,我们细味每句之义,不难看出,作者高尚的人格和高雅的情致与作品的高格调密切相关,阅读格调高的作品可想见作者高尚的人格、高雅的情致,而深具"雅量高致"的作者必然有伟大高格调的作品。

而顾随先生在前人论词的基础之上选择并拈出"高致"一词,在固有之意上多有阐发。顾先生在其《稼轩词说》中说:

> 大凡为文要有高致,而且此所谓高致,乃自胸襟见解中流出,不假做作,不尚粉饰,亦且无丝毫勉强,有如伯夷、柳下惠风度始

---

① 唐圭璋:《词话丛编》,中华书局,2005年,第948页。
② 唐圭璋:《词话丛编》,中华书局,2005年,第3711页。
③ 王国维:《人间词话》,上海古籍出版社,1998年,第11页。
④ 王国维:《人间词话》,上海古籍出版社,1998年,第15页。

得。不然,便又是世之才子名士行径,尽是随风飘泊底游魂,依草附木底精灵,其于高致乎何有?①

我们不难看出顾先生的"高致说"受到了王国维的影响。此前,王国维所说的"雅量高致"也是针对东坡、稼轩词而言的,也以"伯夷、柳下惠之风"相譬拟,而顾先生由此展开,对文章之"高致"作了进一步的说明,指出文章要从胸中流出,自然无意,不加雕琢,不矫揉造作。他在《东坡词说》中亦说:"文章一道,不可以无心得,不可以有心求。亦复正是此意。大凡古今文人,一到有意为文,饶他惨澹经营,总不免周章作态。惟有不甚经意之时,信笔写去,反能露出真实性情学问与世人相见。"②这可以说是对具有"高致"作品的审美特征的最好诠释。

由上可知,具有"高致"的作品必然会与作者的人格、性情有密切的关系,所以顾先生进一步说:"既曰高致,则作品所表现,亦尝有关乎作者之心行乎?曰:此固然已。""作者之心力既常深入乎文字之微,而神致复能超出乎言辞之表,而其高致自出。""他(稼轩)胸中原自有此郁勃底境界,所以群山到眼,随手写出,自然如是。"③可以看出,不仅是作品的自然质朴,自胸襟中流出,而且作者的心行、心力、性情等亦是构成"高致说"的重要内容。

因此,"高致说"不像"兴趣说"、"神韵说"、"境界说"一样,仅仅关注文学作品的审美,而忽视创作主体的心行、性情。"高致说"则对此作了进一步的补充,它是由作者宏阔之气度、高尚之人格到作品高雅之情致,由心行之诚、性情之真到辞章之美,所以"高致说"更加贴近现实生活,更具有实际的可感性。

---

① 顾随:《稼轩词说》,见《顾随全集》第2卷,河北教育出版社,2000年,第36页。
② 顾随:《稼轩词说》,见《顾随全集》第2卷,河北教育出版社,2000年,第60页。
③ 顾随:《稼轩词说》,见《顾随全集》第2卷,河北教育出版社,2000年,第17页。

顾随先生"高致说"论略

二

何以达到"高致"?"高致"对于作者、作品有何要求?顾先生首先标出一个"诚"字,他说:

> 古亦有言:诗心声也,言心画也。夫如是,则学文之人将如何以涵养其身心,敦励其品行乎?殆必如儒家之正心诚意,佛家之持戒修行而后可。虽然,审如是,即超凡入圣,升天成佛,于为文乎何有?且吾即将如是以说耶?则虽谈天雕龙,辨析秋毫,于说文又何有?奈学文者又决不可忽视上所云之涵养与敦励。然则如之何而可?于此而有简当之论,方便之门,夫子之忠与恕,初祖之直指本心,见性成佛是。所谓诚也。故曰"修辞以立诚"。故曰"诚于中,形于外"。吾尝观夫古今之大文人大诗人之作,以世谛论之,虽其无关于真义之处,亦莫不根于诚,宿于诚。稼轩之词无游辞,则何其诚也。①

这里所言的"诚"有两层含义,其一便是"忠实",即王国维所谓"词人之忠实,不独对人事宜然。即对一草一木,亦须有忠实之意,否则所谓游词也"。"忠实"便始见性情之真。率真赤诚,发而为词、为诗、为文,滔滔汩汩,自胸中流出,则高致生焉。"诚"的另外一层含义便是糅合儒家的"忠恕"和禅学的"直指本心"、"见性成佛"的思想,具有理学中"诚"的意味,强调个人胸襟、学问、道德的修养,涵养其身心,敦励其品行,最终达到胸次洒落如光风霁月、了无滞碍的境界,那时便会生意活泼,任情自由,"登山则情满于山,观海则意溢于海"。顾先生也说:"耳之所闻,目之所见,心之所感,虽一草一木,一花一叶,一毫端,一微尘,发而为文,苟其诚也,自有其不可磨灭者在,又何必定要鞭笞鸾凤,呼吸风雷,始为惊世骇俗的神通乎?"所以古之大诗人,"莫不根于诚,宿

---

① 顾随:《稼轩词说》,见《顾随全集》第2卷,河北教育出版社,2000年,第6页。

于诚",稼轩无游词,便是性情之真的必然结果。"诚"可谓是"高致"的先决条件。只有立"诚",才能见性情之真,顾先生言及稼轩词时,便强调了真性情的重要性,他说:"稼轩之为词,初若无意于高致,则以其为人,用世念切,不甘暴弃,故其发而为词,亦用力过猛,用意太显,遂往往转达清商为变徵,累良玉以成疵瑕,英雄究非纯词人也。然性情过人,识力超众,眼高手辣,肠热心慈,胸中又无点尘污染,故其高致时时流露于字里行间。"稼轩正是因为性情过人,刻意铭心,才使其词作时有"高致"。顾先生亦十分赞同周济对稼轩词的评说,在说词时曾云:

> 周止庵曰:"稼轩固是才大,然情至处,后人万不能及。"又曰:"稼轩敛雄心,抗高调,变温婉,成悲凉。"苦水曰:"如是,如是。"

可见顾先生十分推崇性情之真的作家和作品。正是缘于才大、情真,稼轩才能左右逢源、发抒感慨,致使其作品光芒四照,浑灏流转。

在"立诚"之外,还需要讲求"文采",顾先生曰:"文也者,文采也。无采,即不成其为文矣。吾之所谓文采,非脂粉熏泽之谓。脂粉熏泽,皆自外铄,模拟袭取,非文采也。而欲求文采之彰,又必须于文字上具炉捶,能驱使,始能有合。"这里所说的"文采",并非要求刻玉镂金,雕琢过甚,而是在文字上的锤炼,达到工稳而豪华尽落。如何锤炼才使得词章有文采,顾先生借用小学之形、音、义以竟其说:

> 曰义者,识字真,表意恰是,此尽人而知之矣。然所谓识字,须自具心眼,不可人云亦云。否则乃模拟,非文采也。曰形者,借字体以辅义是。故写茂密郁积,则用画繁字。写疏朗明净,则用画简字。一则使人见之,如见林木之蓊郁与夫岩岫之杳冥也。一则使人见之,如见月白风清与夫沙明水净也。曰音者,借字音以辅义是。故写壮美之姿,不可施以纤柔之音;而宏大之声,不可用

顾随先生"高致说"论略

于精微之致。[①]

顾先生取譬小学之形、音、义,申说精妙,使得高致之说更加切实可感。须知形、音、义三者并非各自为用,而是相辅相成的,只做到表意自具面目而不模拟,或只做到随物赋形,都达不到"高致"的要求,只有"文字之形、音、义与神乎三者之机用","作者之心、力既常深入乎文字之微,而神致复能超出乎言辞之表,而其高致自出。不者,虽有,不能表而出之也"。

何以得"高致"?顾先生在王国维的基础上作了更为详尽的阐述。王氏云:"入乎其内,故能写之。出乎其外,故能观之。入乎其内,故有生气。出乎其外,故有高致。"创作时进入所谓的"宇宙人生",认真体验观察,获得亲切的感受,才能写得真切而有生气;与此同时,为了不为所囿,还须"出乎其外",于局外观瞻,这样才能达到高韵远致的艺术境界。其实王氏所说的"高致",与其"境界"的内涵有相近之处。其后,顾先生关于"出入"、"高致"的阐发更进一层,他说"不可以无心得,不可以有心求。稍一勉强,便非当家。古之作者,其入之深也,常足以探其源而握其机。故能操纵杀活,太阿在手。其出之彻也,又常冥然如无常,夷然如不屑。故能左右逢源,行所无事。于是所谓高致生焉。"显然,顾先生更加强调的是"入之深"和"出之彻",诗人对于自然人生须从外部到本质有更为深透的认识,观察体会巨细靡遗,纤毫毕见,做到"探其源而握其机"。而"出乎其外"时要没有任何杂念和滞碍,超尘遗世,夷然而凌驾其上,才能高瞻远瞩。由此可以看出,王氏的"高致"仅是"出乎其外"之结果,顾先生所言比王氏更为具体更为全面。其"高致",包括"入之深"和"出之彻"二端,而只有做到这两者,才能达到所谓的"高致",所以他说:"辛词混杂悲喜而为深,故当之入。苏词超越悲喜而为高,故偏之出。"[②]又说:"东坡之词,于仙为近,于佛

[①] 顾随:《稼轩词说》,见《顾随全集》第2卷,河北教育出版社,2000年,第6～7页。
[②] 顾随:《东坡词说》,见《顾随全集》第2卷,河北教育出版社,2000年,第86页。

为远,昭然甚明。远韵移人,高致超俗,有由来矣。"①这里以苏、辛为例,进一步说明入而能出且"入之深"、"出之彻"是"高致"所达之重要途径之一。

三

顾随先生以别具一格的说词方式提出"高致"之说,并在他说词的著作中反复申说,逐渐丰富,这不仅对王国维的"境界说"作了有益的补充,想来还是有其他意义的。

先就对王氏"境界说"有所补充来说,顾先生对"境界说"十分服膺,他曾经评点过王国维的《人间词话》,同时在论词中对"境界说"也有过认真的辨析,他说:"王静安先生论词,首拈境界,甚为具眼。神韵失之玄,性灵失之疏,境界云者,兼包神韵与性灵,且有引而申之,充乎其类者也。"②顾先生还认为:"境界"与"兴趣"、"神韵"相比较,更为质实,"能令人抓住,可作为学诗之阶石、门径",但"境界说"也有不尽如人意之处。质言之,"境界"、"兴趣"、"神韵"都可视为古典美学的独特的范畴,但均未涉及创作主体的人格、性情,而顾先生独标"高致",注重性情、思致、才力的融合,强调创作过程:由心行之诚、性情之真到辞章之美,"高致"则显于作品之中。

此外顾先生"高致说"的提出,意在倡导诗词作品的自然质朴,强调性情之真,这样才能使作品具有率真清健的风格、剑拔弩张的气势。同时也意在药救当时词坛创作、评赏的弊病。近代词坛,王鹏运、郑文焯、况周颐、朱祖谋四家承常州词派余绪,论词精于审音,严于持律,推举梦窗(吴文英)为典范,倡导"重"、"拙"、"大",转移风会,领袖时流。后人受其影响,学词多祖梦窗,论词难避寄托,进而造成词作多生涩晦昧,说词多牵强附会。而顾先生于此中异军特起,特标"高致",呼唤自

---

① 顾随:《东坡词说》,见《顾随全集》第2卷,河北教育出版社,2000年,第85页。
② 顾随:《东坡词说》,见《顾随全集》第2卷,河北教育出版社,2000年,第29~30页。

顾随先生"高致说"论略

胸襟中自然流出,不假雕饰,具有真性情的作品。在创作实践中,顾先生亦与其所提倡的理论相契合,注重创新,提倡以白话表现新思想,开拓新意境。他曾说:"自开新境界,何必似花间。"①(《临江仙》)故而所写之词,表现出相当可观的成就,正如叶嘉莹先生所言:第一,顾随词之写作具有创新之精神,足以自成一种风格;第二,顾随词在艺术手法方面具有自己的特点,表现在用字方而往往能结合雅俗中外之各种字汇作融汇之运用,在句法及章法方面最喜用层转深入与反衬对比及重叠排偶之手法,以造成一种在艺术传达方面特别加强之效果;其二,顾随词在形象取材上或者取象于大自然之景物,或者取象于人事界之事象,或者取象于想象中之幻象。至于顾随的表现,则或者用比的手法以为拟喻,或者用兴的手法取其感发,皆能随物赋形,有极生动与极真切之表达:其一是以写大自然之景物形象为主却表现有一种感发之情趣者;其一是所写虽亦为眼前之景物,然而其所传达者却不只为一种感发之情趣,更含有较深之情意及思致。② 刘梦芙在《五四以来词坛点将录》中说:"民国之江左、岭南词坛,大都为彊村、大鹤、蕙风势力牢笼,宗法南宋,末流侘仃僻涩。苦水词掉臂独行,别开生面,洵豪杰之士",道出了顾先生词作不为当时词坛风气所拘,开径独行、异军特起的气度。

在此基础上,顾先生极喜语言明白爽快又朴质自然的词作,由此他批评南宋词云:"南宋末词多走入纤细、用典之路,多咏物之作。"又说:"宋末词路自北宋清真(周邦彦)一直便至南宋白石(姜夔),其后则梅溪(史达祖)、梦窗(吴文英)、碧山(王沂孙)、草窗(周密)、玉田(张炎),此为一条路子……余不喜此路。""白石等总是不肯以真面目向人,不肯把心坦白赤裸给人看,总是绕弯子,遮眼,其实毫无此种必

---

① 顾随:《无病词》,见《顾随全集》第1卷,河北教育出版社,2000年,第27页。
② 叶嘉莹:《纪念我的老师清河顾随羡季先生》,《迦陵杂文集》,北京大学出版社,2008年,第130~132页。

要。"① 可见顾先生认为南宋白石、梦窗等词终隔一层,因为雕琢而不自然率真。顾先生论词崇尚自然明畅,不喜南宋词的雕琢,这与其所提倡的"高致说"的审美特征可谓桴鼓相应。故而除南宋词人辛弃疾、蒋竹山之外,顾先生特别推崇晚唐五代及北宋的词人,如称李煜、冯延巳和晏殊、欧阳修为词之"一祖三宗"。他认为冯延巳"沉着,有担荷的精神","'和泪拭严妆'虽在极悲哀时,对人生也一丝不苟"②;晏殊"明快"、"理智",《蝶恋花》(昨夜西风凋碧树)"悲壮有力,可代表中国文学之最高境界"③;欧阳修"热烈,有前进的勇气"④。顾先生认为李煜、冯延巳、晏殊、欧阳修词中有着浓挚炽烈的情感,而无矫揉造作之态,他们的性情、思致及才力都能互相交融为一体,既能"入之深",亦能"出之彻",其作品表现出一种自然质朴的精神境界。受其影响,顾先生在创作时亦以真性情之笔道出了自己的真情实感,不事模拟,不用典故,纯任自然、流畅而饶有深远典雅之致,为当时的词坛树立了榜样。

"高致说"的提出不仅起到补充王国维"境界说"的作用,同时也是针对当时词坛状况而发,呼唤真切自然的作品,摆脱常州词派余绪"比兴寄托"说和学习梦窗之风的影响,并提倡以白话入词,力求表现新思想、新意境。这可以说是对传统词学的一次改良和变革。而顾先生无论从理论上还是实践上为词如何实现口语化,表现新思想、新意境作了大量的准备工作,取得了丰硕的成果。在创作上,顾先生后期的作品,朴质自然,已臻于纯熟之境。

余 论

顾先生在其《稼轩词说》中提出了"高致说",并在自序中作了进一步的阐说,使"高致"的内涵更加完备。当然,它并非是一空依傍,而是

---

① 顾随:《驼庵诗话》,见《顾随全集》第3卷,河北教育出版社,2000年,第127页。
② 顾随:《驼庵诗话》,见《顾随全集》第3卷,河北教育出版社,2000年,第103~104页。
③ 顾随:《驼庵诗话》,见《顾随全集》第3卷,河北教育出版社,2000年,第105页。
④ 顾随:《驼庵诗话》,见《顾随全集》第3卷,河北教育出版社,2000年,第106页。

顾先生之才性和他多年研究古典诗词的心得的高度结晶。然而"高致说"也是有一定的局限性的,与"境界说"相比较,"高致说"门槛太高,真正能达到"高致"之要求的词人、词作,恐怕是寥寥无几。顾先生在其评说稼轩《鹊桥仙·己酉山行书所见》词时云:"稼轩性情、思致、才力,具过人一等,故其所发之于词也,或透穿七札,或光芒四照,而浑融圆润。"只有具有稼轩超人一等的性情、思致、才力,才能写出如此好词,就连苏东坡,顾先生亦曰:"如以写情论,刻意铭心,老坡实大逊稼轩"。而那些才力、性情、思致平平的人恐怕只能够取法乎上,得乎其中了。"高致说"虽然补充丰富了"境界说"的内涵,涉及了创作主体的性情、人格等诸方面的内容,具有实际的可感性,但着实缩小了选词、评词的范围,词史上只取寥寥数家而忽视了不同时代不同作家的别样风格。

杰而且怪者:顾随的"李贺观"

赵 鲲

顾随先生没有写过专论李贺的文章。他文集中的《说长吉诗之怪》,是据叶嘉莹听课笔记整理的篇什。由此文及《驼庵诗话》中论及李贺的只言片语,我们可以大致窥见顾随的"李贺观"。

对于李贺,顾先生有个总体的评语——"杰而且怪者"(《说长吉诗之怪》)。若单是怪,不足道也;杰而且怪,则吾人未可轻视矣。

顾先生承认李贺为天才,其天才即在于其极丰富的幻想。他说:"长吉幻想极丰富,可惜二十七岁卒。其幻想不能与屈原比,盖乃空中楼阁,内中空虚。"又说:"李长吉年龄有限,经验功夫不到,若年岁稍长,或当更有好诗。然而读其诗者并不白废,即因其有幻想。此条路自《庄子》、《楚辞》后,几于茅塞。至唐而有长吉。不论其怪癖,然不能出人情之外。"[①]

我们发现,顾先生对李贺的"幻想"既肯定,又否定。肯定,是基于

---

① 顾随:《顾随全集》第3卷,河北教育出版社,2000年,第181页。

杰而且怪者:顾随的"李贺观"

幻想对诗歌的重要及必要。顾先生说:"诗人之于幻想亦颇关重要,无一诗人无幻想者。"换句话说,无幻想则无诗歌。就整体看,中国文学的幻想并不发达。《庄子》《楚辞》之后,便甚少有幻想作风。此盖与儒家文化的务实、理性有关。李贺之前最富幻想的诗人是屈原和李白,屈原更甚,而李贺之幻想则更有甚于屈原。杜牧论李贺诗所谓"盖《骚》之苗裔,理虽不及,辞或过之"的"辞",即指其幻想。但屈原的幻想自然夷犹,李贺乃有意识的,故长吉诗远不及屈原,因其幻想"乃空中楼阁,内中空虚。"

顾先生说:"长吉有幻想,而幻想与人生不能成为一个,不能一致,若能则真了不起。长吉有幻想而无实际人生。幻想中若无实际人生则不必要……"幻想,是诗歌的必需品。但幻想不能单独存在,还必须与实际人生结合。顾先生对幻想与实际人生的关系,有段极精辟的论述,他说:"幻想是向上的,人生是向下的观点,不可只在表面上滑来滑去。而向下发展须以幻想为背景,向上发展亦须以观点为后盾。观点是实际人生,实者虚之,虚者实之。幻想说严肃一点便是理想。人生是有缺陷的,而理想是完美的。诗人不满于现实,故要求理想之完美。"可见,人生无非实际与幻想两部分,二者缺一不可,相辅相成。就人生言,幻想不等于想入非非,"幻想说严肃一点便是理想",诗人要有幻想,不一定要写神仙鬼怪,而是要有理想性。理想是对现实人生的提高,须有实际人生的根基,否则就不必要。故李贺诗至少有两层缺陷:一是其幻想缺少实际人生的土壤。幻想若不能与人生结合,则是空虚肤浅的;其二,此空虚之幻想缺乏理想性。一切人文艺术皆须有理想性,才能伟大、高远。李贺便缺少高远之致。要之,李贺之幻想未能与实际人生结合,乃致命弱点。

因为缺少实际人生,故而让人觉得不近人情、怪癖。顾先生说:"长吉便没有诗情,若不变作风,纵使寿长亦不能成功好诗。诗一怪便不近情。诗人不但要写小我的情,且要写他人的及一切事物的一切情、同情。花有花情,马有马情。人缺乏诗情即缺乏同情。诗人固须有大的天才,同时亦须有大的同情。吾人故不敢轻视长吉之诗才(诗确有才),然绝不敢首肯其诗情。"

杜牧在《李贺诗集序》中说:"使贺且未死,少加以理,奴仆命《骚》可也。"后人往往粗心地同意了杜牧的假设。而顾先生认为,李贺即使寿长亦未必能成功好诗,超越《楚辞》。何以见得?缺乏"诗情"也。人往往会夸大早逝天才的可能性。其实,早逝和更大的潜力之间并无必然联系。何谓"诗情"呢?诗情,便是对"一切事物的一切情"①,即笼罩一切之同情。此同情即大爱。李贺确有诗才,但诗人仅有天才并不能成功,大的同情心更为重要(有大同情者其才智亦定非寻常)。陶公、老杜之所以伟大,即在于其不仅有大天才,亦有大同情。天才,乃先天灵智;同情、诗情是心肠,是天性(天生性格)。对于艺术家而言,心肠、性格比才华更重要。木心先生说:"使艺术臻于最上乘的,不是才华,不是教养,不是功力,而是莫扎特、陶渊明那样的东西。"——是什么呢?是天性。莫扎特、陶渊明的天性已近乎神秘。大约是一种至广大而极精微的心胸吧。

诗中之幻想应该是虚而实的东西。中国哲学的基本理念是阴阳合抱,虚实相融。杜牧说李贺诗"盖《骚》之苗裔,理虽不及,而辞或过之",乃精辟之见。此处所谓"理",即幻想中之"实"。顾先生以为"理"总合内容、感情、思想、智慧等。概而言之,即所谓内涵、内蕴。李贺之诗差在内涵。顾先生这样比较《离骚》与李贺诗:

> 贺之理不及《骚》,而幻想怪奇方面表现于文字者过之。杜牧所谓"《骚》有以激发人意",此非刺激,乃引起人印象。《离骚》是引起人一种印象,李贺是给予。②

李贺诗是给人刺激。"刺激性最不可靠。"长吉诗牛鬼蛇神,不但刺激,而且可怕。顾先生又下一转语:"李长吉的诗就是让人怕而不

---

① 顾随:《顾随全集》第3卷,河北教育出版社,2000年,第182页。
② 顾随:《顾随全集》第3卷,河北教育出版社,2000年,第182页。

杰而且怪者:顾随的"李贺观"

怕,老杜才真可怕。"这是两个极端的比较。李贺是中国诗史上最虚荒诞幻的诗人,杜甫则是表现现实最为广泛有力者。李贺诗中的意象、境界、牛鬼蛇神、幽冷恐怖,老杜所写则是世间寻常万象。但前者并不令人怕,因其很少触到人痛处,后者则时常教人触目惊心。盖因老杜能将实际人生中的真实端出,打动人心,如"国破山河在,城春草木深"(《春望》)、"鸱鸮鸣黄桑,野鼠拱乱穴,夜深经战场,寒月照白骨"(《北征》),这多可怕。以真相、真情打动人,这才叫可怕。

顾先生还将李贺诗与西洋诗加以对比。他说:

> 李长吉之幻想颇有与西洋唯美派相通处,有感官的交错感。唯美派常自声音中看出形象,颜色中看出声音。看见好的东西想吞下去,即视味觉之交错感。①

先生所言甚是。自现代诗学的眼光看,李贺诗不仅与唯美派,且与颓废派、超现实主义皆颇有相通处。

顾先生说长吉之幻想与唯美派有相通处,有感觉的交错感,即所谓"通感"。此一点,前人论述已多。波德莱尔说:"斯威登堡早就教导过我们说,天是一个很伟大的人,一切——形式、运动、数、颜色、芳香,在精神上如同自然都是有意味的、相互的、交流的、应和的。"李贺《李凭箜篌引》即全以形象表现声音所引起之感觉。另,李贺好给物用"啼"、"泣"等字,固是凄迷情调之移情所致,而这些"啼"、"泣"等字眼常与颜色词相连,如"冷红泣露娇啼色"(《南山田中行》)、"细绿及团红,当路杂啼笑"(《春归昌谷》),"冷红"指寒冷中的秋花,"细绿及团红"分别指绿叶、红花,李贺给这些物赋予强烈的色彩,且常以颜色词代替物,故我们可将这些句子理解为从颜色中听出"啼"、"泣"之声。总之,诗歌中眼、耳、鼻、舌、身、心等六根、六识的相通互替,本就是诗人自发的感觉,其表现也甚早(《楚辞》、《荷马史诗》中都有),而大张旗鼓者则为西方的象征派与唯美派,在中国,李贺最为突出。

就情调、心境而言,李贺可算中国古代最富颓废色彩的诗人,与西

---

① 顾随:《顾随全集》第3卷,河北教育出版社,2000年,第101页。

方颓废派气息相通。波德莱尔的一段话,我以为颇能形容李贺之心境,他说:"我迷失在丑恶的世界上,被众人推搡着,像一个厌倦的人,往后看,在辽远的岁月中,只见幻灭和苦涩,往前看,是一场毫无新鲜可言的暴风雨,既无教诲,亦无痛苦。"①幻灭、煎熬、惊惧、凄迷,没有可依靠的意义——波德莱尔尚有社会革命可以寄托,而李贺则完全没有道路去迎向实际的人生,唯有夜夜吟诗东方白,"长歌破衣襟,短歌断白发。秦王不可见,旦夕成内热。"(《长歌续短歌》)秦王何在,干卿底事?李贺是痛感到自己及人类在历史存在中的空无。虚无,便是李贺最大的表达。正因虚无,他才求刺激,他那奇奇怪怪的文字都是求刺激的。惊人的,几乎是疯狂的幻想,正是李贺在这虚无世界中的自我确认方式。

李贺诗的超现实作风显而易见。"超现实"是一现代概念,而作为文学表现手法,却是古已有之的。中国古代诗人中,李贺的超现实亦是第一。他的一些想象,如"呼龙耕烟种瑶草"(《天上谣》)、"羲和敲日玻璃声"(《秦王饮酒》)、"秋坟鬼唱鲍家诗"(《秋来》),真令人惊心动魄。人称李贺为鬼才、天才,即是震慑于其令人惊异的想象力。超现实思维对诗歌很重要,但若放大为一种包办一切的诗歌秘诀,就有问题了。没有一个大诗人是局限于超现实风格的。美国诗人史蒂文斯说:"超现实主义的错误在于他发明而不发现。令一个蛤蜊奏手风琴只是一种发明而不是一种发现。"依然是幻想的问题。幻想要有根,才有意味。再退一步——对于很多感觉、意思的表达而言,幻想并非必要,或不一定是最恰切的。"池塘生春草,园柳变鸣禽"(谢灵运《登池上楼》),如实写来,真切而优美。这样的诗句便是发现,而非发明。海德格尔认为,艺术的本质是"存在者的开敞",与存在的这种相遇便是发现。人可发明的东西其实很少。长吉诗之超现实复绝群伦,而其诗味不深,诗境不广,亦与其一味超现实有关。

李贺的幻想作风是有缺陷的,而其问题还不止于此。顾先生说:

---

① 转引自郭宏安译《恶之花》中的《论〈恶之花〉》,广西师范大学出版社,2002年,第31页。

杰而且怪者：顾随的"李贺观"

"长吉除思想不成熟外,技术亦不成熟。"如：

> 鸡唱星悬柳,鸦啼露滴桐。(《恼公》)或曰是互文也。实在不合逻辑,不合修辞。老杜《秋兴八首》之一：香稻啄余鹦鹉粒,碧梧栖老凤凰枝。此二句,亦动名词倒装,而并非不可解,且更有力,言此粒只鹦鹉吃,此枝仅凤凰栖,故曰："鹦鹉粒"、"凤凰枝"。①

所举李贺和老杜的诗例甚恰。所谓"不合逻辑,不合修辞",也即李贺诗"少理"的一种表现。诗固然可有跳跃性思维,但任何跳跃的诗思最终仍需组合在一起,这组合不可能是完全随意的,而仍需某种"合理"的意脉贯穿之——要断而不断。所以,诗是不合逻辑而又合逻辑的。再如,顾先生举李贺古体诗《神弦曲》与屈原《九歌》对比,二者皆是祭神之歌,"《九歌》能给人美的印象,而李贺诗给人印象只是怪。字法、句法、章法皆怪,连音都怪","此种诗只是给人一种刺激,无意义。"此一"怪"字,把李贺思想、技术的不成熟都包括了。艺术家的思想和技术本就是相辅相成的。

关于受李贺影响的李商隐,顾先生这样与李贺加以比较："义山七古亦曾受长吉影响,而比长吉高。即因其思想高,幻想有实际人生做后盾。至其技术,写得最富音乐性,完全胜过长吉。"如其《燕台诗四首·秋》：

> 月浪冲天天宇湿,凉蟾落尽疏星入。
> 似长吉而比长吉好。长吉之《罗浮山人与葛篇》：
> 博罗老仙持出洞,千岁石床啼鬼工。
> 太生硬。义山称"月"曰"浪",曰"天宇湿",确有此感。②

李义山诗字面华美,亦常有世外之想,风格迷离惝恍,有似于长吉。但他阅历丰富,性格也不怪癖,故其思想比长吉高。在技术上,义山也更为圆融。除顾先生所举诗例外,再如,同样写仙女题材的义山

---

① 顾随:《顾随全集》第3卷,河北教育出版社,2000年,第182~183页。
② 顾随:《顾随全集》第3卷,河北教育出版社,2000年,第183页。

的《重过圣女祠》和长吉的《贝宫夫人》,前者参差飘逸,隐含着自己的不得志之感;后者除了对贝宫夫人庙及塑像的描绘之外,别无深意。

　　以上所言多为李贺短处,而一个人的长处、短处又须翻来覆去看。顾先生提醒我们重视李贺"修辞之功夫——晦,涩。晦,不易解;涩,不好念。诗本应念着可口,听着爽耳、和谐,表现明了。但长吉诗可读,虽不可为饭,亦可为菜;虽不可常吃,亦可偶尔一用。且'晦'可以医浅薄,'涩'可以医油滑。"晦,是意思难解;涩,纯是音节别扭。晦,必然涩。诗,晦涩不好。但李贺诗还不是很晦涩,可以读。晦,可以救治浅薄;涩,可以避免油滑。诗若浅薄、油滑,则更坏。所以,顾先生说:"读长吉诗,一字一句不可空过",①即是说其诗晦涩,起码不是白开水。但晦涩不等于深刻、味长。李贺诗,得一字一句读,费劲,而读罢之后,又觉其韵味不足。

　　要之,顾先生用一"怪"字形容李贺诗。李贺之"怪",前人早言之,如朱熹说:"李贺较怪得些子,不如太白自在。"而"怪"是什么呢?没说。王世贞说:"李长吉师心,故尔作怪,亦有出人意表者。然奇过则凡,老过则稚,此君所谓不可无一,不可有二。"所谓"师心",大约指纯任主观。李贺以臆想为主,所以怪。但"怪"是什么?仍没说透。顾先生说:"诗一怪便不近情"。怪,就是不近人情。所谓"奇过则凡",深有见地——即是说"奇"过了头,就变成了"怪",反而平凡,奇而不奇矣。那么,李贺的"怪"从何而来?顾先生以为:"或其天性如此,且时有好怪之风。"所谓"时"指中唐,中唐的皇甫湜、卢仝的文学作风都有些怪。"皇甫好作怪文,卢怪而不杰,韩则杰而不怪。杰而且怪者则李贺。"

　　当然,李贺也有不怪的诗,顾先生举《塞下曲》中句:"帐北天应尽,河声出塞流"为例,并赞曰"真有盛唐味。"再如《雁门太守行》,何其悲壮有力!《南园十三首》其五(男儿何不带吴钩),俨然有初唐四杰的俊迈之概。人常说"性格决定命运",我觉得,性格有时也决定才华。李贺诗的"怪"何尝不是其性格的产物?他是一个易引起我们幻想的幻想型诗人。我们幻想着:李贺若不早逝,会有某种出人意表的成就。

---

①　顾随:《顾随全集》第3卷,河北教育出版社,2000年,第101页。

杰而且怪者:顾随的"李贺观"

但看过顾随先生的分析,我们觉得这恐怕是缺少根基的不实之词。总体而言,顾先生对李贺评价不高,他说:"长吉'觉'有点迟钝,怪而晦涩,只是幻想。长吉当然是天才,可惜没有'言中之物'。"所谓"言中之物",即内涵。但"李贺所走之路为别人所不走,故尚值得一研究"。[①]毕竟,此君是不可无一,不可有二的人物。

---

① 顾随:《顾随全集》第3卷,河北教育出版社,2000年,第184页。

顾随《行香子》的读诵吟唱

隗芾

在世界各民族语言中,汉语的音乐性最强,因为它讲究声调。现代汉语有四个声调,古代汉语则有八个声调,至今还保存在潮州话中。中国的诗歌都有读、诵、吟、唱四种表现方式。其中"读"与"吟"是为自己,因此声音较小;"诵"与"唱"是为他人,声音较大,一般称为"朗诵"和"歌唱"。而"读"与"诵"不带音乐性,"吟"与"唱"则带音乐性。现代诗多是朗诵,古诗却是吟的,词则是唱的。

由于诗与词都讲究韵律,因此也都可以吟,也可以唱。吟咏是即兴的,唱是固定的。吟咏会随着吟咏的人主观的条件而变化,吟咏者的精神状态、对原作的理解、甚至高兴不高兴、喝酒没喝酒,其吟咏形式与效果都会有所不同。而一旦形成为唱,一般只能取决于对作品的理解,不应该受到歌唱者心绪的影响。吟咏者无谱可据,因此只能口

---

* 隗芾:汕头大学文学与文化学教授,潮汕历史文化研究中心特约研究员,汕头市政务咨询委员。

顾随《行香子》的读诵吟唱

耳相传。歌唱则依谱而行,容易传世。

格律诗的吟咏比较有规律,因为其节奏比较一致。唐人为了打破这种单一的一致,才突破而成为长短句,即是词。最早的词自然是有人谱曲的,可惜这些曲谱多是字谱(即后来的工尺谱),只能供歌唱者备忘,只有音高,没有音值。即便如此,也传世很少,最早可信的就是姜夔的《白石道人歌曲》17首,经过杨荫浏与丘琼苏二位先生背靠背地翻译,结果一致,大家比较可信,现在也能唱。其他人的词作只存下标题,即"词牌"。后人填词只要依照词牌的格律去填,就可以按古曲去唱。譬如诸位有按《暗香》填的词,我们就可以唱出姜白石当年的调子来。前人没有留下曲谱的,我们不妨略微变动,只要平仄相间、抑扬顿挫即可上口。顾随先生的词作就有这样的特点,不以"音"害意,不为谱束人,任感情之发挥,恣意而行。试以《行香子·三十初度自寿》为例。

行香子·三十初度自寿

陆起龙蛇,归去无家。又东风、悄换年华。已甘沦落,莫漫嗟呀。拚一枝荼,一壶酒,一杯茶。　　我似乘槎,西渡流沙。走红尘、晚日朝霞。卅年岁月,廿载天涯。共愁中乐,苦中笑,梦中花。

不作超人,莫怕沉沦。一杯杯、酸酒沾唇。读书自苦,卖赋犹贫。又者般疯,者般傻,者般浑。　　莫漫殷勤,徒事纷纭。浪年华、断送闲身。倚阑强笑,回首酸辛。算十年风,十年雨,十年尘。

春日迟迟,怅怅何之。鬅星星、八字微髭。近来生活,力尽声嘶。问几人怜,几人恨,几人知。　　少岁吟诗,中岁填词。把牢骚、徒做谈资。镇常自语,待得何时。可唤愁来,鞭愁死,葬愁尸。

顾随研究

《行香子》，据宋人程大昌《演繁露》考证，"行香"就是佛教徒行道烧香。因此唱起来应该是纾缓轻慢，音节流转悦耳的。本身是平韵双调，66字，每段33字。前段八句五平韵，后段八句三平韵，亦可四平韵，也可以略加衬字，比较自由。此调短句多，上下片结尾以一字领三个三言句，前人在句中这一字常用相同的字，尤为别致。此曲妙处亦在于此。因此苏东坡之后多有仿制。《词谱》以晁补之词为正格：

中仄平平（韵），中仄平平（韵）。中平中、中仄平平（韵）。中平中仄，中仄平平（韵）。仄、中平中，中平中仄，中平平（韵）。

中平中仄，中仄平平（韵）。中平中、中仄平平（韵）。中平中仄，中仄平平（韵）。仄、中平中，中平仄，仄平平（韵）。

顾随的这首《行香子》韵律如式：
1. 陆起龙蛇。归去无家。又东风悄换年华。已甘沦落。莫漫嗟呀。
2. 不作超人。莫怕沉沦。一杯杯酸酒沾唇。读书自苦。卖赋犹贫。
3. 春日迟迟。怅怅何之。鬓星星八字微髭。近来生活。力尽声嘶。
　　○●●△　○●○△　○○●●○△　●○●●　●●○△
1. 拼一支菸。一壶酒。一杯茶。
2. 又者般疯。者般傻。者般浑。
3. 问几人怜。几人恨。几人知。
　　●●○○　○○●　●○△
1. 我似乘槎。西渡流沙。走红尘晚日朝霞。卅年岁月。廿载天涯。
2. 莫漫殷勤。徒事纷纭。浪年华断送闲身。依阑强笑。回首酸辛。
3. 少岁吟诗。中岁填词。把牢骚徒做谈资。镇常自语。待得何时。
　　○●○△　○●○△　○○●●○△　●○●●　●●○△
1. 共愁中乐。苦中笑。梦中花。
2. 算十年风。十年雨。十年尘。
3. 可唤愁来。鞭愁死。葬愁尸。
　　●○○●　○○●　●○△

顾随《行香子》的读诵吟唱

顾随生于 1897 年(清光绪二十三年)2 月 13 日。老辈人都以虚岁计,故 30 岁时,应该是 1926 年。其时,顾随先生已经在北大毕业,并且在山东青州、济南、青岛等地中学执教 6 年。此时的中国正处于南北军阀混战之时,北伐战争尚未开始。1926 年,元旦那天,国民党第二次全国代表大会在广州召开,同一天冯玉祥为避开奉军锋芒,通电下野。不久,张作霖宣布东三省独立。从此,中国逐渐走向更加混乱与黑暗的年代,接连发生天津"大沽口"事件、北京"三一八"惨案、广州"中山舰"事件、直奉开战,直至 1927 年的"四一二政变"。此时中国的各种政治势力尚未明朗,有抱负的知识分子都处于"报国无门"的境地。为了躲避战乱,他们只能退居小城镇,以求自保。文坛上似乎也只有鲁迅在孤军奋战。顾随所在的山东,既能感受到北京、天津、济南、青岛等地不断涌动的爱国热潮,但却又只能处于观望、赞赏的地位,因此而感到彷徨苦闷。在学术上,顾随由于没有外国留学的经历与头衔,也就没有像陈寅恪先生那样的幸运。但处在一个城市里教中学国文、英语,实在是英雄无用武之地,他也会感到寂寞异常。后来经过天津女师学院校长的力邀,到那里任教。这是一所具有革命传统的学校。顾随用鲁迅的思想给学生指明道路。由于他的指引,许多学生都踏上了革命的道路。他自己则在学术研究上开始展开新面目。因此,这首《行香子》对于顾随的学术生涯具有划时代的意义。

说说我收藏顾随先生手稿的情况

刘玉凯

来参加顾随先生的纪念会,我特别感到荣幸。同这么多我所敬佩而且心仪已久的学术前辈共坐一堂,来回忆和畅谈我们共同的老师顾随先生,有这样一个机会,有这样一个气氛,有这样一种心情,真是来之不易的。我这样说,想来大家都会有一种特别的会意。

在这里,我是学术晚辈。虽然我也到了退休年龄,但是我没有能见到过顾随先生,我是顾随先生的"学生的学生的学生"。我的这句话没有说错,这是真的。因为顾随先生的几代学生都是我的老师。他的学生王振华在我上学时是我们中文系的主任,高熙曾副主任是张清华先生的老师,叶嘉莹、张清华、顾之京又都是我的老师。我上大学时得到张清华先生的帮助特别多,是亦师亦友的关系。20世纪70年代,我有十多年时间同顾之京先生同院住隔壁,朝夕相见,她不但关心我的学习,也关心我的生活。我可以随时向她请教读诗词和做菜,是一种特别的上课。我们出门买东西,也是替换着排队。

至于说叶先生是我的老师,也是名副其实。1979年叶先生自加拿

说说我收藏顾随先生手稿的情况

大回国后,第一次给南开大学上诗词课我就是热情的聆听者。那时我正在天津跟随蓝蒲珍、张亚秀、詹锳、韩文佑、魏际昌、高玉爽、胡人龙等先生进修现代文学和古典文学。叶先生的全部诗词课我都赶上听了,时间我记得清清楚楚:从1979年5月15日到6月14日整整一个月。她每周上三次:周二是下午,周三是晚上,周四是下午。她一上台讲就以夺目的光彩和非凡的口才征服了听众。大教室的前前后后挤得满满的。我们必须早早地来到教室才能占个前面的好座位,不然就得站着听了。当时的情景历历在目。我喜欢读诗词、写诗词,跟这点经历有些关系。时光真是太快了,转眼整整三十年。

今天我来说说我意外得到顾随先生的手稿的经过和我收藏手稿的情况,算是我的一个特别的发言。我终于有机会说说这一段旧事了。

顾随先生已经离我们远去了。我没见过顾随先生,怎么会有他的手稿呢?这得从"文革"说起。1966年"文革"开始时我正是一名在河北大学中文系一年级读书的大学生。从本心说,对于"文革"的开始是既不理解、也不情愿参加的。我想我是来大学读书的,那时与同学通信时有个比喻,说自己"好像野牛进了菜园子,疯狂地读书"。平常时候必须按时作息,不能晚睡,每到周六晚,我们宿舍都是通宵读书,那时幼稚地想把图书馆的书全读完。1966年初刚刚开学,学校就要搞教育革命,非得让学生下乡建设分校,说实在的,那时的学生是心里不愿意去还得表现出特别的意志昂扬。"文革"来到时,学生们才从乡间"返校闹革命",于是开始了没完没了的"文革"。后来我才知道,运动一开始,顾之京老师的家就被抄了。她受到了批斗。是谁抄的,都抄走了什么,我一点也不知道。直到现在我仍不敢问这事情的经过,顾随先生早在六年前就去世了,有什么理由抄顾之京老师的家?应该说她替父亲受难了,她那时也不是教授,却是一名共产党员,也没逃过这一劫。后来,顾之京先生没有住牛棚,还能够同我们学生一起活动。她受了那么多的苦,却能够看得开,自己将苦咽下,表现出快快乐乐的样子，同大家一起学习和活动，真是让人佩服，也让人心酸。

　　度过了"运动"初期的大混乱，学校开始分派，彼此之间武斗、冲突不断。我们学校两派分家，我们一派人数占了优势，所以住到了天津马场道校区本部，但是得天天提高警惕地防范对方的"来袭"。这种做法大有制造声势之嫌，一方面是为了自己一派的利益，另一方面也是头头们为了笼络民心，怕自己一派的人倒戈。1967年冬季是武斗最频繁的时期。我们群众组织经常在留学生楼活动开会。因为那里有个小院子，很好防卫和管理。常常有莫名其妙的"敌情"报来。于是广播台的大喇叭就开始广播，说对方群众组织如何在备战，说今夜如何想包围我们，说对方集合了多少兵马准备夜袭、我们不能掉以轻心之类。有时候，我们的头头也讲一些北京小道消息，读"首长讲话"。这样的会是在留学生楼的三层小礼堂进行，参加的人是在校的本组织全体红卫兵。

　　小礼堂没有桌子和椅子，大半是空空的，后面存放许多杂物，是抄家物资的一个小仓库。来到后就席地坐下或者站立，可是真累。我和部分学生常常躲到礼堂后面的杂物堆中找座位。那里存放着一些抄没来的家具，是我们从来没见过的沙发、桌椅之类。我没心听那种会，也不大相信什么敌情，便一边聊天一边翻看那里的抄家物，终于发现了有文字的东西可用来消磨时间。就在这时候我看到了几种顾随先生的手稿。说实话，当时的我并没有觉得顾随先生的手稿有多么珍贵，以我那时的学术能力也鉴定不了他手稿的学术价值。那时的人不仅是我如此，老师们也感到前途不可知，有的老师甚至将自己的藏书卖掉换了青菜，连《鲁迅全集》也给卖了。郭沫若都说过，他过去写的一些东西都应该烧掉，别人的东西还值什么钱？我说的是那时的气氛。

　　我小心地将那几本手稿带回宿舍。可是越看越喜欢，记得有一本讲话稿《小说家之鲁迅》，是先生于1947年在中法大学文史学会上的

说说我收藏顾随先生手稿的情况

讲演稿。[①] 第二本是《关于诗》,也是讲稿,是1947年8月14日在北平的一次讲演稿,第三本是厚厚的剧作集《苦水作剧》,还有几张零星的诗词手卷。这些东西当时是不能随便带出来的,那个仓库就不能随便进去;但是那里都被来往的人踩踏得不成样子了,根本就无人管理。我拿出来的理由就有两个:一是我喜欢书法,顾随先生字写得太漂亮了;二是担心这些宝贝继续遭折磨;三是我喜欢鲁迅的书,漫长的"文革",如果说我还有些收获,那就是从图书馆借来的一套《鲁迅全集》伴随我度过了寂寞的时光。我还见到有几张写着诗词的宣纸手稿,已经成了收拾不全的纸片,觉得特别可惜。我努力粘贴也还是没能找全。其他的目的是没有的。到了"文革"结束,社会秩序渐渐正常,我得知顾之京先生正在收集她父亲的遗物,就立刻将原物毫无保留地交给了顾之京先生,连一张实物的照片也没留下。别人说,从文物的收藏上讲我是有所有权的,我不想再说这个,那更让人伤心。

我为什么早没有给她,原因很简单。她受的苦太多了,给顾随先生恢复名誉的气氛还没有到来。那时的政治变化还看不清楚,手稿暂时放在我手里绝对不会丢失,而交给她却不能说没有危险。如果再有偶然的事变那就彻底毁灭了。

这几本手稿的大概样子我还记得:毛笔小字行书写得特别漂亮,是白色带小方格的16开稿纸,也不大按格子写,但是很整齐自然;用一张牛皮纸作的封面,上面写了"小说家之鲁迅"。我在"文革"后期,常常拿出来对照着练字,也在上面画了许多字。我疑心他的笔特别好用,因为我怎么也写不了那么精致。1947年先生正在辅仁大学工作,是年10月,北京大学文学社举办鲁迅逝世11周年纪念晚会,顾随先生作了讲演。[②] 既然是晚会,不会讲得太多,《小说家之鲁迅》应该是单独为中法大学文史学会准备的讲演稿。文末有"1947年2月1日写

[①] 初刊于《文献》1982年3月总第11期,后收入1986年上海古籍出版社出版之《顾随文集》和2001年河北教育出版社出版之《顾随全集》第2卷"著述卷"。

[②] 《北京大学校友通讯·建校一百周年纪念特刊》。

顾随研究

毕"，可见他对此是特别郑重的。我所收藏的《小说家之鲁迅》，其实并不是顾随的亲笔，而是周汝昌先生的兄长祜昌先生手录的稿子，手稿的最后有"祜昌手录"字样。之京先生说，我给她这个稿子后，发表了。她还将发表后的《文献》11期那篇稿子的单页送给我作了纪念。现在这手稿已经交还给了手录者，那应该是最好的纪念了。此稿在刊于《文献》第11期时，我注意到，在文末有一段《附记》，因为说到了我，故录于下：

附记

先师顾羡季先生于1947年1月某日至2月1日写出了《小说家之鲁迅》。那虽然是为讲学而准备的草稿，却是一篇研究鲁迅小说以至中国小说的非常重要的论文。先师对于伟大的鲁迅，最为崇敬佩服，尝与我说："我没有亲承受业于鲁迅先生，但平生以私淑弟子自居，高山仰止，无限钦慕。"羡季先生是"五四"以来重要的诗人之一（诗人是实义、也是广义语，因为先生对一切韵语无不具有精深造诣），他以诗人之心眼，来鉴赏和探讨我国伟大小说家的特点特色，发人所未能发，对于理解鲁迅先生以至中华民族的美学观，异常重要。

先生写得后，一如其他撰著那样，将手稿寄给我，并且说明：如能抄一副本寄回，手稿本可即留下，这是因我特别珍惜先生的书法。还记得这份手稿是用的辅仁大学报纸红格稿纸，先生用钢笔按格子作草书，风格独具，十分可宝可爱。

家兄祜昌也读了，自愿代我手抄一过，寄还了先生。我曾在拙著《红楼梦新证》中，引用了一小段，书出后向先生陈明不及预先征求同意的缘故，请加原宥。先生大病新愈不久，手书复信，说："如此好书而引了拙作，我异常荣幸，何言原谅？"先生那种为鼓励青年人的热情和加一片深衷的高兴的心情，永远令我感激，记忆如新。

六十年代，天津有人说是要为先生编一部诗文集，将我多年

说说我收藏顾随先生手稿的情况

宝藏的先生大批论著手稿(很多是专为我而作的——通讯讨论学术的另一个方式)扫数拿去,以后再不归还,追问也不肯负责。于今下落不明。这一重大损失,使我万分难过,也气愤非常。《小说家之鲁迅》也在这一大批损失之中。每一念及,实深怅恨。

不想前年顾先生的爱女、顾之京同志忽然由于一个极意外的原因,把这份祜昌抄写的副本找到了(大约是"文化大革命"中有心之士从先生的"抄没"文稿中将这份抄本取来阅读。因而幸得独逃浩劫),她见是祜昌笔迹,就赠给了我。——这篇重要的文献,就是这样幸而遗留下来的。

当之京同志在鲁迅先生诞生百周年的今年将此论文拿出以纪念鲁迅先生和羡季先生时,我感到有必要把这一段经过附志于文后,聊表个人对于两位先生的怀念心情。

祜昌为了发表排印的方便(原抄也很多草书字),又手抄了一次,这一层墨缘,也应附记于此。

周汝昌
1981.10

周汝昌先生的附记说得比较清楚。我就是他说的那个"有心之士"。抄稿照理就应该在顾随先生手里,手稿却丢失了,幸而留下了这个副本。难道是鲁迅先生确有神力、冥冥之中保佑了它?

《关于诗》也是 16 开的纸本,用牛皮纸装订的,内文有"羡季"署名,确实是顾随先生的手迹,是很漂亮的行书。他的书法学的是沈尹默,依我看,不仅写得像,而且,他将章草融入行书,有自己的创新,我有理由说学生顾随是超过了先生的。我认为他的章草是现代书法一绝。记得他在书信中说过:"我于章草书法比颇有左右逢源之乐。"[1]"我之写章草,起初完全是养病消遣。后来下过一番工夫,便觉此体乃

---

[1] 顾随:《致卢季昭信(1953 年 5 月 8 日)》,见《顾随全集》第 4 卷,河北教育出版社,2000 年,第 90 页。

顾随研究

是中国最早之简笔字。其时在汉朝,有隶无楷,更无后来之所谓草书。(此种草书,在汉字发展史上,称曰今草)此体继承隶书,后来之楷书、今草、行书皆从此出。此结论看似简单,然而吾家亭林(顾炎武),于明清之际,号称博学,其论书法,亦未曾见及此也。"[1]

《关于诗》稿末有"1947年8月13日夜8时写讫。"文中他解释了什么是诗,先生引用《毛诗·大序》上的话:"诗者,志之所之也。在心为志,发言为诗",并且简括之为:"诗言志"。他认为志、诗是"一而二、二而一者也。"什么又叫做志呢?古人的定义是:"志者,心之所之也。"他又解释为:"大序所谓情动于中。说得哲学一点,就是:心是体,志是用。又:如果说心是喜怒哀乐之未发,而志便是已发了也。亦即是佛家所谓'心生种种法生'之心生。""不过单单有此心之所之,情动与心生,也还不成其为诗;因为这只是内在的动机。又必须出之于口,笔之于纸,而后整个的诗乃能成立:这便是外在的形式",说得十分清楚明白。他特别强调诗心的"诚",因为"不诚无物"。而诚即是专一。顾随先生讲到这些地方便想象丰富地解释说:你口渴了又想吃冰激淋又想吃西瓜就是不专一,说不定你就是不渴。爱到了白热化,一个女子就占据了你的心灵。这样说"诚"谁都能够听懂了。如果还嫌他说得抽象,就听他下面的话:"诗心是个单纯。能作到单纯,《诗经》的'杨柳依依'是诗,《离骚》的'哀众芳之芜秽'也是诗,曹公的'老骥伏枥'是诗,曹子建的'明月照高楼'也是诗,陶公的'采菊东篱下'是诗,他的'带月荷锄归'也是诗,李太白的'床前明月光'是诗,杜少陵的'麻鞋见天子,衣袖露两肘'也是诗。等而下之,'月黑杀人地,风高放火天'也不害其成为诗。扩而充之,不会说话的婴儿之一举手、一投足、一哭、一笑也无非是诗。推而广之,盈天地之间,自然、人事、形形色色,也无一非诗了也。我如此说了,诸君可觉得奇怪吗?试想诗如不在人世间,不在生活中,将更在什么处?"这真是把诗讲活了。我没有诸位的福分,能够亲耳聆听顾随先生的课,但是从手稿中也能够领略他讲课的风采。

---

[1] 顾随:《致卢季昭信(1952年11月1日)》,见《顾随全集》第4卷,河北教育出版社,2000年,第80页。

说说我收藏顾随先生手稿的情况

另一本稿是先生的亲笔稿《苦水作剧》,是浅黄色宣纸竖格稿纸写就的,是比八开本更方的纸,原来就是对折起来保存的;封面上有"苦水作剧"字样。显然那就是顾随先生的手稿。他的剧作曾经于1936年间印行过一版,但是他的手稿是一种特别的艺术品。顾先生是会写诗词的大家,作杂剧更是一绝。五四以后的文化人中能通此道者真是凤毛麟角。记得之京先生曾说过:顾随先生在世时,对于自己的教授身份并不太在意,而最愿意承认自己是个作家。我看这是名副其实的。这些剧作今已收入文集和全集,不再叙述内容。

每次翻读顾随先生的著作都深为遗憾。他一生写了那么多的创作和论著,留下来的连一半也不到。编者说:"作者逝世之后,历经动乱,他的已刊与未刊稿,几乎荡然无存。近十数年经多方大力搜寻、征集,已刊稿大多已经觅得,未刊稿则大部分鱼沉雁杳,无觅其踪。"这是时代造成的悲剧。如今,我们一同纪念先生,只愿这样的悲剧永远也不再发生了。

近几年顾随研究综述

闵 军

　　近几年顾随研究是指 2006 年以来的顾随研究情况,2006 年闵军在《徐州师范大学学报》(2006 年第 3 期)发表《顾随研究述评》一文,对 2005 年以前的顾随研究作了梳理和总结,2006 年以来,许多学者在前期研究的基础上,又做了大量的工作,取得了可喜的成果。

一、关于生平与著述

　　在顾随生平研究方面,这几年有了重大突破。2006 年 9 月,中华书局出版了闵军的《顾随年谱》,这是顾随的第一部年谱,第一次尽可能详尽准确地收集使用了有关顾随生平、思想及著述等方面的资料,并全面系统地反映了顾随一生的生活道路、思想演变和创作历程。年谱在每年开始,酌情编入了一些背景材料:首先,背景材料是与谱主有关的(包括政治、文化、教育及学术大事);其次,背景材料是与旧体诗

---

* 闵军:《泰山学院学报》编辑部副编审,从事中国古代文学的教学与研究。

词创作和旧体诗词研究有关的。背景材料编入主要目的是要彰显顾随在整个现当代旧体诗词创作和研究中的地位及价值。年谱著录了已知的顾随全部的著述。所有著述按撰写日期编排。不知撰写日期者,按发表或出版日期编排。一部分顾随生前并未结集出版,由后人根据听课笔记整理而成的著述,则据听课笔记记录的时间,编入相应的年份。研究著作,介绍其主要内容、写作经过、摘引观点及重要论述;文学作品,除重要篇章略加评析外,其他则仅列篇名。年谱最后,附录了由顾之京先生整理注释的顾随未刊诗词作品。年谱的出版,为顾随研究填补了空白,提供了一定的资料,但正是由于是第一部顾随年谱,还存在许多不足之处:首先,许多地方显得粗疏,现在看来,可以补充许多资料,顾随的生平经历可以更加丰富,更加清晰;其次,顾随的一些作品可以表现他在特定时期的生活和心情,也应该作细致的阐释,补充到年谱中;还有一个重大缺陷就是校对不细心,出现了一些文字错误。我已经在做年谱的修订工作,并期待年谱能够早日再版,以消除我的遗憾。2007年7月,中国工人出版社出版了顾之京先生的《女儿眼中的父亲——大师顾随》,全书共10章,从一个女儿的视角,介绍回忆了作为一个父亲同时还是一个诗人、一个小说家、一个戏剧家、一个学者的顾随先生的生平经历,并对顾随在小说创作、诗词创作、杂剧创作、书法艺术、学术研究等方面所取得的成就作了详细的评述。此书有两大特点,其一,是书中对顾随的文学创作所作的比较全面系统的论述,对重要的小说、对所有的诗词集、所有的杂剧作品都从标题(诗词集名)到内容、艺术各个方面进行了分析评论,深入浅出,细致入微。这在顾随研究中还是第一次。其二,正如赵林涛在评论中所说的是:"之京老师从容谐雅的文字本身,尤其第九章'书斋纪事'和第十章'岁华旧迹',以温婉优美的散文笔致叙说顾随先生书斋(亦即己家)之变迁,和先生与家人、学友留影的缘由始末,使人分明感受到文字中浓浓的亲情和深深的眷恋。"2007年11月,作家出版社出版了孙绳武先生主编的《顾随和他的世界》。这是一本由顾随晚辈所编辑的

顾随研究

顾随诞辰110周年的纪念文集。孙绳武在《后记》里说:"我们的共同想法是,继外祖父百年诞辰纪念文集之后,再为他老人家编辑一本新的纪念集,以尽我辈感怀孝敬之心。我们九人中,曾生活于外祖父膝下的,连缀儿时的记忆,草成小文;我们敬请母亲和姨母撰写文章;我们敬请健在的外祖父的弟子、专家教授撰写文章;我们把近十多年来报章、书刊上所涉及顾学的文章加以汇集,于是编成了这一册书。"此书分三部分:"评"部分收入了一些学者对顾随以及顾随作品的的分析评论文章共19篇;"忆念"部分收入了顾随弟子回忆怀念老师的文章16篇;"晚辈的缅怀"收入顾随内兄及晚辈怀念顾随的文章9篇。"附录"部分收入了由孙绳武整理的《外祖父顾随生平行迹年表》、《外祖父顾随生前已刊著述要目编年》以及《外祖父顾随遗著出版概览》。其中,吴华英教授回忆与顾随老师在天津的日子里的文字与顾之惠等人的回忆文章都是第一次面世,为读者进一步了解顾随的家庭生活和晚年在天津的工作生活情况提供了第一手的资料,非常珍贵。

有关顾随生平资料需要提及的还有,顾先生的学生李树松2009年6月5日在《老年时报》发表《我所认识的顾随先生》,深情回忆了顾随1956年后在天津师大中文系上课时的情景:"教古典文学批评的一位老先生,穿着打扮、讲课方式与众不同。一般老师身着中山装,基本按刻印的讲义讲课。而这位先生,个头不高,瘦骨嶙峋,精神矍铄,留着短短胡髭,说起话来响亮高亢。夏季身着白罗中式裤褂。冬天穿着可就复杂了,头戴俄式旱獭皮帽,身穿水獭礼服呢大氅,大毛围巾将脖子围得严严的。上得楼来,先摘下帽子,解开脖子上的围巾,脱下大氅,露出内里中式绸子小棉袄,显得老头十分精神,然后返身在黑板右上方题诗一首(堂堂如此),因与讲课无关,同学也不记,否则的话是一本很好的诗集,我只记得在春节寒假过后,他写了一句:'不觉新来懒上楼。'讲起课来,更是手舞足蹈。他也不印讲义,只发一张曹丕《典论·论文》的篇子,讲课时背一句讲一句。别的老师都站着讲课,他却让助教在课前准备一把椅子,放在讲桌前,还斟好一杯水,让他坐着讲。开讲前,他端坐桌前,点上烟,掏出一张小纸片或纸烟盒,上面写着几行小字。他不看篇子,边背边讲。开始还坐着,讲到兴头儿就站起来,一边讲着文章的语句,一边联系古诗词的名句,历代文论作者的相关论述,甚至联系戏曲中的戏文,还时不时模仿京剧名角杨小楼、孙菊仙、梅巧玲、余叔岩等人的唱腔动作。这就是顾随先生的讲课风格。对于我们这些中学毕业生来说,习惯了那种听课文、记笔记的学习方式,真是有点不适应。同学忽而听得津津有味,忽而对他老人家的表演动作哄堂大笑,心想这哪是讲课啊。两节课一会儿过去了,笔记本上啥也没记(没法记)。"尤其值得关注的是这篇文章回忆了1958年"拔白旗"运动中,顾随被迫去看大字报的一个生活片段:"1958年'拔白旗',顾老这个'资产阶级反动权威'当然在拔之内,我们这些'革命小将'也拿起笔来批判顾老的资产阶级学术思想,课也停了,满教室都是大字报。系里要求老师来看大字报,顾老不顾年迈,在助教的搀扶下一一看了他的大字报,谁知他心里是什么滋味,顾老木然地来了,默默地走了。从此,顾老消失在我们的课堂上,但深深地印在我的记忆中。"弥足珍贵。顾随的另一个学生刘琦,也在2007年12月3日和5日的《老年时报》发表《顾随谈戏》的文章,回忆了1959年顾随在一次由天津师范大学中文系1959级学生举办的文学朗诵活动上的讲演:"那是一个冬天的夜晚,在六里台校区的大教室,我们年级一百多同学安静而欢快地等待着顾老的到来。也许是因为心情好,我觉得那天教室里显得格外明亮和温暖。在系领导的陪同下,德高望重的顾随先生走进来了。他高高的身材,头戴皮帽,身穿厚厚的深色长大衣,给我的第一印象是高大而魁梧。他脱去大衣后,里面穿的是一件中式皮袍(也可能是棉袍),这时我才发现,原来这位老先生高而瘦,并不魁梧。顾随先生讲话的主题是文学朗诵,是漫谈式的讲法,使我始料不及的是顾老在谈诗论文中间居然还讲到了京剧。顾随话锋转到京剧时,情绪也更加兴奋。这时他大概因为长时间的讲话,身上感觉有些热,于是又脱去了长衣服,露出了穿在里面的中式对襟黑色短薄棉袄。这时我才发现老先生不是高而瘦,而且是身体很弱的样子(顾随先生逝世后,高熙曾教授在《新港》文学月刊

顾随研究

发表《悼顾随师》一文,文中即谈到长期的书斋生活使得顾先生腰酸脚软,健康受损)。不过,顾老在讲话时的精气神却不弱,他略带乡音的语调则铿锵有力。我想在顾老精神饱满的讲话中是饱含着对中华优秀传统文化的热爱以及对青年学子的关爱的。他在讲话中强调艺术中的朗诵、念白不能是照抄实际生活中的说话,在语词、语调、声音、节奏感、逻辑重音等方面都应有着一定的必要的艺术的安排。他认为早年京剧名丑王长林的念白就颇见艺术的匠心。他举的例子是王长林饰演《打渔杀家》一剧的教师爷的念白。老英雄萧恩问教师爷为何而来时,教师爷答催讨渔税。王长林所念的词句是:'请安来啦,问好来啦,催讨渔税银子的来啦!'顾老说王长林不是一般化地念出来,而是把'银子'的'子'字咬住不放,为了强调这个'子'字,不仅用音较长,还略带颤音,然后用一种脆劲,快速地把'子'字后面的的字弹出来。这样念的好处是能使人感到响亮、俏皮、突出,也合乎这个无赖式人物应有的神气。我记得当时顾随先生还站起来,提高了调门,仿照王长林的念法念了这句白。这给我印象很深,并使我第一次认识到京剧的念白,即使是京白,其中也有很多讲究,尤其是那些在观众中激起强烈反响的念白,更是蕴含丰厚,值得玩味。后来有人演《打渔杀家》的教师爷,念上述那句白口时,删去'的'字,把重音也由'子'字移到'银'字,生活化倒是生活化了,然而却变得平淡无奇,韵味全无。这也证明顾随先生当年举这个例子不仅仅是赞扬王长林,而且更主要的是为了说明艺术必须比生活更美的道理。"我大段引用顾随弟子的回忆文字,是因为这些文字真实生动地记录了顾随先生晚年工作与生活的风采,如果把这些回忆文字和叶嘉莹先生的听课笔记结合起来阅读,那么,就能够有声有色地想象出当年顾随先生讲课时的情景,感受到顾随当年那深入浅出、风趣幽默的讲课氛围,也能给今天的大学教师改进教学方法以一定的启示。

2009年长歌在互联网《国学数典论坛》发表《论顾随与周氏兄弟的关系》一文,文章分为三部分,第一部分首先论述了顾随与周作人的师生之情缘,作者在梳理了顾随与周作人的交往后指出:"若与俞平伯、

近几年顾随研究综述

废名等人相比,顾随算不得周作人的'得意门生'。但他也算得上是周作人的'入室弟子'。据顾随的一些书信显示,他曾多次造访周作人的苦雨斋。顾随对周作人的态度,是值得深思的。从他致周作人书信的字里行间,我们可以看到他对周作人的敬重,这与俞平伯等人的崇拜有所不同。他在敬重之余,也有着自己的思考。并且,顾随对周作人的敬重是真诚的,评价是客观的,思考也是具有一定深度的。"其次,作者论述了顾随对鲁迅那"高山仰止,无限钦羡"的情感;并从"对鲁迅及其成就的评价"、"对鲁迅及其作品的独到分析"和"鲁迅与顾随交往考"三个方面较为详细地论述了顾随与鲁迅的关系。根据"1948年10月20日,顾随在中法鲁迅先生纪念会上作过一次演讲,演讲的题目就是《我所看到的鲁迅先生》(此稿已佚)。"作者推测,"顾随与周作人之间有着很好的师生关系,顾随在北大就读期间,鲁迅人也在北京,顾随有可能因为周作人的缘故而与鲁迅相见,哪怕仅仅是一面之缘"。我真诚地希望能够尽快地看到顾随先生的《我所看到的鲁迅先生》这篇讲演稿,为顾随与周氏兄弟的关系再添一段佳话。文章第二部分论述了周氏兄弟对顾随的影响,作者从"创作主张"、"创作题材"、"典型意象"三个方面着重论述了鲁迅对顾随的影响。第三部分作者总结评价,认为:"自'五四'运动起,中国文人的选择开始发生了巨大的变化。特别是在鲁迅和周作人的影响之下,他们或选择鲁迅,朝着'精神界之战士'这一方向去努力;或选择周作人,闭门研究学识,不问世事。顾随是不同的一个:他吸收了鲁迅不屈服的斗争精神,在战乱的岁月里毅然挥笔反抗,发出至诚之声;而在和平的年代,他又充分发挥了自己过人的学识和智慧,悉心教书,传承中国的传统文化,成为中国现代文学史上'隐藏的大师',他是真正走出了自己的路。"这是一篇较有新意的文章。在这里,要特别提到朱航满先生,他在2008年3月7日《新京报》发表《顾随与周氏兄弟》,文中提到邓云乡先生在《知堂老人旧事》一文披露的1946年,沈兼士、顾随等14位教授为周作人开脱罪行所作的辩护证明,并认为顾之京老师的《女儿眼中的父亲——大师顾随》和我的《顾随年谱》没有记录此事,是有意回避。实际上,《女儿眼中的父亲——大师顾随》中没有记录此事,是因为体例原因,而《顾随年谱》没有记录此事,则是因为我的粗心大意。记得在顾谱已经交稿,但还没印刷前,顾之京老师就将这一则材料告诉我并嘱我增加到年谱中。但我当时因肺炎住院,没有及时与编辑沟通,导致顾谱的疏漏。在这里应该向关注顾随的朱航满先生说明、致谢并向顾老师以及所有读者道歉。可喜的是,《九鼎》杂志2009年3月号发表了赵林涛先生的《顾随与周作人》,文章从"苦水的由来"、"走进苦雨斋"、"为周作人辩护"、"跋《往昔》及《杂诗》"四部分全面深入地考释并论述了顾随与周作人的交往及师生情缘,这是目前为止论述顾随与周作人的关系最为详尽周至、最有分量的一篇文章。关于这篇文章也是顾之京老师首先告诉我,并且由赵林涛先生将文章寄给我的。《论顾随与周氏兄弟的关系》、《顾随与周氏兄弟》和《顾随与周作人》这三篇文章为今后的顾随研究提供了新的思路和方向。另外,刘书龙先生《大师顾随的济南情缘》,较为细致清晰地勾勒了顾随在济南的活动,叙述了年轻顾随对济南的钟爱,弥补了《顾随年谱》的不足,并且这是一篇内容丰富、文字优美、可读性强的美文。

  关于顾随著述的整理,近几年也取得了一定的成就。2007年7月,天津人民出版社出版了《驼庵诗话》;2007年9月,出版了《顾随论学精要》;2008年1月,又出版了《大家国学:顾随卷》。《顾随:论学精要》选取了顾随关于中国古代文学的重要论述,按所论对象的的时间先后纵向编排;而《大家国学:顾随卷》则是选取顾随有关国学方面的文字,按谈诗、谈文、谈戏曲、谈小说、谈佛教与文学这样体裁的不同横向编排的。两本书,一横说,一纵论,相得益彰。尤其值得我们关注的是,2009年5月,河北教育出版社出版了由赵林涛、顾之京整理校注的《顾随笺注毛主席诗词》,赵林涛先生在后记中交代了书中材料的来源、整理准则以及顾随笺注的价值所在:"眼前整理出版的是顾随先生于1959年亲自撰写的毛主席诗词讲义。整理主要依据的是油印本和一个手抄本。前者乃由当年就读于河北大学中文系的赵毓麟先生保存并赠送给之京老师,刻印时间约在1961年。后者系由顾随先生三女之惠于1991年据另一版本的油印讲义所誊写。又有劫后仅存的先生手稿《清平乐·六盘山》、《沁园春·雪》、《七律·赠柳亚子先生》、《浣溪沙》笺释四首为据,尤其难得可贵。整理工作最大限度保持作品原貌,只对个别时代印记明显的字眼稍加处理,以于阅读时少添隔阂。讲义是先生对截至当时所发表的全部二十一首主席诗词的笺释文字,既不同于通常讲义之提纲挈领,又看不出丝毫的顾虑与畏缩。先生是教师,全以一名教师面对学生的姿态声情挥笔行文,先生形容,如在目前;振振其辞,宛萦耳畔。先生又是一位杰出的作家,是诗人,是词人,故所发尽皆诗人之论,词人之论,因之更能明主席诗词妙意、音韵和谐之美。书中纵论诗词处不少,部分已在《全集》中发表,这次出版的是全本,是真实再现顾随先生'特异高超'教学艺术的最完整最直接也是唯一的载体。至于本书所承载的,除了上所言及者外,我想,还当有先生对于学问、事业以及学生所表现出的尊重和真诚的态度。而这,也正为先生赢来更多后学的尊重和景仰。"

顾随先生有许多论著散佚了,我们暂时看不到,也有许多的文学作品没有收集在《顾随全集》中,还有待我们的进一步收集整理。这方面,冉云飞先生2000年5月11日在博客里发文《顾随"反右"词两首》,他为我们完整地收入了顾随先生的两首词并写下了他读词的感想:"1957年8月25日出版的《诗刊》第八期,有一个'反右'特辑。里面有十首诗、三篇文章是关于'反右'的。写文章的是沙鸥、邹荻帆、屠岸,暂后不表;写诗的有袁水拍、阮章竞、柯仲平、林庚、公刘、李瑛、方殷等人,这些人写'反右'诗,我一点都不吃惊。但其中我素所尊敬的苦水先生也写了两首词,还是让我意想不到。现在当我们读到《顾随诗话》、《顾随文集》、《顾随说禅》、《顾随诗词讲记》(我写过一则书评《良师总被夜深埋》评论此书)、《顾随年谱》,包括我收到的他的签名本,不能不为其风神所打动。在那个苟生活命的时代,再美好的一切都会被破坏。现将'反右'词二录于后,内容读来当然是满纸荒唐言,纵是诗词之排列亦没按旧诗词的排列形式,有点仿马雅科夫的楼梯诗的意思(词的排列,发出来居然没有此效果,大家可以想象),今一仍其旧。另外第二首《八声甘州》是批判'右'派分子龙云(龙云的主要'右'派言论是苏联如何对中国不好),加有脚注,现一并录出。'反右'词(二首)《木兰花慢》:纵江山易改,旧意识,最难消。恁乱'放''胡''鸣',痴心妄想、反党高潮。鸥鹭大睁白眼,认乾坤朗朗作深宵;更把和平建设,说成风雨飘摇。兴妖作怪总徒劳,倒算枉牢骚。甚地主身家、官僚资本、封建王朝——今朝洗心革命,要首先立地放屠刀;搽粉不如洗澡;低头莫耍花招。《八声甘州·三宝太监[1]》:是强龙也是地头蛇,云南建王朝[2]。有铜山、金穴;明珠、钻石那算腰包?流毒粉红骇绿[3],遍地种烟苗。宝马驮运处[4],五里'香'飘[5]。往事从头细数,——是仇如海阔,恨比山高。记累累血债,抢杀更焚烧。纵人民胸怀宽大,这多年陈账怎勾销?!分明甚,一条条在,又一条条。注:[1]云南15位少数民族代表联合发言:"在抗战时期,黄金、美钞、鸦片是所谓的'三宝',而龙云是这'三宝'的大户,人民称之为'三宝太监'"。见七月十三日人民日报。[2]龙云又有"土皇帝"之称。[3]"粉红骇绿"见柳宗元的《袁家渴记》。这里借用,指罂粟。[4]旧日商家对联,有"宝马驮来千倍利"之句。[5]朱家璧代表说:"龙云是鸦片烟的老板。……(他)明目张胆地派军队大批大批地运烟,有一次用四百匹马运,五里路外都能闻到烟味。"见七月七日人民日报。另外,周伦玲先生在2009年5月25日《人民政协报》发表的《燕京人海有人英——顾随先生眼中的〈红楼梦新证〉》中也首次披露了顾随先生1954年5月写的一首《鹧鸪天》:"1954年5月,中宣部电调周汝昌到北京人民文学出版社。消息传开,不几天周汝昌便接到老师寄来的一首《鹧鸪天》(拗体)《玉言梁孟携其五鹓凤自川抵京舍馆初定即来函告三复诵读喜心翻倒走笔为小词当洗尘也》,词云:三载西川可有情,风舲鼓浪下巴陵。游鲲振鬐离南海,彩凤将鹓入上京。 挥笔阵,破书城,万人海里见人英。西山山色年年好,长照君家四髦青。"这三首诗词都未能收集到全集中,由此可见,在顾随作品辑佚整理方面,我们还有大量的工作要做。

二、关于文学作品

对顾随文学作品的研究一直是顾随研究中的薄弱环节,在此之前,只有叶嘉莹先生对顾随文学作品作过较为系统全面的分析评论,在此基础上,近几年在这方面有了长足的进步。

首先,应该提到的是顾之京老师在《女儿眼中的父亲——大师顾随》中用了四章的篇幅分别评述了顾随先生在小说、诗词以及杂剧创作方面的成就,其中重点是对诗词和杂剧的评述。第一,我最欣赏顾之京老师对几部诗词集名称的解释:"父亲时常患病,他需要无病的身躯……当然父亲更憧憬于无病的人生、无病的社会、无病的家国。这当是他以'无病'二字命名自己第一部词集的深意。""'味辛'正与父亲别号'苦水'同义;且此时,父亲已年过而立,体味了社会人生之艰辛;再看词集的题辞——'愁要苦担休殢酒,身如醉死不须埋',则是自身品味艰辛的坚韧与放达。"《荒原词》第一首词《卜算子》为读者展示了一个独特的意境:"亘古的草原,荒漠、寂寥;引来火种的英雄,神武、豪勇;冲天的烈焰,炽热、涌腾;飘坠的流星,奇幻、幽美。……词中象征与寓托的底蕴,可能是具体的,也可能是朦胧的;可能是实际的,也可能是虚幻的,而总之是词人所憧憬的理想的奇美的境界……词集定名为《荒原词》自然也是取义于这一首词。"关于《留春词》,顾之京认为:"词集扉页题辞'欢情已似花零落,诗思还同酒浅深'透露些许信息:欢情零落,诗思犹在,诗思留驻春花。""词集何以为'霰集'?'霰集'乃父亲表字'羡季'的谐音,此其因之一也,是最表层的用意。父亲喜爱自然景象中的霰,星星簌簌,集而成景;父亲将1937~1941年五年间的词作汇而为册,如霰之集,此其缘由之二……至于霰的洁白晶莹,这当是父亲更深层的取义吧!""集名'濡露',我想是取义于杜甫'雨露之所濡,甘苦齐结实'的句义。……父亲词集名'濡露'固然是在说此乃自己壮老之年所作,但其中更有深层次的'甘苦'在焉,因而集名本身已暗含鲜明的时代印记。"关于《闻角词》,之京老师引用了顾随《闻角词·题记》,因为顾随非常喜欢沈尹默先生的《破晓》诗句:"破晓闻清角",故将自己词集命名为《闻角词》:"角者,号角也。建设事业,云蒸霞蔚,一日千里,每读报未尝不鼓舞奋发,譬闻角声,号召前进。词名'闻角',是其义也。"阐释顾随词集名称之含义,是为了更深入、更好地理解顾随词的含义。这一目的,可以说已经达到了。第二,我也非常喜欢之京老师在书中对顾随诗词所作的深入浅出的分析欣赏,譬如对《苦水诗存》中"最具特色、最个性化的作品"——《守岁》、《初冬自家抵津,友人招饮市肆中,醉后走笔赋此,寄君培滨江》所作的分析,从诗歌写作的具体背景、缘由,到诗句的具体阐释,再到抒情线索的梳理、美学风格的理解,条分缕析,清晰明白。书中不但有对具体词作的分析评说,更有一节集中论述了顾随词集所使用的形象,之京老师将顾随词集的形象分为"大自然中的景物"、"人世间的事象"、"想象中的幻象"并作了饶有趣味的解说,也值得一读。之京老师用了一节的篇幅以"最后一位杂剧作家"为题,对顾随杂剧(全部六部)的主题作了详尽的探讨。《飞将军》是对英雄难有用武地的悲叹;《再出家》是对"透网金鳞"禅理的演绎;《祝英台》是一曲精诚心志的颂歌;《马郎妇》是对"我不入地狱谁入地狱"救世精神的赞美;《馋秀才》是坚守气节的自心誓言;《游春记》是爱情与生命的礼赞;将顾随杂剧深奥的人生哲理阐释得通俗明了。关于顾随杂剧的研究,还要提到的是河北大学新闻传播学院博士生高献红在 2008 年第 1 期《岱宗学刊》发表的《心血频浇溉 春花始盛开——顾随杂剧〈游春记〉浅论》,文章认为:"《游春记》一剧在全部六种杂剧中,酝酿时间最久,写作时间最长,完稿时间最晚,篇幅规模最大,情节最为曲折,曲牌最为丰富,曲辞最为华赡,意蕴最为丰厚——有此八最,堪称顾随先生杂剧创作的压卷之作。"文章继而从"《游春记》之情节安排"、"《游春记》之曲辞设计"和"《游春记》之审美意蕴"三方面对顾随杂剧的压卷之作作了迄今为止最为全面细致的评论。

其次,应该提到天津师大津沽学院文学系研究生李云在2009年第3期《保定学院学报》发表的《论顾随词的创新》,这是天津师大青年基金资助项目,是李云的硕士毕业论文《顾随先生之诗学与词学思想研究》的节选整理而成的单篇论文。李云认为,顾随很早就倡导以新精神作旧体诗词,打破古人的语言传统,解放思想的禁锢,自由地表现新的思想和新的事物,如实地反映"我"所生活的社会和时代精神,使受格律束缚的诗词成为表情达意的文体。创新是顾随词的一大特色和亮点。李云从语言、句法、意境三方面来讨论顾随词的创新之处。第一,"运用新语言"。语言之新首先体现在顾随善于运用在词体语境中非常新颖的词语,如"彷徨"、"沉沦"、"苦闷"、"沾沾自喜"、"平凡"、"赞美"等;其次,体现在使用了"爱神"、"诗神"、"象牙塔"等西方传来的词语,特别富有新意和时代特色。再次,体现在用白话填词,白话增强了词的实用性,使古典的词体贴近了现实生活,既让作者容易表达真实的思想感情,也让读者容易理解和接受,从而易产生感情的共鸣。第二,"使用新句法"。句法之新首先体现在重复使用字词并形成排比句式。其次,体现在"同异格"修辞技巧(一般的所谓"同异格"就是在一句话中,字面上同中有异的两个词语对应出现)的娴熟运用。并且顾随还把"同异格"由同中有异的词语扩大为同中有异的句子,这种同中有异的句子又可细分为:(1)同头式;(2)齐腰式;(3)同头、齐腰共用式。李云指出,顾随词创作中句法的改革创新和修辞技巧的运用产生了非常惊人的艺术效果,使情感的抒发更加强烈,更易产生震撼人心的轰鸣效果。第三,"开创新意境"。"自开新境界"是顾随词创作追求的目标。李云从两个方面论述了顾随的努力:一是顾随常运用"否定式"的创作思维,譬如,他常以北地春天的无娇花、无飞絮、无燕子创造出一种新颖独特的词境,这种逆向的写作思维对词中传统的春天景象可以说是一种颠覆。以"否定式"造成的巨大反差打破了词在读者头脑中早已形成的传统模式,形成一种否定之美和不美之美,显得别有风味。二是象征手法的运用。李云指出,顾随的象征手法并不是单纯地运用某个意象,而是运用整首词来暗示复杂的情思。并进一步指出,象征手法运用的效果,使我们阅读顾随词的时候,会联想到顾随创作词时风雨飘摇的社会背景、黑暗混乱的政治环境,感受到其中包含着千言难尽的酸楚和泪水,体会到更深层次的身世之感和时代之悲。李云的文章从不同层次上较为全面地论述了顾随词的创新之处,其中最有价值的是李云对顾随在词中娴熟运用"同异格"修辞技巧和"否定式"创作思维所进行的阐述。顾随一生在词创作中,一直强调超越古人,强调创新。而李云的文章则是较为全面深刻地将顾随词创新之处揭示出来的一次成功尝试。

李云的文章着眼于顾随词的创新点,而青海师大文学院副教授、博士方丽萍在2009年第3期《名作欣赏》发表文章《旧瓶中的醇酒——顾随词中的"新"与"旧"》,则既着眼于顾随词的创新之处,也着眼于顾随词与传统文化的密切联系之处。作者认为顾随词很好地融合了新旧文化中的多种优秀元素。顾随词中的"新"与"旧"、古典与现代等对立元素是很好地结合在一起的。文章从"顾随词与传统文化精神的相通处"与"顾随词对传统文化精神的超越"两个向度展开。论相通,文章主要围绕顾词所表现出的文人雅趣、伤感哀愁的感情基调、现实关怀三方面来论述;论超越,文章主要围绕顾词中所流露出的直面现实、担荷苦难的人生情怀以及无家的焦虑和精神的漂泊感来讨论。此文通过文本细读的方式,较为细致入微地剖析了顾词对中国文化精神的继承与创新,特别是文章指出的顾词中无处不在的苦涩失意的感触,观点较为新颖,也为顾词的研究者开拓了一片新的研究领域。顾词中弥漫的这么一种无家的焦虑和精神的漂泊感触的根源到底是什么?顾随解构了桃花源之后有没有新的理想境界?这些都是可以继续探讨的话题。

伦丹2009年9月29日发表博客文章《顾随先生词心解析》,文章分"弱德之美——逆境中的持守"、"深微幽隐——深沉的感慨与家国情怀"、"抽丝剥茧——'透过一层'的写法"、"点铁成金——不避重复字"、"自铸伟辞,新颖别致"、"不事雕琢,明白如话"、"活用典故,化用无痕"七小节,前两节论述顾词在内容方面的特点,后五节论述顾词在艺术手法方面的特点。从文章小标题看,对顾先生词心的解析还比较全面,但从文章的具体分析来看,则稍感欠缺,一些论断不够明晰,一些论述也不够深入。

近几年,虽然有更多的人开始关注顾随的文学作品的成就,但许多论述仍然没有超越叶嘉莹先生在《谈羡季先生对古典诗歌之教学与创作》一文中的观点。顾随文学作品的研究应该拓宽研究视野,更加深入细致,还有许多工作需要我们去做。

三、关于文艺理论

2007年第2期《上海师范大学学报》(哲学社会科学版)发表广州大学中文系教授曾大兴的文章《王国维的"境界说"与顾随的"高致说"》,这篇文章第一次深刻讨论了顾随的词学思想的核心概念"高致说",揭示了其内涵,界定了其在词学发展史上的地位,是一篇有理论创新、有理论深度的顾随词学思想研究的力作。文章指出,顾随是在高等学府讲授王国维《人间词话》的第一人。文章分"王国维的'境界说'"、"顾随的'高致说'"和"'高致说'的局限性"三部分,详细比较了王国维的"境界说"与顾随的"高致说",作者认为,"境界说"的实质在一"真"字,然而好的文学,应该是真善美的统一,即除了求真,还应该求善,求美。"境界说"重在求真,忽略了求善求美。顾随既崇拜王国维,又看到其"境界说"的不足,论词标举"高致说"。"高致说"的实质就是在肯定境界,肯定真的前提下,强调善,强调美。文章高度评价了顾随"高致说"在词学史上的历史地位,认为"高致说"是对王国维"境界说"的一个重要补充,是对20世纪词学理论的一个重要贡献。河北人民出版社编审李世琦先生在2008年第3期由河北人民出版社编辑

顾随研究

出版的《社会科学论坛》（学术评论卷）发表《博大会通说顾随》一文，文章表面看是一篇书评，评论了2007年天津人民出版社出版的顾随的《驼庵诗话》，但实际上是一篇评论顾随诗话特色的文章。文章指出，顾随诗话的总体特色是厚积薄发，博大会通，读这样的诗话，有事半功倍之效，让人终身受益；顾随诗话具有很高的历史地位，认为顾随诗话真正代表了一个时期中国文学研究的高度。文章进而论述了顾随诗话特色的具体表现：其一，不论是谈诗还是论文，或谈一个时期的文学现象，还是评价一个作家、诗人的成败得失，常常把他放在整个中国文学史的大背景上、大视野中，还不时将其与外国文学中相近的作家进行比较，评价其成就，估量其地位，分析其特点，独具只眼，一语中的。其二，在对古今作家、诗人的评价中，从来是一无依傍，自出机杼；表现出"推倒一世之智勇，开拓万古之心胸"的大智大勇。

在这里，特别要提到的是，连续两年，在我们高校连续出现了两篇以顾随文艺思想作为研究方向的硕士毕业论文，其一是2008年天津师范大学李云的《顾随先生之诗学与词学思想研究》，这是我国第一篇以顾随文艺思想作为研究方向的硕士毕业论文。其二是2009年山东师范大学张芳的《顾随文艺思想研究》。这是非常可喜的现象，相信在不久的将来，会出现更多的年轻的顾随爱好者和研究者。李云的文章"分为四章。第一章为顾随先生其人，主要介绍其率真赤诚的性情、参禅修行的历程和担荷苦难的精神。第二章为顾随之诗学思想，从三个方面来论述：一论述他对性灵的强调——情字为先；二论其对'诗心'的诠释——真字为本；三论其对'诗心'的感悟——以人生为重。第三章为顾随之词学思想，也分三点来论：一、从作词之经历看其对词之体认；二、着重论述他的创新精神及以新语言入旧格律开拓新意境的主张；三、论述他崇尚感情充实强健之作和自然无意之笔。第四章是对顾随先生在古典诗词领域中的贡献和地位所作的几点总结"。文章最有价值的是作者讨论顾随对"诗心"诠释和对诗法感悟的文字以及从顾随作词之经历看其对词之体认和论述顾随崇尚感情充实强健之作、自然无意之笔的文字。作者认为,顾随的"诗心"是真与诚,是以真诚为本的。顾随把"诗心"不诚视为中国古典诗歌走上末路的根源。而要唤回诗歌的生命,则必须以真诚之"诗心"来写真诚之诗歌。作者讨论了顾随关于诗歌创作的"表现"与"再现"的观点。顾随的所谓"表现"是以真诚之"诗心"表现自己的真实所见和真实所感;而"再现"则是再现古人作品中的情景与感受,与真实之情景感受已隔了一层。作者还讨论了顾随关于诗歌之真与诗歌之美的关系。顾随认为诗歌中最重要的是真,而不是美。真与美往往对立。但通过曾大兴先生的论述,我们知道,顾随实际上是真美并重的。从顾随的诗词创作来看,他也是非常注重诗词的文采和高度艺术性的。同时,作者认为顾随的"诗心"是指人的本能和情感的自发形态(原生态)。"原生态的'诗心'是指人的第一念,是情感的自然流露,剔除了后天的一切道德与功利色彩。所以,顾随强调'诗心'应无计较、无利害、无是非、无善恶,更无丝毫做作,要求人们在诗歌中完全摆脱世俗的羁绊,出于本能,任意而行,自发地反映内心的情感与要求。""因为诗歌的本质生命是自我性情的真实反映,所以,以出于本能的原生态的'诗心'写成的诗才是真正的具有感发力的诗歌。那些出于道德心或者功利心的诗则是虚伪的、缺少感发力的、没有生命的诗。由此我们便可以理解为何从古至今的宴集诗、恭祝诗少有佳作,正是那些场合和背景使人多了道德功利色彩,丧失了本能的诗心。所以,我们要保持一颗纯真的诗心。"这些文字,可以说比较深入透彻地阐释了顾随的"诗心"。同样精彩的文字是作者认为"顾随先生把自然无意作为词的最高写作境界"。"他评苏轼《定风波》(莫听穿林打叶声)中第一句最佳,并且总结出大作家的作品之所以第一句都非常好,是因为他们往往不在第一句上用意,自然而出。而在作品的中间和结尾,则因为有意而显得做作"。所以,词应该以无意为最高的写作境界。他觉得辛弃疾作词语语皆自胸臆流出,是因为"他胸中原自有此郁勃底境界,所以群山到眼,随手写出,自然如是"。可见自然无意之笔并不是空穴来风,而是和词人平日的修养、胸襟、抱负有着密切的关系。关于"自然无意之笔",我觉得是顾随词论中非常有趣有意义的观点之一,还可以作更加深入的探讨。张芳的文章共分五部分:"引言部分,对顾随研究的状况进行了梳理。第一部分,'健全的诗',对顾随的诗美观进行了阐释。第二部分,'正常'的诗人,是对顾随的创作主体观所作的研究。第三部分,'用兵无死法',重点研究顾随文艺研究的方法论。结语部分,主要论述了顾随文艺思想的启示性。"如果说李云的论文是顾随研究的第一部硕士论文,第一次全面系统地论述了顾随的文艺思想,具开创之功,但在论文结构、具体论述上略显粗略的话,张芳的论文在整体结构、在具体论述上就显得更加精细,先论顾随对创作客体的讨论,再论顾随对创作主体的讨论,最后论述顾随讨论的方法,自成系统,论述更加深入。并且,"正常"的诗人写"健全的诗",作者对顾随文艺思想的核心所作的高度概括也非常准确简明。在具体阐述中,也更多地从历史的发展来看问题,更多地运用了比较的方法。文章对顾随文艺研究辩证方法的分析以及对其形成原因的探讨最为全面深刻。作者在选取了顾随对李白和鲁迅的批评后指出:"顾随的文艺思想,不滞不涩,左右逢源,处处透露着'活'的生机。这与其文艺研究的辩证方法有着密切的关系。他辩证地评析作家,辩证地分析文艺现象。这种方法论有着重要的借鉴意义。"紧接着,作者又从"中西贯通的学术背景"、"对禅学思想的领悟"、"对创作实践的熟悉"、"通达、积极的人生观"四个方面论述了顾随文艺研究辩证方法形成的原因。可以说这也是一篇较有分量的顾随文艺思想研究的论文。在具体章节中,如论到顾随主张"诗人"应"神经如琴弦"、"身体如钢铁"时,还可以与顾随《无病词》联系起来看,联系顾随对无病人生的渴望,这样分析,也许会使文章更有深度;再如论到顾随有关"健全的诗"的观点时,还可以与顾随论词标举"高致说"联系起来,进行比较剖析,也许会使自己的论断更加周全准确。

四、关于《木兰花慢》

经过沈治钧教授的梳理,顾随的《木兰花慢》共有三个版本,分别如下:

原本:石头非宝玉,便大观,亦虚名。甚扑朔迷离,燕娇莺姹,龑乱钗横。西城试寻旧址,尚朱楼碧瓦映觚棱。煊赫奴才家世,虺隤败落阶层。　燕京人海有人英,辛苦著书成。是慧地文心,龙门史法,高密笺经。分明去天尺五,听巨人褒语夏雷鸣。下士从教大笑,笑声一似蝇声。

改本:石头非宝玉,便大观,亦虚名。甚扑朔迷离,燕娇莺姹,龑乱钗横。西城试寻旧址,尚朱楼碧瓦映觚棱。煊赫奴才家世,虺隤没落阶层。　燕京人海有人英,辛苦著书成。等慧地论文,龙门作史,高密笺经。分明去天尺五,听巨人褒语夏雷鸣。下士从教大笑,笑声一似蝇声。

印本:石头真宝玉,题大观,岂虚名。甚扑朔迷离,莺娇燕姹,龑乱钗横。西城试寻旧址,尚朱甍碧瓦映觚棱。金帝包衣家世,魏王诗赋才情。　燕京人海有人英,辛苦著书成。等慧地论文,龙门作史,高密笺经。分明去天尺五,听哲人褒语夏雷鸣。下士从教大笑,笑声一似蝇声。

关于这首词,我原来并没有特别在意,看到 2008 年第 6 辑《红楼梦学刊》发表的北京语言大学沈治钧教授《顾随〈木兰花慢〉一阕辨惑》,才开始留意逐渐增多的相关的文章。有支持沈教授文章论点的,也有反对的意见。2009 年 2 月 4 日,四明山客发表博客文章《〈顾随木兰花慢一阕辨惑〉的辨惑》;2009 年 3 月 4 日,芹音也发表博客文章《顾随与红楼梦新证》;沈治钧在《河南教育学院学报》(哲学社会科学版)又发表《〈木兰花慢〉疑案补说》;2009 年 5 月 25 日周伦玲在《人民政协报》发表《燕京人海有人英——顾随先生眼中的〈红楼梦新证〉》;2009 年秋之卷的《中国文化研究》再发表沈治钧的《燕京人海有人英——关于〈木兰花慢〉疑案的商榷意见》；2009年9月号《城市文学》(香港)发表梅节的文章《顾随的赞词与周汝昌的功底》。

我没有看到有关的原始材料，也不好妄下论断，只能把引起争论的沈治钧教授的观点摘引在此，我希望看到正常的学术争论，而不愿看到恶意的诽谤和人身攻击。关于《木兰花慢》的争论，也再一次提醒我们，顾随先生的作品辑佚仍然是我们下一步工作的重点。

在沈文发表之前，有关此词的阐释一般都是认为是顾随为周汝昌先生的《红楼梦新证》而写，是对《红楼梦新证》的高度评价。沈文对此提出质疑，在文章第五部分"要点与说明"中罗列了他的主要观点："(1)顾词现有三种版本，原本影印件可信，通行排印本可疑；(2)对该词的现有诠释所据为印本，并在产生时间上做了手脚，又避而不谈产生缘由，故其结论甚不可信；(3)顾随于1954年6月27日填制该词，那时候，他已没有兴致谈论《新证》，小序和跋语中也未涉及；(4)顾随填词的缘由乃因弟子致函，可能关乎恭王府即大观园旧址的传闻，非关《府考》，非关《新证》；(5)对于顾随为何填制该词，一说因《府考》而作，二说因《新证》而作，两说自相矛盾，均无法成立；(6)从顾随对待《新证》有褒有贬的理性态度上看，该词不可能是为《新证》而作的；(7)由填词规矩与具体内容看，该词乃为题咏《红楼梦》而作，全无针对《新证》之处；(8)词中以刘勰、司马迁、郑玄比曹雪芹，以《文心雕龙》、《史记》、《毛诗传笺》比《红楼梦》，既新颖独特，又合情合理。"并就以上观点作了说明："顾随的此阕《木兰花慢》是现代红学史上题咏《红楼梦》的优秀词作，与《红楼梦新证》毫无瓜葛，值得大家记在心里，传之久远。自1992年初以来，该词屡获称引，广为播扬，享受到了异乎寻常的特殊礼遇，自然可喜可贺。至于它是否遭到了有意篡改、故意误读与刻意误导，目前只能作为一种疑问提出来，有待进一步证实，姑且不下定论。""与该词直接相关的原始材料，目前尚未全部公开。因此，我在这篇东西里的一些论述，很可能是主观武断的、欠准确的。"

五、结语

吴绍东先生在2008年第4期《出版广角》发表《顾随的"法"》,文章认为,顾随是中国古典文化精髓的传法者,而叶嘉莹先生则是传顾先生之法的成果斐然的弟子之一。之京老师形象地把这种传法的过程比作生命力的延续。今天,我们非常高兴地看到,在许多高校,在许多年轻人中也正在进行这种"生命力的延续"。我想,中国古典文化的精髓,在这么多人的关心努力下,一定会发扬光大,永放异彩。

"顾学"的研究范畴

赵林涛 刘相美[*]

顾随(1897—1960),河北清河人,字羡季,号苦水,晚有驼庵、述堂等号。1920年毕业于北京大学英文系,初辗转于山东、天津各地中学任教,1929年始登大学讲坛,在燕京大学、辅仁大学、北京师范大学等名校教授国文,1953年调入天津师范学院(河北大学前身),直至去世。

顾随先生是现当代文学史上卓尔不群的国学大师,其文学创作、学术研究、教学艺术独树一帜,饱受赞誉。著名红学家周汝昌先生评价他是"中国韵文、散文领域的大作家,理论批评家,美学鉴赏家,讲授艺术家,禅学家,书法家,文化学术研著专家,贯通古今,融会中外。这多方面,他都是一位出色罕觏的大师、超群轶伦的巨匠……"(《创立顾随先生学术研究会倡议书》)顾随先生在世时享有很高的声望,遗憾的是,由于他的创作和研究领域在古代文学方面,客观上,上世纪80

---

[*] 赵林涛:副编审,硕士研究生导师,就职于河北大学。
刘相美:河北教育出版社编辑。

"顾学"的研究范畴

年代以前,这位"哲人"、"巨匠"一度淡出人们的视野。80年代以来,《顾随文集》、《顾随全集》、《顾随诗词讲记》等大量遗著手稿相继整理出版,这位昔日大师的笔墨才华正在吸引着越来越多读者和学人的兴趣和热情。

周汝昌先生是顾随先生的受业弟子。1990年9月,在顾随先生逝世三十周年纪念会上,汝昌先生作了书面发言,最后说道:"今天的纪念会,这样隆重,诸师友发言这样热切,出我预想之上。但一个纪念会是无法去做另外的工作的。我倡议,应当成立一个顾先生学术研究会。这是完全应该也有条件的。我恳盼我这愿望能够实现。"不仅如此,翌年元月,汝昌先生专笔写了一通《创立顾随先生学术研究会倡议书启》,号召"先生生前所在之学府,平昔故交,以及各方道义之士","闻风兴起,惠以鼎支"。指出,若然,"则无忝中华文化之辉光,亦乃河北高等教育之至幸焉"。

同样是在那次纪念会上,顾随先生的另外一位弟子——著名戏剧艺术家黄宗江先生提出"顾学"的概念。他说:

> 1986~1987年我在美国讲学一年,讲授中国戏曲、戏剧、电影,我在课堂上创造了一个英文字,在讲梅兰芳时,我讲到"梅学",就来了个"Meiology"。后来我一个洋弟子说:"黄教授,这个字英文字典里没有,将来会有的。"我认为,顾随先生的学问如此博深,今后会有"Guology",会有"顾学"的。

尽管时至今日,顾随研究会尚未成立,"顾学",作为一个学术名词亦未得到普遍的了解和认识,但在现实中,"顾学"研究队伍不断壮大,研究成果层出未穷。《顾随年谱》的作者闵军先生对顾随研究状况进行了持续的关注和归纳,先后发表《顾随研究述评》和《近几年顾随研究综述》两篇文章,从中可以看到,三十年来,有关顾随先生生平、作品的整理与研究渐呈繁荣之势,尽管这种研究仍然处于自发和分散的状态。

笔者凭借浓厚的兴趣和亲近的方便,近几年来跟从顾随先生六女之京教授整理了几部先生遗著,期间渐渐了解了有关先生的各种信息,因而也才有了以下关于"顾学"研究范畴的构想,如今呈献出来,既是对自己偏狭之见进行梳理总结以呈方家教正,更寄望有识之士能为共襄盛业承传先生薪火。

一、遗作搜集整理

顾随先生生前,作品的存在方式主要有五种:其一,公开印行。顾随先生亲自编订的诗、词、剧集共八部,分别是:《无病词》(1927)、《味辛词》(1928)、《荒原词》(1930)、《苦水诗存》(1934,与《留春词》合为一卷)、《苦水作剧》(1936)、《霰集词》(1941)、《濡露词》(1944)、《苦水作剧二集》(即《游春记》,1945)。这些作品集均得流传,作品被完整地保留下来。其二,散见于报刊。大学毕业后的最初几年里,顾随先生常在山东《民治日报》、《山东时报》、《浅草》、《沉钟》等报刊发表新文学作品,那一时期的创作以小说为主,兼及新体诗文,署名时用"聋謦"、"梦珠"、"葛茅"等。大约在1924年之后,先生的创作领域转而趋向旧体,发表的阵地也随着工作生活地点的变迁而移至北平和天津。北平的《益世报》、《华北日报》,天津的《大公报》、《民国日报》等成为新的阵地。1953年后,顾随先生调入天津师范学院,在政治热情空前高涨的社会氛围中,他的诗词创作也进入到了一个新的高潮,大量配合形势的作品发表在《新港》杂志和《天津日报》、《新晚报》和《羊城晚报》等报刊及臧克家主编的《中国诗选》。其三,顾随先生为人师表,授课领域遍及古代文学各个阶段,晚年还开讲毛主席诗词和佛典翻译文学,因此留下多种讲义,目前见到的几种如"毛主席诗词"讲义、"佛典翻译文学"讲义、古典文论讲义等均是建国后作品,而建国前部分讲课内容则以一种更为独特的"笔记"形式被保存了下来。叶嘉莹先生听顾随先生授课逾五年之久,积累了许多课堂笔记,虽经颠沛流离,始终带在身

"顾学"的研究范畴

边不曾丢弃。这便是后来陆续增订出版的《顾随诗词讲记》的底本。除上述外,顾随先生的许多作品是以手稿的形式存在的。手稿之中最多最主要的是书信,与书信一同往还于邮路的还有诗文论评。早在居山东时,先生与卢氏伯屏、季韬兄弟、冯至等书翰频传,个人的新作亦由此递送彼此批评、欣赏。而在后期与弟子周汝昌的信中,"其多年的积学深思之未宣者,却以此际的兴会与灵感所至","竟然多次'变成'了整篇的论学研文说艺的长篇论文"(周汝昌《怀念先师顾随先生》)。

于顾随先生遗作整理出版工作功莫大焉的是著名古典文学专家叶嘉莹先生。嘉莹先生1941年就读辅仁大学国文系,是顾随先生的得意门生,学界向以顾随先生"传法弟子"誉之。早在1974年,嘉莹先生自海外回到阔别二十余年的北京,当得知老师早已于1960年过世,且身后著述散佚无收时,发愿搜集、整理、出版老师的遗著,以期弥补心中莫大的遗憾。此后,在嘉莹先生的积极发动和指导帮助下,在顾随先生众多弟子友好的共同努力下,之京先生全身心地投入到了父亲遗作的搜集整理工作之中。近三十年时间里,陆续出版了十余种顾随先生著作合集或单行本。其中,《顾随文集》(上海古籍出版社,1986)是第一部合集,《顾随全集》(河北教育出版社,2000)较前者有数倍规模的扩充。以这两部合集为基础,陆续派生出《苦水作剧》(台湾桂冠图书出版公司,1992)、《顾随说禅》(上海古籍出版社,1998)、《顾随诗文丛论》(天津人民出版社,1995)、《顾随诗文丛论(增订版)》(天津人民出版社,1997)、《顾随说禅》(广西人民出版社,2005)、《顾随论学精要》(天津人民出版社,2007)、《大家国学——顾随卷》(天津人民出版社,2008)、《诗书生活顾随随笔》(北京大学出版社,2008)等。此外,根据叶嘉莹先生听课笔记整理出版的有《顾羡季先生诗词讲记》(台湾桂冠图书出版公司,1992)、《顾随诗词讲记》(中国人民大学出版社,2006)和《驼庵诗话》(天津人民出版社,2007)等。顾随先生又是书法大家,天津古籍书店先后影印出版了《顾随先生临同州圣教序》(1990)和《顾随临帖四种》(1992)。日前,河北教育出版社正在陆续出版"大家履迹"丛书,已面世的有《顾随笺释毛主席诗词》(2009)和《顾随致周汝昌书》(2010),内容均系首次公开发表。

顾随先生遗作的出版情况不可谓不盛,然仍有潜力和空间可挖:其一,散见于报刊者即尚未进行过深入的发掘,尤其山东和天津两地报刊保存遗文数量当有可观。其二,手稿存于师友及弟子手中者虽多已整理出版,更多的则于动荡年代散落无踪,但并无重现之可能,只是不可强求而得。其三,多年执教所撰写的讲义,至今所见只是50年代的一小部分,其他只知名称或仅见残稿的就有"唐诗"、"宋词"、"元明清戏曲史"、"古代小说史"等等。去年底,顾随先生弟子、南开大学耿文辉先生将珍藏多年的顾随先生编撰的油印"古典文学批评"讲义及自己的听课笔记赠给了之京先生,从而填补了又一个新的空白。这次新的发现亦足以引起人们更多的期待。

二、生平行迹研究

1983年,之京先生受书目文献出版社之约撰写的《我的父亲顾随》一文发表在《中国当代社会科学家》丛刊第二辑。这是有关顾随先生生平事迹的第一篇文章,也是之京老师全身心投入父亲生平、作品整理出版工作的开始。2007年,以传略为基础,几经扩充、修改,之京老师亲自撰写的《女儿眼中的父亲——大师顾随》由中国工人出版社出版,不但内容较前此相关著述更为翔实,更在很大程度上扩大了读者对于顾随先生的阅读需求。此外,顾随先生身后,后人和弟子在其逝世三十周年、诞辰一百周年和一百一十周年之际,分别举办过三次纪念会,会后均编订了纪念文集。河北大学出版社1999年出版的《顾随先生百年诞辰纪念文集》收录了不少前辈的回忆纪念文章,在诸集中为最善。2006年,闵军先生编撰的关于顾随先生生平行迹的第一部研究专著《顾随年谱》由中华书局出版发行。即便如此,顾随先生的生平信息亦不能说搜罗无余,仍有不少内容有待发掘。

深入探寻顾随先生生平,须从先生一生行止入手。如果为顾随先生的居处画一张图,清河、永年、临清、青州、济南、青岛、天津、北平便是为数并不算多的几个坐标。河北清河是故乡和生长之地;河北永年是先生就读的广平府中学堂所在地;山东临清有家族产业,继妻徐荫亭氏也是临清人。1915年,先生考中北京大学,先在天津北洋大学读了两年预科,两年后转入北平继续学业。1920年大学毕业后,顾随先生先后在山东的青州中学、济南山东第一女子中学和青岛私立胶澳中学等校任教,在济南期间,还曾兼任《民治日报》副刊编辑。1926年,顾随先生第二次落足天津,执教于天津女子师范学院。1929年至1953年间,先生长居北平,在多所名校担任教职。1953年至1960年,顾随先生在天津师范学院结束了自己整整四十载辉煌的讲坛生涯。

之所以说有关顾随先生的生平仍有较大的研究空间,是因为目前的研究成果大多来自文本和记忆,缺乏的是实地的调查和走访,而实地的调查走访并不难实现。尤其先生生前所在学校虽或有变迁但延续未断,如胶澳中学成为青岛市第一中学的前身;天津女子师范学院也已成为今天河北师范大学的源头之一;辅仁大学被人民政府接管后并入北京师范大学;天津师范学院改名河北大学后由天津迁址保定,等等。相信这些学校的校史档案中或多或少可以找到一些有关顾随先生生平著述的材料或线索。

三、师友交游研究

顾随先生作为一位卓越的古典文学作家、研究者,在新文化背景下显得格外抢眼,因此,深入研究顾随先生的交游特别是与当时一些文化界名流的交往情况,其意义更在于发明其所折射出的文化现象和内涵。笔者已将"顾随与现代学人"作为一个研究课题,对与顾随先生有着深厚师友情谊的周作人、沈尹默、沈兼士、冯至、张中行、启功等几位大师名家的交游情况进行了初步的整理,并且取得阶段性成果。略述一例:周作人是顾随先生就读北大时的老师,研究显示二人自顾随先生入燕大教书后往来频繁。顾随先生号"苦水"、"二知堂",皆与周作人的"苦茶"和"知堂"有关。但相比之下,顾随先生更推崇鲁迅的为人和文章,与周作人其他弟子也少有密切往来。周作人因汉奸罪被审判期间,顾随先生曾为之作证,证明其有保护文化界爱国人士的行为。从顾随先生《跋知堂师〈往昔〉及〈杂诗〉后》(未刊稿)一文及致弟子的书信中,可以看出他对周作人诗歌和散文的不同评价,也流露出自己的创作态度。另有线索表明,顾随先生与齐国梁、俞平伯、杨晦、台静农、李霁野、李何林、华钟彦、郑因百、邓广铭等亦有较密切的交往,只是材料还有待进一步的挖掘。相信随着研究的深入,将有更多史料被拭去尘埃,而这,不仅对于顾随研究,对于其他诸家乃至现当代文学史的研究都将是积极的推动。此外,顾随先生执鞭说法四十载,育人无数,桃李芬芳,弟子辈中著名的除前文所及周汝昌、叶嘉莹、黄宗江外,尚有颜一烟、郭预衡、史树青、吴小如等都是各自领域的名家。顾随先生与这些弟子的往来都是值得研究的题目。

四、思想理论研究

在顾随先生身上,能够发现不少值得深思的"新"与"旧"的矛盾。比如,他报考的是国文,读的却是英文;深受新文化运动影响,参加过五四游行,创作也一度以新文学体裁为主,却忽而转为古代文学;在各地中学教书时,他是国文教员,却顶着压力介绍鲁迅作品,宣传革命思想;他始终崇敬鲁迅,却看不到与之有任何的来往,相反虽与周作人关系密切,却并不十分赞赏他的作品和为人。如此等等,费人琢磨。

以上所说,大体出现在先生而立之前。大约从担任大学教职之后,顾随先生的作品中渐渐多起了感伤时事、吐露情怀、关怀国计民生的内容,比如,他把处在社会底层的"煤黑子"写进词中,表达对劳苦大众的深切同情;用《满江红》词牌写了"夜雪飞花"词,激情讴歌二十九军的喜峰口大捷。抗战期间,先生以家累不得不滞身北平,但对日伪当局采取的是"积极不合作"的态度,一方面坚决不接受用敌伪津贴办学的北京大学之聘;另一方面积极支持和响应抗日爱国名士沈兼士先生及其华北文教协会的号召,撰写发表明心励志的文艺作品鼓舞人们抵制日伪统治。

新中国成立,中国社会发生翻天覆地的变化,顾随先生的思想也随之进行了一场革命。从致友人弟子的信中可以看到他认识新社会、改造旧思想的赤子般的天真与热情。晚年在天津,先生还曾对"社会主义现实主义"进行过认真的思考,配合形势创作了大量诗词,尽管连他自己对于其中许多"急就篇"亦是不甚满意,但从字里行间,仍然可以感受到他内心无可置疑的"真诚"。

1947年至1948年间,顾随先生尝应张中行先生之邀连续在《世间解》杂志发表谈禅系列文章《揣龠录》。1953年,又曾开教坛之先河教授"佛典翻译文学"。从叶嘉莹先生的课堂笔记中还可获知,顾随先生时常引用禅宗公案、话头,启发学生对古代文学作品的深入理解。之于自己与佛门的渊源,顾随先生曾有过解释,主要是说与父亲的去世和日寇的入侵有关。研究顾随先生的思想和作品,尤其在北平执教的那些岁月,佛家思想是一个需要考虑进去的因素。

对于文学艺术,无论对新文学作家、作品、风气,还是对于古代文学诸家、诸作,顾随先生通常有着自己独到精辟的见解,这在诗词讲记中已经给读者留下了极深的感受。顾随先生特有的一针见血、直指人心的透辟与犀利所带来的魅力和触动是永远研究不尽、享受不尽的。在顾随先生文艺思想研究方面,零星的探讨从未间断,而2008年天津师范大学李云的硕士学位论文《顾随先生之诗学与词学思想研究》无疑是个具有标志意义的成果。随后,2009年山东师范大学张芳也将"顾随文艺思想"作为了自己硕士学位论文的研究题目。这两篇硕士学位论文的出现,最值得欣慰处尚不在于顾随先生的学术文章如何受到现今人们的关注和认可,也不在于致力于发扬顾随先生文章学术的弟子家人的努力收到怎样的收获和回报,而是,在众多前辈的身后,已经有越来越多年轻的力量正在加入承传先生道德事业的行列之中。

五、艺术成就研究

　　顾随先生的艺术成就是多方面的,创作、书法、教学等等,无不出类拔萃。而在创作领域,旧文学体裁如诗、词、曲、杂剧,新文学体裁如散文、小说,皆有超凡造诣。全面系统研究顾随先生的艺术成就,不唯需要深厚的学术功力,且离不开广博的阅历见闻。

　　介绍两种研究著述。首先是叶嘉莹先生的《顾随文集》代跋——《纪念我的老师清河顾随羡季先生——谈羡季先生对古典诗歌之教学与创作》。文章长近三万字,先有对先生生平、教学、著述的简介,其后分别对先生的诗、词、剧曲创作的艺术性和思想性进行论述。以嘉莹先生之功力学养,兼之与顾随先生的承传渊源,这篇解读文章的权威性是不言而喻的。其次要说的还是之京先生的《女儿眼中的父亲——大师顾随》。书中不惟描述了先生生平事迹,更用了逾一半的篇幅分别对先生的诗、词、杂剧、新小说以及书法进行分章介绍。又因传记体例与作者身份的关系,文章布局灵活,内容生动,为读者所易于理解和接受。有此二种述作领路,其后在顾随先生文学作品的解读和研究方面可令少走许多弯路。

　　新文学方面,顾随先生一度以小说创作为主,甚至曾经愿望成为一个小说家。上世纪20年代活跃一时的同人刊物《浅草》和《沉钟》,都刊有先生的小说。其中,署名"顾璁"发表于《浅草》第四期的《失踪》甚至被鲁迅先生收入《中国新文学大系·小说二集》加以推介。以往人们更多关注的是顾随先生在古代文学方面的创作和研究成就,很少谈及其新小说、散文和诗歌,因为几乎是片处女地,所以更加期待热心读者和学人的涉足。

　　顾随先生早年便以书法见长,著名诗人冯至先生忆及当年顾随先生请其为《无病词》题签时说道:"羡季长于书法,朋友们公认他写的字苍劲有力,挺拔出众"(《怀念羡季》);著名学者郑因百先生曾见过顾随先生作字,以燕大同学严君之语入诗誉之"三百年来无此手"(《论诗绝

"顾学"的研究范畴

句一百首之九十四——顾随》),然而顾随先生闻此却道:"然则沈先生是六百年来无此手也!"沈先生即沈尹默,书法大家,顾随先生深受其教益,但固非亦步亦趋,死于师门之下,而是学其所学,取法晋唐名迹,晚年转而致力于章草的临写与研究,更开自家生面。

作为教师,顾随先生的课堂讲授艺术从来为众弟子交口称道。叶嘉莹先生评顾随先生古典诗歌之教学讲授为其"平生最大之成就",称"先生之讲课","纯以感发为主,全任神行,一空依傍","是我平生所接触过的讲授诗歌最能得其精髓,而且也最富于启发性的一位非常难得的好教师。"(《纪念我的老师清河顾羡季先生》)2008年5月底,笔者随之京先生赴北京寓所拜望周汝昌先生。汝昌先生谈及,自己一次演讲之后,有听者上前谓之不愧是得顾随先生真传,汝昌先生笑道:我怎么可以跟顾先生相比呢,他那是天上仅有地上绝无的!研究顾随先生的课堂讲授艺术,有三条途径可寻:其一是讲义,讲义是先生自己撰写的,从行文风格来看,非常接近课堂讲授;其二是讲记,已出版的讲记均系之京先生根据叶嘉莹先生当年的听课笔记整理而成,悉得嘉莹先生的指导和认可;其三是弟子的回忆文章,除了纪念文集收录者外,近几年陆续又见几篇忆及顾随先生授课情况的纪念文章,着重再现的是先生的音容笑貌和举止风神。有理由相信,顾随先生深深影响弟子的不独学问和人品,尚有超凡入圣的说法功夫。

今年是顾随先生逝世后的第五十个年头。最后,回过头来简单谈一谈关于成立顾随学术研究会之必要。

顾随先生作为国学大师已经被越来越多的读者认可和喜爱,这是必然也是可喜之事。然而,综观目前所能见到的有关研究和评论,诸多现实问题不得不去考虑。首先,研究过于分散;其次,研究者对于材料的掌握普遍欠缺,相应地自然也就缺乏必要的鉴别力;复次,顾随先生是位通家,一般个体凭借各自的力量很难真正把先生读懂读透。当然,所有以上种种,都还是研究不够深入的表现,这便愈发显示出成立相关研究机构的必要。而顾随学术研究会的成立,一则可以把分散的研究成果收集起来,形成丰富的资源;二则可以对于材料提供权威的解读;第三,可以为研究者提供一个交流学习的平台;还有,她也是众多喜爱顾随先生的同人的一面旗帜、一个家。

顾随影记

顾之京

中华诗词(BVI)研究院在京主办"顾随诗词学术研讨会",大会给我和我的外甥曹宪一个任务,结合照片来介绍我父亲的一生。我父亲生前留下的照片本就不多,十年动乱一开始,他的遗物被两次查抄,照片、手稿、书信,片纸不存。现在能见到的照片都是改革开放以后经过各种渠道重又搜集起来的,三姐之惠、四姐之燕做了极大的努力。老照片的翻拍、整理与收储者是外甥曹宪与忘年之友赵林涛。父亲的照片与生平在研讨会上作了简单介绍之后,五姐之平以她科学家的头脑给我以启示,使我想到,把父亲的一生分为几个时期——求学、执教齐鲁津沽、登上大学讲坛、困居沦陷的北平、古都黎明前、生活在新中国来展示。这篇《影记》第一次使用这个分期,只是"求学"阶段没有照片留下来,作为《影记》,这一段只得暂付阙如,以"执教齐鲁津沽"为首节。

顾随研究

一、执教齐鲁津沽

（一）

1921.7.12. 于济南

这是现在能见到的我父亲最早的一张照片，那是1921年7月12日，合影于济南大明湖历下亭前。照片最后一排右首第一人是我的父亲，他那时刚刚二十四五岁。

1920年父亲从北京大学毕业，到青州的山东省立中学教书，次年6月底，应邀到济南市山东省立女中任教，同时先到济南的《民治日报》做记者和编辑，就在他到报社上班的十几天以后，美国著名教育家杜威到济南作离华前最后一次讲演。7月12日，山东省各界请杜威和他的夫人、女儿同游大明湖并合影（照片上前排坐者右三即杜威）。父亲以《民治日报》记者身份参加这次活动。父亲是北京大学英文系毕业生，这次游湖他还兼有一些翻译的任务。一周以后，杜威的讲演以"讲演录"之名刊载于《民治日报》，父亲又以编辑的身份负责编发这份稿件。在父亲的一生里，这是第一次也是唯一一次参加官方的外事活动，而且是集记者、翻译、编辑三者于一身。

父亲在济南生活工作了三年，三年中他主要是教中学国文和英文,他曾应校长之请提出过一份办学的"纲要"——注重美育、注重个性教育、注重英文、绝不取夹袋式(即死记硬背)的考试方式——这在当时真是很超前,在今天,也仍是先进的、有现实意义的。在他所教过的学生里,现在知道的有一位在现代文学史上占有一席之位的女作家、翻译家沉樱(当时名陈瑛),沉樱曾著文称顾羡季是她遇到的"影响她一生的国文教员"(见《新文学史料》1984年2期《沉樱的创作和翻译》)。父亲在教书之余暇,开始了小说创作,现在可以见到的他发表的最早的一篇作品是1923年的《反目》(已收入《顾随全集》)。父亲自15岁时就产生了"渴望自己成为一个小说家"的愿望,济南是他创作生涯的起步之地。

(二)

1924年秋　于青岛

父亲在泉城济南整整三年,到1924年6月下旬,他接受青岛私立胶澳中学的聘请,离开了济南。在青岛前后两年,教书之外短时间间断地兼任过《青岛时报》副刊的编辑。

父亲十分喜爱青岛的山水,他经常邀请好朋友到青岛赏花、看海、度假,青岛时期是父亲一生中作为东道主与朋友们交游最多的一个时期,在这里也留下了他与挚友冯至——两个青年诗人漫游齐鲁的足迹。1924年秋季,由于课业不重,独自或结伴出游的机会最多,也时或留下

顾随研究

一两张小照。这张照片大约即此时所拍摄,右首第二人是我的父亲。

父亲在青岛的游览,不仅是登山临水,他还时常一个人"下海"。从我记事的时候起,父亲就是一个体衰年老的学者形象,其实他青年时期很爱运动,从上大学的时候起,他就是一个乒乓好手,"大刀"式的握拍,上阵好不威风,直到他快50岁的时候,兴致来了,还能挥拍和刚上初中的四女儿打上一局。到青岛后,他尤其喜爱海水浴,他在给朋友的信里有这样的记述:"今昨两日自己夹着本书,跑到离校五里以外的太平湾里洗澡。海面汪洋,浪花飞舞,上是蓝天,下是绿水,四顾无人,只顾自己潜沉水面,好不痛快人也。"(《1925年9月25日〈致卢季韶〉》,见《顾随全集》)我家的老旧相册上,原本贴着一张父亲在海滨泅水的小照,茫茫大海,数朵礁石,照片上的父亲下半身隐没在海水浪花中,双臂有力地支撑在身边的两块礁石上。可惜这张照片十年动乱中被抄走之后,再也无法觅得。

父亲在青岛仍然写小说,但他创作的兴致却渐渐转向了词。他说,青岛"富于自然,山、海、森林在在可以征服我,而使我沉醉。"(《1924年7月8日〈致卢伯屏〉》,见《顾随全集》)一定是青岛的青山、大海、茂林激荡起父亲填词的灵感与激情,所以他"自来青后,甚喜作词"(《1924年10月18日〈致卢伯屏〉》,见《顾随全集》)。父亲自幼跟从我的祖父读诗、作诗,而直到15岁时,才偶然地知道,韵文中诗之外还有"词",20岁时方自己学着作词,到青岛之后开始正式地进入了词创作的旺盛期。他在1927年自己编订的第一部词集《无病词》,所收词作即开始于1924年的夏末秋初。或许可以说是青岛美丽的大自然开启了他作为词人的创作生涯。

父亲1926年暑假离开青岛,应邀到天津女师学院(中师),可惜至今没能见到一张早年天津时期的照片。那时的天津是军阀褚玉璞的天下,他下令国文课不许讲白话文,只许教四书五经。父亲顶着反动军阀的训令,讲了三年鲁迅的作品以及鲁迅倡导的北欧、东欧及日本的作品。他教育女师的女孩子们要自立,要走自己的路,把握自己的命运。他教出了许多学生,其中最有影响的是剧作家、《八女投江》等作品的作者颜一烟(当时名颜玉芳)。父亲离开女师的时候,送给颜玉芳一方小砚台,这方小砚一直伴随一烟大姐。1990年我三姐之惠去看望重病中的一烟大姐,她郑重地拿出这方小砚给我三姐看。古人传法给弟子称"传砚",父亲赠砚给她,是借用这个典故呢,是她姓"颜"与"砚"谐音呢?或许都有吧。

二、登上大学讲坛

(一)

1929年初秋　于燕京大学

拍这张照片时,父亲已经进入燕京大学了。

父亲是怎样从一名中学教师走进古都名校燕京大学的呢?这与他填词有直接关系。父亲在天津,不仅做了一名好教师,还在1927年、1928年两年连续印行了自己的《无病词》和《味辛词》。印行词集完全出于他诗人的气质和兴趣,没有任何功利目的,他绝没有想到,两种词集的问世促成他走进了高等学府。

1927年暑期《无病词》印行。老师沈尹默先生当时正执教于燕京,见到弟子的《无病词》,立即回信,言"忻忭无似","读之令人辄生清谷足音之感"(见《女儿眼中的父亲——大师顾随》第79页),并在课堂上

顾随研究

向学生们作了介绍,称赞为"佳作"(事见台湾大学郑因百《论诗绝句》一百首之九十六首诗注),不久就托旧日北大的学生询问"有意续印词集否"(《1928年5月10日致卢伯屏》,见《顾随全集》),不难想见其中包含的鼓励甚至是催促。1928年《味辛词》印行之后,尹默先生就有了"拟邀羡季入平做事"的计划(《1928年12月6日致卢伯屏》,见《顾随全集》)。至于父亲自己,他本未存进大学的设想,更不曾向老师提出过什么要求(同上)。

1929年秋季开学,由于老师的举荐,父亲进入燕园,这对于父亲的人生道路,是一个至为重要的关枢。在教育事业上,在燕大他很快成为"燕园名师"(见1998年《燕京学报》第五期周汝昌文),周汝昌、杨敏如、黄宗江、滕茂椿等多位先生,都是他在燕大的学生,且保持着长期联系,此后父亲逐渐成为一位知名的教授。在学术研究上,进入燕园,伴随着大学的课程,而开始了学术研究工作,"燕园"开启了他的学者生涯。在个人的生活上,他得以从老家接来我的母亲和姐姐,从此结束了十五六年只身在外的生活,有了一个属于自己的家,也有了日后培养女儿们成材的基础与条件。

这张照片是他初到燕京时,在学校安排的成府村寓所。这一年的初秋,一天下午课后,学生赵澄带了相机来到这里,为他拍下了这张坐在书桌前藤椅上的照片。照片上的父亲,潇洒安闲的姿态、沉静庄重的面容、微锁的眉宇、透过近视镜片的专注的目光,展现出一位中年诗人、学者的风采。

(二)

进入燕园后第二年,父亲的第三种词集《荒原词》问世,"燕园名师"已是蜚声文坛的"苦水词人"。这时,中法大学以教授名义聘请父亲去任课。到校不久,即值中法大学编印《中法年刊》,需要任课教师的照片,《年刊》为父亲拍了这一张(父亲在中法的任课直到1949年秋重病才停止)。他在中法大学虽是兼任教师,但每周两次到校任课,还时常在这里举行学术讲演,如《我所见到的鲁迅先生》、《小说家之鲁迅》(后者尚存抄稿,已收入《顾随全集》)等等。一次下午,他在中法讲"汉诗",自觉所讲"颇堪自信",而深以"不能自写语录"为憾(《1948年12月3日〈日记〉》,见《顾随全集》)。其实父亲不必遗憾,他的"传法"弟子叶嘉莹在辅仁大学听课长达6年,笔记完整,记录下了他在课堂上的风神情采,至今保存完好。父亲如地下有知,早已无憾了。

1933年　于中法大学

(三)

父亲是教大学的,看起来是一份体面的工作,但一介书生,他绝没有在北京置办房产的实力,所以他在北京廿余年,一直是租房而居,而且租赁的房子每况愈下,一处比不上一处。

1936年4月中旬　于北平东四四条寓所

我母亲到北京以后,租住的第一处房子是东四四条一号的独门独院,这张照片就是在这个院落里拍的。那是1936年4月中旬,一天下午父亲从燕大上完课回城,母亲正带着刚满两周岁的五女之平在院里散步，我不知道是谁带着照相机正在这里，于是有了这张照片。照片的背景是院里的南房——父亲的书斋，父亲40岁以前有夜间研读的习惯，他为书斋定名为"夜漫漫斋"。我家在这个院子从1931年一直住到1937年的七月初，这六七年的时间恐怕是父亲前半生生活相对最为安宁的一个时期，燕大的薪水可能不太少，他能够从老家把我的两个叔父、一个堂叔父接到北京读书，家里除了一个保姆以外还请了一位专门做饭的厨工。四姐、五姐和我都出生在这个院落里。这一时期，他的创作与著作也十分丰硕。

1934年，父亲将1922~1933年的诗作精选出86首，编订为《苦水诗存》，这是父亲生前印行的唯一一部诗集，这些诗作可说是父亲前期诗歌的代表。同时，他又把1930~1934年间的词作编订为《留春词》，与《苦水诗存》一起印为合集。《留春词》已是父亲的第四种词集了。此后一段时间，他的词由创作转向和作，于是1936年1月编订了第五种词集——专和晚唐五代词人的《积木词》164首。更值得记述的还有他在这里所开始的学术研究工作。先是以讲义的形式印发给燕大学生的《元明清戏曲史》一部（今只存少部分残稿，收入《顾随全集》），接着是一系列二十余篇元曲研究论文发表于报刊，同时他用几年时间进行着元杂剧的辑佚与校勘。东四四条的"夜漫漫斋"是父亲学者生涯起步的地方。

由于对元曲的研究，他的创作兴趣也由作诗填词转向了治曲，1936年整整一个冬天，父亲一口气谱成了《再出家》、《祝英台》、《马郎妇》、《飞将军》四出杂剧，并立即印行为《苦水作剧》。剧作集的出版，奠定了他在中国戏曲史上的地位，也使他成为中国文学史上迄今为止最后一位杂剧作家。

三、困居沦陷的北平

（一）

1937年初夏，由于房东要卖房，我家迁居到东四西牛排子胡同三号的一座老北京式的四合院。这张照片拍摄于院内南房窗前，就在迁居的第二天——1937年7月7日——发生了"芦沟桥"事变。从"夜漫漫斋"里搬出来的书籍资料还没来得及整理上架,父亲就开始了逐册的翻检。"九一八"之后,父亲购买了不少宣传抗日、记述抗日的书刊,此刻为了一家老小的安全,他不得不下狠心捡出来毁掉。这一天入夜,三个大姐姐在里院中心挖了一个大土坑,把父亲捡出的书刊一本本地投进土坑里烧掉,烧书的火焰直窜到一房多高,耀眼的火光越过了高高的院墙。第二天一大早,里院中心出现了一座大花坛,泥土湿湿的,上面种着不少草花,似乎昨天晚上什么事都没有发生过。从此,父亲的生活不再有"夜漫漫斋"的宁静,他的书斋也改名为"习堇庵"了。

1939年夏　于北平牛排子胡同寓所

这张照片是1939年暑假在"习堇庵"的窗下照的。照片上的三个女孩自左至右依次是五姐、四姐和我。两个小姐姐头上是用红绒线扎起的歪辫,身上是小连衣裙,我的发式与服装显然与她们不一样,剪了个"分头",穿的是连背心的短裤。这个装束是因为我刚满三周岁呢,还是父母心照不宣地盼望有个男孩子呢?这里我必须要说,父亲、母亲没有一点重男轻女的意识,父亲常说,"男孩、女孩是一样的"、"我的女儿绝不会比别人的儿子差"这样的话,他和我母亲始终坚决拒绝老家要"过继"一个儿子给他们的建议。可是,话说回来,天下的父母哪一个不是盼着儿女双全呢?

"七七"事变后,北平沦陷了,父亲无力带着一家老小奔赴大后方,困居北平,他坚持只在当时还可称是一片"净土"的燕京大学和私立中法大学任课,绝不接受伪北大的聘请。授课之余,深隐于"习堇庵",以坚毅的心志潜心于祖国历史文化的研习。他先是完成了专著《元明残剧八种》(刊于《燕京学报》,并有单行本),又写作了和晚唐韩偓诗的《和香奁集》43首。在习堇庵他还创作了不少忧时念乱、思国伤己的诗作和词作,1941年他将词作编订为第六种词集《霰集词》而印行。

(二)

1941年底　于北平碾儿胡同寓所

这张照片中站在父亲身后的是我的三姐之惠,拍照的时间是1941年的年底,父亲身后的房间已不是牛排子胡同四合院的书斋"习堇庵"。两个多月以前,由于四合院的昂贵房租使父亲不堪重负,全家搬到了房租较低的地安门里碾儿胡同29号旁门,这其实是29号正门大四合院的后院,独门独院,一溜北房。父亲自1939年为了多挣一点钟点费贴补生活,开始兼任辅仁大学的课程,每周要到学校去三次,住在这里,步行三十分钟就可以到校,来往雇用人力车的钱也省一点。1941年暑假三姐高中毕业,她功课很好,出于强烈的民族情感和自尊,父亲坚持不让她报考敌伪统辖的公立大学,照片上的三姐已是辅仁大学教育系一年级的学生,她有时可以同父亲一起步行去学校上课,这张照片正是午后准备去学校之前。父亲身上罩着一件灰驼色的大皮袍,头戴水獭皮帽,围着长长的黑色毛围巾,左臂下夹着一只装讲义、书籍的黑皮包,腰身挺直,精神十足,让我们感到有些老兵出征的味道。父亲在讲堂上永远全神贯注,声调激扬,尽管课后总是累得腰酸背疼、腿软声哑。照片上父亲这一身"行头",在当时算得上是高档的,但都是1930年前在天津女师和初到燕京时置办的,这些衣物父亲一直穿用,陪他走过了大半个人生。谁能料到这些凭工资购置的为冬季登堂授课防寒的衣物,1966年空前浩劫刚开始,竟被作为"四旧",作为"封建余孽"、"反动权威"的罪证被抄没,高悬在所谓"顾随反动罪证展览"的墙上来"示众",从此不知下落。

在碾儿胡同,父亲的书斋更名"倦驼庵"——父亲晚年还自署"驼庵"一号,源于此时。我家在碾儿胡同住了不足两年,搬到这里不久,太平洋战争爆发,燕大被日寇封闭,日伪统治者加紧了对中国百姓的压制,"倦驼庵"里又一次焚书——父亲的《留春词》里有两首慷慨昂奋的抗日之曲,这时不得不把家中全部《留春词》中的这两首词撕下来烧掉。

燕大被封,古都北平连一角净土也没有了。父亲以他特有的方式——文学创作——以笔为枪进行着战斗。他的《倦驼庵词稿》(附于《濡露词》后印行)、《倦驼庵诗稿》(未印行,有辑本,收入《顾随全集》)均创作于此时,尤其是他谱写了两折的杂剧《馋秀才》(刊于宣传抗日的刊物《辛巳文录》初集)。《馋秀才》一剧写一个厨艺高超又嘴馋的秀才,穷困潦倒到喝"白粥"、住僧舍、教村学的份儿上,也不为每月十两白银的薪俸去侍候县太爷。一看就明了,父亲是以馋秀才的形象表露自己身处清贫、坚持操守的心志。之后,他的创作笔锋一下子转向近十年不曾涉足的小说领域,完成了中篇小说《佟二》(刊于《辅仁文苑》最后一期)。小说里,通过农民佟二的遭遇,父亲以一支滴血的笔,诉说中国人民的苦难,控诉日本侵略军惨无人道的罪行,张扬了中国人民不屈的斗志。

在碾儿胡同,家庭的经济状况是愈来愈拮据。1942年暑假还没到,父亲已托在天津的旧日弟子为他找一份临时的教职,用现在的话,就是为了养家糊口,他不得不外出"打工"了。

(三)

这是一张"非常"时期的"非常"照。

1941年11月,古都已是深秋,日寇加紧了对中国百姓的压制,凡出入西直门,必须持有贴着照片的"官方"发给的"出城证",上面贴的照片还必须是"官方"新给拍照的。父亲到燕京去上课,必须出入西直门,不得不去指定的地点拍照办证。中国人出入自己都市的城门,却要到日伪机关去办出城证,得到日伪机关的批准!从照片上不难看出,父亲瘦削的脸上布满了对故国的忧思和

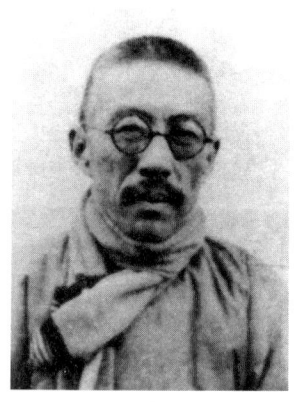

1941年11月　于北平

对自身处境的无奈。透过镜片的目光里隐含着对敌人的愤怒与蔑视。照相时是不许戴帽子的,父亲只能用他那条围了多年的旧毛围巾严紧地包裹在不屈的颈项上,显现出对侵略者的坚决对立,保持着自己凛然不可侵犯的气节。这时父亲还不满45周岁,但两鬓已明显地布满白发,记录着满怀的忧患与沧桑。

"出城证"只用了几次燕京大学就被日寇封闭,父亲失掉了燕京教职,仍坚持只在辅仁和中法任教,全家开始了更为清贫的生活。

（四）

1943年夏　于北平南官坊口寓所

当年在沦陷区北平，辅仁大学聚集了许多爱国的知名教授，优秀的青年学子也纷纷考入辅仁大学。

父亲自1939年开始在辅仁大学任课，1941年底燕京大学被日寇封闭后，他成为辅仁大学的专任教师，直到1949年秋大病离开讲坛。在辅仁大学，他前后执教11年之久，很多著名的专家、学者、教授以及众多不知名的文学、艺术、教育工作者，都是他在辅仁大学时期的学生。其中最引人注目的是父亲的"传法"弟子、蜚声海内外的学者叶嘉莹教授。父亲一生留下的和学生的合影极少，有幸的是年轻时的叶嘉莹和同班同学与老师在一起的这张合影至今尚存。

那是1943年的夏天，国文系1941级结束了大二的课程，全班女生组织了一次聚会，被邀请的老师只有我父亲一人。聚会后先在辅大女院的垂花门前合影，之后八位女生陪护自己的老师返回寓所，在父亲书房兼卧室的"倦驼庵"窗前留下了这张合影。在父亲身后右侧站立的是叶嘉莹，左侧是叶嘉莹最要好的同学刘在昭。这张照片叶嘉莹先生有一张约30吋的放大版，悬挂在她天津南开大学寓所书房兼客厅的墙壁上。

早在1946年，我父亲已认定叶嘉莹为自己的传法弟子，但他又绝

非一般"小儒"式地把弟子拘囿于自己门下。在这方面,父亲有一段称得上是经典性的话语写给弟子叶嘉莹:

> 年来足下听不佞讲文最勤,所得亦最多。然不佞却并不希望足下能为苦水传法弟子而已。假使苦水有法所传,则截至今日,凡所有法,足下尽已得之……不佞之望于足下者,在于不佞法外,别有开发,能自建树,成为南岳下之马祖,而不愿足下成为孔门之曾参也。(《1946年7月13日〈致叶嘉莹函〉》)

弟子叶嘉莹虽然自1948年离开北平后再没有见到自己的老师,但她实现了老师的愿望,青出于蓝而胜于蓝,以她的出蓝之青告慰老师的在天之灵。

叶嘉莹教授自1980年代以来,写了许多纪念和研究老师的文章,这些文章与老师给她的信函、批改的诗词曲习作以及师生唱和的诗章,都已汇编入新出版的《顾随与叶嘉莹》一书(河北教育出版社出版)。在这里值得浓墨重笔书写的是,自1979年叶嘉莹教授回国讲学以来,全力进行老师著作、遗稿的搜集整理与出版,这对于弘扬中华传统文化、对于"顾学"的传承起着无法估量、无可替代的作用,是中华文化学术史上值得永久记忆的一章。我曾怀着十分激动的心情试着将这些写进《女儿眼中的父亲——大师顾随》一书的有关章节以及《顾随诗词讲记》、《顾随与叶嘉莹》两书的"后记"与"跋"中,然而一支拙笔难以表述其中的涓滴。

四、古都黎明前

(一)

前面已经说到,早在1942年父亲已穷到准备假期外出"打工",自然再也租不起独门独院的房子。1943年4月末,他又找到一处租金相对更便宜、离辅仁大学更近的地方——什刹海北沿南官坊口二十号。在这个大门里,我家租的是前院的六间大北房,这里本来是一座旧日的王府,此时虽还不能说是"大杂院",但里院外院共住了七户人家。因为是王府旧宅,房间高大,夏天还好,冬天可真冷,西侧三大间只生一个小煤球炉子取暖兼做饭,东侧三大间只在父亲的书房(仍名"倦驼庵")生一个铁炉子。我记得四姐和我的手都生了冻疮,手指头伸出来像一根根发亮的小胡萝卜。

1945年夏日本投降,父亲很是兴奋了一阵子。这年暑假他在书房里给四姐、五姐和我读鲁迅翻译的旧俄小说《表》,读鲁迅的《故乡》、《狂人日记》、《阿Q正传》,有时还和我们一起打几圈麻将。短暂的兴奋很快过去,抗日的胜利并没有改变我家的清贫,从这张1947年初夏的全家照(大姐、二姐已出嫁),已可略见当日生活的清苦。照片的背景是我家住的西侧那三间北房,照片左上角可以看到有一根长竹竿支起的布帐子一角,布帐子是用旧面口袋洗净之后缝起来的。帐子下面是做饭用的小煤球炉,有了这布帐子,做饭时就可以遮阳挡雨。遇到下大雨的时候,即使天气再闷热,煤球炉子也得搬进屋里去。照片的左下角可以看到一支蒙着白细布的小缸,那是母亲按老家的方法晒制的面酱。照片上还可以模糊地看到一点点,旁边还有一个小缸,那里晒的是豆酱。自从搬到南官坊口以后,母亲每年夏天都要晒两缸酱,买不起什么好吃的,那酱成了秋冬两季佐餐的美味。

1947年夏　于北平南官坊口寓所

顾随研究

抗战胜利不久,国民政府的统治很快现出了专制腐败的原形,内战烽火再起,父亲忧心国家民族的前途,却又自感无能为力。也就是照这张照片之后的冬日,一个星期天,父亲把我叫到他的书房,让我用硬纸竹签为他做成一面小旗,他在上面写了"只图遮眼"四个字,插在了书桌前的窗台上。我当时不懂事,还以为他是用来遮挡刺眼的阳光的,长大以后我才明白,他是一举双关,用来挡住外面黑暗的现实,他再也不忍心去看满目疮痍的祖国了。

尽管如此,父亲仍然是尽全力地教学生,奋力地从事着创作与研究。1943年的8、9两月,父亲完成了他的两种词学专著《稼轩词说》、《东坡词说》(1947年连载于《天津民国日报》,收入《顾随全集》)。1944年秋季,他在"痛苦忧患"之际填词二十余首,自编为《濡露词》,应辅仁弟子史树青(已故当代文博大家)之请印行了自己的第七种词集。1945年1月,他利用寒假完成了两本八折的杂剧《游春记》,并写了实为"曲论"的长篇序文,交付印行。这本杂剧又称《苦水作剧二集》,这本杂剧更加坚定了他文学史上最后一位杂剧作家的地位。1946年的暑假,他完成了两年前已动笔的中篇小说《乡村传奇——晚清时代牛店子的故事》(刊于《现代文录》)。自1947年6月,父亲应张中行先生之邀,开始逐月撰写谈禅大著《揣籥录》,前后共撰写了十二章,连载于张中行先生主编的佛学刊物《世间解》。这部著作又奠定了他在佛学研究上重要地位。

父亲是学英文的,他自1925年青年时期,出于兴趣就开始翻译英文小说,直到"倦驼庵"时期,翻译工作仍时常作为一种消遣,偶一为之。现在所能见到的只有1946年发表在《大公报》的一篇据英译本转译的旧俄安特列夫的《大笑》;还有一篇论安特列夫的短文,证明着父亲的英文功底和对域外文学作品的喜爱。

（二）

1948年底　于北平李广桥西街寓所

进入1948年，家里的经济状况愈来愈艰窘，父亲已经交不起每月的房租，他不得不向辅仁校方开口，要求解决一家人的住房。这是父亲一生第一次也是唯一一次向任职的学校提出个人生活方面的要求。1948年10月末，我家搬进了属于辅仁大学校产的、地处恭王府花园对门的李广桥西街八号，学校分给父亲的是四合院里的北房和东房。院里的东南角有一丛并不茂盛的绿竹。父亲因此将自己的居所定名为"三两竿竹庵"，我父亲母亲的这张合影，身后就是那稀疏的三两竿竹。

"三两竿竹庵"，一个富于诗情画意的名称，但父亲初入此"庵"的头三个月，生活没有一丝诗情、半毫画意，有的只是受不尽的扰乱、捱不尽的欺压。那正是古都北平黎明前最黑暗的时候，物价飞涨——父亲吸的苏格兰烟头一天卖14元一包，第二天涨到17元，一周后就是28元，玉米面有时甚至是一天就翻一番；官方勒索——警察三天两头来催逼出伕，我家哪来的"伕"，你没伕就拿钱来顶；败兵骚扰——溃败进城的国民党军队闯进民宅就"借"火做饭，"借"房住兵。父亲前半生虽没经太平盛世，但也从没经历过如此的"魔"难。在这种境况中，父亲仍能潜下心来,在书房里为《世间解》撰著了《揣龠录》的最后两章,为辅仁大学生寒假的讲习班撰写了两万余字的《韵文普说》。我想如果不是黑暗行将退去,东方已见晨曦,父亲在精神上、身体上无论如何承受不了如此这般轮番的恶性"轰炸";如果没有对教学事业的执著,没有对中华文化的忠诚,也无论如何写不出这两万多字的专著的(《韵文普说》全稿已佚,只在当时的日记中留下逐日写作的记述)。

五、生活在新中国

(一)

1949年6月　于辅仁大学

黑暗终于退去,古都北平迎来了崭新的日月。

1949年初北平和平解放以后,党的领导人在北京饭店接见北平高校的爱国名教授,父亲被邀请参加。那是1949年2月19日下午三点,地点是北京饭店,接见并致辞的首长有林彪、董必武、聂荣臻、叶剑英,父亲在日记里记下了这件事。

随着解放军的入城,许多新书也走进了古老的北平。父亲任课之余读了大量新书,此刻他的读书用"如饥似渴"四字来描述决不过分。文学、历史、哲学、政治,英文的、翻译的,仅1949年2月23日至4月10日这50天里,据日记的记述他读过的新书有24种之多,而且有的书读了两三遍,还把读书所获的新鲜感受随手记在书页上,或写在了日记里。

随着北平的解放,天主教会创办的辅仁大学也回到了中国人民的手里,6月1日辅仁大学成立校务委员会,主持全校工作。父亲和另外四名教授当选为校务委员。这张"校务委员会成立大会"的照片,后排左一是我的父亲,前排左三是到会指导的北平军管会主任张宗麟同志,站在张宗麟同志左右的是陈垣校长和余嘉锡主任。在担任校务委员职务的同时,父亲接着又被推举为中文系主任,附校委员会主任。父亲是诗人、书生,他没有行政工作经验,又缺乏组织领导能力,他只是凭着对事业的忠诚奋力地工作着,终于在这一年9月重病住院。此后,不得不中断了几十年来研读、讲授、著述的生活。直到1952年上半年病体方稍见痊可,他先是恢复了"临池"的日课,继而校注了《邓文原章草真迹》,进而撰著书法专著《章草系说》(已佚);至9、10月间,一卷包括28首诗词的《竹庵新稿》开启了他新中国时期的诗词创作。

(二)

1953年春,父亲大病痊愈之后,接受天津师院的邀请,经高教部批准到天津重登讲坛。此前,父亲的好友冯至考虑到他的身体,已为他安排到社科院文学研究所,但父亲离不开讲台,还是决定到天津。1953年6月,举家离开寓居了二十余年的古都。天津马场道校内第二宿舍小楼的楼下是他的寓所,"有暖气及卫生设备"、"书室、卧室、厨房、厕所各一。书室、卧室之大,一间可抵李广桥三至四间,高爽、干燥",他觉得"颇合理想"(《1953年7月13日〈致卢季韶〉》,见《顾随全集》)。他对友人说:"来津之后,凡事俱好,体力脑力都较病前不坏。"这张照片是1953年底为学校所要求的履历表一类报表而拍的。

1953年初冬
于天津师院

顾随研究

父亲的发式自青年时起一直是"平头",1949年秋大病之后因理发不便方始蓄发。这是现在能见到的他蓄发后的第一张照片。父亲身着的是一件家制的深褐色与浅驼色交织的中式粗呢长夹袍,这还是1947年母亲和三姐一起手工缝制的,我们姐妹几个时常玩笑地说这是件"道袍",父亲后来也这样说。他似乎很喜欢这件"道袍",每逢入冬总是作为大衣套在外面。直到1956年国家为他大幅度增长了工资,他用补发的钱与我母亲一起每人做了一件厚呢大衣,才不常穿这"道袍"了。从这张照片上不难看出,父亲大病初愈,生活在新中国的"谁道人生无再少"的欣喜。

(三)

1953年9月秋季开学,父亲重又登上阔别整整四年的讲坛。此时虽然只是五十六七岁,而对他来说却已是步入了人生的晚年。不过他登上讲堂,仍然是精气神儿十足,风采不减当年。本来学校提出让他每周至多上两三小时课,主要是做顾问和指导青年教师。但随着形势的发展,尽管校系领导十分照顾他,这承诺也难以兑现。父亲从没有以年老体衰提出过分的要求,相反,上课、开讲座、参加学生的朗诵活动和各种会议,后来还要往返乘班车到分校去上课。勤奋、认真、兢兢业业,事事处处为后辈学人作表率。那时没有统编教材,每学期他亲自选注教材,注释部分工笔正楷写在竖行的稿纸上,拿到文印室刻印;讲课用的讲稿就更不用说了,在他最后执教的这六七年里,单是手写的讲稿就有"唐宋诗词"、"佛典翻译文学"、"中国文学批评"、"元明清戏曲史"、"毛泽东诗词笺释"等近十种几十万字。周汝昌先生保存了"佛典"的油印稿,张中行先生提供了其中的缺页,这是保存完好的一份禅学著作(已收入《顾随全集》)。他留给后辈学人的最后一部讲稿"毛泽东诗词笺释"两个月前在河北教育出版社出版,《中国文学批评》一稿,近时也已觅得。

1954年春　于天津师院校内寓所

这张照片是1954年春季,父亲正在校内住所书房里撰著"佛典"一稿,此刻他聚精凝神、心静如水,全身心沉入到写作中,四姐之燕为他拍下这张照片。1954年在高校开"佛典文学"一课,在全国可能还是第一份,他对这项工作怀着浓厚的兴趣、愉快的心绪,在文稿的"结语"中说"这高兴殆不下于'小孩子过新年穿新鞋'。"

父亲自1953年重返津沽重登教坛,至1960年春病重,前后七八年间,创作、著述之笔始终不辍,有诗词数百首,曾严加遴选编为《闻角词》(未印行);有学术论文多篇刊布,而一些未及完稿的论著手稿多数散佚。

在天津执教期间,他先被推举为天津市政协委员,天津与河北省合并后,他被选举为省人民代表。1958年春他到省会保定去开了一次人代会,会上提出的一份提案,内容是让人们料想不到的"关于野生植物的保护与利用"。

（四）

1959年12月31日　于天津起士林餐厅

这是父亲生前最后一张照片。那是1959年最后一天的中午，他带着我们去天津小白楼起士林西餐厅美餐。照片上他已经喝完了汤，正等着服务员上菜，四姐带了相机，照了这张相。

父亲喜欢吃西餐，困居北平之时，国事家事都使他既没有心情、又没有财力去享用。1953年到天津以后，他每月工资二百多元，在当时这是个了不起的数字，再加上离起士林步行不过十几分钟，父亲常在节假日带上家里人去那里享受一顿异国风味的饭菜。

1959年下半年，在一系列的政治运动之后，学校里有了一段虽短暂却平静宽松的日子，父亲的心情和身体似乎也比以前好。这一年初冬正逢俞振飞、言慧珠率上海昆曲剧院到天津演出，父亲好几年没进戏院听戏了，这次俞、言两位艺术家率团来津，他兴致很高，我到中国大戏院排队给他买票，陪他和我母亲一起听了两场昆曲。父亲从北大红楼的学生时代就爱听戏，称得上是戏曲鉴赏家，他自己也会唱几句。在课堂上讲课，有时也会"跑野马"，说到京戏，说到杨小楼……

进入1960年，他的身体渐渐不能支持，自春暖以后，几乎没再出过门。听昆曲、吃西餐，是他一生最后的岁月里一段十分愉悦的时光。

2009年11月上旬研讨会前草拟，会后改订

一代国学大师:顾随

——《顾随研究》读后

2009年初冬,瑞雪飞舞,即下即融,雪霁天暖之际,在先生曾经执教、创作、学术生活近三十年的北京,举办了以"缅怀先生品德,传承中华文化精髓"为主题的顾随诗词学术研讨会,编辑了这部充满诗意情韵的《顾随研究》学术论集,在一定层面上帮助大家认识这位20世纪的文化奇人——出色罕见的国学大师。

先生辞世在1960年,距今已半个世纪,对今天的中青年学子来说,先生好比一个尘封的文化宝库,这部论集正可为大家拂尘去封,见识、探讨、汲取这份光辉灿烂的文化遗产。由于历史的原因和先生的特殊性格,除去诗词曲及小说外,留下学术专著、教育专论不多,因此有人心怀疑惑。其实,在中外文化史上如孔丘、释迦、耶稣,这些在不同地域肇始不同文化之源,成为不同文化灵魂的巨人,兆民仰慕的师祖,生前都无自己亲手撰写的专著。他们的文化思想体系,都是通过其弟子、再传弟子及后世文化巨擘记录、总结、发扬起来的。还有六祖禅师惠能之于《坛经》,不立文字的弘忍大师,都是这样。先生不像一

顾随研究

般的学者,学术著作多是知识性、理论性、纯客观的记叙,他的著作大都是源于知识、超越于知识之上的一种心灵和修养的升华;他也和那些文化巨擘一样,本身就是一部文化思想的学术专著。不是吗?这从先生小女之京教授和著名学者、诗人、教育家叶嘉莹先生,在先生现存著作的基础上,从先生传法弟子的记录里整理出先生大量的论述而编辑出版的多卷文集及专集可以证明。

如果说这只是一个概要,下边就让我们解读先生其人、其独具个性的"道"及在此"道"纲领下,与众不同的诗学思想、学术思想、教育思想及创作思想体系。受先生学术思想陶冶,成为当代"红学"大家的周汝昌先生以"大道无名,大师无界"首肯近代国学大师羡季先生,而先生"道"的本质就体现在先生自然的客体中。在汝昌先生看来,羡季这样的大师,是不易用"文学界"、"史学界"、"哲学界"等某一个狭隘的科目来界定的。诚然,他是近代集诗词曲创作、文史哲及禅学研究于一身,又能自成一家的国学大师。这次研讨会虽然以诗词研讨为题,实则却是对先生人格、道德、学术、创作的学习、研讨。这也正可以用羡季先生评价鲁迅的话来印证。先生在《小说家之鲁迅》的演讲里说:"鲁迅,在学术与文艺上说起来,同时是思想家、文学家、艺术家、考据学家、史学家,诗人又是小说家,集许多'家'于一身,简直无以名之,也许就是博学而无所成名,与大而化之之为圣吧。"[①]这正可以"国学大师"概之,先生亦然。

先看先生的诗学思想与诗词曲创作。先生的诗学思想不同于王渔洋的"神韵"说,亦不同于王国维的"境界"说,而是"高致"说。"神韵"说玄而空,难以琢磨;"境界"面窄,且难以界定其优劣高下。"高致"说则较全面地概括了诗人诗心、诗词作品达到的高度。"高致"说是先生词学思想的核心。"境界"说的实质在一"真"字,王氏重在求真,却忽略了求善求美。先生既崇拜王氏,又看到其"境界"说的不足。"高致"说是在肯定"境界",肯定"真"的前提下,强调善,强调美及其达

---

① 顾随:《顾随全集》第 2 卷,河北教育出版社,2000 年,第 347 页。

到的高度。"高致"说是对"境界"说的重要补充和升华,是对20世纪词学理论的一个重要贡献。之京说得好:"《稼轩词说·自序》之论诗词,不取历来王渔洋之'神韵'、王静安之'境界',而独举'高致'一说,'高致'实可兼赅境界与神韵,然更接近生活,更为实际可感。何以为高致?父亲首先标出一个'诚'字,即古所谓'修辞立其诚','诚于中,形于外'。"①羡季师亦曾说:"一切'世法'皆'诗法','诗法'离开'世法'站不住。……粪土中生长的才能开花结子,否则是空虚而已。"②"王渔洋所谓'神韵'是排除了'世法',但剩'诗法'。我以为'神韵'不能排除'世法',写'世法'亦能表现'神韵',这种'神韵'才是脚踏实地的。而王渔洋是'空中楼阁'。"③又说:"诗最高境界乃无意。如'雨中山果落,灯下草虫鸣。'(王维《秋夜独坐》)岂知无是非,甚至无美丑,而纯是诗。如此方为真美,诗的美。"④先生诗论厚积薄发,博大会通,真正代表了一个时期中国诗学思想的高度。先生独具慧眼,一语中的,不论是谈诗还是论文,或谈一个时期的文学现象,还是评价一个作家、诗人的成败得失,常常将之置于整个中国及世界文学史的大背景、大视野中比较,分析其特点,评价其成就,估量其地位。而先生讲诗论文从来是一无依傍,自出机杼的,表现出"推倒一世之智勇,开拓万古之心胸"的大智大勇的创新精神。先生还具有跨时代的超前意识,用当代语,写当代事,又不俗不野,具有"高致"的韵味和化人力量。如先生《积木词》自题六首绝句之六云:"人间是今还是古,我词非古亦非今,长短何用付公论,得知从来关寸心。"⑤恰好说明先生融古会今、继往开来的词学观及词作的时代精神。因此先生就成为现代词坛上的领军人物,影响了一代新词创作,开辟了中国近世词创作的新径。先生的杂剧,如叶

---

① 顾之京:《女儿眼中的父亲——大师顾随》,中国工人出版社,2007年,第224页。
② 顾随:《顾随文集》上海古籍出版社,1986年,第655页。
③ 顾随:《顾随文集》上海古籍出版社,1986年,第656页。
④ 顾随:《顾随文集》上海古籍出版社,1986年,第678页。
⑤ 顾随:《顾随全集》第1卷,河北教育出版社,2000年,第118页。

顾随研究

嘉莹先生所说:他的杂剧在中国杂剧史上取得了空前绝后的成就。之所以如此,是先生在继承的基础上创新,使剧曲在搬演、娱人的性能之外,深含引人思索的人生哲理,为中国杂剧史画了一个圆满的句号。在学术上,读先生的论述和讲记,回忆先生书信和讲解,总觉得先生与那些融汇古今、学贯中西的大家不同,而另有一种高深难测的见识。通过对先生文集与专著的再学习,回忆先生的讲课,聆听会间的讨论,心扉顿开。先生说:"若唯物是内旋,自外向内,自远而近,自物而心。唯物史观特别注意历史,同时非常注意环境背景,前者(历史)是纵的,后者(环境背景)是横的。"①原来先生"已经能够用马列主义的观点来批判地接受古典文学"。是的,先生是在马列主义辩证唯物与历史唯物主义理论指导下,以中国传统的学术思想为主体,吸收西方的文学理论,以禅理为感悟,形成了与众不同的学术思想,并用这种思想研究他熟如家珍的中国古代文学。虽然他不愿当学者,到头来却成为实实在在、卓立特出的学者。如学人所熟知,先生长于韵文,然而他对文字、音韵、书法、禅学多有建树。在元曲研究上,《关汉卿不是金之遗民》对关汉卿身世进行了考证,《元曲中声形容词之两公式》、《元曲复音词演变之公式》对元曲中常见的声形容词及复音词的形成、演化及其规律,作了科学的探索和总结。在词的研究方面,尤重在苏、辛,先生对苏、辛确有卓见。如云"今所欲言,乃在二氏之异同。吾之'说'中已建健、实之二义,为两家之分野……东坡之词,写景而含韵;稼轩之词,言情以析心。稼轩非无写景之作,要其韵短于坡。东坡亦多言情之什,总之意微于辛。至其议论说理,统为蹊径别开。而辛多为入世,苏或涉仙佛。""是故稼轩非无景语,要在转景以益情;东坡亦有情语,要在抒情以寄景。"虽则如此,先生总能站在词史的山巅,在总揽全局中给词人定位。云:"然谓珠玉逊于六一,则亦未敢强同。大晏之词,陆士衡所谓'石蕴玉而山辉,水怀珠而川媚',其道着人生痛痒处,若不

---

① 顾随:《顾随:诗文丛论》,天津人民出版社,1995年,第341页。

经意而出,宋之其他作者,用尽伎俩,亦不能到,非独见地无其明白,抑且感处无其真切也。六一精华外露,含蓄渐浅,遂开豪放一派,自下珠玉一等。"①真乃"独到之见"。先生之研究佛学,有感悟之机缘。佛学研究上,虽然先生自称"不复是谈禅",而是写"散文",其实,在一部《揣龠录》里,如张中行《禅内禅外》里说:"他谈了禅法的各个方面,或者说,兼及表里,兼及知行,而且妙在推古德之心,置学人之腹。"②先生的说禅,用张中行《顾羡季》里的话说:"顾先生的笔下真是神乎技矣,他是用散文、用杂文、用谈家常的形式说了难明之理,难见之境。"③儒学研究是国学研究之大宗。先生的儒学研究不止于今见的《〈论语〉六讲》。仅就《〈论语〉六讲》看,不但内容富赡,其精鉴卓识,亦为一般论者所不道。讲法论人,是先生讲论特点,先生谓"曾子可代表儒家"④,指出:曾子"身体力行,别人当作一句话说,而他当作一件事情干,他是不但记住这句话,而且非要做出行为来。"⑤"儒家此点与宗教精神同,知是第二,行第一。"⑥在讲到曾子向老师问道时,先生说:孔子曰:"吾道一以贯之",曾子以一"唯"字回答。先生谓:这个"唯"字不是敷衍,是有生命的、活的,不仅两心相印,简直是二心为一。这就以具体事例讲透儒学"知行合一"的处世观。儒学家是入世用世的现实主义者。恰恰在这一根本点上,先生与儒学产生了共鸣。他感喟道:"现在教育只教知识,不教以'义方'",儒家的"教","未尝没有教育之意,但孔丘尚非此意。他所谓教是教以义方。"⑦又道:"现在只讲势力、人多势众,不讲修养","现在人根本谈不到信仰,只是为势力而势力。"叹道:孔子心里想什么,口里就说什么,这一点以勇气论,儒家超过道家,以聪明

---

① 顾随:《顾随全集》第1卷,河北教育出版社,2000年,第96页。
② 张中行:《禅内禅外——怀念顾羡季先生》,《河北大学学报》1990年第4期。
③ 顾之京:《女儿眼中的父亲——大师顾随》,中国工人出版社,2007年,第231页。
④ 顾随:《顾随:诗文丛论》,天津人民出版社,1995年,第328页。
⑤ 顾随:《顾随:诗文丛论》,天津人民出版社,1995年,第322页。
⑥ 顾随:《顾随:诗文丛论》,天津人民出版社,1995年,第324页。
⑦ 顾随:《顾随:诗文丛论》,天津人民出版社,1995年,第343页。

论,儒家不如道家。对于社会,先生说:"若想根深蒂固,还非以个人精神修养不可,否则其兴也勃,其亡也忽。"①真精辟,这对任何时代都是有益的忠告。顾先生的儒学观与宋儒不同,宋儒是从信仰的角度进入儒学,而先生则是以文学者的角度进入儒学的。因此他还赞叹《论语》的语言艺术。他说:"《论语》文字真好,而最难讲,若西洋《圣经》文字。"②于是,先生针对《史记·孔子世家》引《论语》往往改字的做法予以批评。他说:"以司马迁天才,一改就糟,就不是了。'三人行,必有我师焉',改为'三人行,必得我师',是还是,而没味了。"③在谈到文字的蕴含魅力时,先生云:陶渊明十二分力量只写十分,老杜十分力量使十二分,《论语》十二分力量只使六七分,有的话没说。在讲到韵味与哲理时,先生说:"其实,高的哲理文中也有一派诗情,不但有深厚哲理,且含有深厚诗情。"并以《论语》为例,谓之曰:"'子在川上曰:逝者如斯夫,不舍昼夜。'不但意味无穷,而且韵味无穷。"④

先生之于研究,都是心灵的感发,读起来其味不同于一般的学术论文,是文,是诗,是灵感的闪光。

先生实一教育大家。经师难得,人师难求。或曰:作为一位教师,先生是中国教育家的最高境界。他教书育人,不但传学术之法,又特别用心地传"做人"之法。如先生在《采桑子》里云:"心苗尚有根芽在,心血频浇,心火频烧,万朵莲花未是娇。"⑤先生的学生岂不都是他用心血浇灌,用燃烧的心火培育出来的吗?先生的诗歌是将真和美歌唱给寂寞的人,先生的法则是将真和美传给每位学生的。先生传法绝无门户之见,而是希望弟子不囿于乃师之法,像先生为人从学那样,出于蓝而胜于蓝。杨敏如先生慨叹自己学术著作未富,可她却自豪地说:她一生学老师教书

---

① 顾随:《顾随:诗文丛论》,天津人民出版社,1995年,第344页。
② 顾随:《顾随:诗文丛论》,天津人民出版社,1995年,第325页。
③ 顾随:《顾随:诗文丛论》,天津人民出版社,1995年,第323页。
④ 顾随:《顾随文集》上海古籍出版社,1986年,第665页。
⑤ 顾随:《顾随文集》上海古籍出版社,1986年,第473页。

育人,成为受学生尊敬的"恩师"。先生不仅把自己论《红楼梦》手稿给周汝昌看,还以信论之,面授机宜。而周先生亦能光大老师的"红学"思想,成为我国当代的"红学"大家。叶嘉莹先生更是神会心领,她深有体会地说:先生之讲课"是纯以感发为主,全任神行,一空依傍,是我平生所接触过的讲授诗歌最能得其神髓,而且也最富于启发性的一位非常难得的教师。"又说:"先生所讲授的乃是他自己以其博学、锐感、深思,以及其丰富的阅读和创作之经验所体会和掌握到的诗歌中真正的精华妙义之所在,并且更能将之用多种之譬解,作最为细致和最为深入的传达。"[①]在接受老师词法的基础上,叶先生创作了多部论词专著,建立了自己独到的词学体系,成为词学家中的佼佼者,其词作也成为当代中华诗词的楷模。更当称颂的是,叶先生在古稀之年回国,传承老师事业,教书育人,并拿出毕生心血的积累,建立以"驼庵"为名的奖学基金,为国家培养更多的优秀人才,光大先师的事业。

总之,顾随先生是一位哲人,他通古融今,学贯中西,具有辩证唯物主义和历史唯物主义的哲学观,识照宽、思致深、学力博、性情真、胸襟阔,如学海一样博大精深,弥沦万有。其治学以诚识人,以真问道,忧国爱民,为人忘己。他是一位20世纪集诗词曲作家、理论批评家、美学鉴赏家、教育艺术家、书法家、禅学家、文化学术研究专家于一身的出色罕见的国学大师,是超群轶伦的文学巨匠。

我们将永远纪念他、学习他、研究他,以此弘扬祖国的优秀文化!

我幼名海舟,读了羡季师的著作及学人们的研究文章,真觉得自己如一叶小舟,在"顾学"的茫茫大海里凫水,难窥涯际!好在先生是我授业的老师,先生的学生也是我的老师,老师总会为我指路导航的!

张清华 2010 年 10 月 5 日于郑州百花书屋

[①] 顾随:《顾随文集》上海古籍出版社,1986 年,第 783 页。

顾随研究

附录一：顾随研究目录（闵军搜集整理）

张恩芑《顾随先生百年诞辰纪念文集》，河北大学出版社，1999年。

闵军《顾随年谱》，中华书局，2006年。

顾之京《女儿眼中的父亲——大师顾随》，中国工人出版社，2007年。

孙绳武《顾随和他的世界》，作家出版社，2007年。

《驼庵诗话》，天津人民出版社，2007年。

《顾随论学精要》，天津人民出版社，2007年。

《大家国学——顾随卷》，天津人民出版社，2008年。

《诗书生活——顾随随笔》，北京大学出版社，2008年。

《顾随笺释毛主席诗词》，河北教育出版社，2009年。

邓韶玉《文风人德真诗表——欣读〈顾随文集〉》，《河北大学学报》，1986第3期。

张中行《先生之风 山高水长——读〈顾随文集〉》，《读书》，1989年第11期。

周汝昌《怀念先师顾随先生——在顾随先生纪念会上的报告》，《河北大学学报》，1990年第4期。

张中行《禅内禅外——怀念顾羡季先生》，《河北大学学报》，1990年第4期。

王翁如《纪念顾随老师》，《河北大学学报》，1990年第4期。

王振华《纪念我的启蒙师顾随先生——宣传鲁迅的先行者》，《河北大学学报》，1990年第4期。

倪伟《透网金鳞未了情——漫话顾随先生》，《雨花》，1994年第10期。

吴小如《读顾随〈乡村传奇〉》，《今昔文存》，湖南人民出版社，1998年。

方方《好书告诉你——读〈顾随全集〉》，《中华读书报》，2002年4月24日。

周汝昌《顾随先生的书法》，《中国书画》，2003年第4期。

附录一:顾随研究目录

史树青《顾随先生临同州〈圣教序〉》(跋),《中国书画》,2003年第4期。

吴小如《缅怀顾羡季(随)先生》,《中国书画》,2003年第4期。

顾之京《尹默大师和顾随的墨缘》,《中国书画》,2003年第4期。

鲁海《顾随旧居》(张剑摄影),《半岛都市报》,2004年3月8日。

天津市和平区图书馆,顾随著作五种(馆藏民国图书),2004年6月24日。

顾之京《学者顾随——先父的学术研究与治学道路漫议》,《泰山学院学报》,2005第2期。

杜文《〈顾随诗词讲记〉——讲堂上的"师尊"》,《新京报》,2006年5月29日。

王光明《斯人独寂寞——读〈顾随年谱〉》,《中华读书报》,2006年8月16日。

闵军《顾随研究述评》,《徐州师范大学学报》(哲学社会科学版),2006年第3期。

曾大兴《王国维的"境界说"与顾随的"高致说"》,《上海师范大学学报》(哲学社会科学版),2007年第2期。

郑继猛、李成贵《振叶寻根 直指词心——评〈倦驼庵稼轩词说〉》,《西安建筑科技大学学报》(社会科学版),2007年第2期。

林祥征《开辟新路 点亮智慧——〈顾随年谱〉书评》,《光明日报》,2007年8月7日。

王光明《顾随——必要的参照》,《天涯》,2007年第4期。

刘宜庆《顾随在青岛的诗酒人生》,http://liuyiqing.blog.tianya.cn,2007年8月22日。

叶克飞《隐藏的大师 隐藏的旧居——"寻找故居之旅"之顾随篇》,敏思博客 http://blog.stnn.cc,2007年10月21日。

马大勇《顾随词选评》,http://blog.sina.com.cn/jiaguzhai,2007年10月28日。

刘琦《顾随谈戏》(上),《老年时报》,2007年12月3日。

刘琦《顾随谈戏》(下),《老年时报》,2007年12月5日。

刘书龙《现代作家笔下的老济南风情(30)——顾随:济南山水》,《济南时报》,2007年12月13日。

顾随研究

刘书龙《大师顾随的济南情缘》（一——五），http://blog.sina.com.cn/jianrenwen，2007年12月31日至2008年1月9日。

高献红《心血频浇溉 春花始盛开——顾随杂剧〈游春记〉浅论》，《岱宗学刊》，2008年第1期。

朱航满《顾随与周氏兄弟》，《新京报》，2008年3月7日。

杨建文《顾随这样讲古代诗文》，《中华读书报》，2008年7月31日。

吴绍东《顾随的"法"》，《出版广角》，2008年第4期。

李世琦《博大会通说顾随》，《社会科学论坛》，2008年第5期。

韩三洲《顾随的眼泪》，《中国经济时报》，2006年11月27日。

闵军《顾随，不仅仅只有眼泪》，《社会科学报》，2009年2月12日。

孙树松《我所认识的顾随先生》，《老年时报》，2009年6月5日。

方丽萍《旧瓶中的醇酒——顾随词中的"新"与"旧"》，《名作欣赏》（上旬刊），2009年第2期。

李云《论顾随词之创新》，《保定学院学报》，2009年第3期。

沈治钧《顾随〈木兰花慢〉一阕辨惑》，《红楼梦学刊》，2008年第6辑。

沈治钧《〈木兰花慢〉疑案补说》，《河南教育学院学报》（哲学社会科学版），2009年第2期。

沈治钧《燕京人海有人英——关于〈木兰花慢〉疑案的商榷意见》，《中国文化研究》，2009年秋之卷。

梅节《顾随的赞词与周汝昌的功底》，《城市文艺》（香港），2009年9月号。

周伦玲《燕京人海有人英——顾随先生眼中的〈红楼梦新证〉》，《人民政协报》，2009年5月25日。

四明山客《〈顾随〈木兰花慢〉一阕辨惑〉的辨惑》，http://zhubais.blog.163.com/profile/，2009年2月4日。

芹音《顾随与〈红楼梦新证〉》，http://qinyin2006.blog.sohu.com/111538839.html，2009年3月4日。

长歌《论顾随与周氏兄弟的关系》，国学数典论坛，http://bbs.gxsd.com.cn/，2009年4月26日。

伦丹《顾随先生词心解析》，http://blog.sina.com.cn/lundan2009,2009 年 9 月 29 日。

  赵林涛《〈顾随笺释毛主席诗词〉后记》,http://blog.sina.com.cn/zhaolt,2009 年 8 月 12 日。

  赵林涛《顾随〈无量义经笺注〉题记》,http://blog.sina.com.cn/zhaolt,2008 年 11 月 13 日。

  赵林涛《顾随先生趣话》,http://blog.sina.com.cn/zhaolt,2008 年 6 月 8 日。

  赵林涛《大师顾随——读〈女儿眼中的父亲——大师顾随〉》,http://blog.sina.com.cn/zhaolt,2007 年 12 月 7 日。此文发表在 2008 年 3 月 28 日《工人日报》。

  葡石斋主《天边无伴月,海上一孤鸿——试说苦水先生顾随》,http://blog.sina.com.cn/lix0807。

  李云《顾随先生之诗学思想与词学思想研究》,天津师范大学 2008 年硕士毕业论文。

  张芳《顾随文艺思想研究》,山东师范大学 2009 年硕士毕业论文。

附录二：顾随文集及顾随研究著作

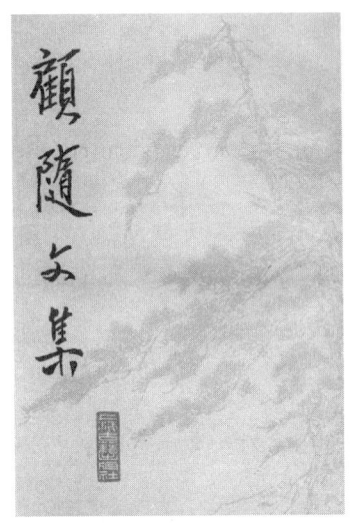

《顾随文集》
上海古籍出版社

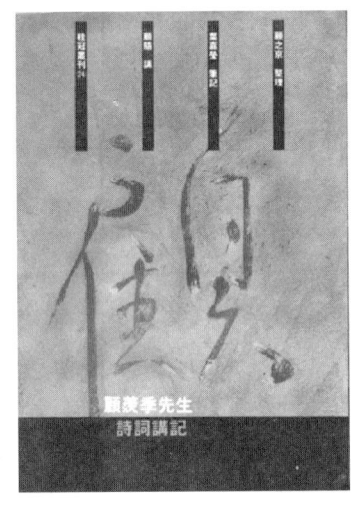

《顾羡季先生诗词讲记》
桂冠图书股份有限公司

《顾随诗文丛论》
天津人民出版社

《顾随先生百年诞辰纪念文集》
河北大学出版社

附录二：顾随文集及顾随研究著作

《顾随全集》
河北大学出版社

《顾随诗词讲记》
中国人民大学出版社

《顾随年谱》
中华书局

顾随研究

《驼庵诗话》
天津人民出版社

《女儿眼中的父亲——大师顾随》
中国工人出版社

《顾随论学精要》
天津人民出版社

《顾随和他的世界》
作家出版社

附录二:顾随文集及顾随研究著作

《大家国学——顾随卷》
天津人民出版社

《诗书生活——顾随随笔》
北京大学出版社

《顾随笺释毛主席诗词》
河北教育出版社

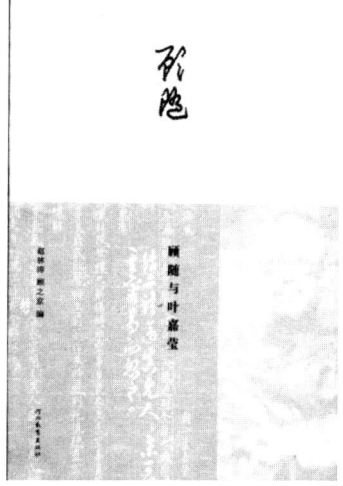

《顾随与叶嘉莹》
河北教育出版社

《顾随致周汝昌书》
河北大学出版社

附录三：顾随诗词学术研讨会的宣传报道（报样）

顾随研究

附录三：顾随研讨会的宣传报道（报样）

顾随研究

后　　记

二○○九年十一月七日，在瑞应年丰的时刻，北京国务院二招宾馆由中华诗词(BVI)研究院成功地举办了以"缅怀恩师品德，传承文化精髓"为主题的顾随诗词学术研讨会。顾随先生早年弟子、年届九旬的杨敏如、张恩芑教授，传法弟子叶嘉莹教授和张清华研究员，中国社会科学院陈祖美研究员，首都师范大学吴相洲教授，汕头大学隗芾教授，顾随的女儿顾之燕、顾之平、顾之京，以及台湾文化艺术界联合会理事主席、海峡两岸和谐文化交流协进会会长陆炳文，香港词人、学者郑绍平、李国明等近百名老中青学者出席了研讨会。七日上午，大会由张清华主持，陆炳文先生代表国民党荣誉主席吴伯雄先生向研究会赠送了吴先生手书的"随缘和谐"巨型条幅；叶嘉莹先生作了重要讲话；曹长河代表研究院致辞。杨敏如、陆炳文、张恩芑等作了精彩报告，叶嘉莹先生作了题为《〈苦水作剧〉在中国戏曲史上空前绝后的成就》的报告，实事求是地解读了顾剧在中国杂剧史上的崇高地位，令人耳目一新。下午，大会由胡阿祥主持。先由周伦苓代表父亲周汝昌宣读了"创立顾随先生学术研究会倡议书"，张清华宣读了涂宗涛先生的书面发言。这些年事已高、行动不便的先生，因敬师之情、慕师之意，虽不能与会，仍写了文章纪念先生。顾之京结合珍贵的老照片介绍了父亲顾随一生各个时期的生活、教学、创作及学术活动，使大家特别是青年一代对先生有了较全面的了解。值得一提的是顾先生的再传弟子刘玉凯教授回忆了他在十年动乱期间暗中搜集和保存先生手迹的情景，感动了与会者。最可喜的是有那么多年轻学者发言，读先生著作，学先生填词，研究先生的教学艺术与学术思想，使大家看到了顾随

顾随研究

大师的创作与学术成就的博大精鉴,作为一门学问——"顾学"的光辉前景。会议主办方将《大师顾随》一书赠送给了与会者。会议期间,适逢《顾随与叶嘉莹》一书在河北教育出版社出版,编者向大会赠书一百册,与会者都得到了赠书。

"顾随诗词学术研讨会"的举办,虽是第一次尝试,却取得了圆满成功。这成功,首先来自于学界老中青学者对顾先生的景仰,对"顾学"的钻研,更仰赖顾先生弟子周汝昌、叶嘉莹、杨敏如、张恩芑等先生的提倡与指导。在会议筹备过程中,叶嘉莹先生亲自指导并主持筹备会,做具体周密的安排;先生晚年弟子张清华参与具体筹备,北京市社会科学院的傅秋爽研究员为研讨会热情而辛勤地工作;而最关键的是中华诗词(BVI)研究院院长王功权先生慷慨出资,研究院郑绍平、赵卫华不倦地操持才使这次研讨会得以成功举办。

会上收到许多质量颇高的论文,由傅秋爽及郑绍平、赵卫华等编辑成书,叶嘉莹先生以八十六岁高龄,在讲学国内与海外两地的百忙之中,不顾辛劳,为这部重要论著作序,为这次会议、这部著作画上了骊龙之目。下面是我与会的感言:

羡季师诗词学术研讨会在京隆重召开有感

奇哉!2009年11月7日会议在北京召开。会前天降中雪,众人担心;会间二三日天晴雪融,会议得以顺利举行;会后天又下雪。怪哉! 不是先师有灵,老天相助,会议怎能如此成功?

丰年瑞雪洒青空,枫染香山别有情。
不是先生灵圣在,怎能雪霁老天晴。
耄耋高论声声靓,青壮吐述字字精。
华夏文坛开盛会,《闻角》笑傲唤春风。

今年是顾随先生仙逝50周年,这本论文集的出版是对先生最好的纪念。

张清华
2010年4月10日